Schirn Kunsthalle Frankfurt
7. April – 25. Juni 2006

Die Jugend von heute
The Youth of Today

VERLAG DER BUCHHANDLUNG WALTHER KÖNIG

Is eternat nothingness ok?, 2006

Daniele Buetti

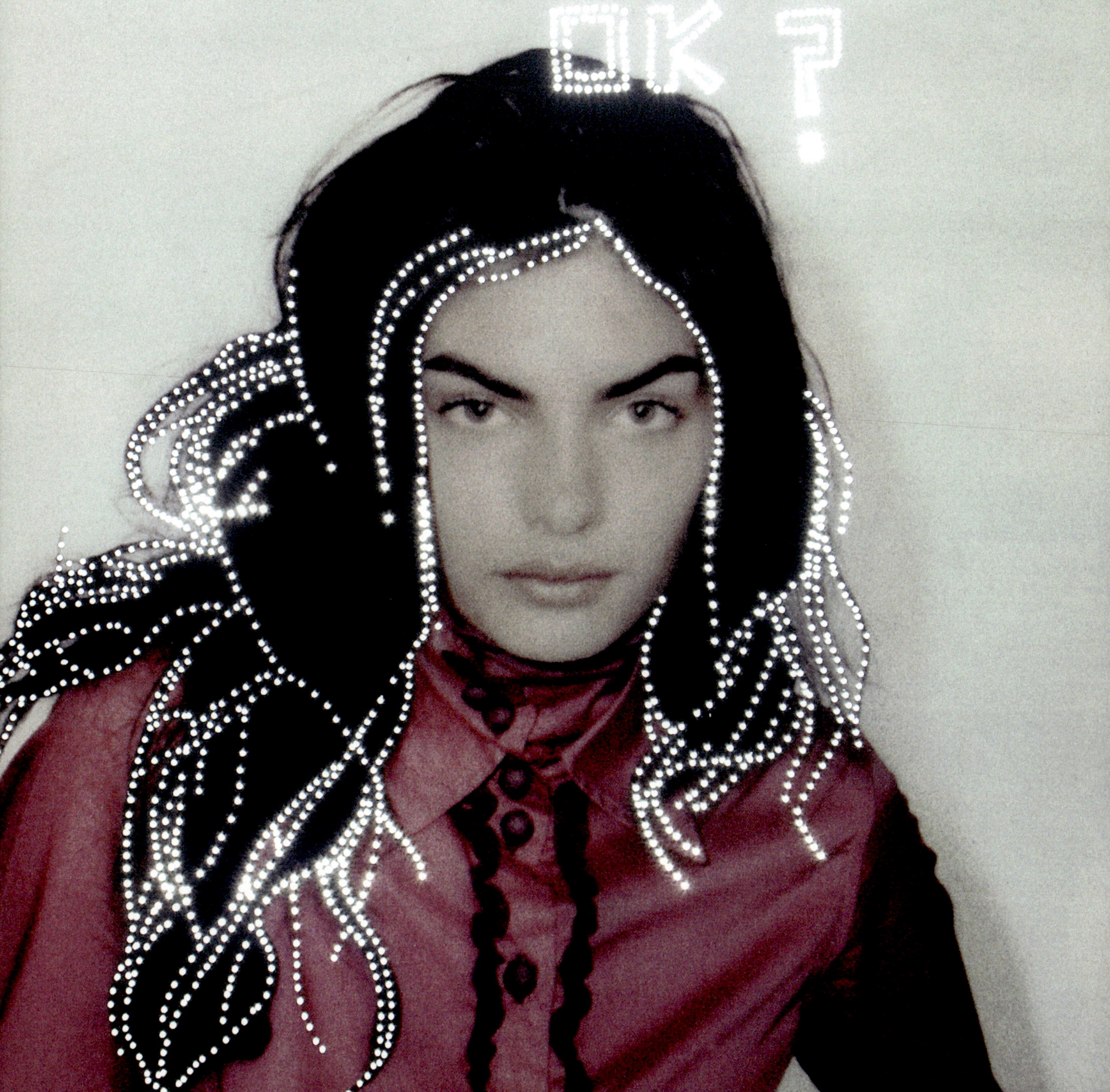

IS ETERNAL
NOTHINGNESS
OK?

Daniele Buetti

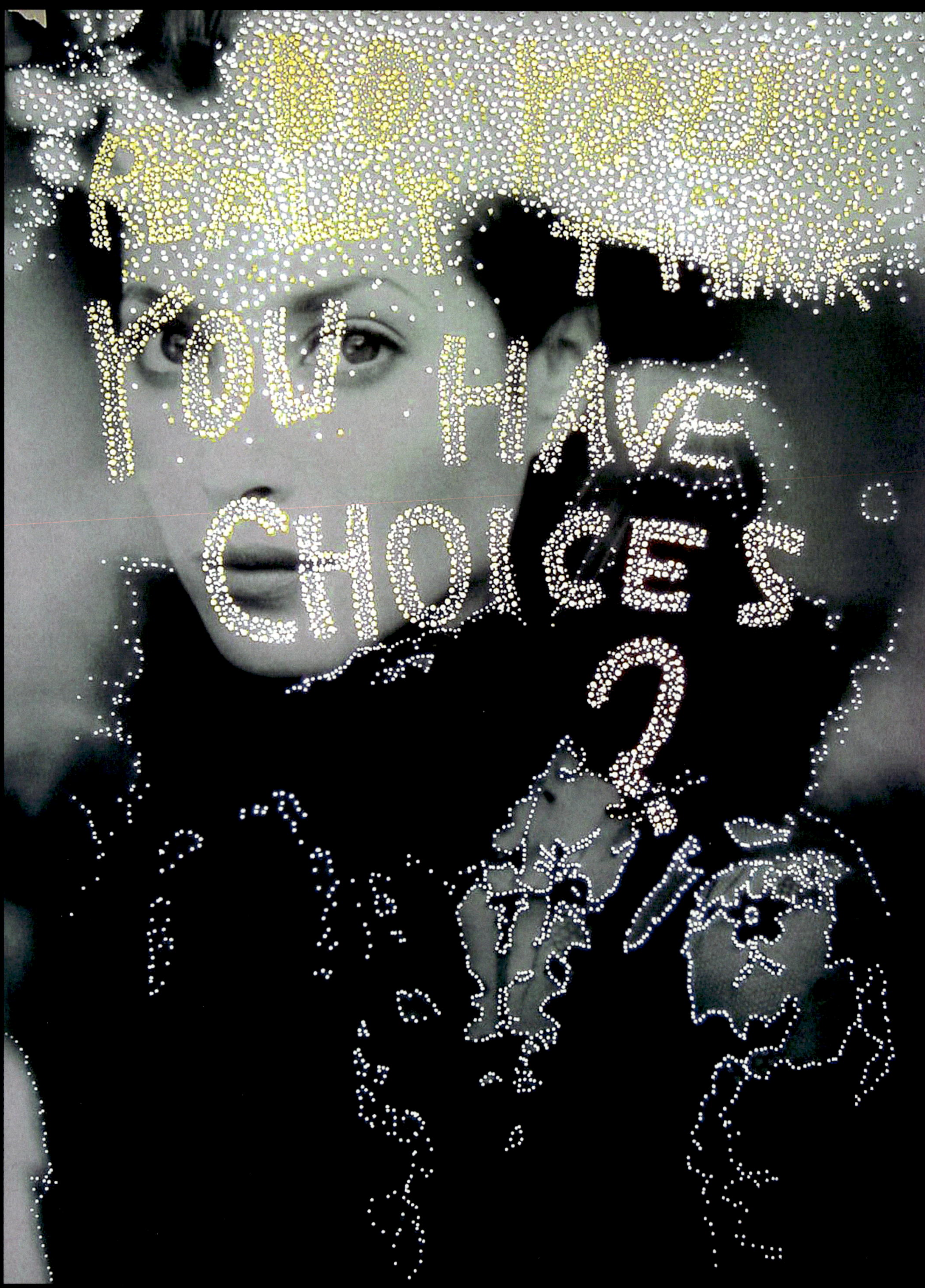

REALLY THINK
YOU HAVE
CHOICES
?

Do you really think you have choices?, 2002

Daniele Buetti

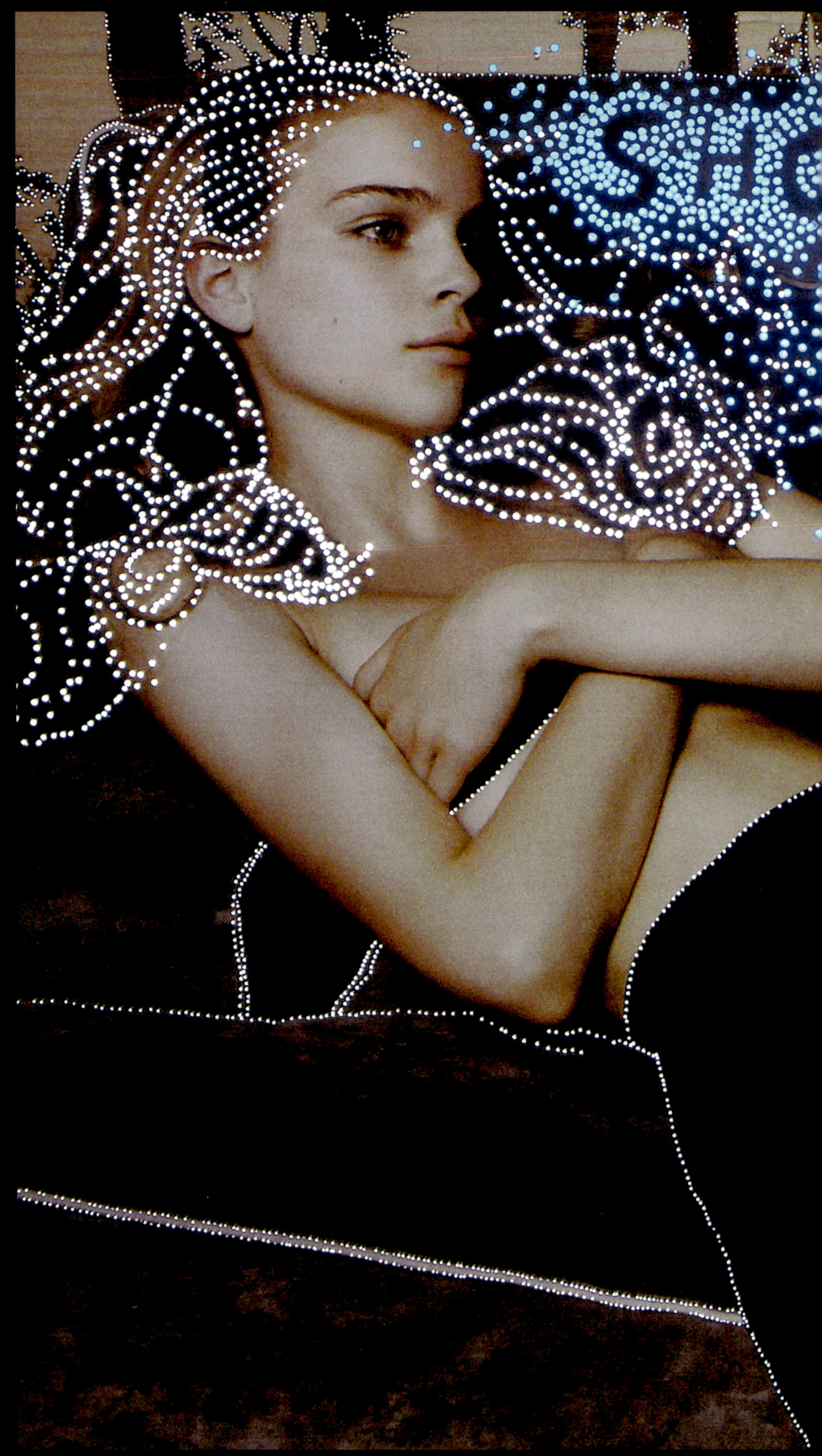

Should I move with the time?, 2006

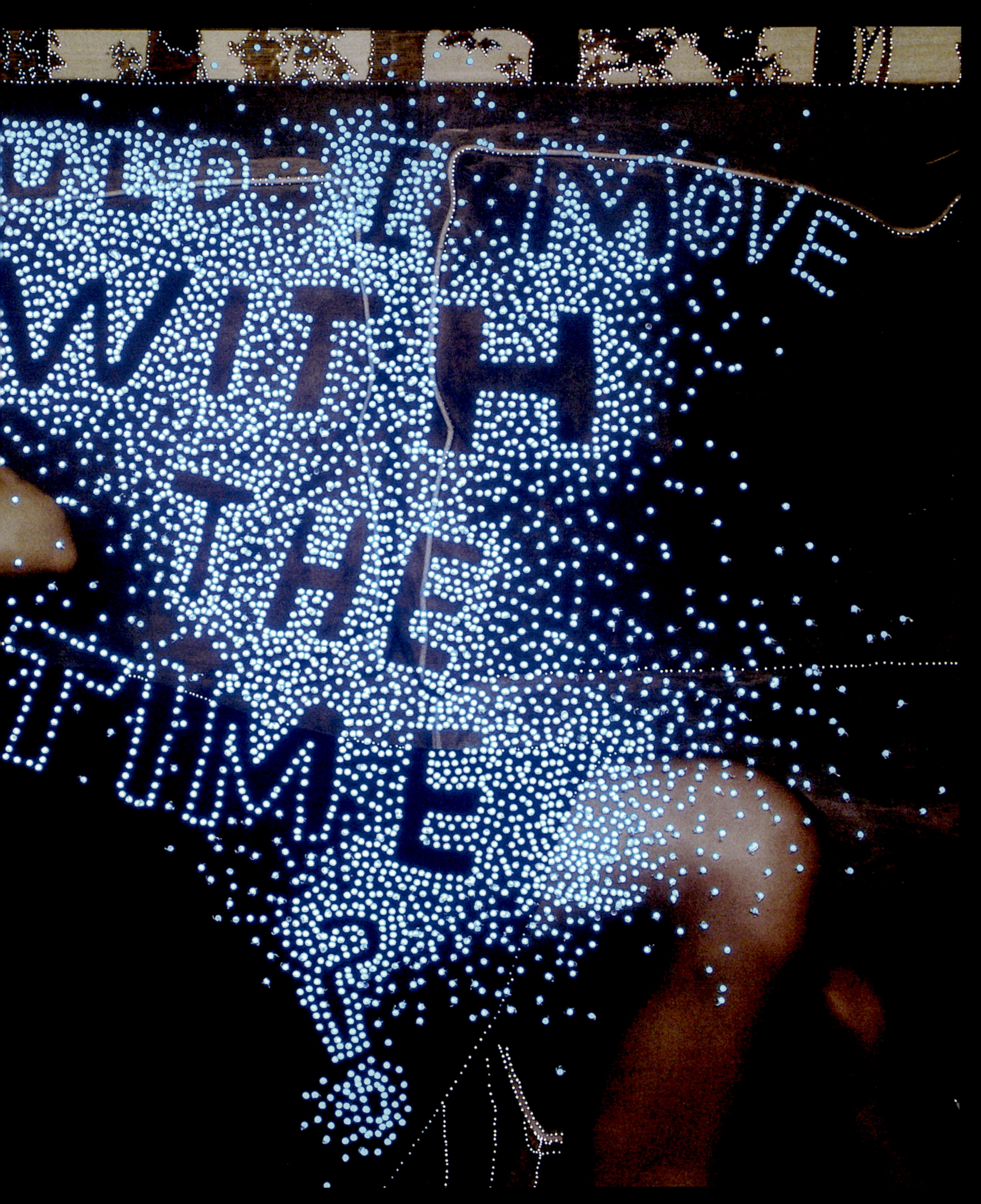
MOVE
WITH
THE
TIME

Daniele Buetti

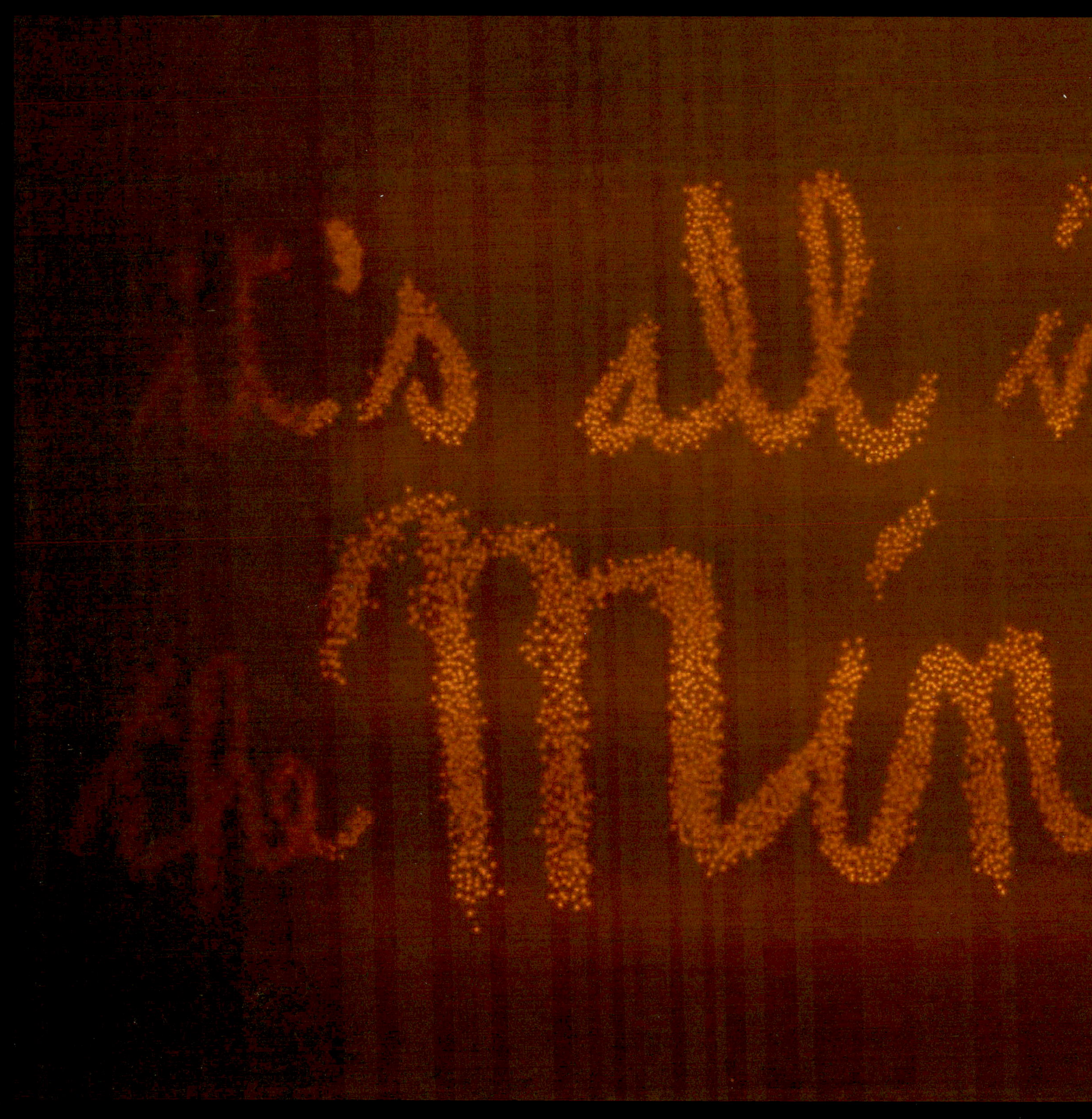

Am I the reason I feel pain?, 2003

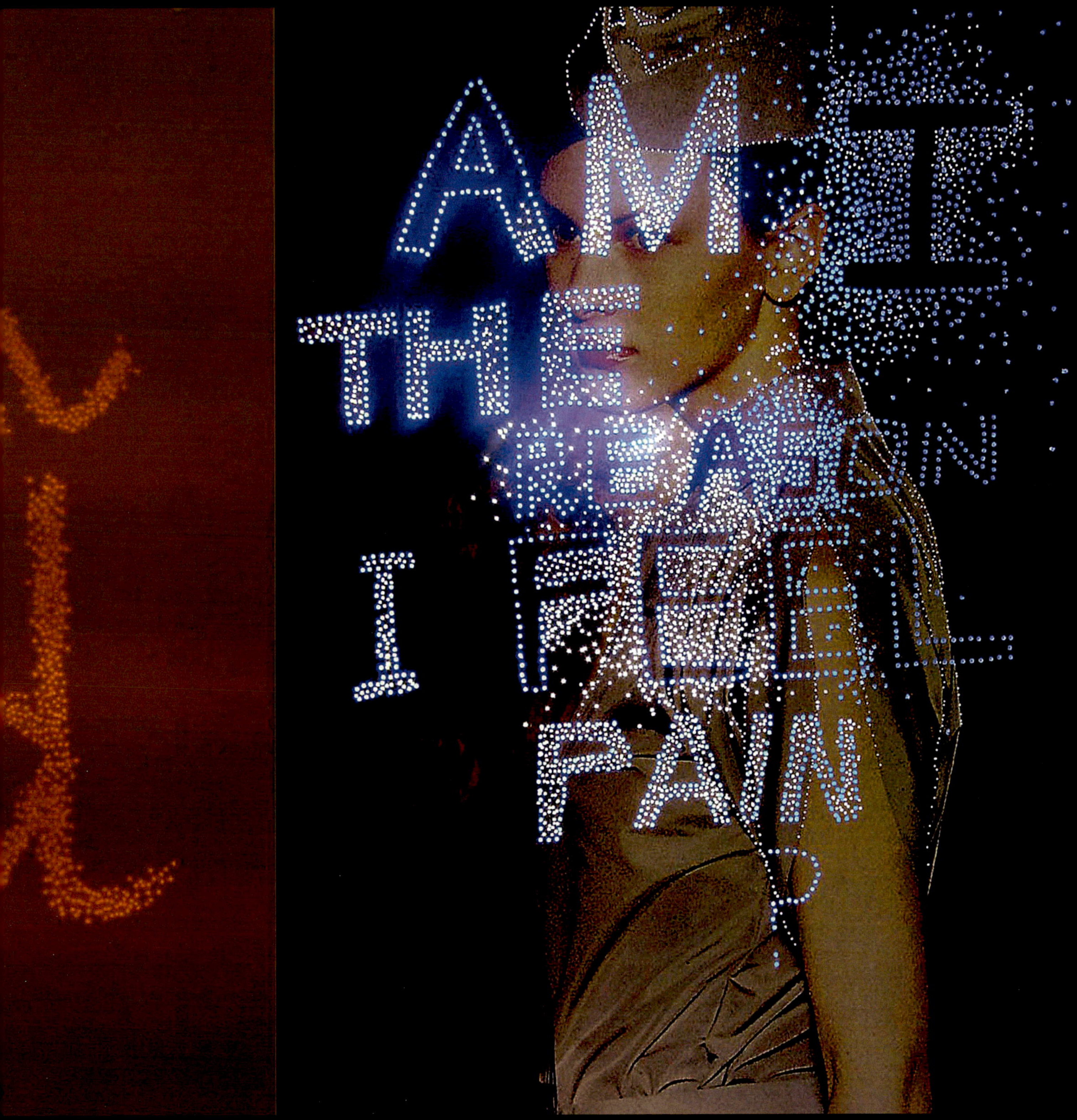

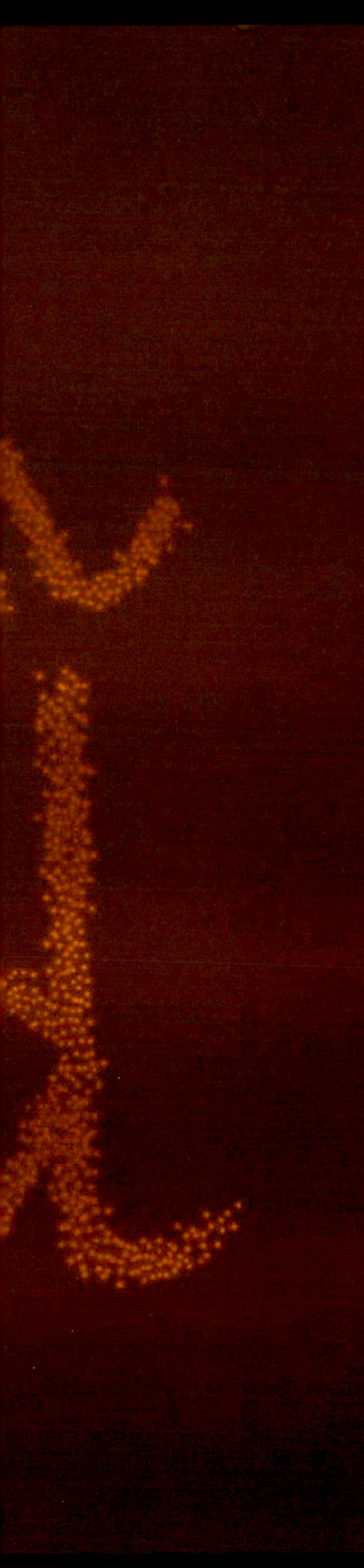
AM
THE
I

AM
THE
I
FEEL
PAIN

Gefördert durch
Sponsored by

Sireo

Was zeichnet »Die Jugend von heute« aus?
Der Impuls des Jungen, des Jugendlichen und
Junggebliebenen ist in unserer Gesellschaft all-
gegenwärtig und bestimmend – unabhängig
von einer Generationszugehörigkeit: Dynamik,
Flexibilität, Begeisterungsfähigkeit, aber auch
Reibung und Protest, sind nur einige der Para-
meter, die unseren Alltag und unser Zusammen-
leben beeinflussen. Eine wahrhaftige Sucht nach
Jugend hat sich in den letzten Jahren insbesondere in den Bereichen Konsum und Entertainment ausgeweitet.

Die Kunst ermöglicht ihrerseits, dieses
kontroverse und bestimmende Phänomen zu
begreifen und verständlich auszudrücken. So
gewähren uns in »Die Jugend von heute« junge
Künstler aus verschiedenen Nationen unter-
schiedliche, kritisch-analytische Einblicke in die
jugendlichen Lebenswelten. Über die von ihnen
gewählten Medien werden die Fragen und die
Probleme aber auch die emotionalen Strukturen,
die dieses Themenfeld beschreiben, aufgedeckt.

Wir freuen uns, dass die Schirn Kunsthalle
Frankfurt unter dieser Fragestellung eine Auseinandersetzung mit der »Jugend von heute« in
der zeitgenössischen Kunst anregt. Da es unser
Anliegen ist, das Haus im Bereich der zeitgenössischen Kunst zu unterstützen, setzen wir mit
diesem Ausstellungsprojekt auch gerne unsere
partnerschaftliche Kooperation mit der Schirn
Kunsthalle Frankfurt fort, ein Engagement,
welches mit der Ausstellung »Wunschwelten«
in 2005 seinen Anfang genommen hat.

Wir wünschen den Besuchern der Ausstellung
eine bereichernde Auseinandersetzung mit dem
komplexen Themenfeld der »Jugend von heute«
und viel Freude im Dialog mit den 50 unterschiedlichen künstlerischen Positionen dieser
Ausstellung.

Diego Fernández Reumann
Chief Executive Officer, Sireo Real Estate

What distinguishes »The Youth of Today«?
The impulse of the young, the youthful and the
forever young in our society is ever present and
determining—independent of its affiliation to
a generation: dynamism, flexibility, enthusiasm,
but also friction and protest are just some
parameters which influence our everyday life
and our life together. A veritable addiction to
youth has spread in recent years, especially in
the areas of consumption and entertainment.

Art makes it possible to understand this
controversial and dominant phenomenon, and
to express it in an intelligible way. In the exhibition »The Youth of Today«, young artists grant
us diverse critical-analytical insight into the life
worlds of young people. Through the media—
selected by them—the questions and problems,
as well as the emotional structures describing
these themes, are revealed.

We are pleased that the Schirn Kunsthalle
Frankfurt is inspiring the discourse in contemporary art by posing these questions with »The
Youth of Today«. Since it is our aim to support
this venue in the area of contemporary art, we
will with pleasure continue our cooperative
partnership with the Schirn Kunsthalle Frankfurt
with this exhibition project—an engagement
which began with the exhibition »Wunschwelten«
in 2005.

We wish the visitors of the exhibition an enrich-
ing engagement with the complex theme »The
Youth of Today« and much enjoyment in the
dialogue with 50 diverse artistic perspectives in
this exhibition.

Zusätzliche Unterstützung durch
Additional support by

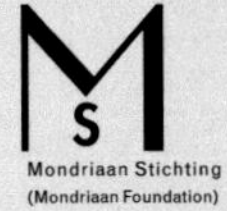

Mondriaan Stichting
(Mondriaan Foundation)

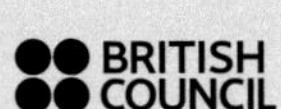

BRITISH COUNCIL

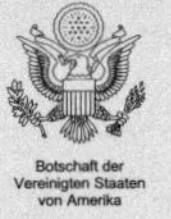

Botschaft der
Vereinigten Staaten
von Amerika

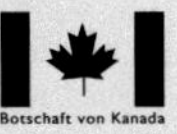

Botschaft von Kanada

Die Jugend von heute

█████████████████████████

Die Jugendlichen von heute sind die erste Generation, die in den Begriffen der Postmoderne sich nicht nur auszudrücken weiß, sondern darin lebt. Und dieses Leben erfordert vor allem ein hohes Maß an Beweglichkeit und Flexibilität, das die Kurzzeitigkeit heutiger Sicherheitssysteme sowohl versteht als auch beherrscht. Ob auf dem Arbeitsmarkt oder in persönlichen Beziehungen, überall sind die Garantien, die eine langfristige Orientierung ermöglichen, durch kurzfristige Verbindungen ersetzt worden. Eine hoffnungslose Zukunft generieren die Diskurse der Medien, der Politik und der wissenschaftlichen Forschung, wonach das Leben der Jugendlichen geprägt ist durch die Auflösung von Familien, Politikverdrossenheit, Drogen- und Alkoholmissbrauch, sexuell übertragbare Krankheiten, mangelhafte Schulbildung, massive staatliche Kürzungen usw.

Auf der anderen Seite dieser bedrohlichen Szenarien, die zumeist an traditionelle soziale Ordnungsbegriffe gekoppelt sind, formuliert sich aber seit längerem schon deren Auflösungsgeschichte, die von der Neuformatierung der Identitäten genauso handelt wie von der Unplanbarkeit der Zukunft. Die Nachgeschichte ist ein Sammelbecken von kleinen Erzählungen. An die Stelle der großen Jugendbewegungen, wie zuletzt von den 68ern ausgelöst, sind unüberschaubar viele Szenen und Stile getreten, die sich fortwährend verändern und ein klares Bild der Jugend unmöglich machen. Während die Erwachsenen die Jugendlichen beobachten, um sich als entweder erwachsen oder jugendlich bezeichnen zu können, beobachten sich die Jugendlichen selbst dabei, in welcher Weise sie gerade welches Bild eines Jugendlichen repräsentieren und weiterhin repräsentieren wollen. Jugend ist eine Technik, die in unterschiedlichen Diskursen, vom biologischen bis zum ästhetischen, vom moralischen bis zum politischen, Anwendung findet und die üblichen Weichen in das Leben der Erwachsenen vor sich herschiebt.

Die Jugend von heute ist nicht nur die der Teenager, sie ist auch nicht nur die der Twens. Viele der heutigen Jugendlichen werden die Jugend einfach nicht los, und ob sie 30 Jahre alt sind oder bereits 40, bewegen sie sich weiterhin in Bahnen, die früher durch die der Erwachsenen einfach ausgetauscht werden konnten. Womöglich haben sich die Bahnen der Erwachsenen mit denen der Jugend vermischt, haben hybride Zustände entstehen lassen und eine Generation kreiert, die sich und die Gesellschaft in einer permanenten Mutation erlebt und die Entscheidung nach einer altersgemäßen, konventionellen Orientierung ablehnt. Die Gründe dafür sind zahlreich. Jung ist ein Label, das sich gut verkaufen lässt und den Anforderungen des Marktes entspricht. Jung ist flexibel, lernfähig und sieht gut aus. Wer jung ist, ist bestens informiert, ist bestens ausgebildet und hat die besten Ideen.

»Die Jugend von heute« ist in erster Linie eine Ausstellung über jugendliche Identitäten.

Ob in Politik oder Wirtschaft, ob in kulturellen oder sexuellen Fragen – überall etablieren sich Strukturen, die den Unterschied zwischen Erwachsensein und Jugend nicht mehr benötigen und vielmehr die Veränderbarkeit und das dauerhafte Lernen zu ihrem vorherrschenden Prinzip erhoben haben. Dieser gesellschaftliche Wandel schlägt sich sowohl in dem Bild *des* Jugendlichen als auch dem Bild *des* Erwachsenen nieder. Die Ausstellung bemüht sich nicht um ein Ideal ewiger Jugend, das seine modernen Apostel in der Kosmetikindustrie und in weiten Bereichen der Massenmedien in Stellung gebracht hat. Es geht ihr vielmehr um die Berührungspunkte und die Widerstände mit einer erwachsenen Gesellschaft, die der Jugend keinen klaren Ort und keine klare Definition mehr anbieten kann. Die heutigen Jugendlichen sind es gewohnt, ohne die Gewissheit von sozialen Sicherheiten zu leben und diesen Verlust durch variable, im Dauerzerfall befindliche Beziehungs- und Wertesysteme zu ersetzen.

In fünf Kapiteln wird die Ausstellung die postmoderne Realität der gegenwärtigen Jugend und ihre individuelle Aneignung in Szene setzen. Ein vielschichtiges und relationales Bild, das die Graffiti und Clubs in den Städten mit veränderten Formen politischer und sexueller Identität sowie der Normalität medialer Inszenierungen verbindet. Die Ausstellung kreiert eine jugendliche Lebenswelt, die aus Anpassung und Ablehnung, aus Selbstzweifeln und Ängsten, aber auch aus Understatement und freizügigem Hedonismus besteht und die die Gegenwart der Jugend, welchem Alter auch immer sie angehört, in einem breiten Panorama darstellt.

Mein großer Dank gilt zuallererst den über 50 Künstlerinnen und Künstlern, die mit großem Engagement an der Realisierung der Ausstellung geholfen und teilweise neue Arbeiten vor Ort installiert haben. Ebenso danke ich den vielen Sammlern und Galerien aus Europa und den USA für die Bereitstellung ihrer Werke, darunter aus Deuschland GIMA – Gallery for International Media Art (Berlin), Galerie Volker Diehl (Berlin), magnus müller (Berlin), Galerie Jette Rudolph (Berlin), DNA – Die Neue Aktionsgalerie (Berlin), Galerie Dennis Kimmerich (Düsseldorf), Galerie Adler (Frankfurt/M.), Galerie Sfeir-Semler (Hamburg), Aurel Scheibler (Köln), Sprüth Magers (Köln/München) und der Galerie Reinhard Hauff (Stuttgart) sowie den Sammlern Rainer Schmidt (Berlin/Hamburg) und Jens Pepper (Berlin), der Sammlung Ulla und Thomas Katzorke (Essen) und der Sammlung Deutsche Bank (Frankfurt/M.), der Sammlung aARTa (Mainz), Sammlung Falckenberg (Hamburg), der Sammlung Bernd F. Künne (Hannover) und der Sammlung Horst Wanschura (Stuttgart). Aus dem übrigen Europa danke ich der Torch Gallery (Amsterdam), Upstream Gallery (Amsterdam), der Diana Stigter Gallery (Amsterdam), Ellen de Bruijne Projects (Amsterdam), Evergreene (Genf), Modern Art Inc. (London), The Saatchi Gallery (London), White Cube

(London) sowie der ABN AMRO Art Foundation (Amsterdam), Sammlung Rob Defares (Amsterdam) und Sammlung Adu Advaney (Amsterdam), der Sammlung Haags Gemeente Museum (Den Haag), Sammlung Essl (Klosterneuburg), Sammlung Van der Vorst (London) und der Sammlung Köhn (Wien). Herzlich bedanken möchte ich mich auch bei den vielen US-amerikanischen Leihgebern: OMC Gallery (Huntington Beach), Sandroni Rey (Los Angeles), Andrea Rosen Gallery (New York), team gallery (New York), Pace/MacGill (New York), I-20 Gallery (New York), Marian Goodman Gallery (New York/Paris), Sikkema Jenkins & Co. (New York), atm Gallery (New York), 303 Gallery (New York), Salon 94 (New York), Ratio 3 (San Francisco) und Catriona Jeffries Gallery (Vancouver) sowie der Collection Dean Valentine and Amy Adelson (Los Angeles), der Collection Debra and Dennis Scholl (Miami), der Rubell Family Collection (Miami) und schließlich der Hort Family Collection (New York).

Zur erfolgreichen Realisierung dieses aufwendigen Ausstellungsprojekts mit über 50 Künstlern aus verschiedenen Nationen haben auch unsere Sponsoren und Förderer entscheidend beigetragen. Als Partner auf der Unternehmensseite und Hauptsponsor der Ausstellung gilt unser besonderer Dank Sireo Real Estate und im Besonderen Diego Fernández Reumann, Chief Executive Officer von Sireo. Die Unternehmensführung wie auch die Mitarbeiter haben das gemeinsame Ausstellungsprojekt nicht nur finanziell sondern auch mit großem Engagement und persönlichem Interesse begleitet. Besonders freuen wir uns, mit Sireo die in 2005 begonnene partnerschaftliche Zusammenarbeit auch dieses Jahr fortzusetzen.

Darüber hinaus danken wir der Mondriaan Stiftung und dem Generalkonsulat des Königreichs der Niederlande in Frankfurt, die die Beteiligung der holländischen Künstler Marc Bijl, Amie Dicke, Anuschka Blommers und Niels Schumm, Iris van Dongen und dem Künstlerinnenpaar L. A. Raeven wesentlich ermöglicht haben. Unser Dank gilt auch dem British Council, der Botschaft der Vereinigten Staaten von Amerika sowie der Botschaft von Kanada. Als Medienpartner von »Die Jugend von heute« konnten wir die *Frankfurter Rundschau* und das Musikmagazin *SPEX* gewinnen, denen ich für ihre Unterstützung danken möchte.

Grundsätzlich gilt unser Dank wie bei jeder Ausstellung der Stadt Frankfurt und stellvertretend für alle Entscheidungsträger der Oberbürgermeisterin Petra Roth und dem Kulturdezernenten Hans-Bernhard Nordhoff, durch die unsere Arbeit überhaupt erst ermöglicht wird.

Für die pointierten und einführenden Katalogbeiträge in die komplexe Thematik dieser Ausstellung danke ich ganz besonders Mercedes Bunz, Mitbegründerin des Magazins für elektronische Lebensaspekte *DE:BUG*, dem Ausstellungsleiter des Londoner ICA Jens Hoffmann, dem Film- und Kulturkritiker Georg Seeßlen, Niels Werber, Philosoph und Literaturwissenschaftler sowie Matthias Ulrich. Danken möchte ich in diesem Zusammenhang auch und besonders Christoph Steinegger für das außergewöhnliche Design des Katalogs. Das Design für die Werbekampagne der Ausstellung wurde von Isabelle Brombach entworfen, bei der ich mich dafür herzlich bedanke. Ebenso gilt mein Dank dem Verlag der Buchhandlung Walther König und insbesondere Herbert Abrell. Für das sorgfältige Lektorat danke ich Uta Hoffmann und für die Übersetzung der Katalogbeiträge Michael Eldred und Brigitte Kalthoff.

Abschließend gilt mein Dank ganz besonders dem Team der Schirn, das in allen Phasen der Entstehung dieses Ausstellungsprojekts überdurchschnittlich engagiert und motiviert gewesen ist, allen voran Matthias Ulrich, der die Ausstellung mit großem Einsatz und in enger Zusammenarbeit mit den Künstlern konzipiert hat. Desweiteren danke ich Ronald Kammer für die technische Leitung des Projekts sowie Christian Teltz, Stefan Schäfer und Stefan Zimmermann im Team der Technik, Andreas Gundermann und dem Hängeteam, Elke Walter und Karin Grüning mit Inga Weicke für die Organisation der Leihgaben, der Restauratorin Stefanie Gundermann, Inka Drögemüller mit Lena Ludwig und Lisa Gutberlet für das Marketing sowie mit Julia Lange und Elisabeth Häring für das Sponsoring und die Betreuung der Partner. Dorothea Apovnik mit Simone Krämer und Sylvia Metz für die Pressearbeit und Simone Boscheinen und Irmi Rauber für das pädagogische Programm, Hanna Alsen und Stephanie Seubold für die Assistenz in vielen Belangen, der Verwaltung unter Leitung von Klaus Burgold mit Katja Weber und Selina Lehmann und allen übrigen Mitarbeitern bei Aufbau und Umsetzung der Ausstellung. ❏

The Youth of Today

The youth of today is the first generation which not only knows how to express itself in terms of Postmodernism, but who lives according to them. And this kind of life requires above all a high degree of mobility and flexibility that understands and has command over the tenuousness of today's security systems. Whether in the labor market or in personal relationships—the guarantees which make possible a long-term orientation, have been replaced by long-term connections everywhere. Debates in the media, in politics and in scientific research are generating a hopeless future in which the life of youth is characterized by the dissolution of the family, disenchantment with politics, drug and alcohol abuse, sexually transmittable diseases, deficient school education, massive governmental cutbacks, and so on.

On the other side of these threatening scenarios, which are predominantly coupled with the traditional keys to a social order, the history of their disintegration, which is concerned with the formatting of new identities and with the impossibility of planning the future, formulates itself already for quite some time. The aftermath is a reservoir of small stories. The great youth movements—last initiated by the 1968ers—have been replaced by unmanageably numerous scenes and styles, which are constantly changing, thus making a clear image of youth impossible. While the adults are observing the youth in order to identify themselves either as adult or adolescent, the young concern themselves with the manner in which they are representing the image of a young person, and want to continue to represent it. Youth is a technique, which is being applied in different discourses, ranging from the biological to the aesthetic, from the moral to the political, pushing forward the conventional guidelines into adult life.

The youth of today is neither just that of the teenagers, nor just that of the twenties. Many of today's young people can just not get rid of their youth, and whether they are thirty years old or already forty, they still continue to move along the same guides, which before could simply be exchanged for those of the adults. If anything, the guidelines of adults and those of youth have mixed, creating hybrid conditions and a new generation, which experiences itself and society in a permanent mutation and refuses the decision for an age-determined, conventional orientation. The reasons for this are numerous. Young is a label that sells well and corresponds to the requirements of the market. Young is flexible, adaptive and good-looking. Those, who are young, are best-informed, best-educated and have the best ideas.

»The Youth of Today« is first of all an exhibition about youthful identities. Whether in politics or economics, in cultural or sexual questions—everywhere structures are established, which no longer require the differentiation between adulthood and youth, but have rather made changeability and continuous learning their principle demand. This social change is reflected in both the image of *the* youth and the image of *the* adult. The exhibition is not concerned with an ideal of eternal youth which has positioned its modern followers in the cosmetics industry and broad areas of the mass media. It focuses rather on the points of contact and the antagonisms of an adult society, which can no longer offer the youth a safe place or a clear definition. Young people today are used to live without the assurance of social security and to replace this loss through variable, permanently dissolving systems of relationship and values.

In five chapters the exhibition is staging the postmodern reality of today's youth and their individual appropriation: A multilayered and relational picture connecting graffiti and clubs in the cities with altered forms of political and sexual identity as well as with the normalcy of media presentations, creating a youthful life-world, which consists of adaptation and refusal, of self-doubts and fears, but also of understatement and unreserved hedonism, representing the presence of youth of whichever age in a broad panorama.

My deepest thanks is owed first and foremost to the more than fifty artists who helped create and realize this exhibition with unflagging commitment and who installed some of their newest work on location. I would also like to thank the numerous collectors and galleries in Europe and the United States of America for making available their works, among them in Germany GIMA – Gallery for International Media Art (Berlin), Volker Diehl Gallery (Berlin), magnus müller (Berlin), Jette Rudolph Gallery (Berlin), DNA – Die Neue Aktionsgalerie (Berlin), Dennis Kimmerich Gallery (Dusseldorf), Adler Gallery (Frankfurt/M.), Sfeir-Semler Gallery (Hamburg), Aurel Scheibler (Cologne), Sprüth Magers (Cologne/Munich) and Reinhard Hauff Gallery (Stuttgart) as well as the collectors Rainer Schmidt (Berlin/Hamburg) and Jens Pepper (Berlin), the Collection Ulla and Thomas Katzorke (Essen) and the Collection Deutsche Bank (Frankfurt/M.), the Collection aARTa (Mainz), Collection Falckenberg (Hamburg), Collection Bernd F. Künne (Hanover) and the Collection Horst Wanschura (Stuttgart). From the rest of Europe I would also like to thank Torch Gallery (Amsterdam), Upstream Gallery (Amsterdam), Diana Stigter Gallery (Amsterdam), Ellen de Bruijne Projects (Amsterdam), Evergreene (Geneva), Modern Art Inc. (London), The Saatchi Gallery (London), White Cube (London) as well as ABN AMRO Art Foundation (Amsterdam), Collection Rob Defares (Amsterdam) and Collection Adu Advaney (Amsterdam), Collection Haags Gemeente Museum (Den Haag), Collection Essl (Klosterneuburg near Vienna, Austria), Collection Van der Vorst (London) and Collection Köhn (Vienna). My warmest thanks also go to the many American collectors: OMC Gallery (Huntington Beach), Sandroni Rey (Los Angeles), Andrea Rosen Gallery (New York), team gallery (New York), Pace/MacGill (New York), I-20 Gallery (New York), Marian Goodman Gallery (New York/Paris), Sikkema Jenkins & Co. (New York), atm Gallery (New York), 303 Gallery (New York), Salon 94 (New York), Ratio 3 (San Francisco) and Catriona Jeffries Gallery (Vancouver) as well as the Collection Dean Valentine and Amy Adelson (Los Angeles), the Collection Debra and Dennis Scholl (Miami), the Rubell Family Collection (Miami) and last but not least the Hort Family Collection (New York).

The successful realization of such an elaborate exhibition project which includes more than fifty artists from many nations would not have been possible without the generous support of our sponsors and patrons. Among our corporate sponsors special thanks is owed to Sireo Real Estate, our main sponsor, and here in particular to Diego Fernández Reumann, Chief Executive Officer of Sireo.

The corporate management as well as the employees have accompanied this joint exhibition project not only with generous financial support but also with dedicated commitment and personal interest. We are very fortunate to be able to continue the cooperative partnership with Sireo, which began in 2005 again this year.

Furthermore, we owe thanks to the Mondriaan Foundation and the Consulate General of the Kingdom of the Netherlands, which made possible the participation of the Dutch artists Marc Bijl, Amie Dicke, Anuschka Blommers and Niels Schumm, Iris van Dongen and the artist couple, L. A. Raeven. We would also like to thank the British Council, the Embassy of the United States of America and the Canadian Embassy. As media partner for »The Youth of Today« we could win the *Frankfurter Rundschau* and the magazine for pop culture *SPEX*, whom we thank for their support.

In principal, like in every exhibition, our gratitude is owed to the City of Frankfurt and to Lord Mayor, Petra Roth, as the City's representative for all decision makers, and to Hans-Bernhard Nordhoff, the head of the cultural department, through whom our work is made possible in the first place.

For their knowledgeable and introductory catalogue contributions into the complex subject matter of the exhibition I would especially like to thank Mercedes Bunz, co-founder of the magazine for electronic life aspects *DE:BUG;* Jens Hoffmann, director of ICA exhibitions, London; Georg Seßlen, film- and culture critic; Niels Werber, philosopher and literary scholar; and Matthias Ulrich. In this context, I would like to say special thanks to Christoph Steinegger for his extraordinary catalogue design. The design for the advertizing campaign of the exhibition was conceptualized by Isabelle Brombach, who I thank cordially. I would also like to express my gratitude to Verlag der Buchhandlung Walther König, in particular to Herbert Abrell. Many thanks are also owed to Uta Hoffmann for her careful editing and to Michael Eldred and Brigitte Kalthoff for the translation of the catalogue essays.

The exhibition has called upon and received in extraordinary measure, the tireless commitment of the staff of the Schirn, which has been more than engaged and motivated in all the phases of the project, most of all Matthias Ulrich who conceptualized the exhibition with great dedication and in close collaboration with the artists. I would also like to thank Ronald Kammer for the technical direction of the project as well as Christian Teltz, Stefan Schäfer and Stefan Zimmermann in the technical team; Andreas Gundermann and the installation team; Elke Walter and Karin Grüning with Inga Weicke for organizing the loans; Stefanie Gundermann for restorative services; Inka Drögemüller with Lena Ludwig and Lisa Gutberlet for the marketing and Julia Lange and Elisabeth Häring for service to sponsors and partners;

Dorothea Apovnik with Simone Krämer and Sylvie Metz for the press work; Simone Boscheinen and Irmi Rauber for the educational program; Hanna Alsen and Stephanie Seubold for their assistance in many concerns; the administration under the direction of Klaus Burgold with Katja Weber and Selina Lehmann and all the other colleagues who were instrumental in the construction and realization of the exhibition. ❑

Frankfurter Rundschau

spex

Die Jugend von heute
The Youth of Today

Diese Publikation erscheint anlässlich der Ausstellung *Die Jugend von heute*
Schirn Kunsthalle Frankfurt 7. April bis 25. Juni 2006
This catalogue is published on the occasion of the exhibition *The Youth of Today*
Schirn Kunsthalle Frankfurt, 7 April – 25 June 2006

Herausgeber/*Editor* **Max Hollein, Matthias Ulrich**
Redaktion/*Co-Editor* **Matthias Ulrich**
Verlagslektorat/*Copy-Editing* **Uta Hoffmann**
Übersetzung/*Translation* (E – D/*E—G*) **Brigitte Kalthoff**, (D – E/*G—E*) **Michael Eldred, Uta Hoffmann**
Grafische Gestaltung/*Graphic Design* **Christoph Steinegger, Interkool**
Gesamtherstellung/*Production* **Plitt Printmanagement, Oberhausen**

Ausstellung/*Exhibition* **Schirn Kunsthalle Frankfurt**
Direktor/*Director* **Max Hollein**
Kurator/*Curator* **Matthias Ulrich**
Organisation/*Registrar* **Karin Grüning, Elke Walter** mit/*with* **Inga Weicke**
Technische Leitung/*Technical Direction* **Ronald Kammer** mit/*with* **Christian Teltz**
Presse/*Press* **Dorothea Apovnik, Simone Krämer, Sylvia Metz**
Marketing/Sponsoring **Inka Drögemüller** mit/*with*
Lena Ludwig, Lisa Gutberlet/Julia Lange, Elisabeth Häring
Pädagogik/*Education* **Simone Boscheinen, Irmi Rauber, Katja Helpensteller**
Leitung Hängeteam/*Supervison Installation Crew* **Andreas Gundermann**
Restauratoren/*Conservators* **Stefanie Gundermann, Stephanie Wagner**
Beleuchtung/*Lighting* **Stephan Zimmermann**
Verwaltung/*Administration* **Klaus Burgold, Katja Weber, Selina Lehmann**
Assistentin des Direktors/*Assistant to the Director* **Hanna Alsen**
Teamassistentin/*Teamassistant* **Stephanie Seubold**
Studentische Hilfskraft/*Student Assistant* **Katharina Weick**
Empfang/*Reception* **Josef Härig, Ingrid Müller**

© 2006 Schirn Kunsthalle Frankfurt,
Autoren/*authors* und/*and* Verlag der Buchhandlung
Walther König, Köln/*Cologne*

Erschienen im/*Published by*
Verlag der Buchhandlung Walther König, Köln/*Cologne*
Ehrenstr. 4, 50672 Köln/*Cologne*
Tel. +49 (0) 221/20 59 6-53
Email: verlag@buchhandlung-walther-koenig.de

Vertrieb ausserhalb Europas/*Distribution outside Europe*
D.A.P. Distributed Art Publishers, Inc., NY
155 Sixth Avenue
New York, NY 10013
Tel 212-627-1999
Fax 212-627-9484

ISBN 3-86560-071-9

Printed in Germany

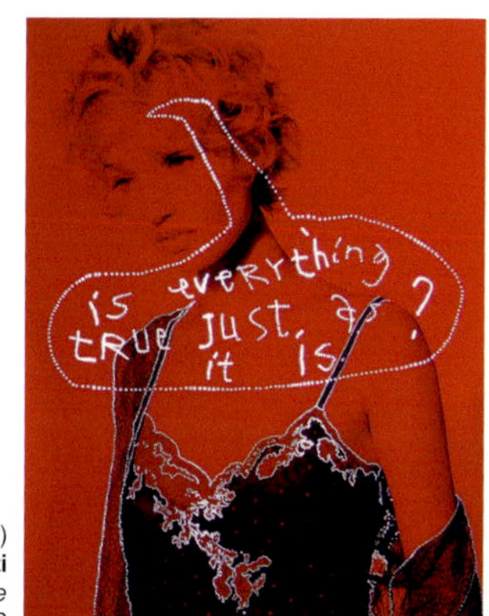

(Cover)
Daniele Buetti
*Is everything true
just as it is?*, 2002

Politik/Revolte
Politics/Revolt

If they mess with us

If we think might mess with us

If we say they might mess with us
we think we need a wer,

We need a wer

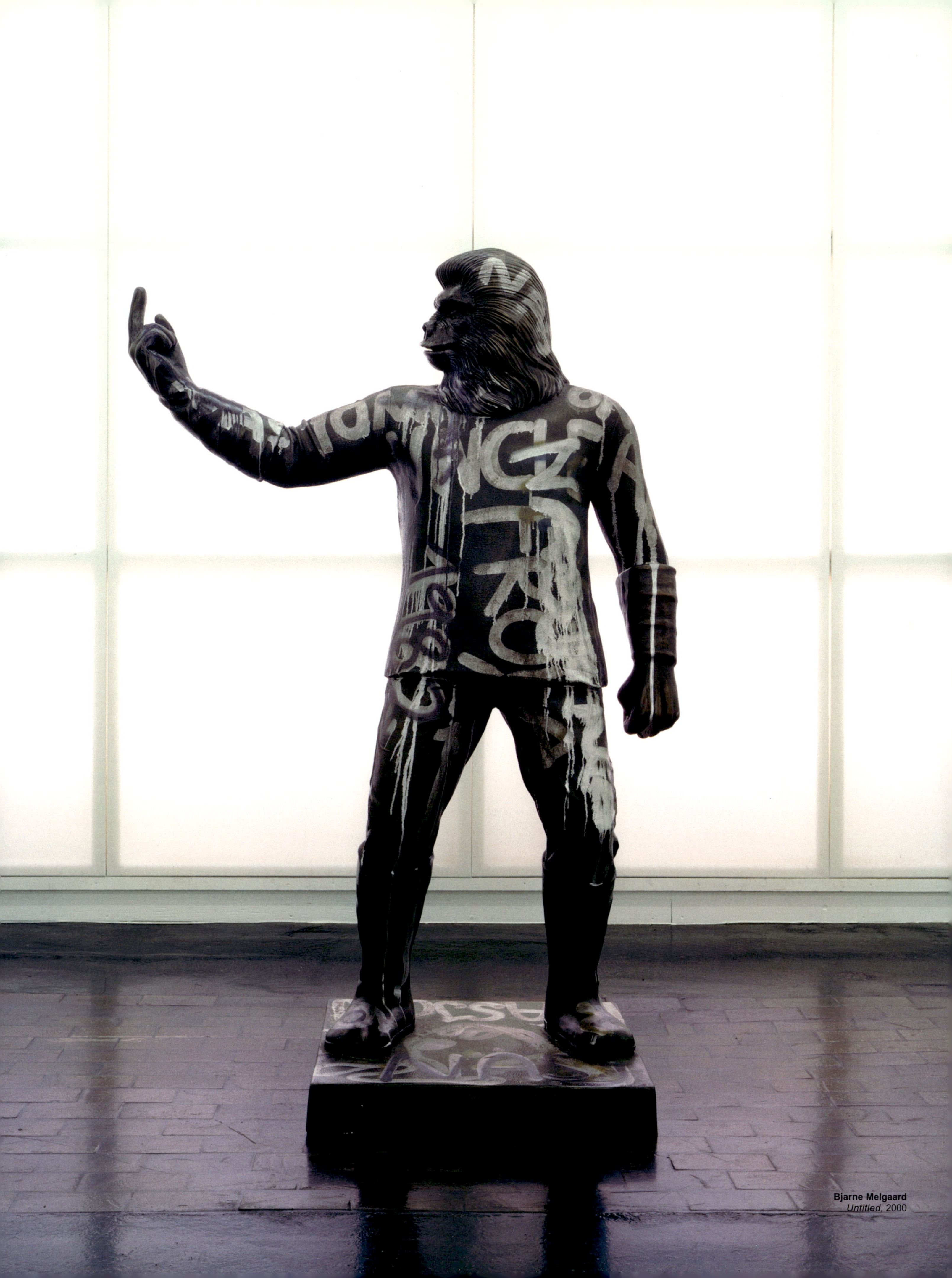

Bjarne Melgaard
Untitled, 2000

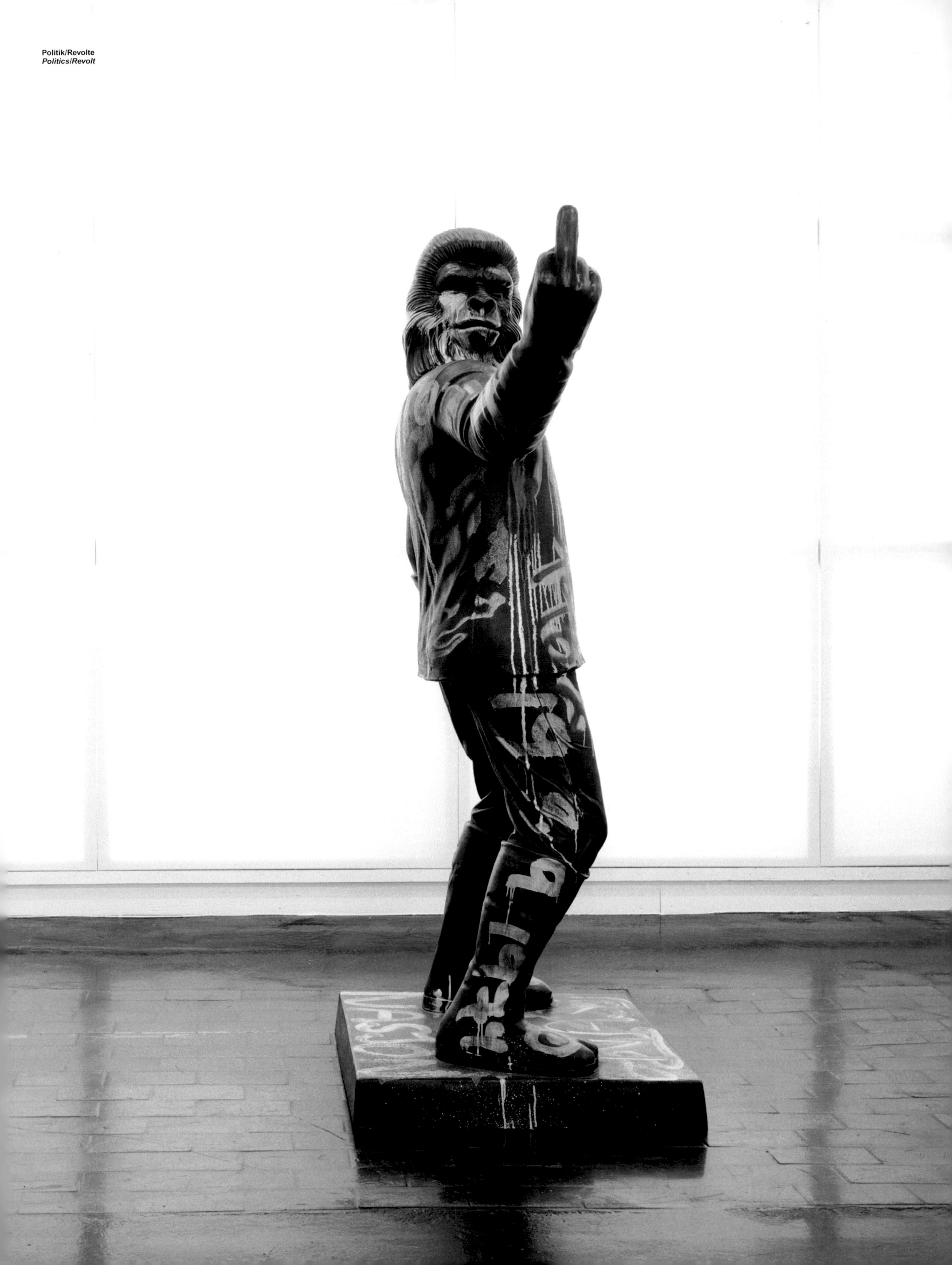

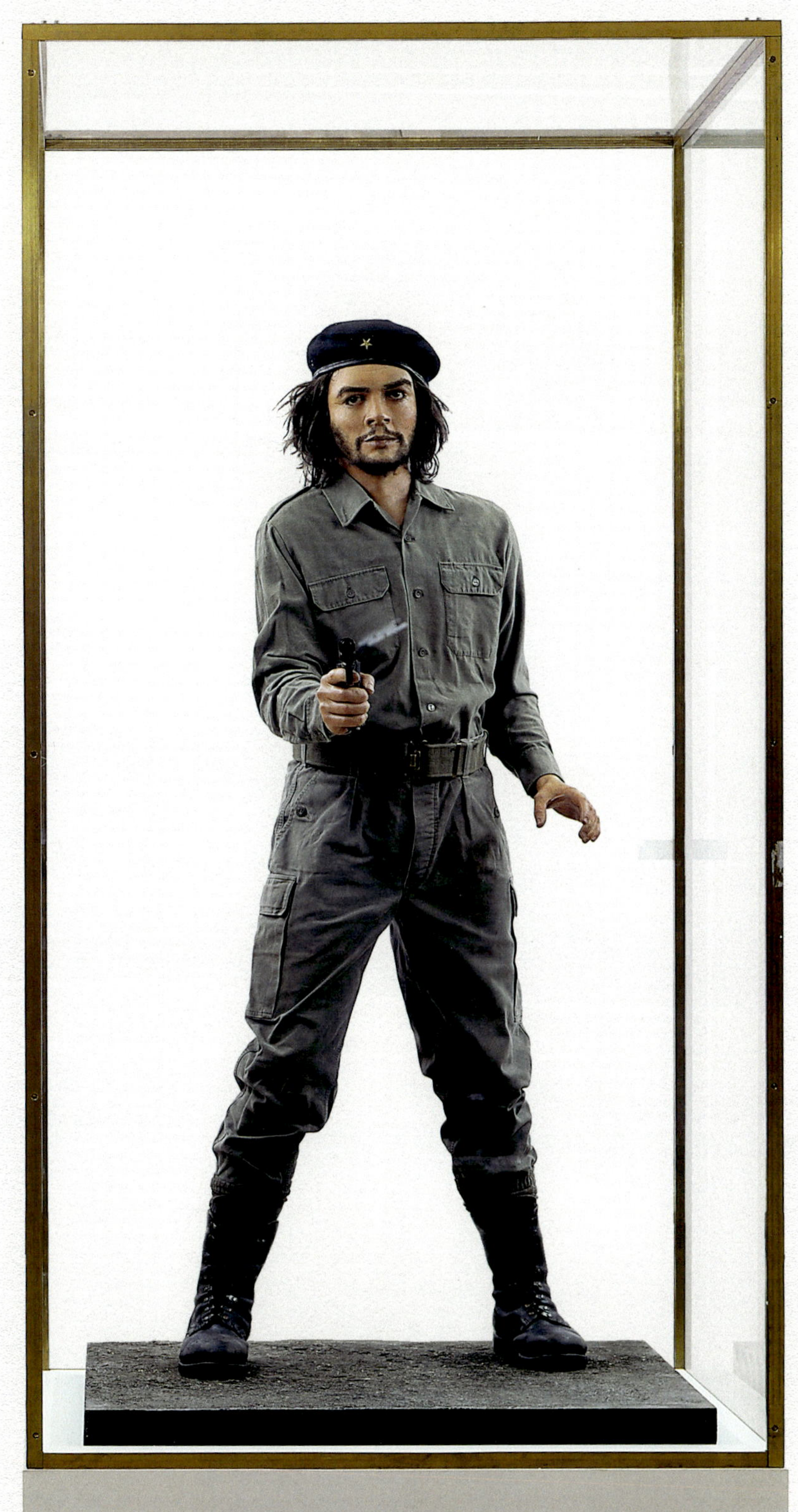

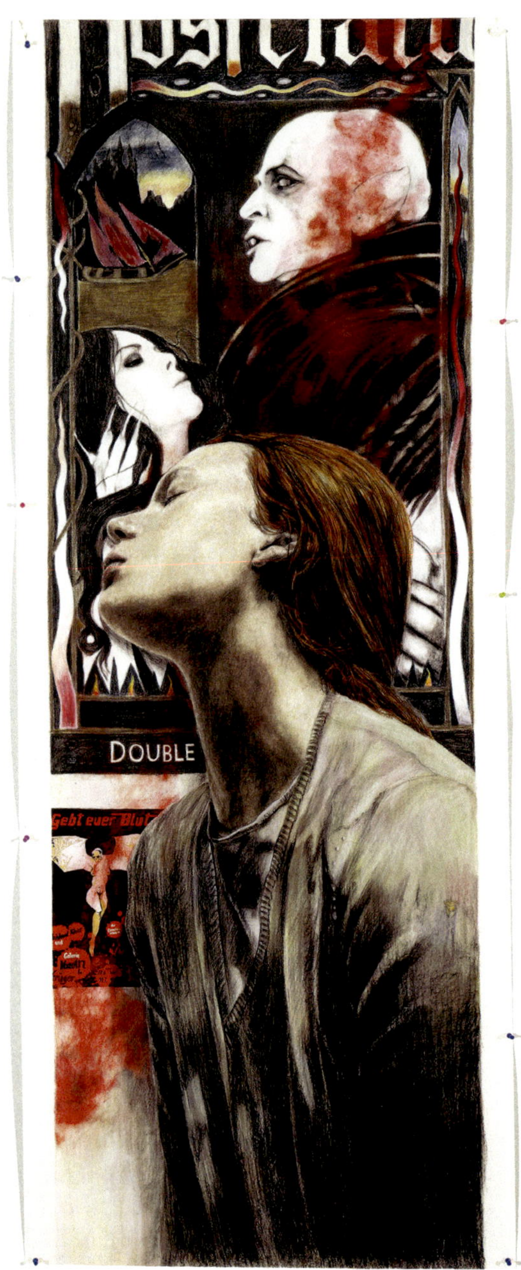

Iris van Dongen
Double, 2005

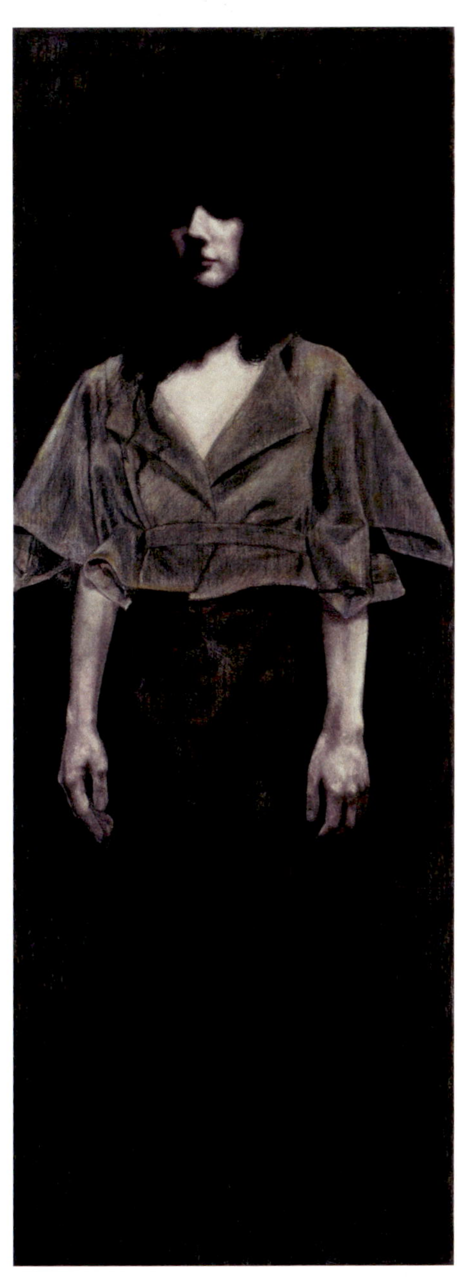

Separate Sister, 2005

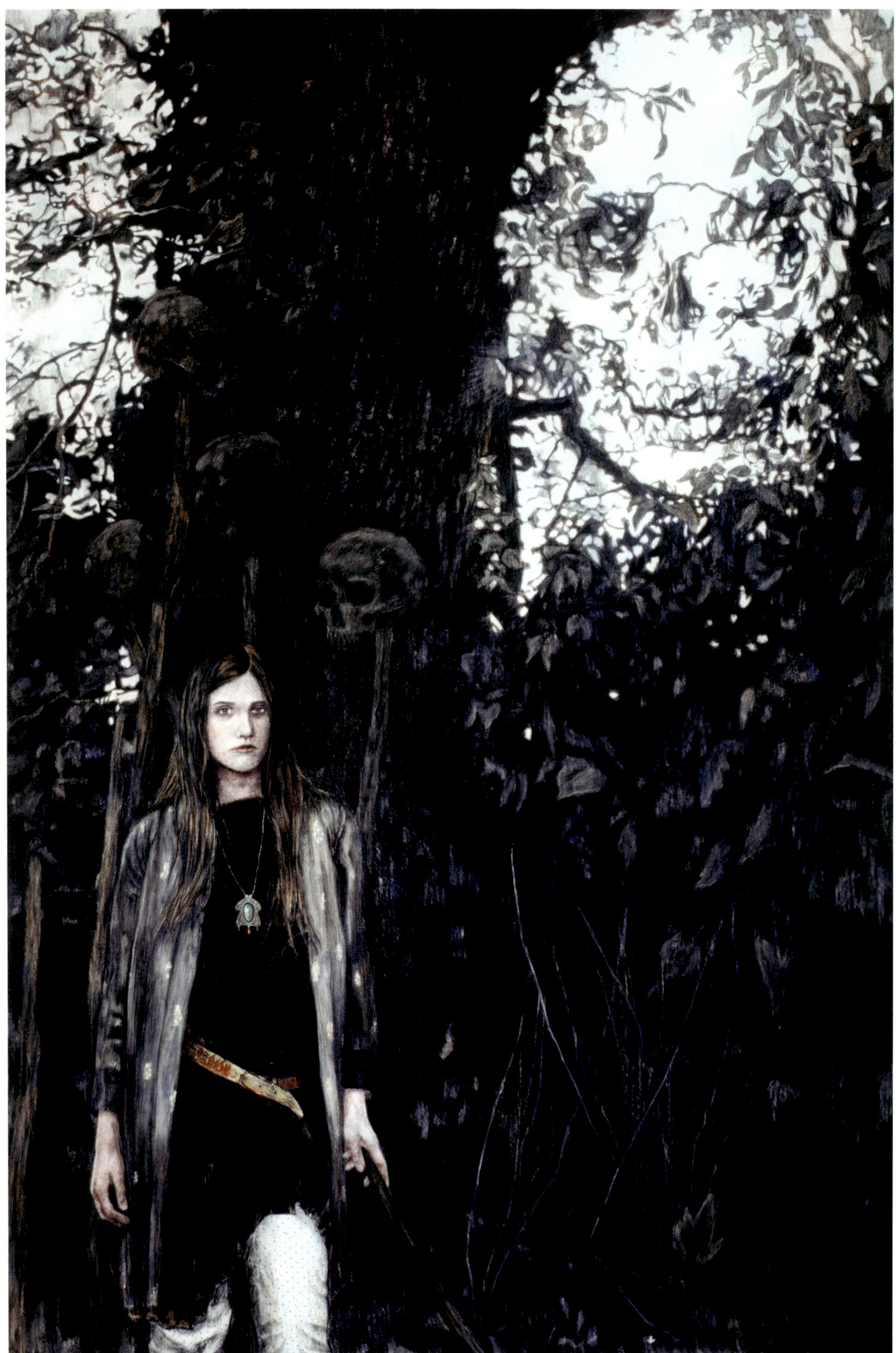

Iris van Dongen *She's the night*, 2005

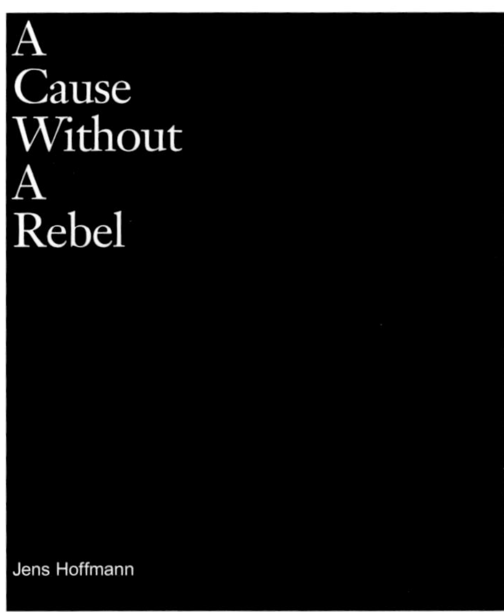

Jens Hoffmann

Teenager sind ein relativ neues Phänomen, das sich vor etwa fünfzig Jahren entwickelte, als Jugendliche erstmals als eigene gesellschaftliche Gruppe klassifiziert wurden, die sich selbst durch ihre Ablehnung der politischen und moralischen Grundsätze, der kulturellen Traditionen und des konservativen Lebensstils der Generation ihrer Eltern definierte. Während die Eltern, die den Krieg erlebt und überlebt hatten, traditionelle Familienwerte in den Vordergrund stellten, um ihre gerade wieder erreichte finanzielle Abgesichertheit zu schützen, lehnten ihre Kinder dieses Sicherheitsdenken und den damit verbundenen Acht-Stunden-Arbeitsalltag als in ihren Augen monoton und restriktiv ab. An diesem Punkt wurde das Klischee des verwirrten und rebellischen Teenagers, eines leidenden und nach seiner Identität suchenden Außenseiters, der sich aufgrund einer gestörten Beziehung zur Welt der Erwachsenen verängstigt und entfremdet fühlt, geboren.

Während in der ersten Hälfte des letzten Jahrhunderts schwere körperliche Arbeit für junge Menschen – und nicht nur innerhalb der Arbeiterklasse – noch allgemein üblich und weit verbreitet war, half der Wirtschaftsboom der Nachkriegszeit, eine wohlhabendere Mittelschicht zu etablieren, die die Teenager freizügiger als je zuvor mit Taschengeld versorgte. Dieser neue finanzielle Überfluss führte unter anderem zum Entstehen einer Jugendkultur, und die Teenager wurden schnell für den Markt überaus interessant. Nicht nur die Musik- und Mode-

industrie, sondern auch beinahe alle anderen kommerziellen Branchen stellten sich so stark auf die Bedürfnisse und Wünsche der Jugend als mögliche Konsumenten mit riesigem verfügbarem Einkommen ein, dass nahezu alles aufgegriffen und in ein Produkt verwandelt wurde, ganz gleich, wie rebellisch und gegen die Gesellschaft gerichtet es ursprünglich auch erschienen sein mochte. Und so haben im Laufe der letzten zwanzig Jahre die Teenager ihren Außenseiterstatus verloren, und der so genannte Generationenkonflikt wurde erfolgreich gelöst. Heute ist die Rebellion der Teenager, wie wir sie aus früheren Jahrzehnten kennen, nur noch ein historisches Kuriosum. Ein Teenager-Rebell zu sein ist sowohl unmöglich als auch sinnlos. Nahezu alle Attribute des rebellischen Teenager-Verhaltens sind von der Popkultur dekonstruiert und aufgesogen worden. Während in den 1970er Jahren das Tragen eines T-Shirts mit dem aufgedruckten Portrait Che Guevaras noch die Ablehnung amerikanischer Politik signalisierte, trägt man es heute als Ausdruck des Paradoxons, dass eine der wichtigsten Ikonen des Antikapitalismus des 20. Jahrhunderts zum Symbol der Popkultur und wie jedes andere Logo auf T-Shirts, Plakaten, Aufklebern, Kaffeebechern und Transparenten zur Ware wurde.

Nicht, dass es nichts mehr gäbe, gegen das man rebellieren könnte, und dass die Welt plötzlich zu einem fairen und friedlichen Ort geworden wäre. Von Kriegen und bewaffneten Konflikten auf der ganzen Welt bis hin zur Obdachlosigkeit und Armut direkt vor unserer Tür, von der ständig zunehmenden Kommerzialisierung aller Aspekte des Alltags bis hin zur anhaltenden Ausbeutung und Zerstörung unserer natürlichen Ressourcen, von der Verletzung der Menschenrechte und vom Rassismus bis hin zum Abbau des öffentlichen Gesundheitswesens gibt es genügend ernste Themen, um die man sich Sorgen machen muss. Doch das bequeme Leben führt dazu, dass die meisten, sobald sie den Fernseher ausgestellt oder die Zeitung beiseite gelegt haben, schnell den deprimierenden und beunruhigenden Zustand der Dinge vergessen. Während viele Teenager vorangegangener

Generationen ihrer Angst und Wut über die Welt in gewaltsamen Ausbrüchen Ausdruck verliehen, nehmen die Teenager von heute einfach eine Prozak und machen weiter. Der wichtigste Unterschied gegenüber vorangegangenen Generationen ist jedoch der, dass weder die Jungen noch die Alten heute glauben, eine Lösung für die wichtigsten aktuellen Probleme zu haben. Keine großartige Theorie oder Ideologie, die in der Vergangenheit häufig Anlass für Meinungsverschiedenheiten zwischen den Generationen waren, bietet eine realisierbare Alternative.

Das Teenagerleben ist in der westlichen Welt zur vorherrschenden Gemütsverfassung geworden. Erwachsene – weit in den Fünfzigern und mit der Popkultur, die im Wesentlichen eine Jugendkultur ist, aufgewachsen – lesen und verstehen problemlos die Chiffren und Symbole der Teenager-Kultur, und in einer beinahe paradoxen Umkehrung rebellieren heute nicht die Teenager, sondern die Dreißig- und Vierzigjährigen, die sich weigern, erwachsen zu werden und es vorziehen, in einer endlos verlängerten Pubertät zu verharren, die den üblichen Übergang von der Jugend zum Erwachsensein zu einer Sache der Vergangenheit macht. Als Hauptkonsumenten von Videospielen zum Beispiel erweist sich die Gruppe der über Dreißigjährigen, und die Musikindustrie lebt vor allem von den anhaltenden Vorlieben und der Nostalgie der alternden Fans von Punk, Heavy Metal, Rock und mittlerweile Techno.

Es ist nicht so, dass die Teenager heute keine Schwierigkeiten mehr hätten, erwachsen zu werden und die Regeln und Kodizes der Erwachsenenwelt zu begreifen. Doch die Rebellion ist, wenn überhaupt, zu einer eher introvertierten Privatsache, einer Rebellion hinter verschlossenen Türen und nur auf Einladung, geworden. Zur Mikropolitik der heutigen Rave- und Techno-Kultur gehören die peinlich genauen Details in Kleidung und Geschmack, erkennbar nur für die wenigen Auserwählten, die Bescheid wissen. Einer jugendlichen Subkultur anzugehören ist eine Form von Ablehnung des Mainstream, die eine

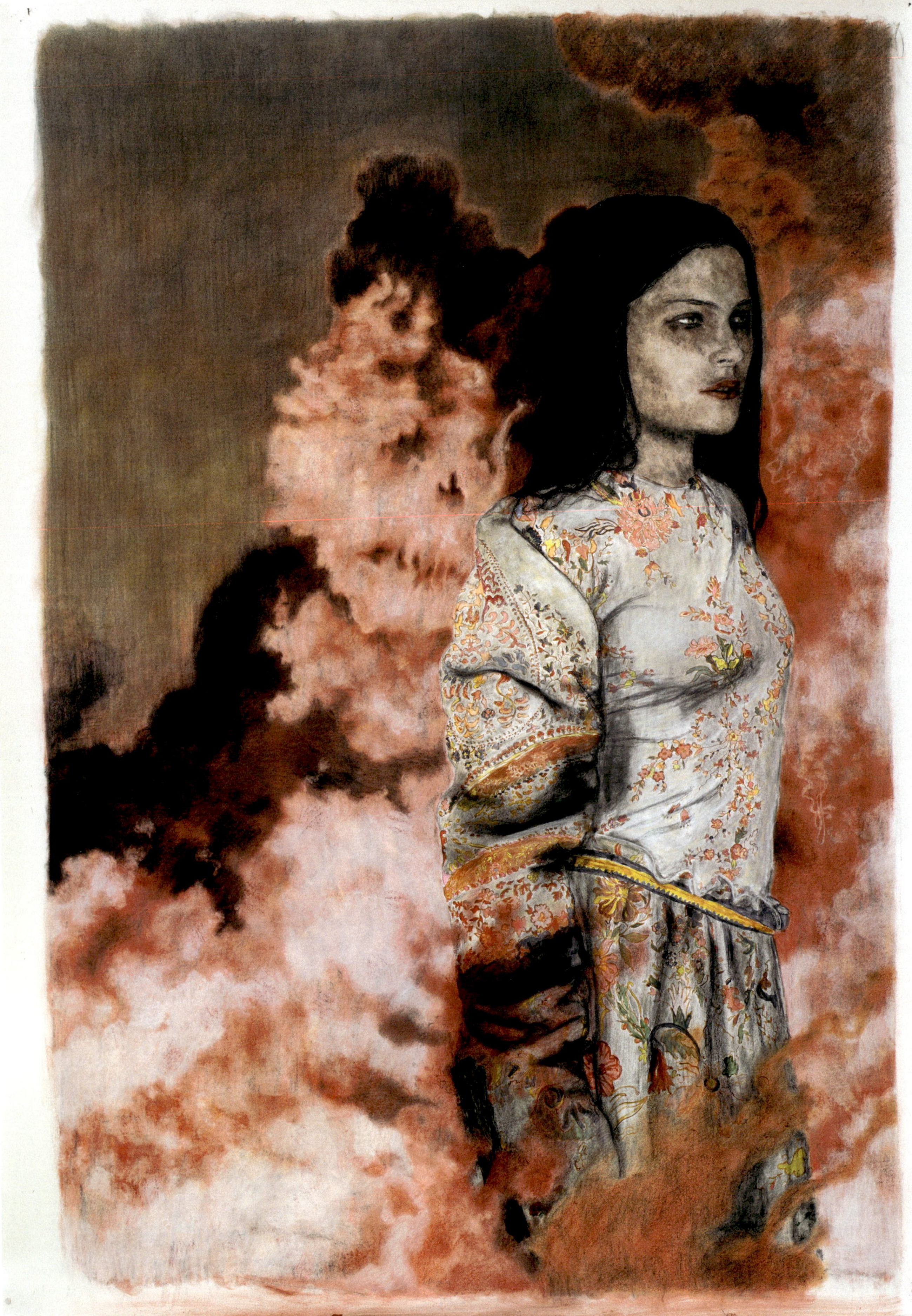

Iris van Dongen *Dragon*, 2004

genaue Beobachtung und Beteiligung an den Feinheiten eines komplexen Zusammenspiels von Kodizes, Symbolen und Metaphern erfordert, das darauf abzielt, Nichteingeweihte auszuschließen.

Die letzte ernsthafte antiautoritäre Bewegung, die eine Rebellion formulierte, war der Punk. Aber wie zahllose andere rebellische Haltungen wurde auch er schnell vom Mainstream aufgesogen und entwaffnet. Am einen Tag war es *Anarchy in the UK*, und am nächsten sehen wir, wie die Queen mit einer Reihe berühmter Popstars, die selbst bereits in den Fünfzigern sind und gleichwohl weiterhin die Rolle der Teenager-Rebellen spielen, ihr goldenes Amtsjubiläum auf der Bühne feiert.

Nun mag man sich fragen, was das alles mit bildenden Künstlern und ihrer Arbeit zu tun hat. Bildende Künstler haben immer als Rebellen, als so genannte *enfants terribles* gegolten, deren Leben nicht den Regeln und Konventionen der übrigen Gesellschaft entsprach. Von Dada bis hin zu Warhols Factory war die Kunstszene immer ein Zufluchtsort für Widerstand und Gegenkultur, die die Kunst dazu nutzte, das Establishment zu provozieren und die Autoritäten zu empören.

Vor allem in England, der Geburtsstätte des Punk, sind die Kunst und die Künstler in der Hoffnung, die Glaubwürdigkeit und das Flair des Underground würden so auf sie übergehen, eng an der Jugend und der populären Kultur geblieben. Seit etwa einem Jahrzehnt bemühen sie sich, ihren Status als Rebellen im Zentrum des Establishments zu wahren. Was heute unter dem Begriff »Young British Artists« als das künstlerische Phänomen der 1990er Jahre bekannt ist (dessen führender Kopf, Damien Hirst, sogar einmal als der Johnny Rotten der Kunstszene beschrieben wurde), entwickelte sich aus dem Punk und übertrug dessen antiautoritäre Gestik in den Kontext der Kunst. Die meisten der YBA-Künstler waren Ende der 1970er Jahre Teenager und wurden durch die aufsässige Haltung, den Sound und die Texte von Bands wie *The Clash* und *Sex Pistols* wie auch durch den damals ganz allgemein rebellischen Zeitgeist sozialisiert. In den Arbeiten der YBA-Künstler waren die rebellischen Aktionen des Punk jedoch bereits nur noch ein Schatten dessen, was sie einst gewesen waren, und genau so wie der Punk selbst wurden auch die YBA-Künstler schnell gezähmt und vom Mainstream der britischen Kultur bereitwillig integriert, und zwar in einem im Rest der Welt nie erreichten Ausmaß. So wie Johnny Rotten heute in Reality-Shows im britischen Fernsehen auftritt, sind YBA-Künstler selbst zu Prominenten geworden, wie Tracey Emins zahllose Auftritte in den Klatschspalten englischer Modezeitschriften und in Fernseh-Talkshows beweisen.

Als die YBA-Künstler Anfang der 1990er Jahre erstmals auftauchten, war der Großteil ihrer Arbeiten für das britische Kunstpublikum ein echter Schock. Sexueller Missbrauch, traurige Kindheit, Gewalt und Drogen wurden als Themen zur Sprache gebracht. Es war, als sei der Unterleib der Gesellschaft im Vorzimmer aufgetaucht. Doch dieser Schock dauerte nur kurz. Der – für so viele anfänglich rebellische Bewegungen typische – nachfolgende Ausverkauf begann in dem Moment, als gerissene Sammler und großspurige Händler auf der Bildfläche erschienen (was selbst wiederum ein Nebeneffekt des Flirts der Künstler mit der Infamie war), und die Geschichte war schon wieder vorbei, bevor sie richtig angefangen oder Zeit gehabt hatte, sich zu entwickeln.

Ein Werk in der Ausstellung, das die Dekonstruktion des Teenager-Rebellen und den so genannten Ausverkauf des Künstlers als Held der Subkultur perfekt beschreibt, ist eine Arbeit von Gavin Turk, einem der Hauptvertreter der YBA-Künstler. Diese Arbeit mit dem schlichten Titel *Che* (1999) ist eine verblüffende, lebensgroße Wachsfigur, nicht unähnlich denen, die man im berühmten Wachsfigurenkabinett der Madame Tussaud, einer der bekanntesten Touristenattraktionen Londons, findet. Die nach dem Abbild des toten Revolutionärs wie auch nach Turks eigenem modellierte Skulptur ist in einer großen Glasvitrine auf einem Sockel ausgestellt, wie ein Relikt aus prähistorischer Zeit in einem Museum für Kulturgeschichte.

Hier ist der Künstler eindeutig als Revolutionär portraitiert, aber als Revolutionär, der vom Establishment und vom kulturellen Mainstream gleichermaßen deaktiviert worden ist und nur noch als eine Attraktion unter vielen an einem Touristenziel fungiert. Da passt perfekt, dass *Che* tatsächlich erstmals in der Galerie Saatchi ausgestellt wurde, die dafür bekannt ist, dass sie künstlerische Integrität auf Stromlinienform bringt und bei Kunst vor allem darauf achtet, dass sie Empörung hervorruft und einen Skandal provoziert, aber auch dafür, dass sie finanziell spekuliert. Ein paar Jahre zuvor hatte der Künstler in seiner Skulptur von sich selbst als Sid Vicious in der Haltung von Warhols *Elvis* als schießendem Cowboy bereits das öffentliche Bild einer anderen Ikone der Gegenkultur übernommen. Genau wie Turks *Che* spielt *Pop* (1993) mit dem Gedanken einer Kultur, die jeden Ausdruck von Rebellion gleichzeitig bewundert und neutralisiert. Pop war eines der Schlüsselwerke in der berüchtigten Ausstellung *Sensation*, die 1997 in der Royal Acadmy of Art stattfand und in den Augen vieler den Niedergang der jungen britischen Kunstszene markierte, einer Kunstszene, von der selbst der Sammler Charles Saatchi, einer der wichtigsten Förderer der Generation der YBA-Künstler, kürzlich sagte, sie habe nicht viel mehr als eine Fußnote zur Kunstgeschichte beigetragen. Dass das so ist, ist möglicherweise auch ihm zu verdanken. ❑

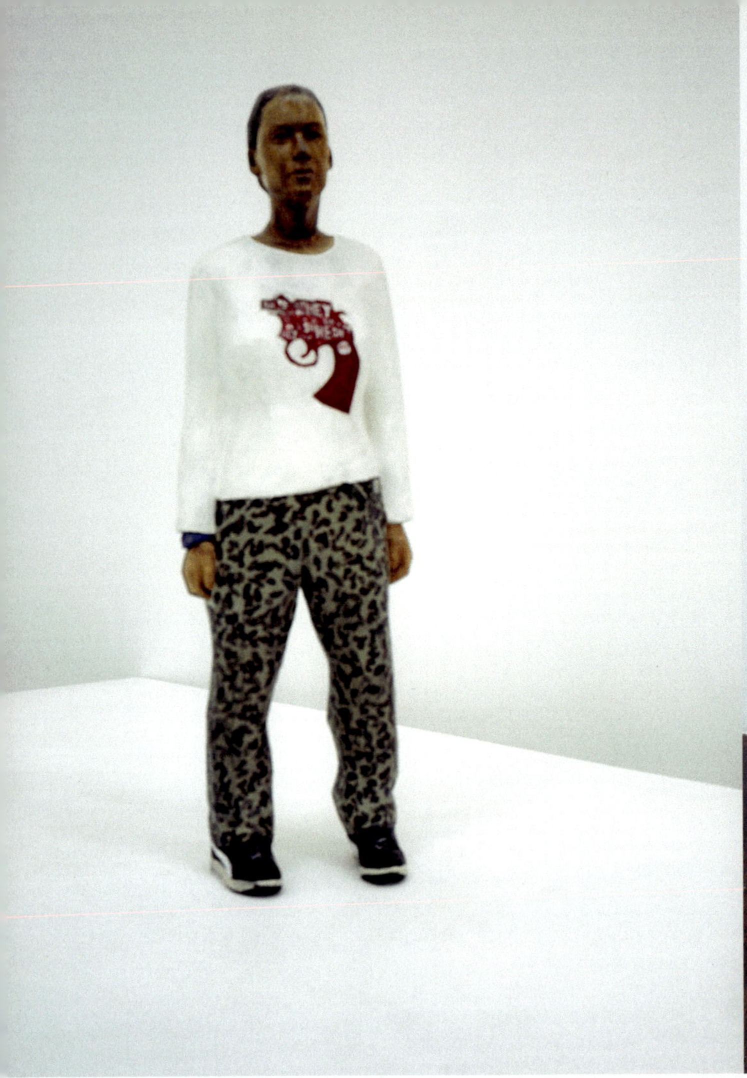

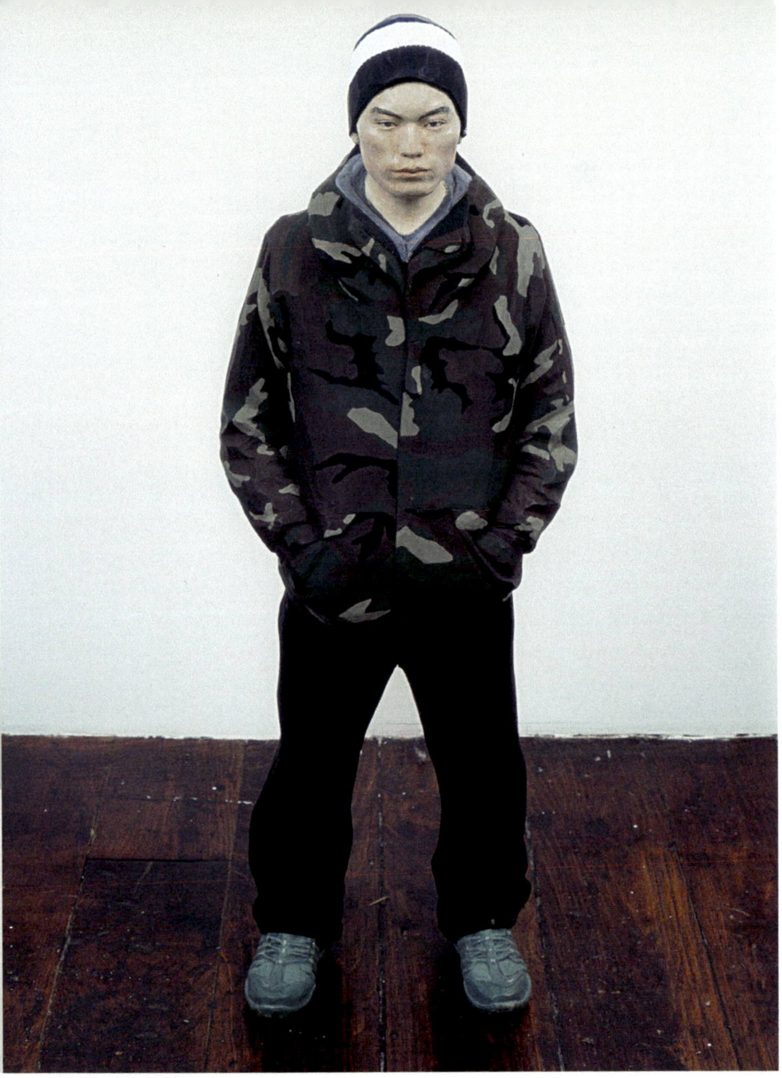

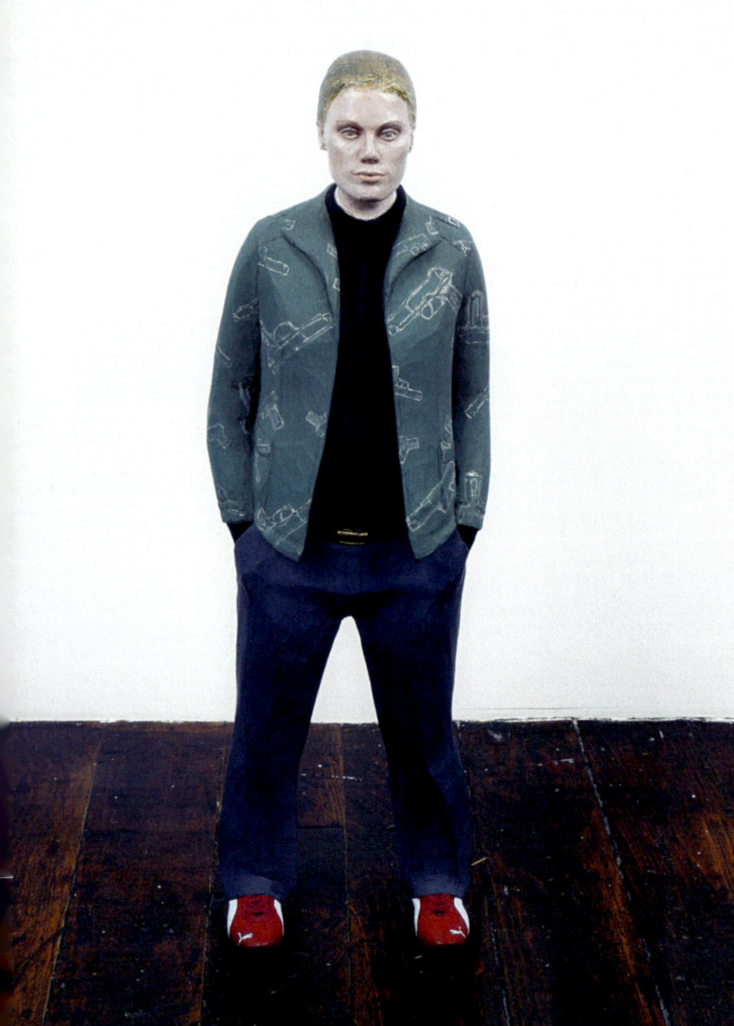

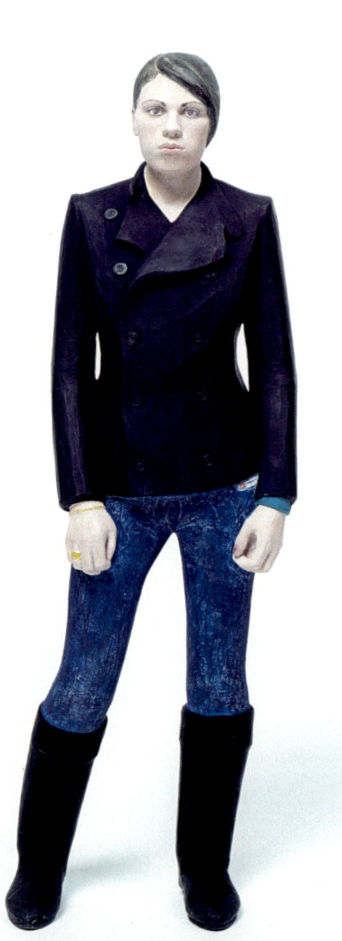

Tomoaki Suzuki
Emma, 1999
Fumiyasu, 2002

Lucy, 2003
Gemma, 2004

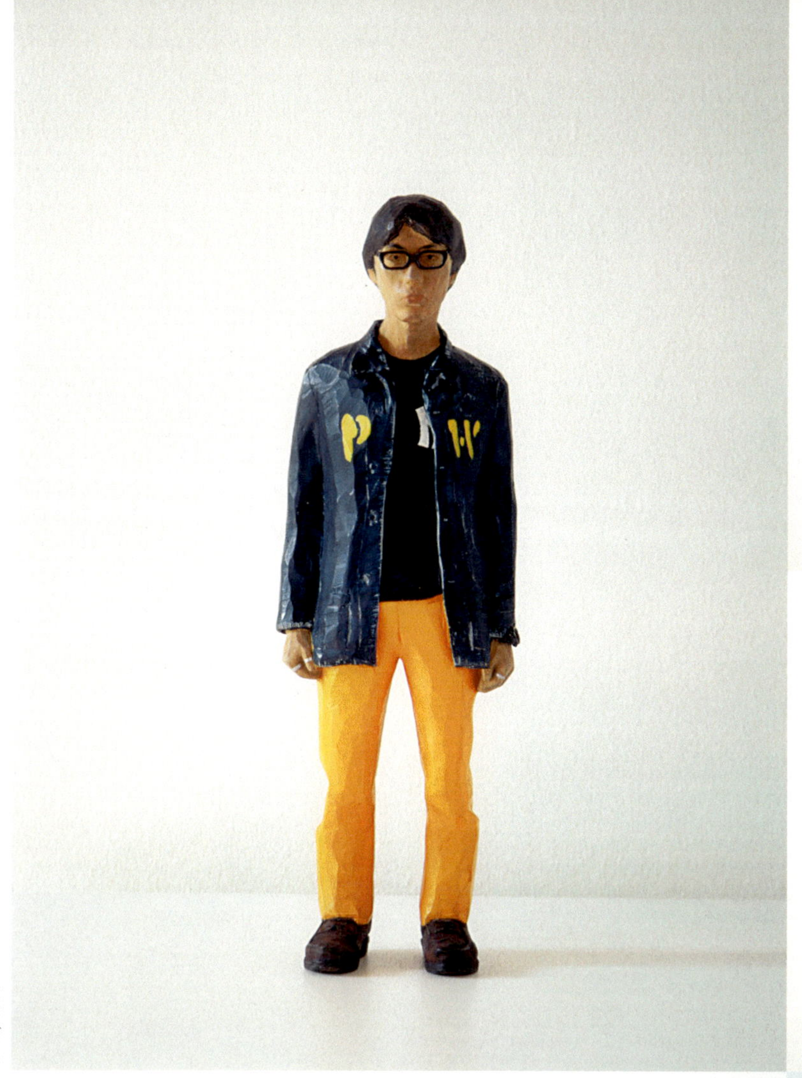
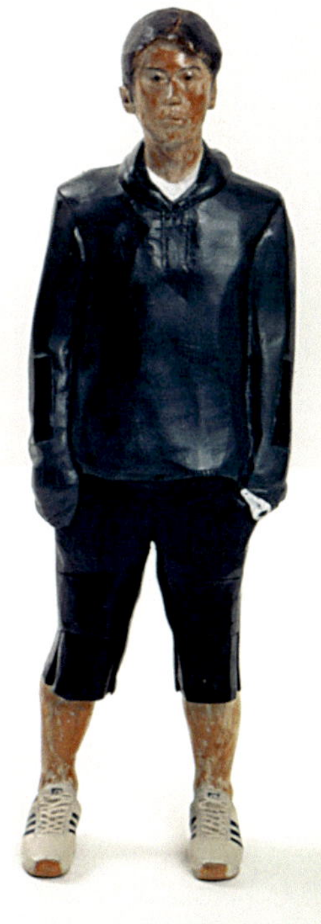

Satoru, 1999
Tomo, 1999

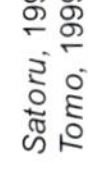
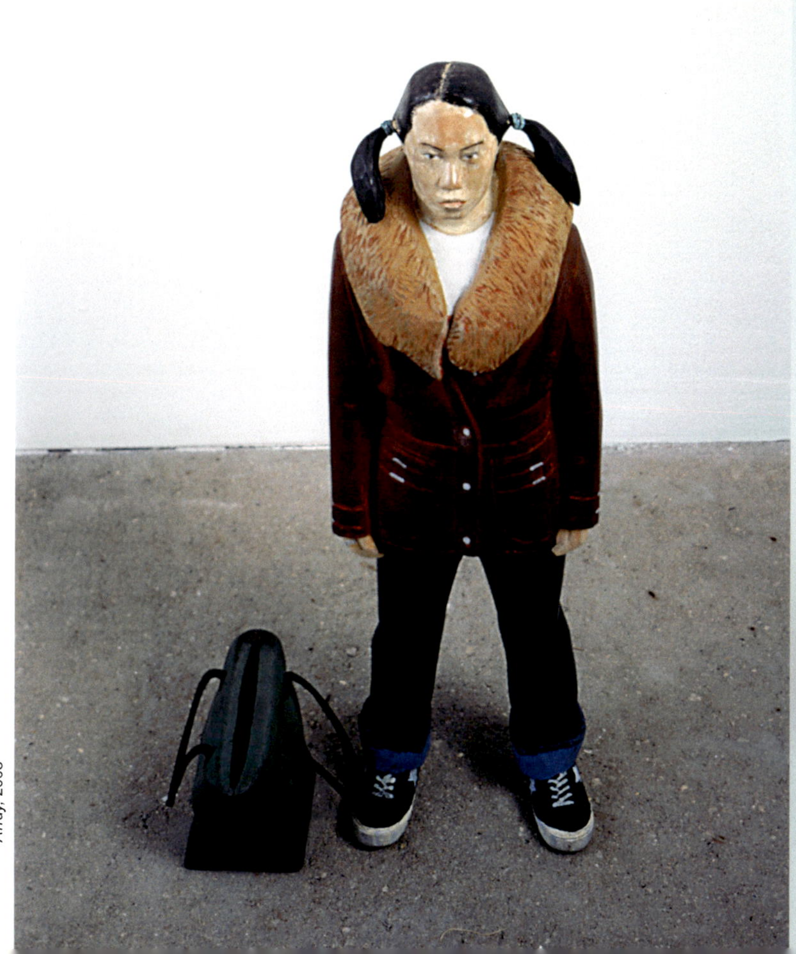
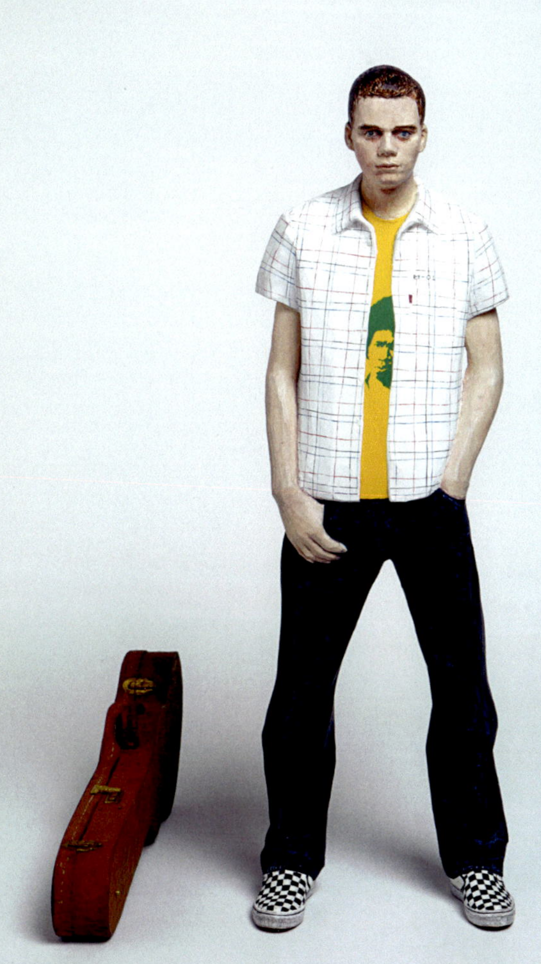

Yasuyo, 1999
Andy, 2003

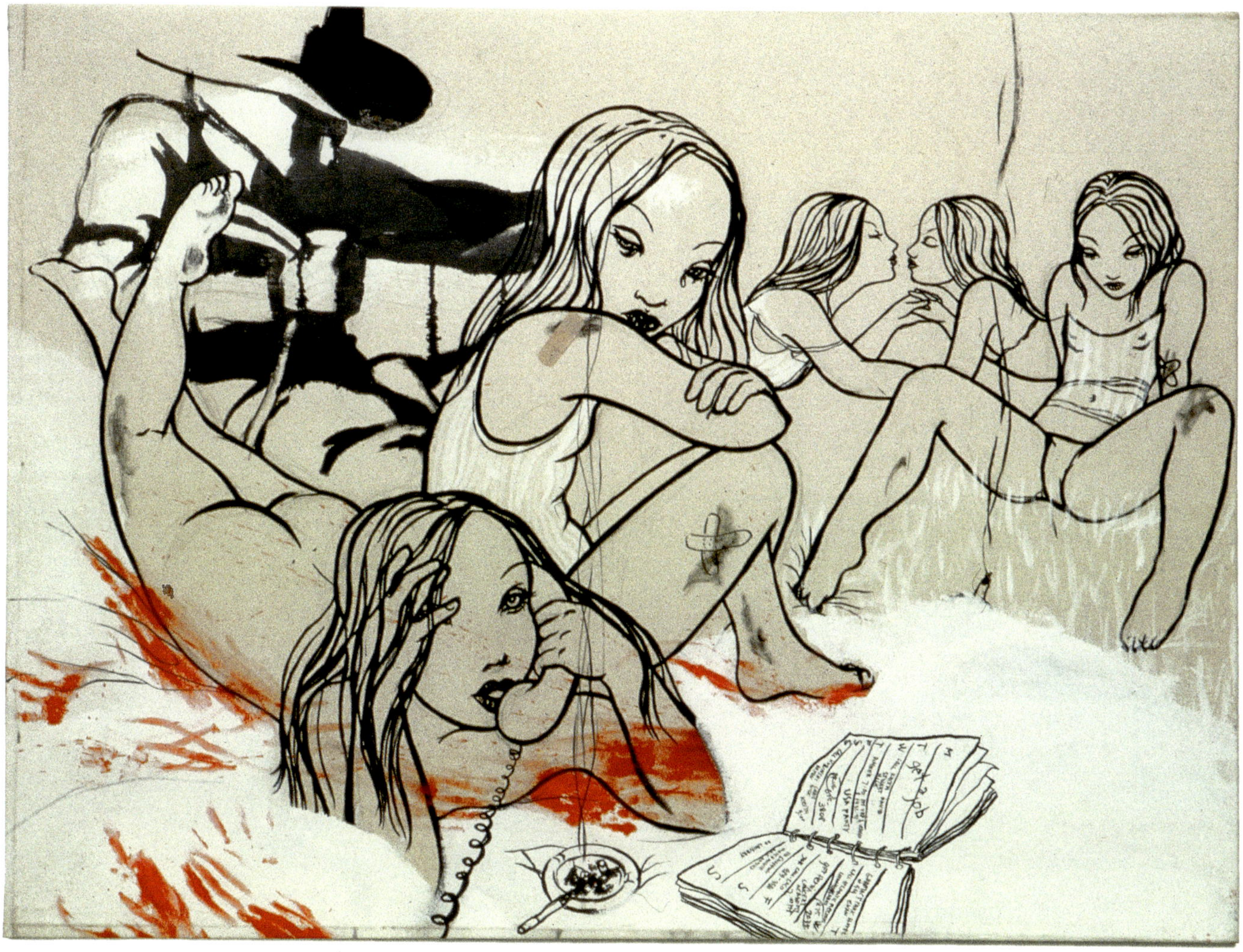

Rita Ackermann
Get a job, 1993

Speedy Girls, 1993

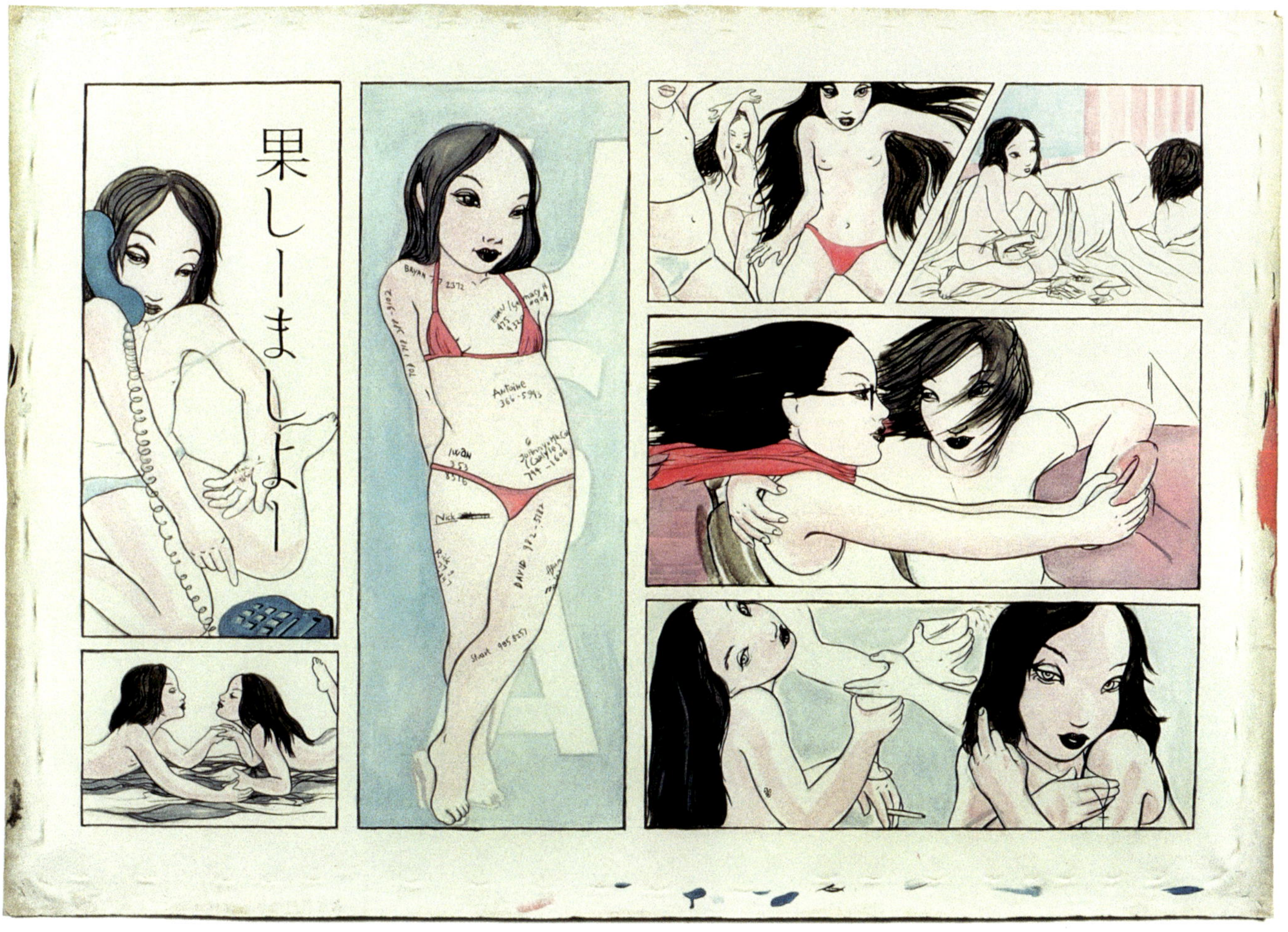

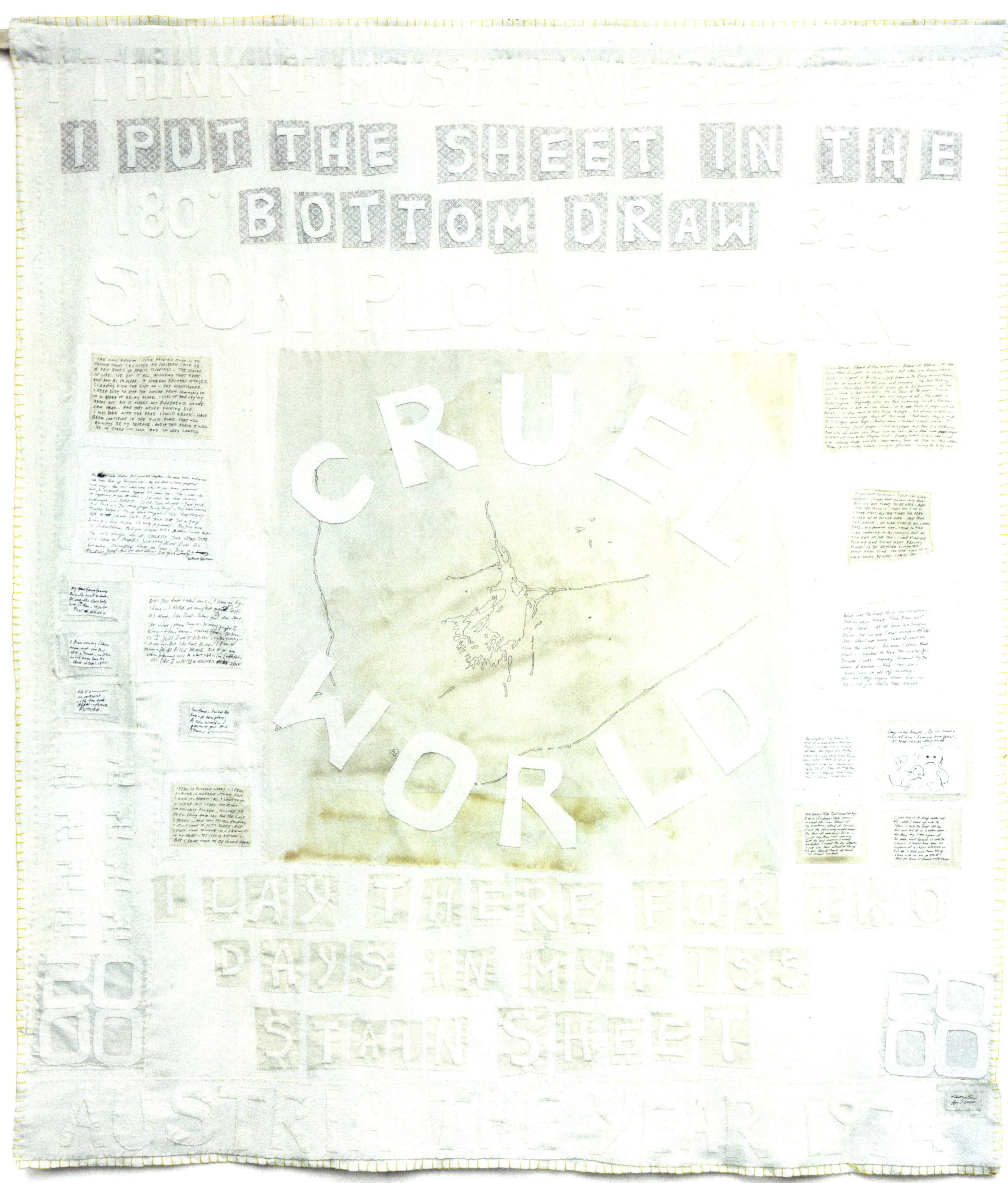

Tracey Emin
I think it must have been fear, 2000

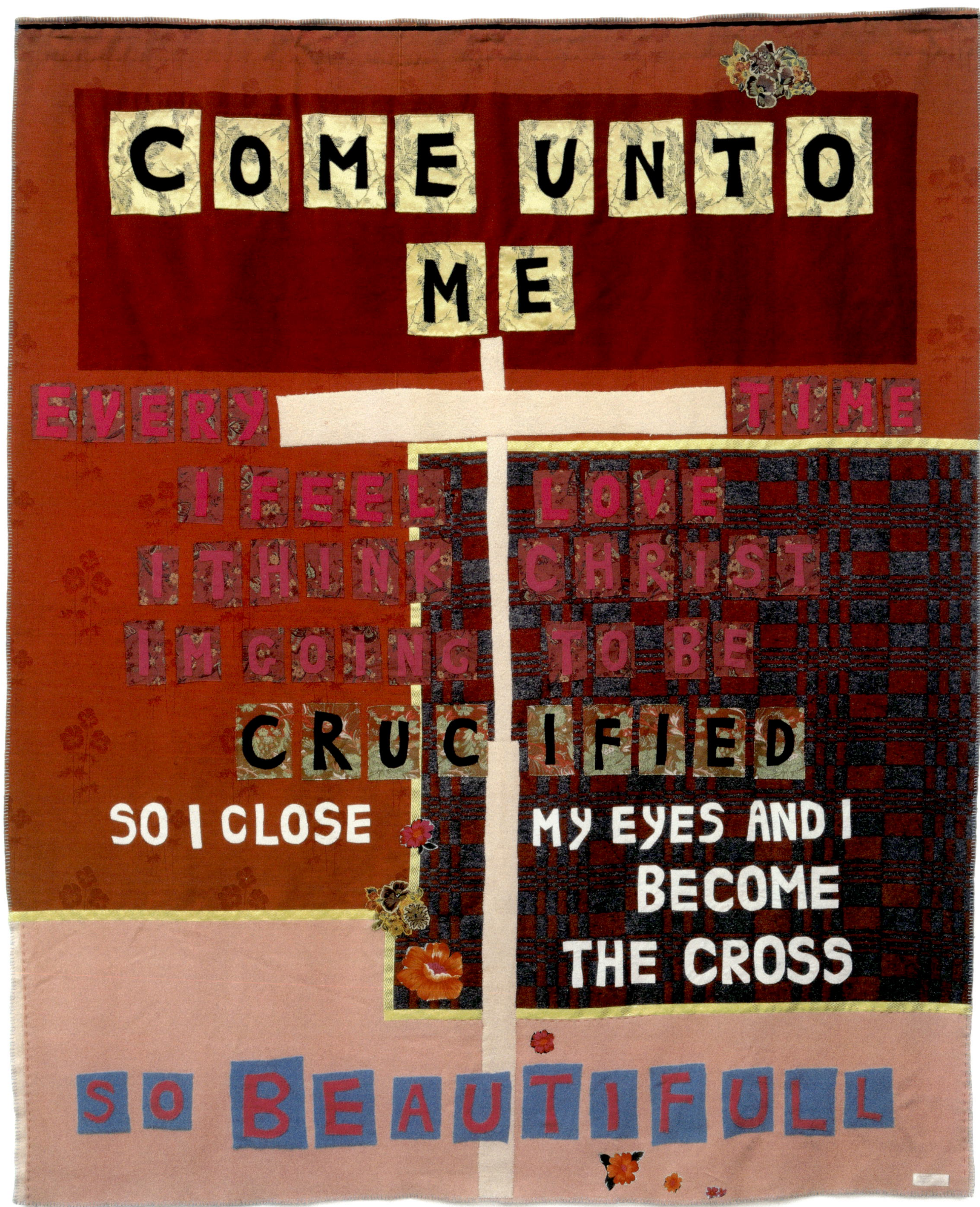

Automatic orgasm, 2001

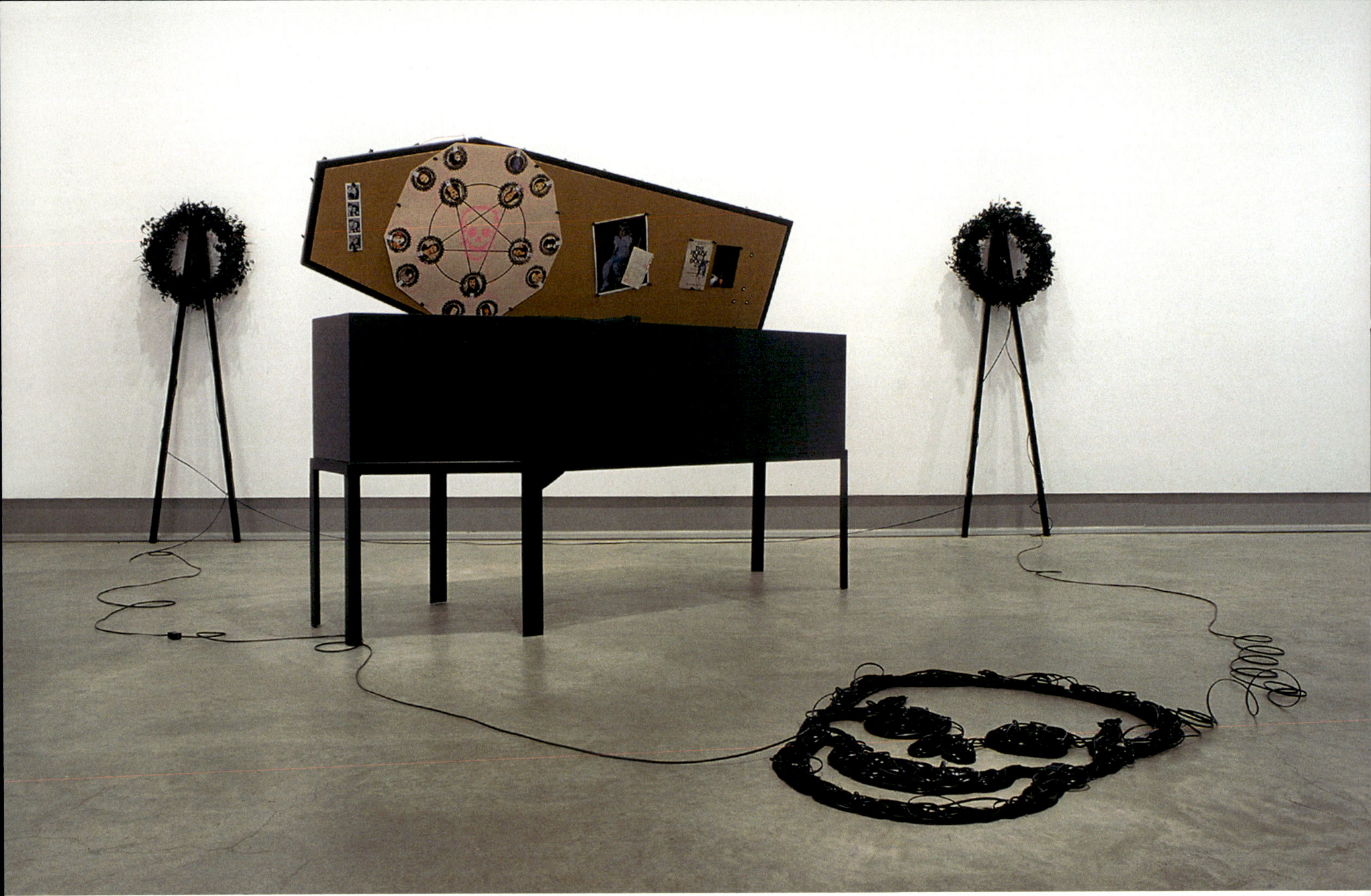

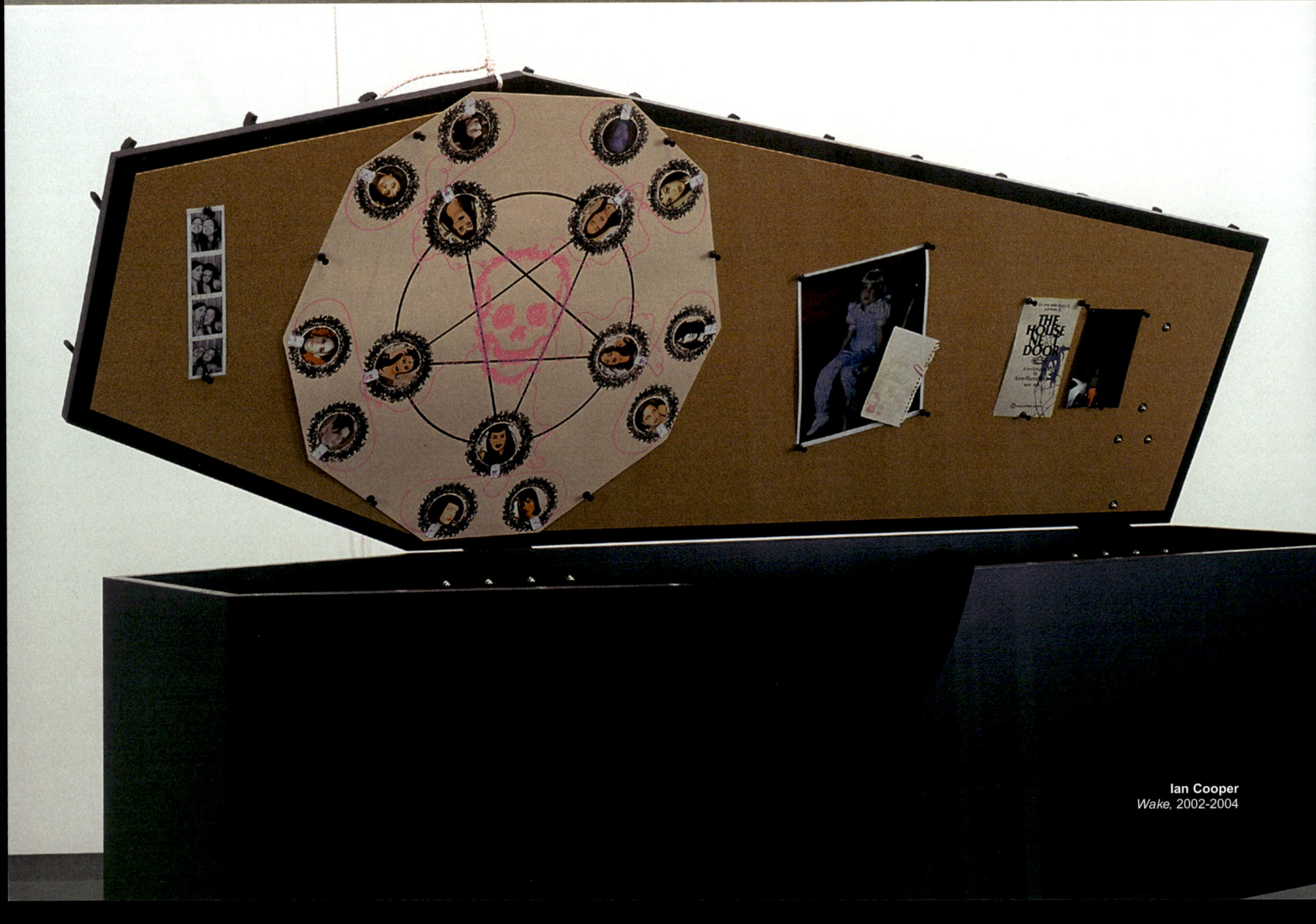

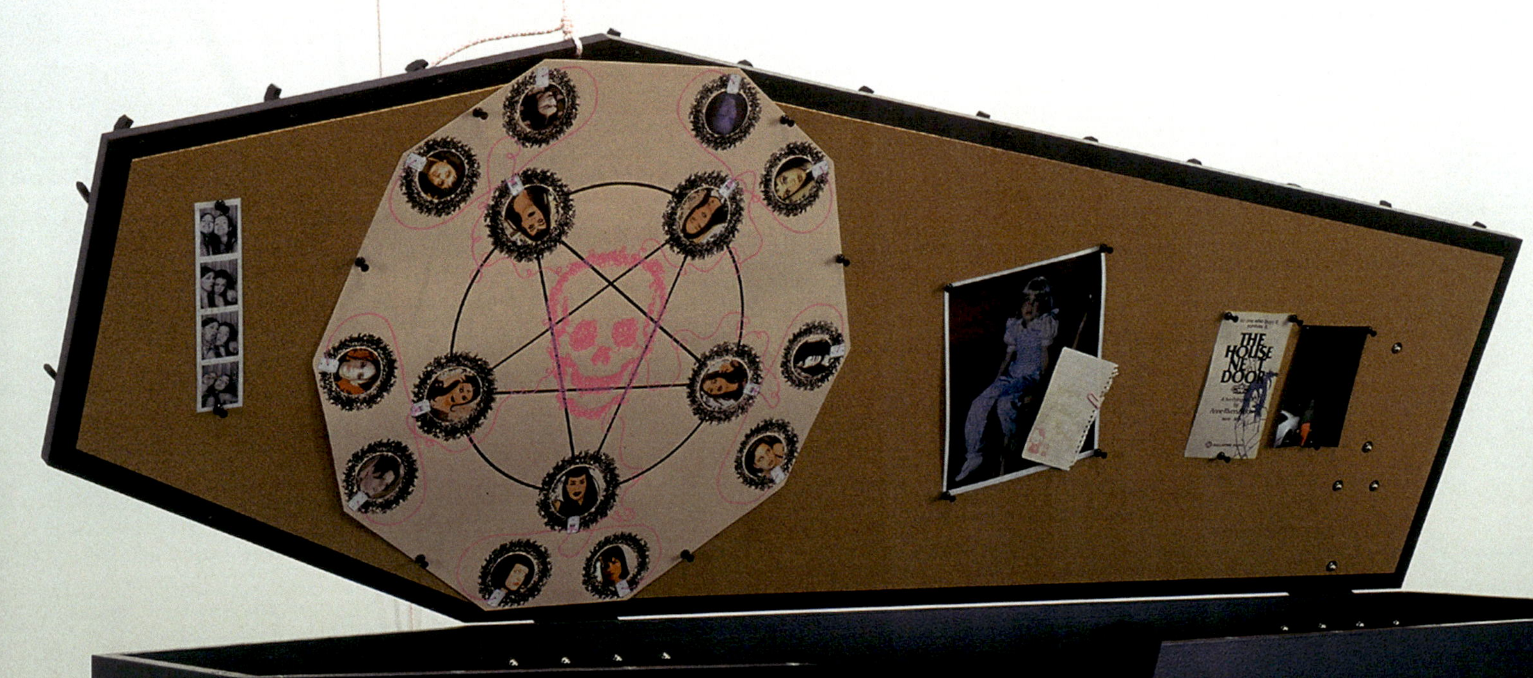

Ian Cooper
Wake, 2002-2004

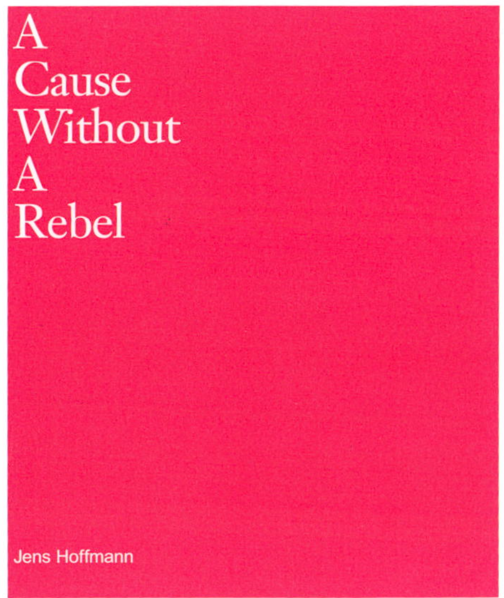

Teenagers are a relatively recent phenomenon: originating about fifty years ago when young people were first classified as a social group of their own and defined themselves by rejecting the political and moral principles, the cultural traditions and the conservative lifestyles of their parents' generation. While the parents, who had lived through the war, were privileging traditional family values to safeguard their newly found financial stability, the children generally dismissed this longing for security and its nine-to-five routine as a way of life that they viewed as monotonous and restrictive. It was at this point that the cliché of the confused and rebellious teenager, a troubled and identity-seeking outsider, who is anguished and alienated as a result of a dysfunctional relationship to the adult world, was born.

While during the first half of the last century labor for young people, not only those of the working class, was still common and widespread, the postwar economic boom helped to establish a more affluent middle class that provided teenagers with more freely received pocket money than ever before. Partly as a result of this new excess wealth, youth culture began to emerge and teenagers quickly became of great interest to marketers. Not only have the music and fashion industry but also almost all other fields of the commercial world become so attuned to the needs and desires of the youth as possible consumers with huge amounts of disposable income to spend that almost everything, no matter how rebellious and antisocial it initially appeared, is absorbed and transformed into a product. Consequently, over the last twenty years, teenagers have lost their outsider status and the so-called generational conflict has effectively been solved. By now teenage rebellion as we know it from previous decades is merely a historical curiosity. Being a teenage rebel is both impossible and pointless. Almost all attributes of rebellious teenage behavior have been deconstructed and adopted by popular culture. While wearing a Che Guevara T-shirt in the 1970s signified one's opposition to American politics, today it is worn to express the paradox that one of the principal anti-capitalist icons of the twentieth century became a symbol of pop culture commodified on T-shirts, posters, stickers, coffee mugs and banners just like any other logo.

It is not as if there is no longer anything to rebel against and that the world has all of a sudden become a fair and peaceful place. From wars and armed conflicts around the globe to homelessness and poverty right in front of our door, from the ever-increasing commercialization of all aspects of daily live to the ongoing exploitation and destruction of our natural resources, from human rights violations and racism to the decrease of the public health system there are enough serious issues to worry about. Yet comfort of living is such that as soon as the TV is turned off or the newspapers set aside most forget rapidly about the depressing and disturbing state of affairs. While many teenagers of previous generations expressed their anxiety and anger about the world in violent outbursts, teenagers today simply pop a Prozac and move on. But the main difference to previous generations is that neither young nor old now believe they hold any solutions or answers to the major problems of the day. No grand theory or ideology offers a viable alternative, which in the past were often the cause for disagreements between the generations.

Teenage life has essentially become the dominant state of mind in the Western world. Adults way into their fifties who grew up with pop culture,

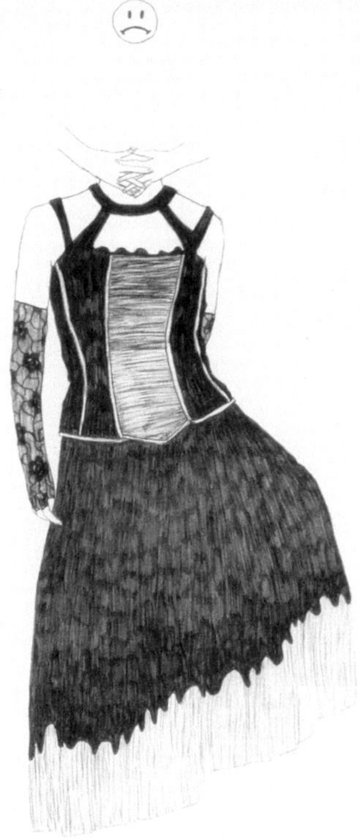

Rachel Howe
Frown, 2004

which is essentially youth culture, can read and understand the codes and symbols of teenage culture without any difficulties and in an almost paradoxical turn it is now not the teenagers that are rebelling but adults in their thirties and forties who are refusing to grow up and prefer to be caught in what appears like an endlessly extended puberty, making the usual transition from adolescence to adulthood a thing of the past. The main consumers of video games for example transpire to be the over-thirty bracket and the music industry is fuelled by the ongoing affections and the nostalgia of ageing punk, metal, rock, and now techno enthusiasts.

It is not that teenagers today do not have trouble growing up and figuring out the rules and codes of the adult world but if anything rebellion has become more introverted, a more private affair, it has become a rebellion behind closed doors and by invitation only. The micro political practices of contemporary rave and techno culture involve the minute details of dress and taste discernable only to the select few in the know. Belonging to a youth subculture is a form of mainstream rejection that requires detailed observation and participation in the finer points of a complex game of codes, symbols and metaphors that aims to exclude the uninitiated.

The last serious anti-authoritarian movement that formulated a rebellion was Punk. But Punk like countless other rebellious attitudes was quickly embraced by the mainstream and unarmed. One day it was *Anarchy in the UK* and the next we see the Queen celebrating her golden jubilee on stage with a group of celebrated pop stars who themselves are already in their fifties yet continue to play out the teenage rebel role.

One might wonder where art and artists fit into this discussion? Artists have always been understood as rebels, the so-called *enfants terribles,* whose life did not conform to the rules and conventions of the rest of society. From Dada to Warhol's Factory the art world has always been a haven for resistance and counter culture, employing art to provoke the establishment and outrage authorities.

Especially in England, the birthplace of Punk, art and artists have remained close to youth and popular culture in the hope that it would provide them and their work with the credibility and flair of the underground. For the last decade or so, artists in the United Kingdom have wanted to retain the status of rebel in the heart of the establishment. What is today known as the 1990s art phenomenon »Young British Artists« grew out of Punk (its leading figure, Damien Hirst, was even once described as the Johnny Rotten of the art world) and carried its anti-authoritarian gestures into the context of the art world. Most YBA artists were teenagers during the late 1970s and were socialized by the insubordinate attitude, the sound and the lyrics of bands such as *The Clash* and the *Sex Pistols* as well as the generally rebellious *Zeitgeist.* Yet, in the work of the YBA artists the rebellious acts of Punk were already only a shadow of what they once were and, just as Punk itself was, the YBAs were quickly tamed and happily adopted by mainstream British culture to a degree that is without parallel in the rest of the world. Just as Johnny Rotten appears now on British reality TV shows, YBA artists have become celebrities in their own right as demonstrated by the countless appearances of Tracey Emin in the gossip pages of British fashion magazines and television talk shows.

When the YBA artists first emerged in the early 1990s, most of their work was a genuine shock for British art audiences. Sexual abuse, miserable childhoods, violence and drugs were all topics to be aired. It was as if the underbelly of society had arrived in the front room. But this element of shock lasted only for a short moment. The subsequent sellout, so typical for many initially rebellious movements, began and as soon as savvy collectors and swanky dealers arrived on the scene (a by-product itself of the artists own flirtation with infamy) the story was over before it had ever begun or had room to develop.

One work in the exhibition that perfectly describes the deconstruction of the teenage rebel and the so-called sellout of the artist as a sub-cultural hero is a piece by one of the YBA

artists' main figures, Gavin Turk. Titled simply *Che* (1999) the piece is a stunning life-size wax figure not unlike those one finds in one of London's most renowned tourist attractions, the famous wax figure museum of Madame Tussaud's. The sculpture that is modeled after the dead revolutionary as well as after Turk himself is displayed under a large glass case on a plinth just like a relic from a pre-historic time in a cultural history museum. Here the artist is clearly portrayed as a revolutionary but a revolutionary who has similarly been deactivated by the establishment and the cultural mainstream, merely functioning as another attraction at a tourist spot. It was only too perfect that *Che* was in fact first exhibited at the Saatchi Gallery that is known for the streamlining of artistic integrity and mostly looking at art to provoke outrage and scandal as well as for financial speculation. A few years earlier, the artist already took on the persona of another icon of counter-culture with a sculpture of himself as Sid Vicious in the stance of Warhol's *Elvis* as a gunshooting cowboy. Just like Turk's *Che,* the piece *Pop* (1993) is playing with the idea of a culture that both admires and simultaneously neutralizes any expression of rebellion. *Pop* was a central piece in the infamous *Sensation* exhibition at the Royal Academy of Art in 1997, widely considered the meltdown of the young British art scene, a scene to which even collector Charles Saatchi, one of the main supporters of the YBA generation, recently referred to as not adding up to much more than a footnote in the history of art. That this is the case is probably also due to him. ❏

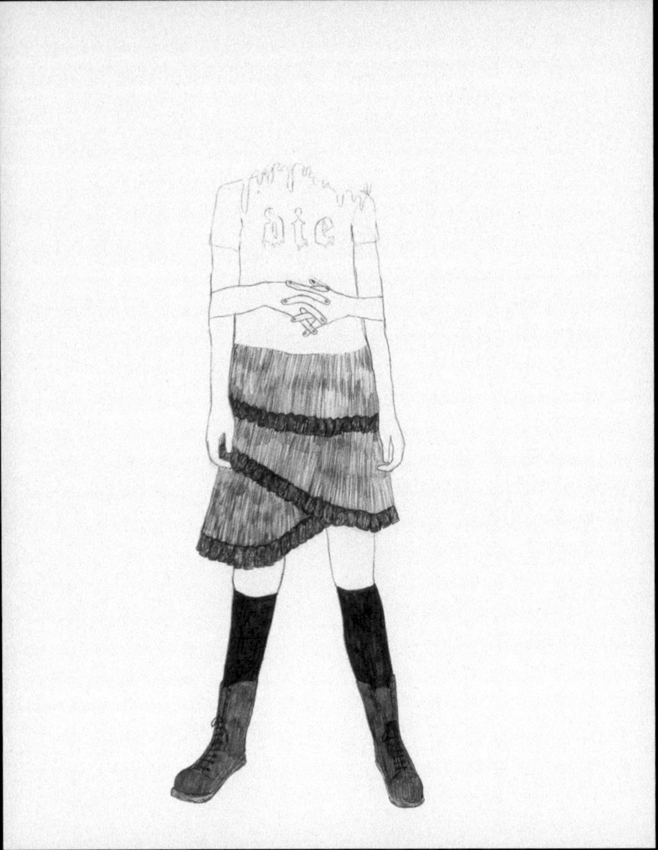

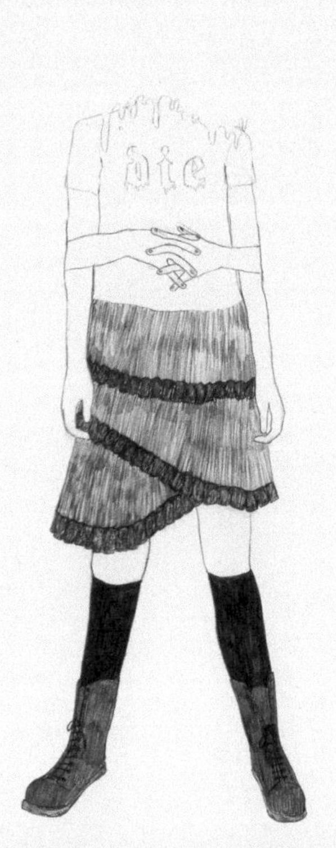

Rachel Howe
Die, 2004

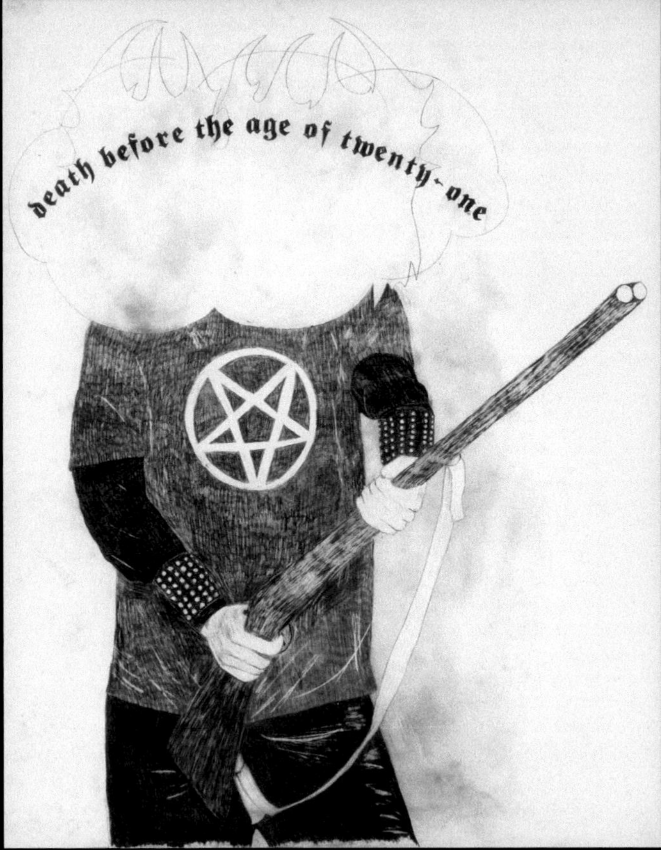

Death befor the age of 21, 2003

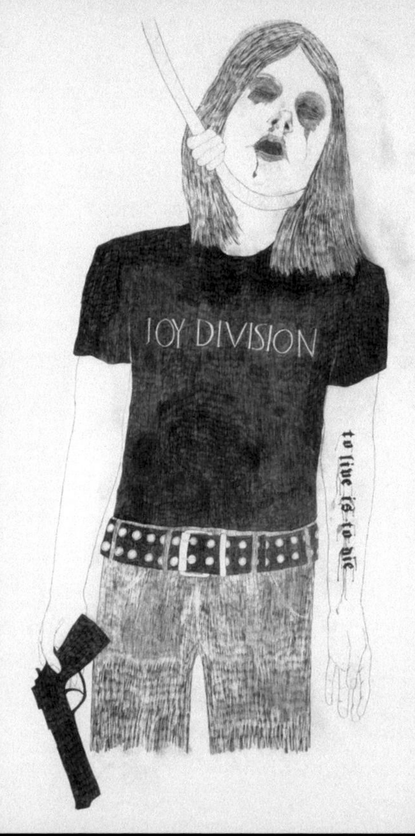

Double Suicide, 2004

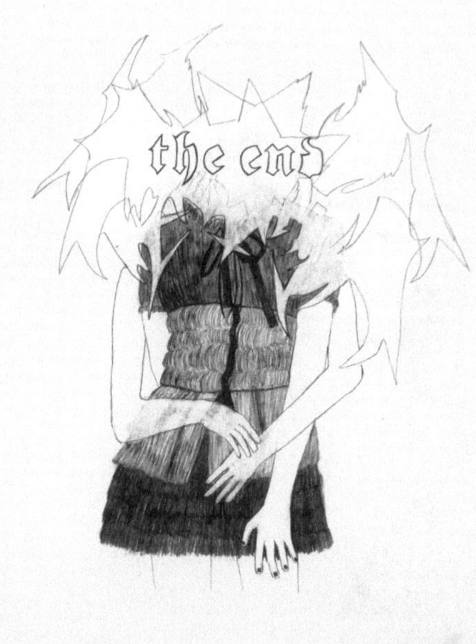

The End, 2004

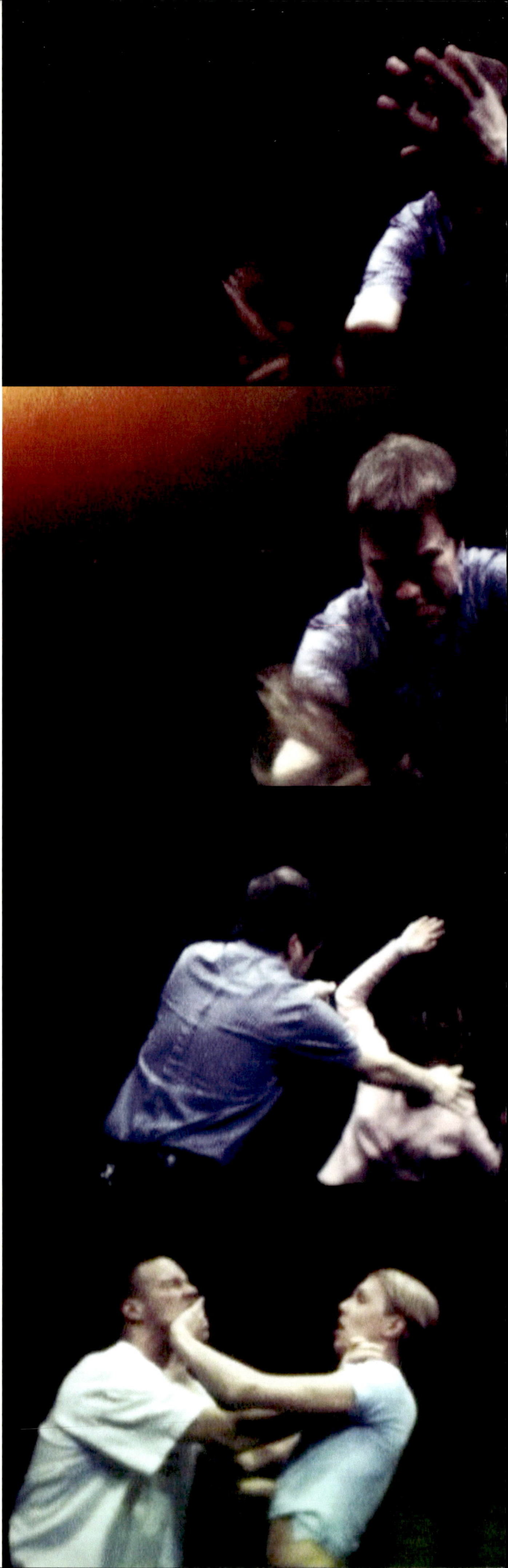

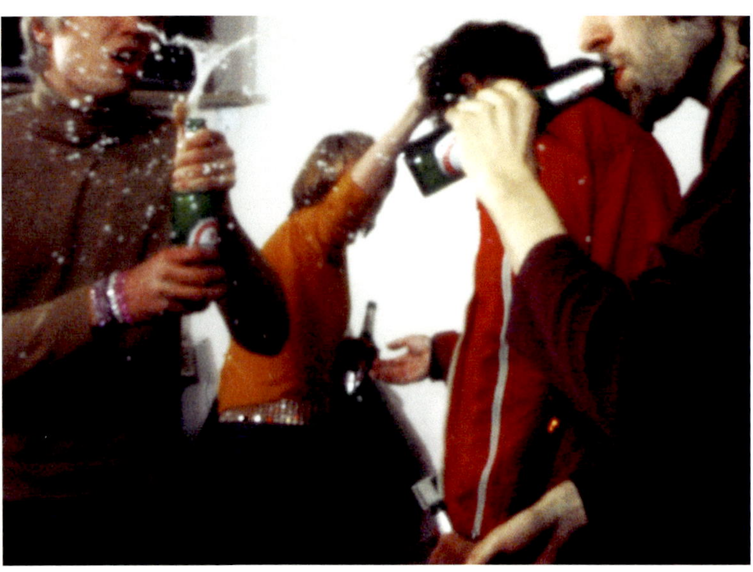

Liisa Lounila
Play, 2003

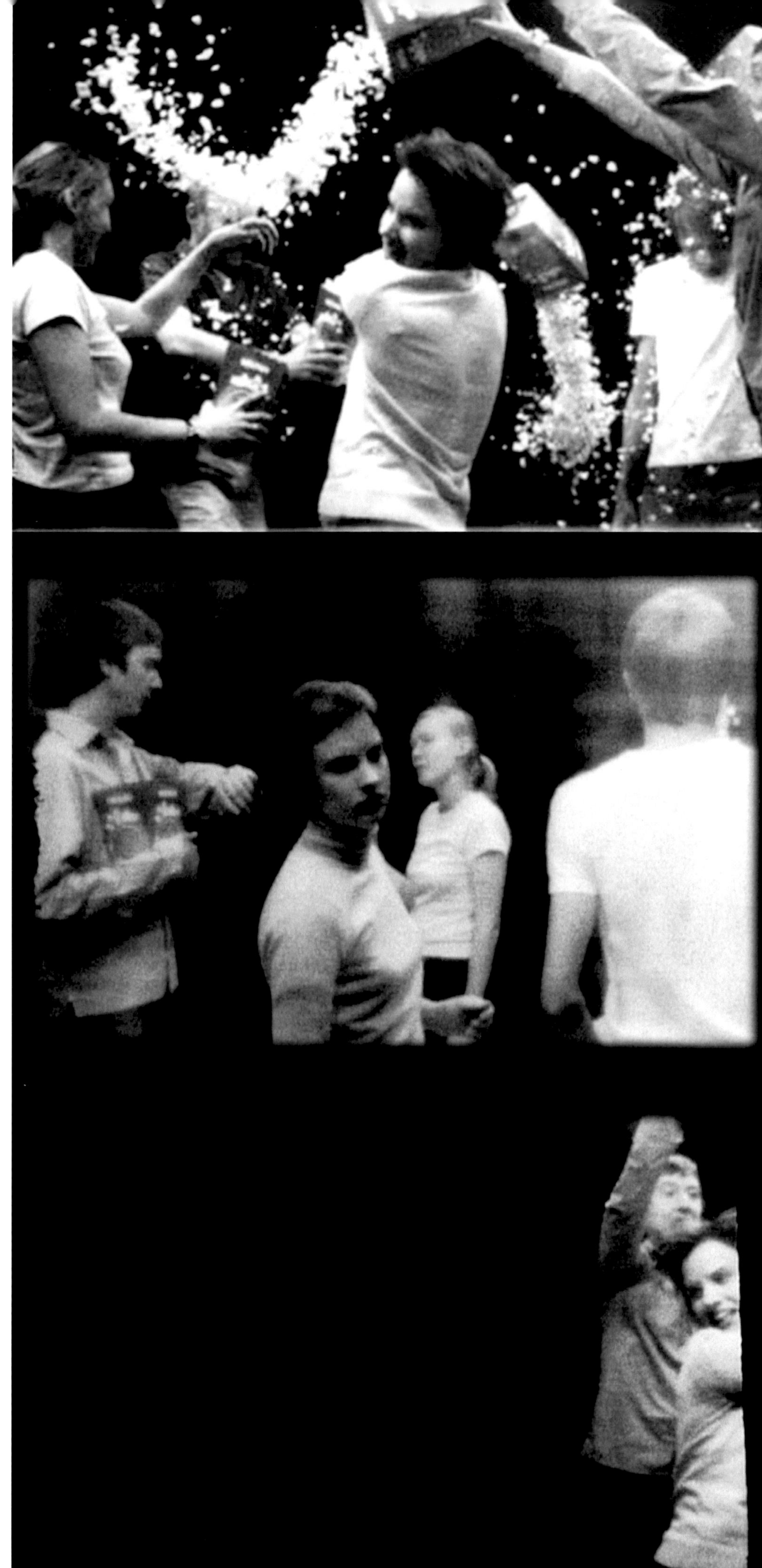

Popcorn, 2001

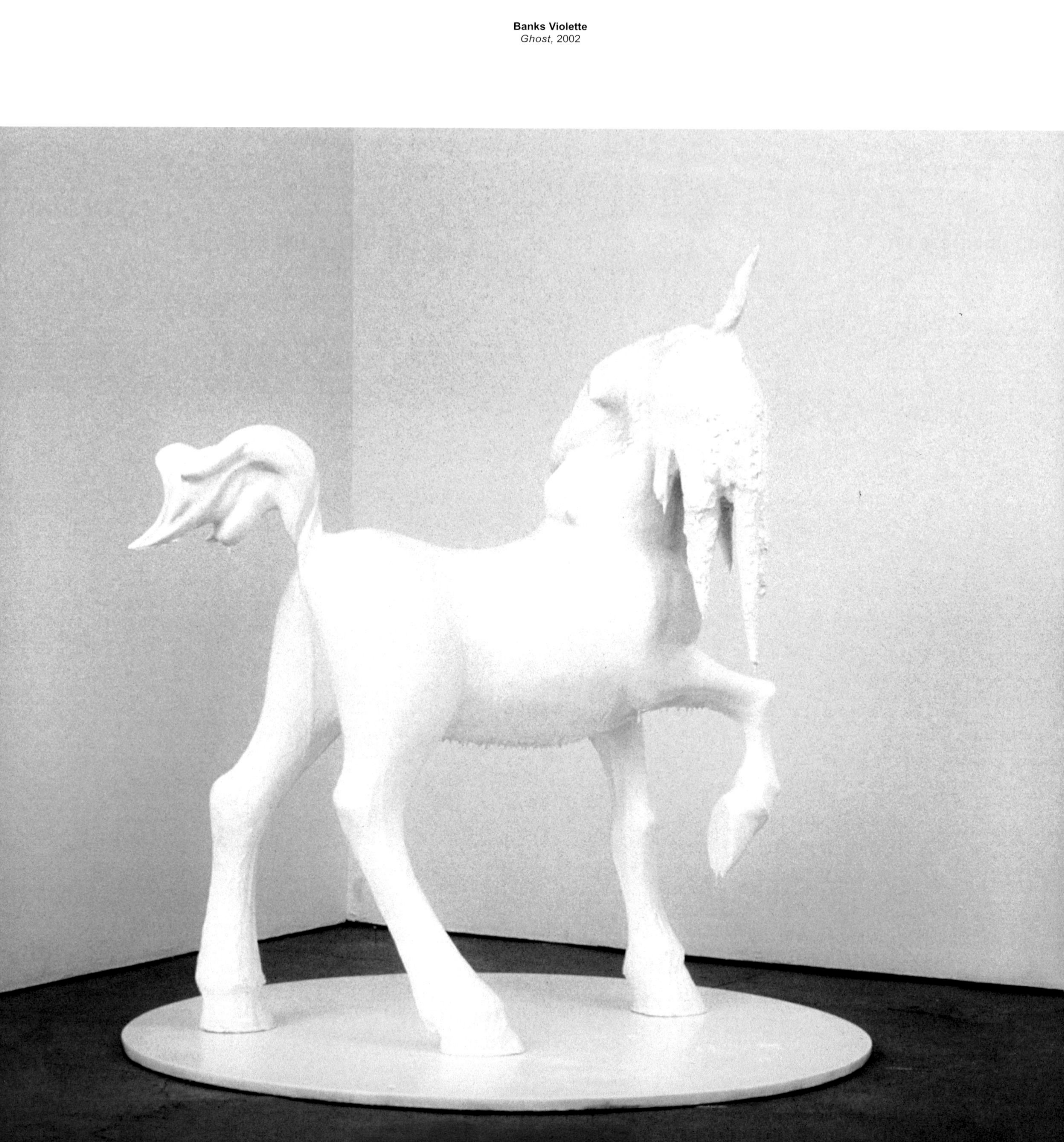

Banks Violette
Ghost, 2002

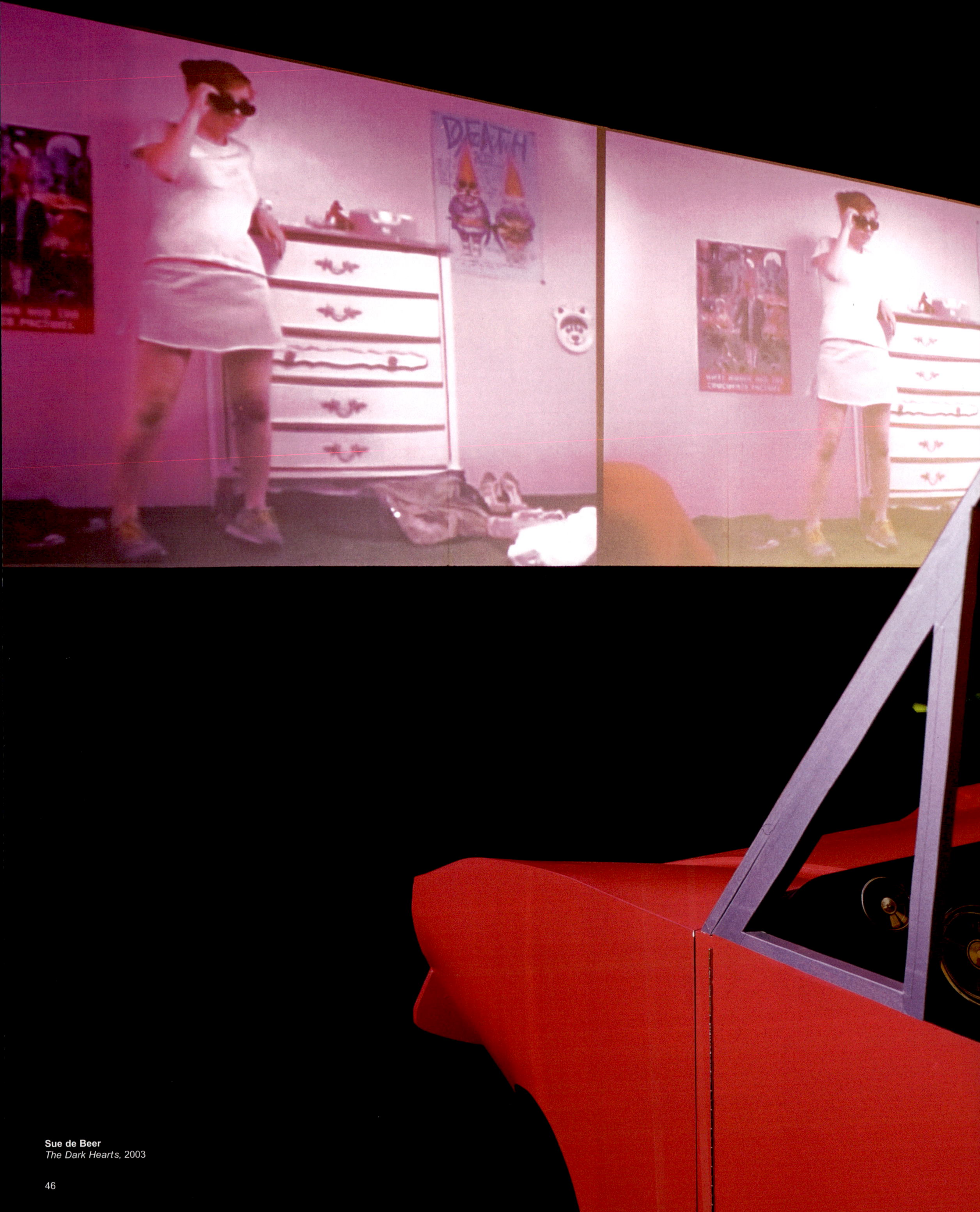

Sue de Beer
The Dark Hearts, 2003

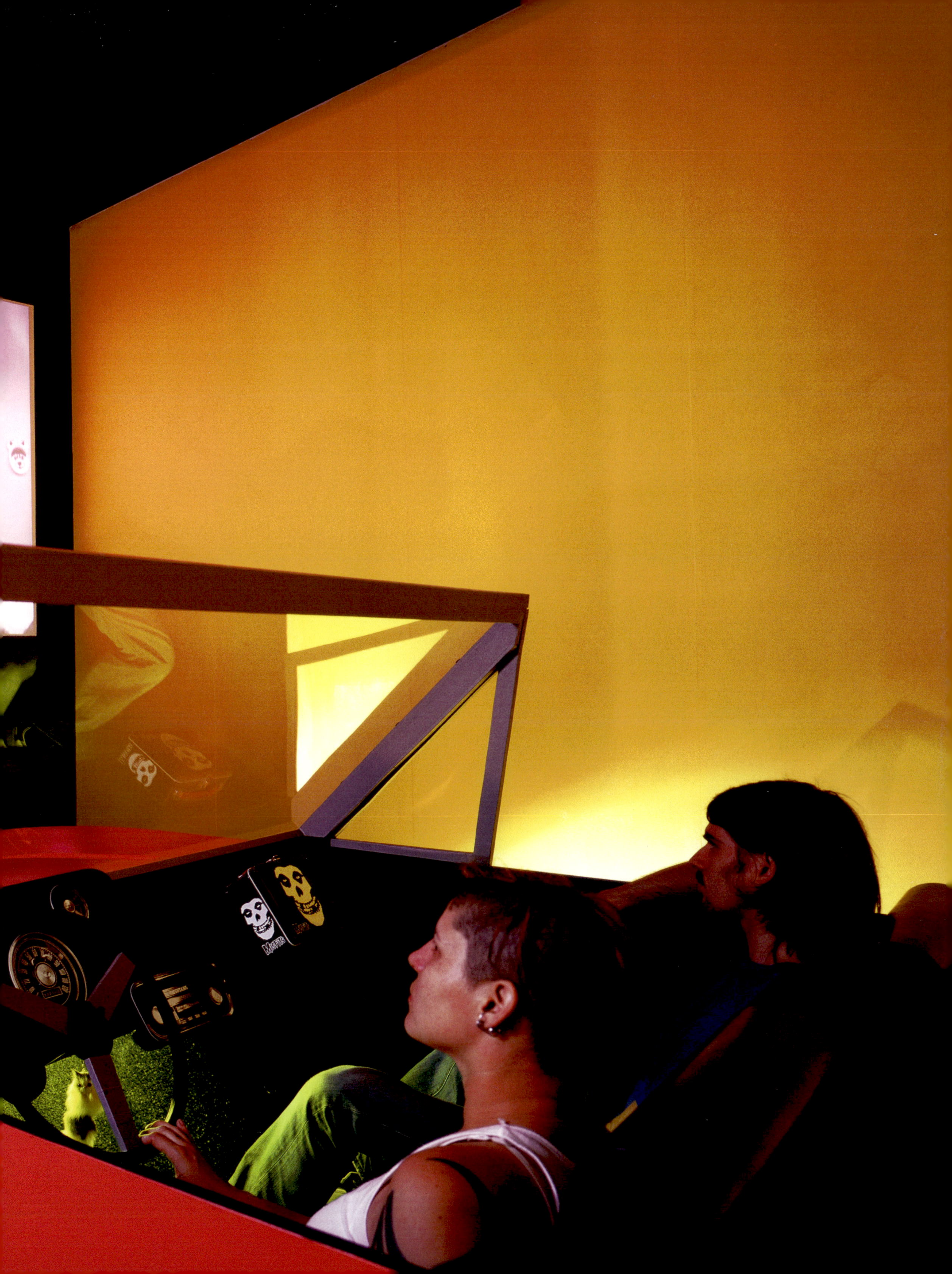

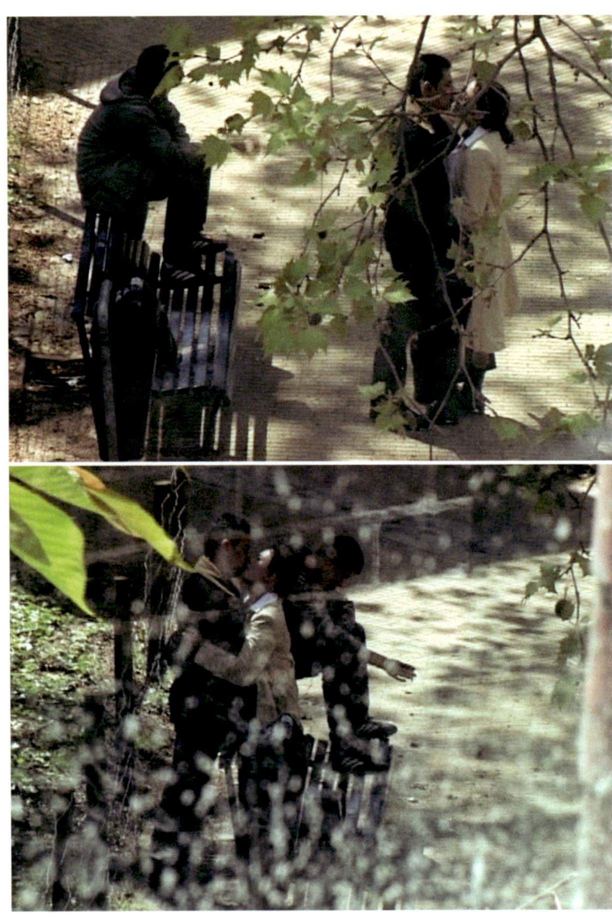

Julika Rudelius
Looking at the other/desire, 2003

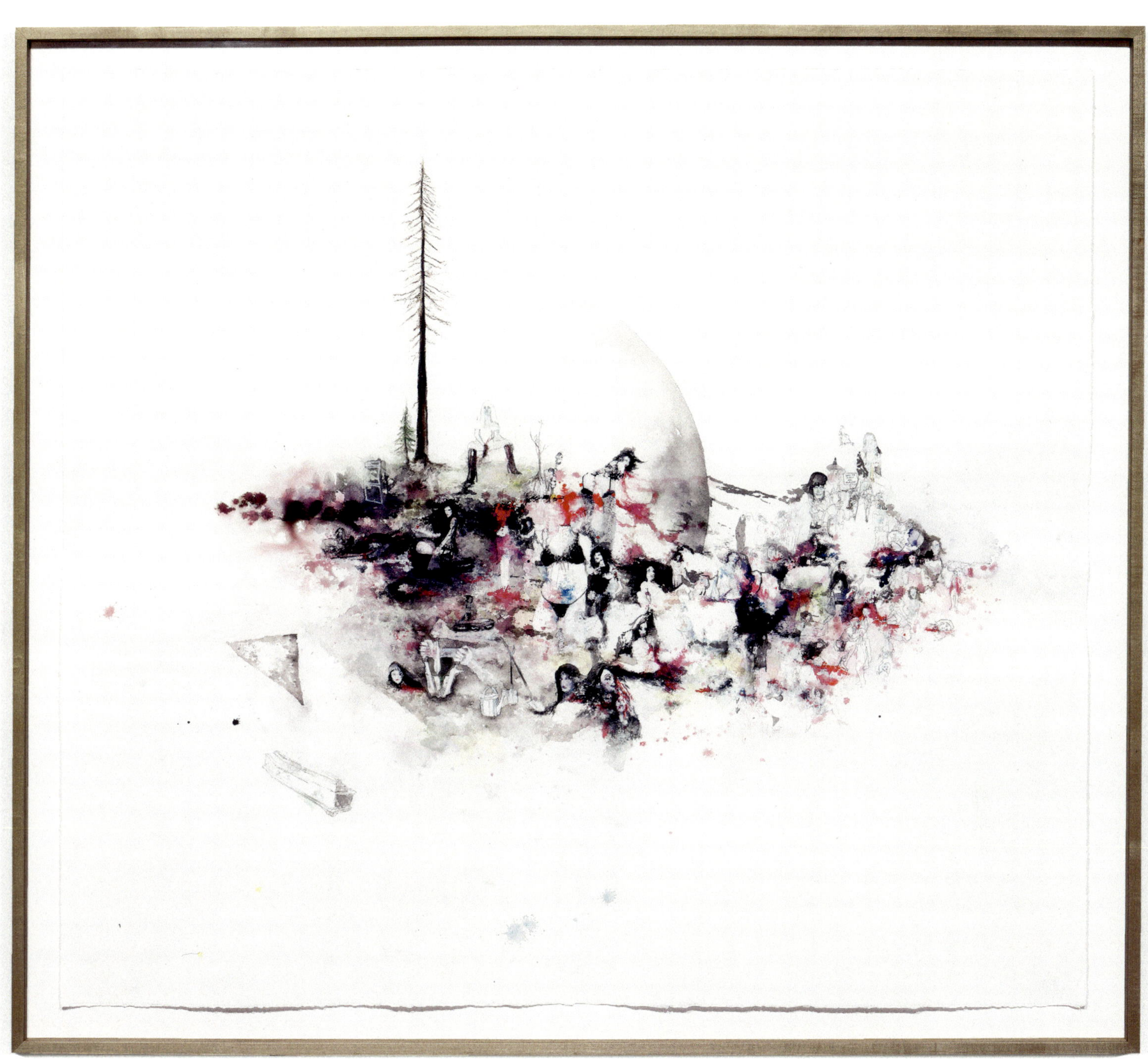

Matthew Greene
Save the Planet – Kill Yourself, 2003

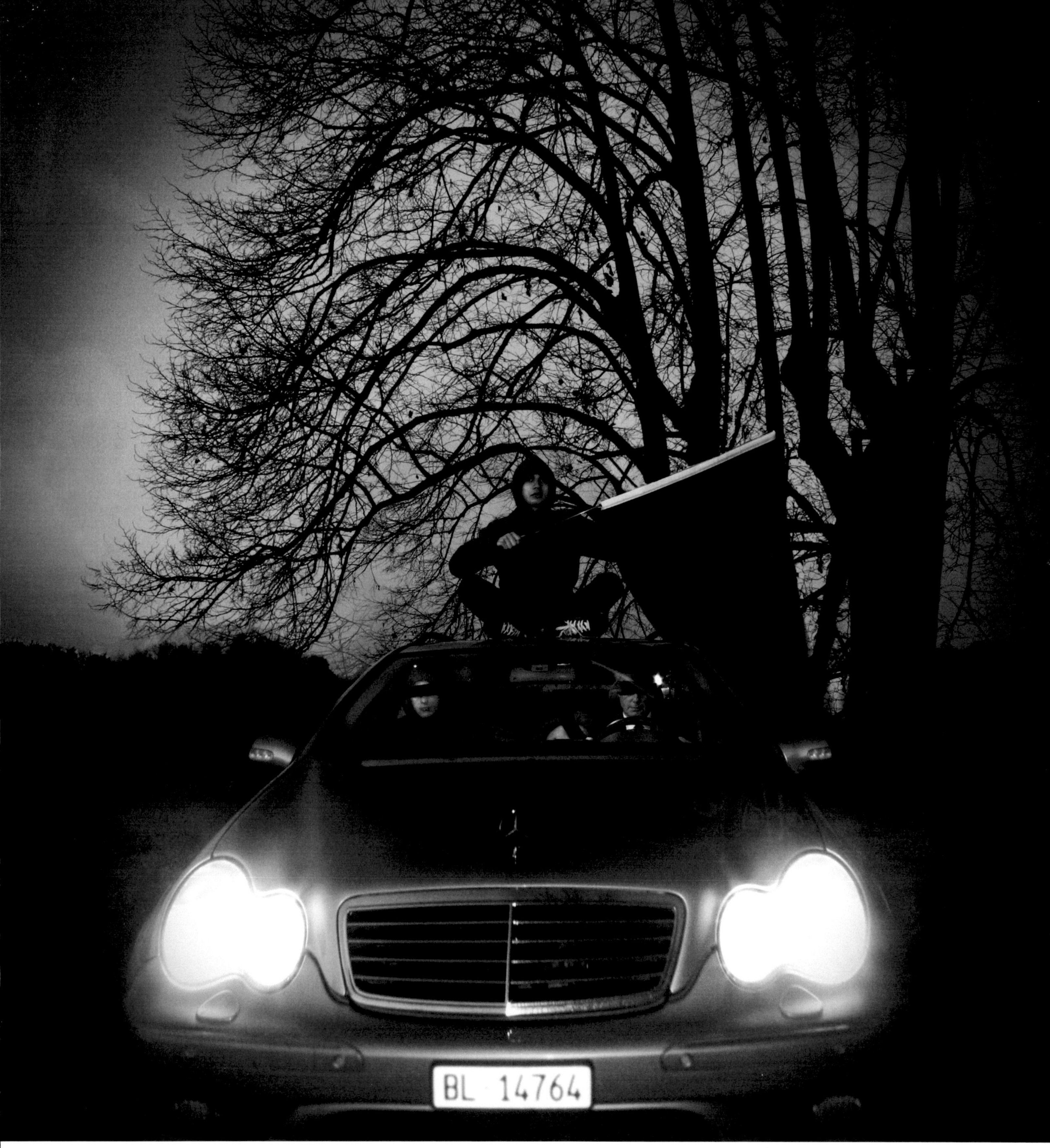

Anthony Goicolea
Car, 2004

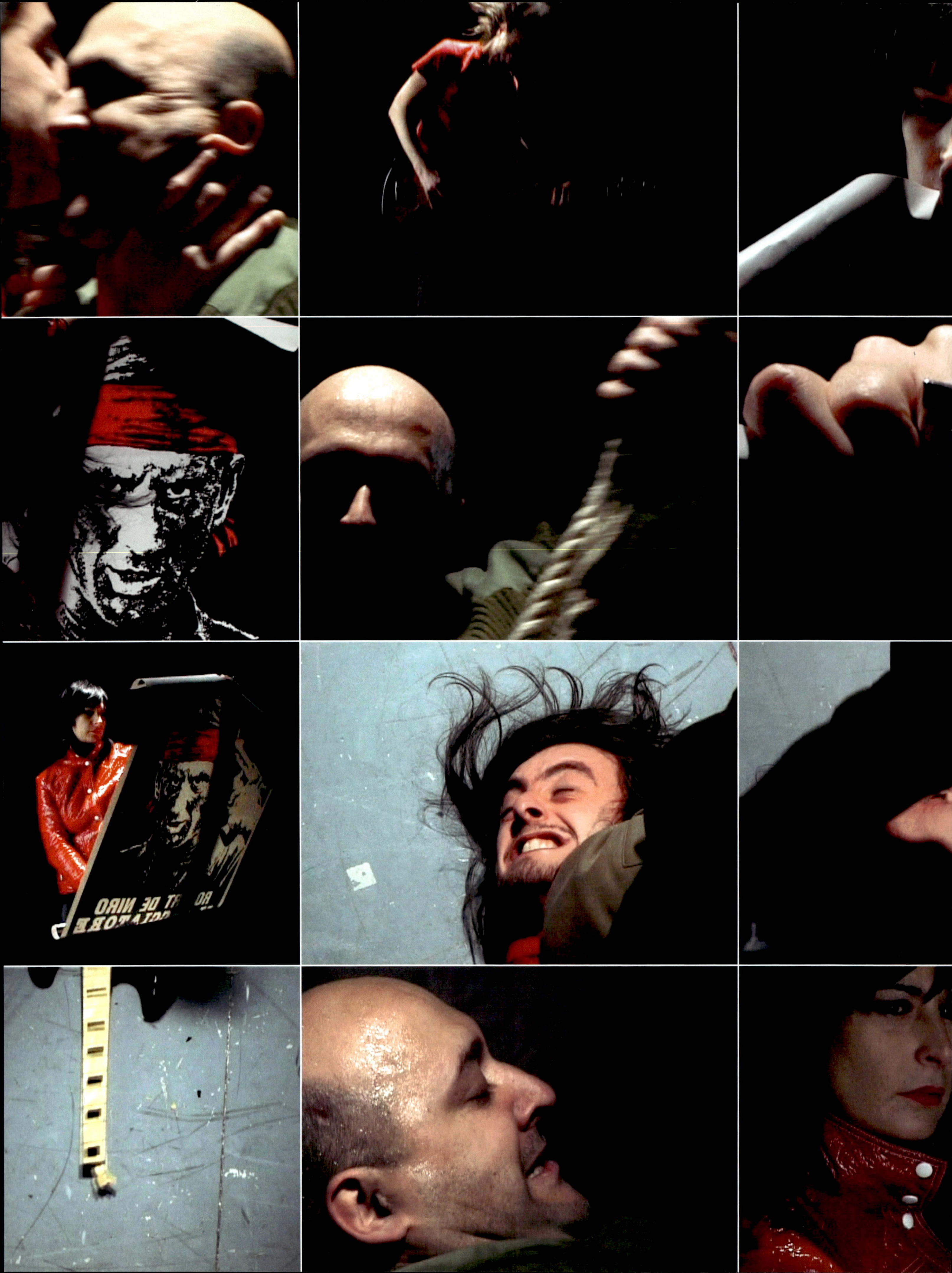

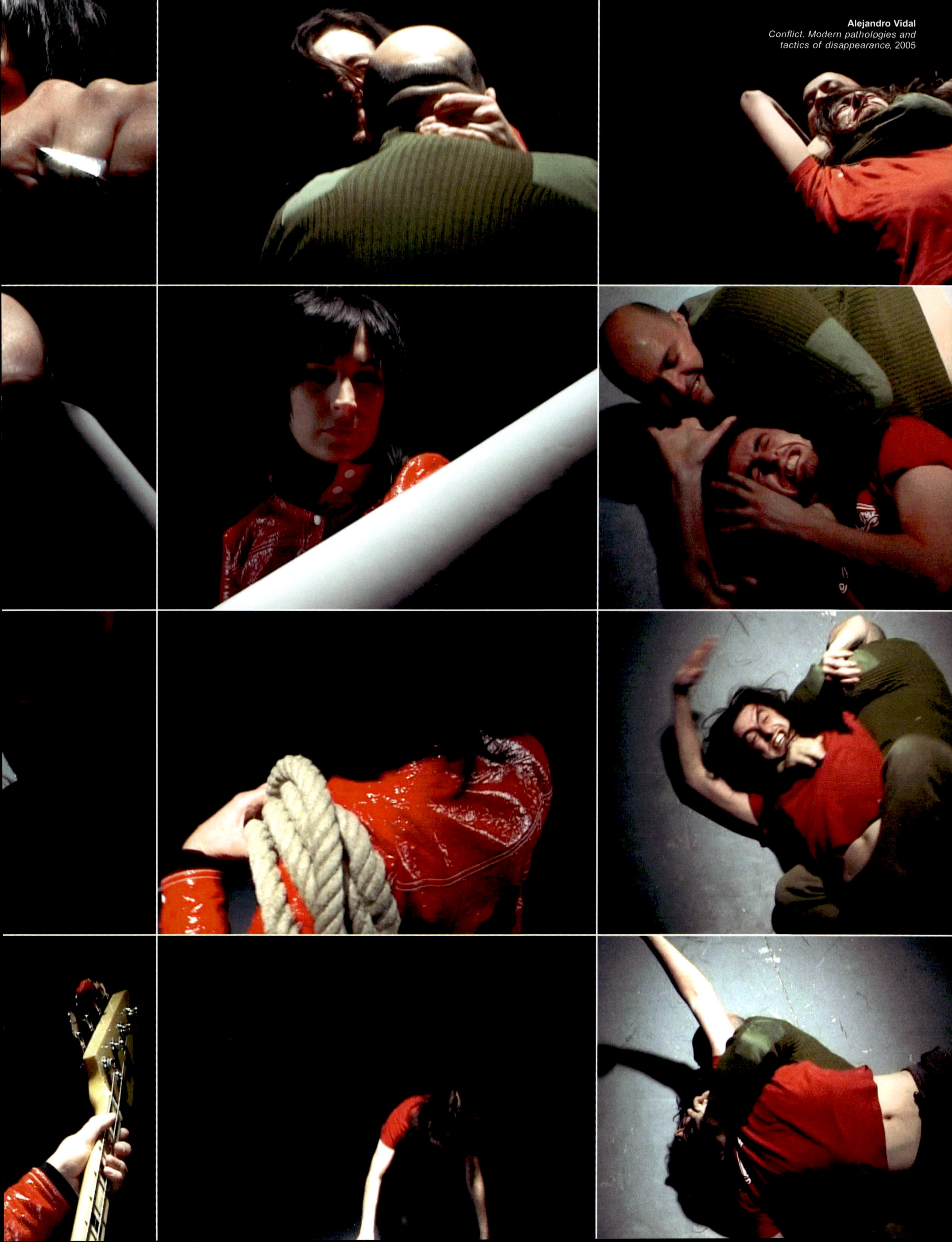

Alejandro Vidal
Conflict. Modern pathologies and
tactics of disappearance, 2005

Existenz/Sein
Existence/Being

Why you gotta act like you know
when you don't know it's okay
if you don't know everything.

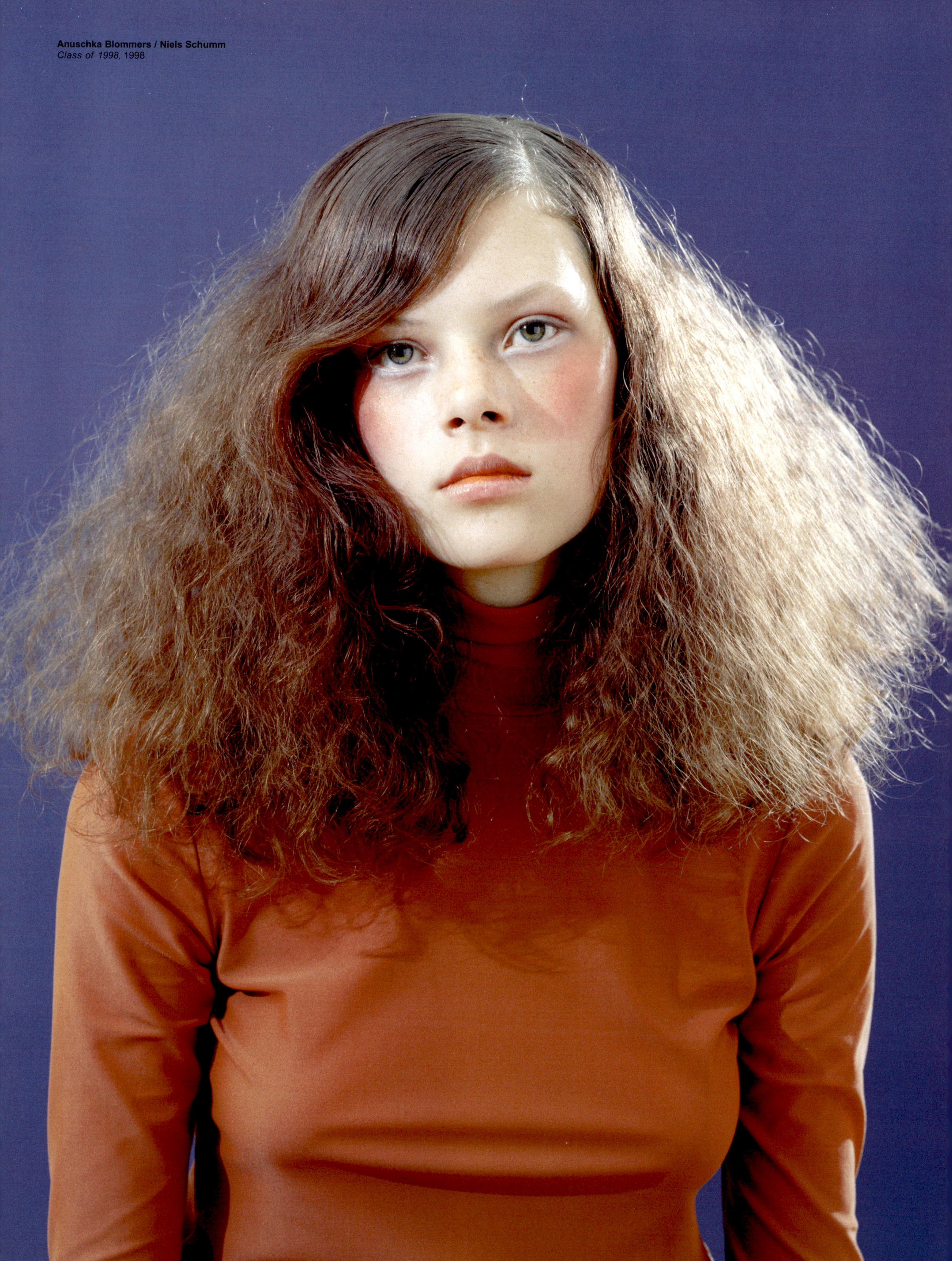

Anuschka Blommers / Niels Schumm
Class of 1998, 1998

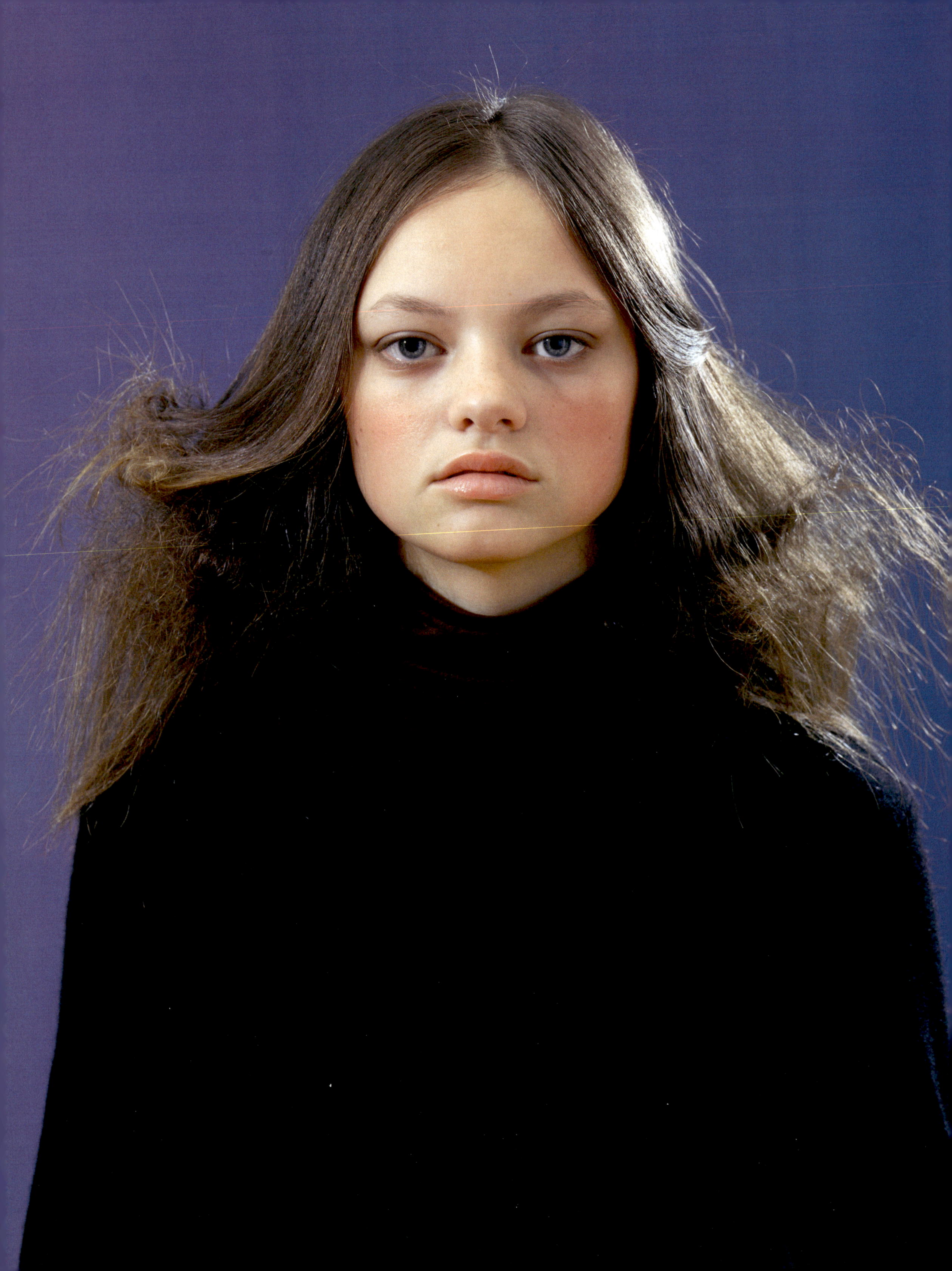

NO FUTURE.
NO ILLUSIONS

Erfindung, Verlust und Wiederent-
deckung von Jugend, oder Die Kinder
von Marx und Coca Cola verliefen
sich im Wald

Georg Seeßlen

In alten Schatten und Dämmerungen,
in denen die Kindheit den Weg verlor,
wurden der Welt große Leiden
und ihre Helden geboren.
In Judas' verlorener Kindheit
ward Christus verraten.

(George William Russell)

I heard it from a friend
The revolution never happened
Sigh
A little die
No more a child
Goodbye

Clap Your Hands Say Yeah:
Over and Over Again

(Lost And Found)

Wozu braucht eine Gesellschaft eigentlich »Jugend«? So viel ist sicher: Nicht
jede Gesellschaft braucht Jugend und
Jugend in der einen Gesellschaft ist
nicht das Gleiche wie Jugend in der
anderen. Und wenn die Gesellschaften
der Vergangenheit die Jugend nicht
brauchten, dann ist es nahe liegend,
dass auch die Gesellschaft der Zukunft
keine Jugend wird brauchen müssen –
jedenfalls nicht im Zusammenhang
mit Biologie und Biografie. Aber die
Jugend war da, wurde Teil der Geschichte, Teil der Sprachen, Bilder und
Erzählungen. Selbst wenn die Gesellschaft der Zukunft, sei sie kapitalis-
tisch oder stalinistisch (oder beides),
den Zustand Jugend entweder gar
nicht mehr braucht oder zu einer
Dauer-Option werden lässt (kosme-
tisch wie kulturell), die Geschichte der
Jugend, die im Übrigen weder fried-
lich noch fortschrittlich sein musste,
wird nicht vergessen werden. Das einzig wirklich Merkwürdige an der
Jugend ist, dass man sich ihrer erinnern muss. Die Erinnerung an die
Jugend nennen wir Kunst. Oder Liebe.
Oder Krieg. Oder ganz anders.

Das alte, das akkumulierende
Bürgertum ging von einer einfachen
Projektion auf den Jugendlichen aus:
Du sollst es einmal *besser haben!* Das
erforderte Ehrgeiz und Tradition. Das
neue, im Genuss scheiternde und im
Scheitern genießende Bürgertum pro-
jizierte das Gegenteil auf den Jugendlichen: Du sollst es einmal *besser machen!*
Das wiederum erfordert Erfahrung
und Experiment, Rebellion und Fort-
schritt. Natürlich darf man's, so bleibt
es in der Klasse, nicht übertreiben.

Jugend bewahrt das Bürgertum und
Jugend verändert das Bürgertum. Sie
verändert die Klasse, damit sie erhal-
ten bleibt. Jugend als Zustand der
komprimierten Zukunft einerseits,
und Jugend als komprimierter Zustand
des Genusses andererseits, das muss
aus heimlicher Sehnsucht (»Jetzt
kommt der wieder mit seiner blöden
Jugendzeit daher«, schimpft Karl
Valentins Kleinstbürger seinen Sohn,
den Firmling, an, »Ich war auch einmal jung. Ich war vielleicht jünger wie
Du!«) mindestens den Argwohn der

»Alten« wecken. In der ödipalen Struktur dieser Konflikte mythologisierte (und sexualisierte) sich ein eigentlich politisches System: Das Bürgertum ist als Klasse nur überlebensfähig durch seine Beweglichkeit. Und die einzige Garantie der Beweglichkeit ist die Erregung zwischen den Generationen. In Liebe und Grauen. Wenn es keine Jugend mehr gibt, dann gibt es auch kein Bürgertum mehr.

So what! Wenn Jugend der Zustand ist, in dem man Anlauf nimmt zum *Besser-Haben* oder zum *Besser-Machen*, dann bezeichnet er offensichtlich einen Bruch. Das Bürgertum hat demnach ein Interesse daran, diesen Bruch mit Lust und Angst aufzuladen. Also nicht mehr Initiation und jugendliche Heldenreise (beides freilich wird in der bürgerlichen Jugendkultur als Fiktion und als Ritus unendlich gespiegelt), sondern ein Zustand der Passage, in dem beides in Waren und Zeichen unendlich gespiegelt und variiert, kurz in Kultur verwandelt ist.

CLOSE IN

Was nutzt das alles dem jugendlichen Subjekt? Nichts. Denn seine Jugendlichkeit ist eine doppelte Projektion: Die Projektion der Gesellschaft auf das Subjekt, und die Projektion des Subjekts in die Gesellschaft. Deshalb geht es immer um ein Gefängnis und um dessen systematische Zerstörung. Und bei Gefängnis geht es auch um den Ausbruch daraus und um einen »Freiraum«.

Wer bin ich? Wo komme ich her? Wohin gehe ich? Gender – Klasse – Rasse – Generation. Jeder kommt woanders her und will woanders hin. In der Jugend träumt man Verbindungen, verrückte Allianzen, revolutionäre Balance. Die Jugend soll die Antwort auf die Unfähigkeit einer Gesellschaft sein, mit ihren Widersprüchen fertig zu werden. Ein System, das sich nicht verändern will, hat die Veränderung als stabilisierenden Faktor integriert. Alle Konflikte der bürgerlichen Gesellschaft werden auf drei Leinwände projiziert: Den wechselseitigen Widerschein von Geld, Arbeit und Ware, den Körper der Frau sowie den steten Verfall und die stete Neuerfindung von »Jugend«.

Mehr muss man von »Gesellschaft« nicht wissen. Und auch das ist schon zuviel!

Obwohl das alles nichts als Schwindel ist, ist es doch auch unausweichlich. Man muss arbeiten und/oder Geld haben. Aus einem Körper kann man nicht heraus. Nicht wirklich. Und man wird nicht gefragt, ob und wann man jung sein will. Andrerseits gilt für alles drei: Man muss etwas daraus machen. Die Mythen der kapitalistischen Gesellschaft, das ist das Schreckliche an ihr, sind bis ins körperliche Detail in die Biografie eingeschrieben. Umgekehrt ist das Glückliche an ihr, dass jede biografische Geste und jeder Codewechsel direkt mit der zentralen Erzählung verbunden ist. Ein Rülpser kann die Welt verändern. Eine Revolution kann es nicht.

Das jugendliche Subjekt kann nicht wissen, was an ihm »Natur« und was »Erfindung« ist. Wir sind jung, aber wir haben unsere Jugend nicht, also werden wir alt. Aber man kann Jugend »definieren«. Den Zustand durch seine Grenzen beschreiben. Die Grenze zum Kind-Sein. Die Grenze zum Erwachsen-Sein. Als wären diese Zustände weniger erfunden! Als Jugendlicher weiß man, dass der Erwachsene sich viel leichter mit dem Kind aussöhnt, das er gewesen ist, als mit dem Jugendlichen, der er gewesen sein soll. Von der Kindheit wird er wie von einem Schatz träumen, von der Jugend wie von etwas, das immer verpasst, verfehlt und entzogen bleibt. Man kann jederzeit wieder Kind werden, im Guten wie im Bösen. Aber schön ist die Jugend, sie kommt nicht mehr.

DIE SCHÄRFE, MENSCH,
DIE SCHÄRFE!

Bei alledem: Im Jungsein gibt es auch etwas unleugbar grandios und trivial Tatsächliches. Als Biologie und als Drama. Es ist vermutlich das, was Roland Barthes als den »Wirklichkeitsrest« im Mythos bezeichnete, oder was Sigmund Freud als »rezenten« Traumteil deutete, oder was Karl Marx als Überschuss der Reproduktion sah. Gefährdet und verführt ist die Jugend seit Aristoteles oder eben seit es »Bürger« gibt. Überflüssig ist sie seit Nietzsche. Und das ist ihre Chance,

gegen die Herrschaft der Alten, vor allem aber gegen Biologie und Drama, dass sie sich erfinden muss.

Was die Biologie anbelangt, so fragen Sie Ihren Arzt oder Apotheker. Das Drama entstammt der christlichen Zeitvorstellung, eine krumme Linie durchs Jammertal, der Kurve unseres Automobilverschleißes nicht unähnlich. Jugend ist, wo es hinunter geht, erst langsam, dann immer schneller. Jugend, das bedeutet, Dinge das erste Mal zu tun und sich daran erinnern zu können. Sex and Drugs and Rock 'n' Roll: Der erste Kuss, der erste Fick, die erste Liebe, der erste Verlust. Die erste Zigarette, das erste Bier, der erste Joint. Die erste Platte, das erste Konzert, der erste Auftritt. Die erste Reise, das erste Zimmer…

How does it feel to be on your own? Und nicht zu vergessen: like a complete unknown, like a rolling stone. Großartig und beschissen natürlich. Die erste Einsamkeit, die erste Erfahrung des unglücklichen Bewusstseins: Habe ich mich, so verliere ich die Welt. Habe ich die Welt, so verliere ich mich. Der erste vollständig eigene radikale Gedanke. Ich ist gar kein anderer. Ich will niemand gewesen sein.

Die erste Resignation.

SCHWENK

Eine Gesellschaft braucht umso mehr Jugend, als die Spannung zwischen der barbarisch-paradiesischen Kindheit und dem bürgerlichen Gesellschaftsleben unerträglich ist.

Es gehört zur Kritik und Selbstkritik der Jugendkultur, dass sie eine kapitalistische Institution ist. Während sie Moral und Ästhetik in Bewegung hält (oder auch nicht), soll Jugend auch den Markt in Bewegung halten. So gibt es:

Erstens: Waren, die gleichsam aus der Jugendkultur selbst produziert werden und früher oder später in den Mainstream-Markt übernommen werden. Er wird durch gewisse Fertigkeiten und Impulse angeheizt: Pop-Musik, Mode-Trends oder neue Praktiken in der Technologie und der Kommunikation zum Beispiel. Irgendjemand ist immer entsetzt darüber, wie rasch sich

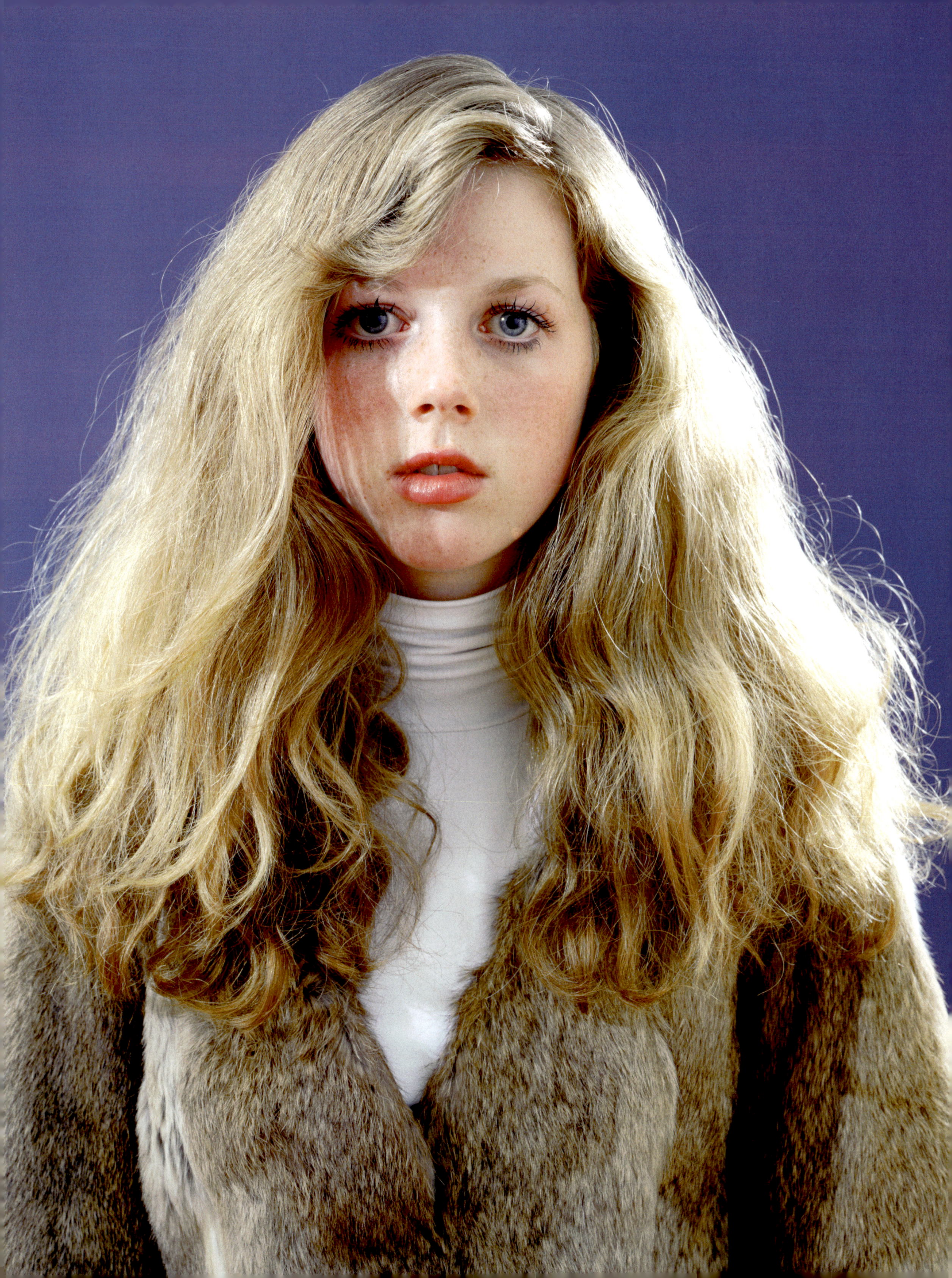

die Prozesse von »Kommerzialisierung« und Konsum vollziehen. Irgendjemand ist immer fasziniert davon, wie schnell Kids mit neuen Geräten und neuen Codes umgehen.

Zweitens: Waren, die speziell für die Jugendkultur produziert werden und nur für die Jugendlichen »bedeutend« sein sollen wie bereits zerrissene Jeans, eine Turnschuh-Marke oder ein Ego Shooter-Spiel. Jugend wird zum Mitproduzenten im Warenstrom. Und es hat den Anschein, als sei die »Jugend-Kultur« der tatsächlichen Globalisierung der Waren- und Bilderströme immer um ein Kapitel voraus.

Sie rufen die Jugend der Welt. Je reaktionärer sie sind, je tückischer, je grausamer, desto lauter rufen sie nach der Jugend der Welt. Nie, so gut wie nie, kann die ebenso lautstark zurück rufen: Wir bleiben besser, wo wir sind: im Ghetto. In der langweiligsten Gegend der Welt, wo man nur feststellen kann, verwundert und sublim, dass es uns hier gefällt.

Drittens: Waren, die durch die Jugendkultur geschickt werden, um erhitzt und sexualisiert zu werden. Eine Ware, zum Beispiel ein Auto oder eine Trend-Sportart, bekommt durch diese Geste für die Allgemeinheit einen »jugendlichen« Touch: sie verspricht selbst Jugendlichkeit (Sex, Gesundheit und Illusion). In der Dekadenzphase des Binnenmarktes verkauft die populäre Kultur auf diese Weise gerade die Werte, die die »alte« Jugend ablehnen musste: Bausparverträge, Versicherungen, Energiesparmodelle. Quiet is the new loud? Straight is the new rebel hero!

SCHUSS / GEGENSCHUSS

Wir sind nicht stolz darauf, jung zu sein
(Tocotronic)

Jugend ist also eine Erzählung in Zeichen und Perspektiven. Anders gesagt, ein Bewegungsbild.

Daher sagen die Alten: Die Jugend von heute! Sie ist verkommen, sie wurde verführt. Ihr fehlt der Mumm, sie ist langweilig. Zu meiner Zeit waren die Jugendlichen irgendwie jugendlicher. Zu meiner Zeit waren sie ernsthafter.

Dieses Bild kann man –
OVER SHOULDER ONE:
Annehmen: Wir sind die, vor denen unsere Eltern uns immer gewarnt haben!
OVER SHOULDER TWO:
Ablehnen: Ihr habt keine Ahnung, wer wir wirklich sind!
Und man kann dies tun:
FAHRT RÜCKWÄRTS:

Melodramatisch: Das ästhetische Zeichen ist ein moralisches Zeichen.

Tragisch: Nur durch das radikale Opfer kann der »heilige« und unschuldige Zustand Jugend gerettet werden, also haben gefälligst ein paar Leute die Hoffnung zu erfüllen und zu sterben, bevor sie erwachsen werden: »Ich habe nie geglaubt, dass ich achtzehn werde.« (James Dean)

Ironisch: Nicht nur in der Aneignung der Produktionsmittel. Ungefährlich ist das nicht. Der Computer Whizz, der Teenage-Nerd als neuer Tycoon, der Turnschuh-Kapitalismus etc. der 1980er Jahre brachten das System stärker ins Wanken als es die jugendliche Rebellion je vermocht hätte. Auch die spielerische Aneignung und Umwandlung der Mainstream-Kultur durch das Phänomen der Jugendlichkeit bringt die Dinge durcheinander. Als Geld verbrennende Konsum-Avantgarde ist Jugend willkommen, aber als akkumulierende Gründer-Generation? Der Fall der New Economy war, so gesehen, der Mord des Kapitalismus an seiner eigenen Jugend.

Episch: Die Jugendlichen von heute sind die Machthaber von morgen. Sie schaffen eine neue Welt. Und wenn wir Woodstock in einen Kirchentag verwandeln, von uns soll eine neue moralische Erzählung ausgehen. Jugend ist, jedenfalls in unserem Kulturkreis, das Versprechen eines Neuen Testaments. Unser Gott hat sich schließlich nicht umsonst gespalten in einen alten und einen jungen und irgendeinen dritten (in meiner Erinnerung an den Religionsunterricht sieht er aus wie frisch angezündete Katzenzungen) Spirit, Teen Spirit, heiliger Geist (ich höre ihn gerade im neuen ARCADE FIRE-Album walten).

Das Andere der Empörung der Alten über die Jungen ist eine Form parasitärer Teilhabe. Noch in jedem *Schulmädchen Report*, in jedem dritten *Tatort*, in jedem Show-Gast bei Thomas Gottschalk, der trickreich ein Kleidungsstück verliert, steckt diese sexualisierte Teilhabe in der Empörung. *Susanne im Bade und die drei Alten*, mittlerweile gern im Geschlechtertausch.

Der innere sexuelle Druck des mythischen Raums entspricht einem Prostitutionsdruck aus der Mainstream-Gesellschaft. Und wie man es macht, macht man es falsch. Romantisches Entziehen – jugendliche Sexualität ist die Sexualität der Jugendlichen, oder offensives Aufnehmen – wir sind jung und können das Geld gebrauchen. In der Gesellschaft des Neoliberalismus ist der jugendliche Körper auf den Markt zu werfen. Er erzählt von Sex und Leistung im Sport zum Beispiel, Sex und Event-Entladung im Pop, Sex und Dienstleistung im Porno. Weder sexuelle *agents provocateurs* aus der Jugendkultur, von denen die Allgemeinheit immer noch ausgiebig träumt, noch sexuelle Subkulturen könnten »das System« stören, sondern die Verweigerung des jugendlichen Körpers gegenüber dem Markt. Im allgemeinen visuellen Code des türkischen Mädchens mit dem Kopftuch scheint sich dieses Bild, maskiert genug, gleich auf doppelte Weise zu erfüllen: Als Sexualisierung des politischen Vorbehalts und als Politisierung des sexuellen Vorbehalts.

Also wird der jugendliche Körper zum Austragungsort verborgener gesellschaftlicher Konflikte. Mit der Missbrauchs-Debatte und ihrer medialen Wirkung wird eine neue Grenze gezogen: Die offizielle Marke für den Markteintritt des jugendlichen Körpers ist achtzehn Jahre. Die Marke des Konsenses liegt ungefähr drei Jahre darunter. Die Medien sind unter anderem Maschinen, durch der jugendliche Körper so bearbeitet wird, dass er der alternden Allgemeinheit zum Genuss – und damit verbunden eben immer auch zur Angst – zur Verfügung steht, im Wechsel von Hysterie und Langeweile.

Das setzt ein Spiel des Wissens in Gang. Wenn auf dieser Welt irgendetwas postmodern ist, dann ist es die

Jugend in der modernen Welt. Das steckt in der Erzählung jeder neuen verlorenen Generation oder Generation X. Eher das Gegenteil und gerade deswegen sehr verwandt: Die verlorene Generation wird von der Geschichte aufgefressen, die Generation X wird von ihr übergangen. Jugendlich sein kann man nur noch, indem man zugleich ein Jugendlicher ist, wie man es gerne hätte oder nicht hätte, und ein anderer, der daneben steht und einem beim Jugendlich-Sein zuschaut und zugleich ein Dritter, der versucht, aus beidem Profit zu schlagen oder wenigstens eine Überlebensstrategie. Nur so ist es auch möglich, »Jugendlichkeit« zu genießen, ohne vollständig dumm, korrupt oder wahnsinnig zu werden. Sieht man einmal von der Flucht ins nächste *Neverland* ab, jener Winona Ryder-Haftigkeit, durch die der jugendliche Seelenkörper am Mainstream so kräftig zerspringt, dass es beiden Seiten wehtut, oder der Johnny Depp-Haftigkeit, mit der die jugendliche Körperseele auf ewig in einem (mehr oder weniger) selbst geschaffenen Traumreich balsamiert bleibt. Man muss sich Dornröschen, vor dem Kuss, als glücklichen Menschen vorstellen.

Der zweite Diskurs, nach der Projektion der Alten, ist der ebenso hedonistische wie verzweifelte Selbstgenuss (nebst Selbstportrait) des Jugendlichen. Wir waren jung und liebten das Leben. Und natürlich: Wir waren jung und brauchten das Geld. Wir waren Helden. Mein Gott, haben wir uns was weggekifft. Hast du eine Pistole, Mann? Kann man jung sein und eine Pistole haben? Ist Young Gun Anfang oder Ende des Mythos?

Der dritte Diskurs ist schließlich die Selbstproblematisierung. Man stellt (sich) die Frage: Ist es leicht, jung zu sein? Natürlich nicht. Aber ist überhaupt die Pose des Opfers noch tragfähig? Und was ist schlimmer: Die Rolle des Jugendlichen, die einem angetragen wird, nicht zu erfüllen oder, noch schlimmer, sie so schlecht zu verstehen, dass selbst ihre Verweigerung danebengeht, oder aus der Rolle des Jugendlichen, die einem angetragen wurde, nicht mehr herauszukommen? Merkwürdigerweise stellt man sich »Berufsjugendliche« ja immer als ältere Damen und Herren vor. Dass es mittlerweile schon mehr jugendliche Berufsjugendliche gibt als alle Rock-Opas und Gottschalcks dieser Welt, ist vielleicht nicht opportun. Denn die Jugend ist unsere Authentizitätsreserve. Die Geschichte kann gar nicht zu Ende sein, Mr. Fukuyama, solange es immer wieder Menschen gibt, die aus dem Unschuldsreich der Kindheit durch das paradiesische Schmutzloch Jugend in sie eintreten. Immer wieder.

NEXT CLOSE IN

Die Sache wiederholt sich als Farce. Jugend ist das Drama der ersten Male. Und dann folgen die Dramen der letzten Male. Jetzt wird alles undeutlich, unscharfe Kanten. Ein scharfer Punkt: Zum ersten Mal auf einem Konzert gewesen. Eine vage Furcht: Wann ist man das letzte Mal in der ersten Reihe vor der Bühne? Wann wird aus Ficken und Liebe eine »Beziehung«? Wann zieht man das letzte Mal um die Häuser? Soviel ist sicher: In unserem Fluss der Erzählungen und Bilder sind die Mytheme »Abschied von der Jugend« stärker und nachhaltiger als die Mytheme des »ersten Mals«. Der Schluss der Erzählung: Jugend soll immerhin ein wenig offen bleiben; das Echo dieser Szenen vom langen Abschied hallt in einem ganzen bürgerlichen Leben nach. Feuchte Augen. Und wie gesagt: die Kunst oder der Krieg – oder wenigstens das Verfassen von Katalogtexten oder »unorthodoxe Karrieren« – sind Reaktionen auf ein falsches FADE OUT. Seltsamer Mythos Krieg, übrigens: Im Großen erzählt er davon, wie die alten Männer einer Gesellschaft ihre Söhne opfern, im Kleinen dagegen handelt er davon, wie alte Männer sie und sich gegen die Opferhysterie der Jungen zur Wehr setzen.

Zwischen dem HARTEN SCHNITT zu »das erste Mal« und der BLENDE zu »das letzte Mal« liegen die Narrative von Selbsterfahrung, Selbstgenuss und Selbstreflexion. Man muss immer wieder davor zurück. Deshalb stellen die Medien unentwegt Bilder von Jugend her, in der niemand war. Bilder von Jugend, durch die man vermeintlich nachholen könnte, was einem versagt blieb. Bilder von verbesserter Jugend, verbesserte Bilder von Jugend. (So hauen sich gerne einmal Punk und Greis bei der *Feuerzangenbowle* gegenseitig auf die Schenkel.)

Vom vampirischen Wesen der Bilderproduktion sind wir ohnehin überzeugt. Je mehr Bilder es von Jugend gibt, desto weniger gibt es davon in Wirklichkeit.

Reality? Which Reality? Waren wir nicht übereingekommen, den Zustand selbst als weitgehende Erfindung, wenn auch durch verschiedene und widersprüchliche Autoren mit verschiedenen und widersprüchlichen Interessen, Stilen, Absichten und Methoden zu beschreiben? Die Sache wird zu einem Copyright-Problem. Die alte Frage »Wem gehört die Jugend?« ließ sich im Zweifelsfall mit Gewalt lösen; das Subjekt konnte, wenn es nicht für die entworfene Zukunft selber erglühte, die nationale, die religiöse, die soziale Idee, für die sich das Hassen und Schädeleinschlagen lohnte, ganz einfach versklavt werden. Logisch, denn woran man in erster Linie interessiert war, das war die überschüssige Arbeits- (und Zerstörungs-) kraft. Die neue Frage »Wem gehört das Bild der Jugend?« ist eine Frage des Marktes. Das Subjekt kann uns gestohlen bleiben, nicht erst seit stehende Heere mit jeder Menge Kanonenfutter-Bedarf und industrielle Reservearmeen aus der Mode gekommen sind. Die neue Spaltung ist die zwischen Konsument und Konsumanreiz. Das 2010-Modell des jugendlichen Rebellen ist der Mensch, der ums Verrecken nicht den Jugendlichen gibt.

Genauer: Das Sich-Entziehen nimmt schließlich eine Form an, die in der Paradoxie eines Entzugs der Zeichen der Jugendlichkeit selbst liegt. Man kann die Grunge-Bewegung möglicherweise unter dem Aspekt einer radikalen Verweigerung der Jugend-Zeichen gegenüber der Gesellschaft ansehen. Und der Slacker übte sich darin, nicht so sehr seine Jugend, als vielmehr die Zeichen der Jugend zu verschwenden.

COMING SOON: NO FUTURE. NO ILLUSIONS II. Old is the new young, oder Die Kinder von Marx und Coca Cola begegnen im Netz den Kindern von MP3 und Hartz IV. ❑

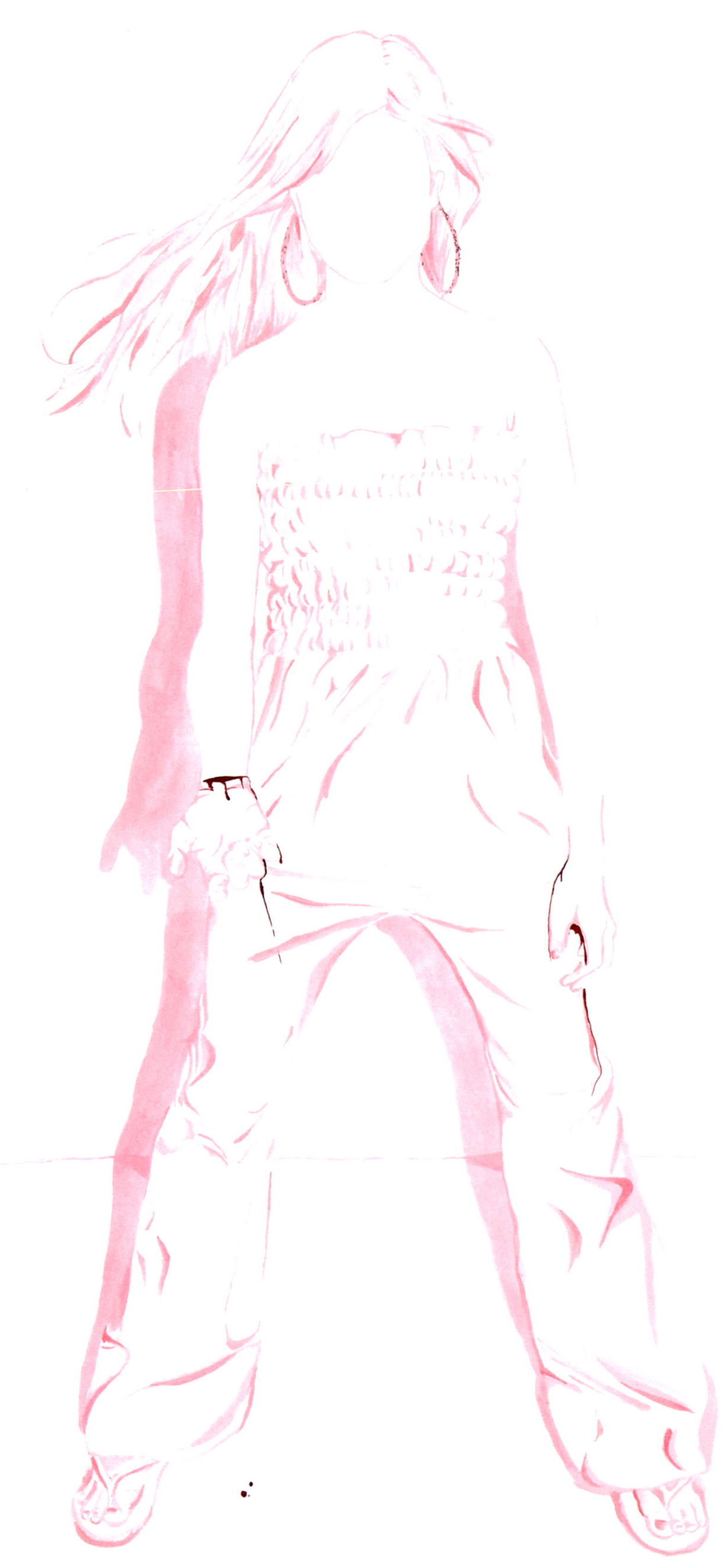

Alex McQuilkin *Didn't you realize I would have died for you*, 2004

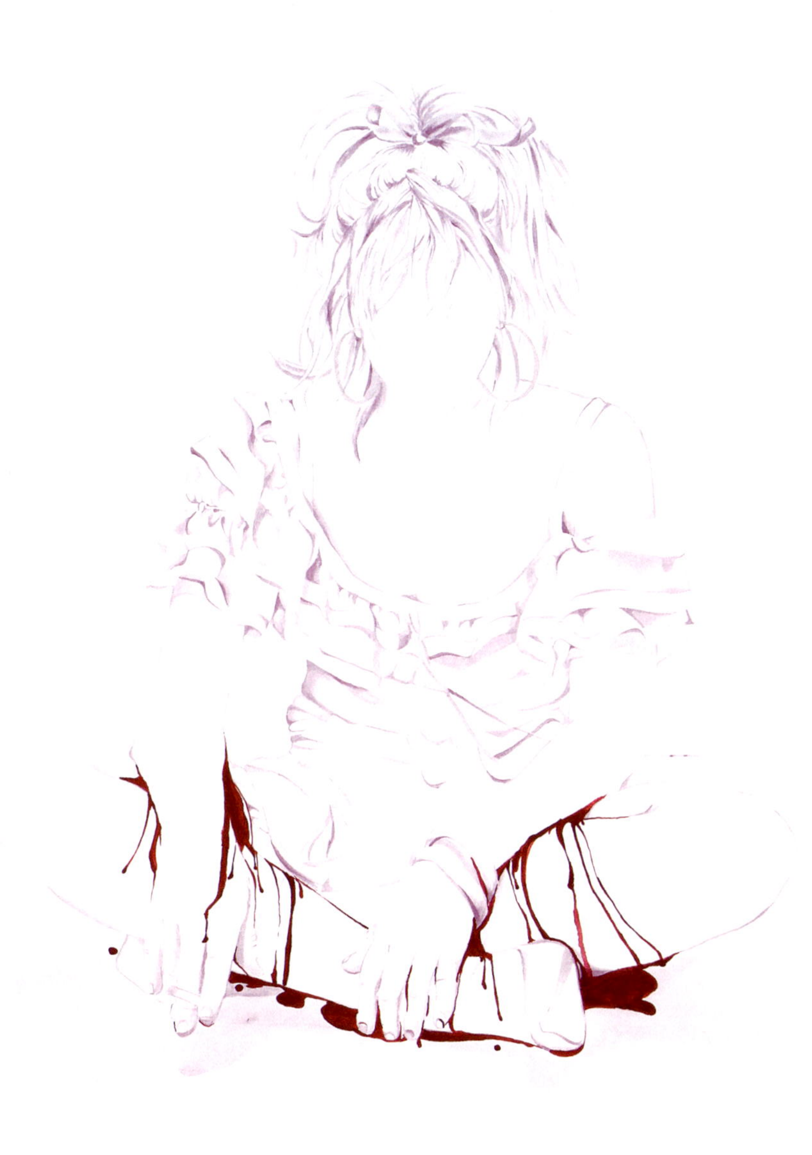

I LOST MY FRONT TEETH AND
I JUST GOT THEM BACK AFTER CHRISTMAS
AND I WAS FEELING REALLY GOOD, REALLY

I LIKE TO READ NOVELS, 18TH CENTURY
NOVELS (…) BECAUSE IT TAKES MY MIND
SOMEWHERE ELSE.

THERE IS NOTHING WRONG WITH HERE
AND NOW, BUT I DON'T LIKE THE NIGHTS
(…) I DON'T LIKE TO BE ALONE IN THE NIGHT
(…) I DON'T LIKE THE SILENCE.

IT WAS THE FIRST TIME I WAS
FINGERED AND IT WAS JUST SUCH
A GOOD FEELING.

I NEVER WANNA MARRY. I NEVER
WANNA HAVE A BOY-FRIEND.

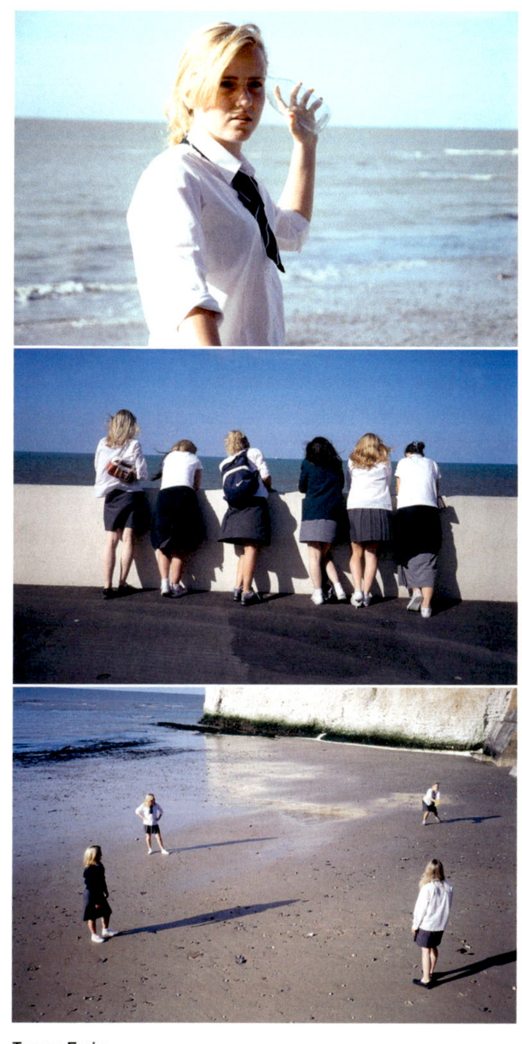

Tracey Emin
Top Spot, 2004

I'M HERE. I'M LOOKING FOR YOU.
I CRIED WHEN YOU LEFT. (…) I CAN'T FIND
YOU.

YOU'VE NEVER BROKE MY HEART. (…)
YOU SAID YOU'LL NEVER LEAVE ME. (…)
I LOVE YOU.

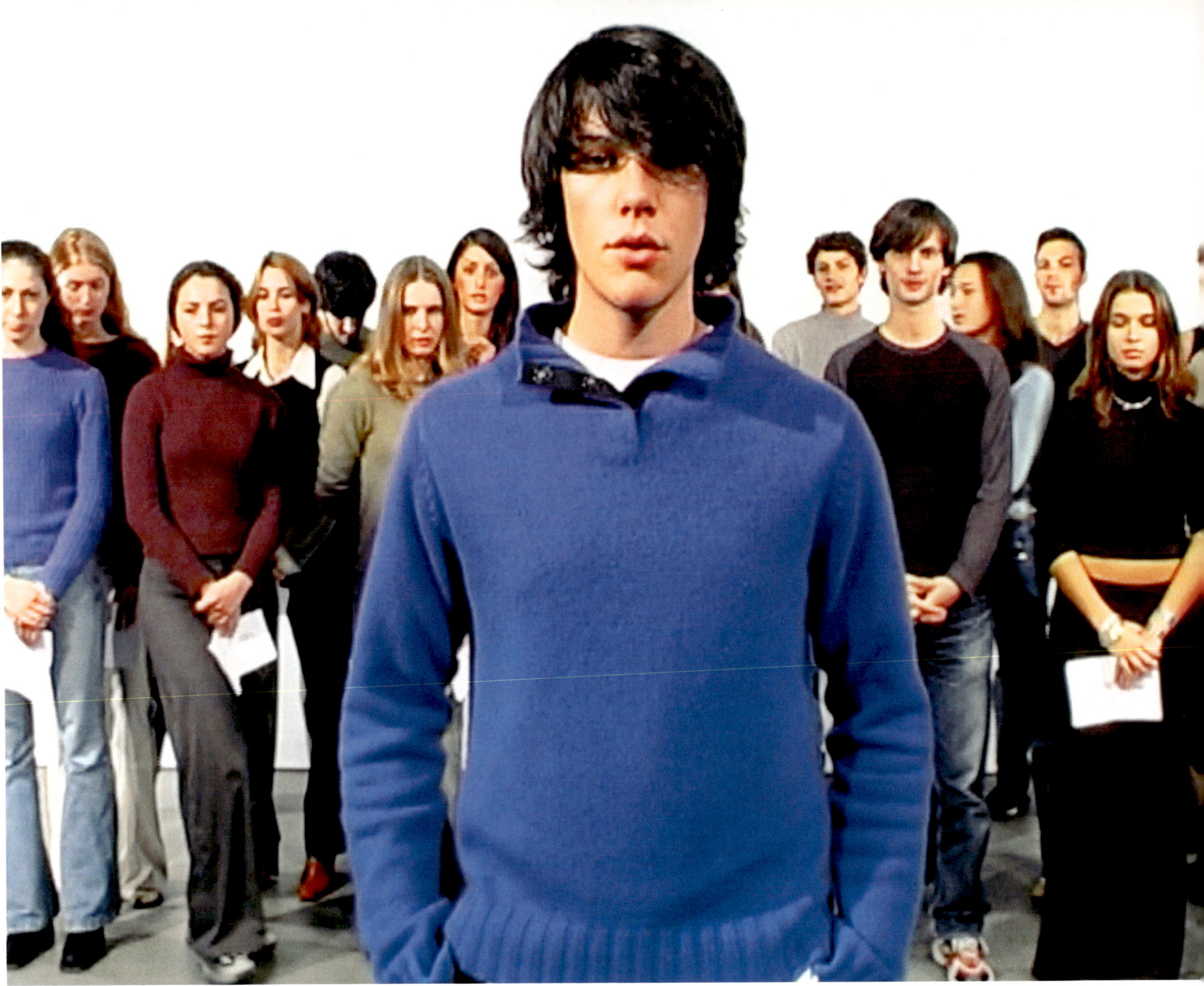

João Onofre
Casting, 2000

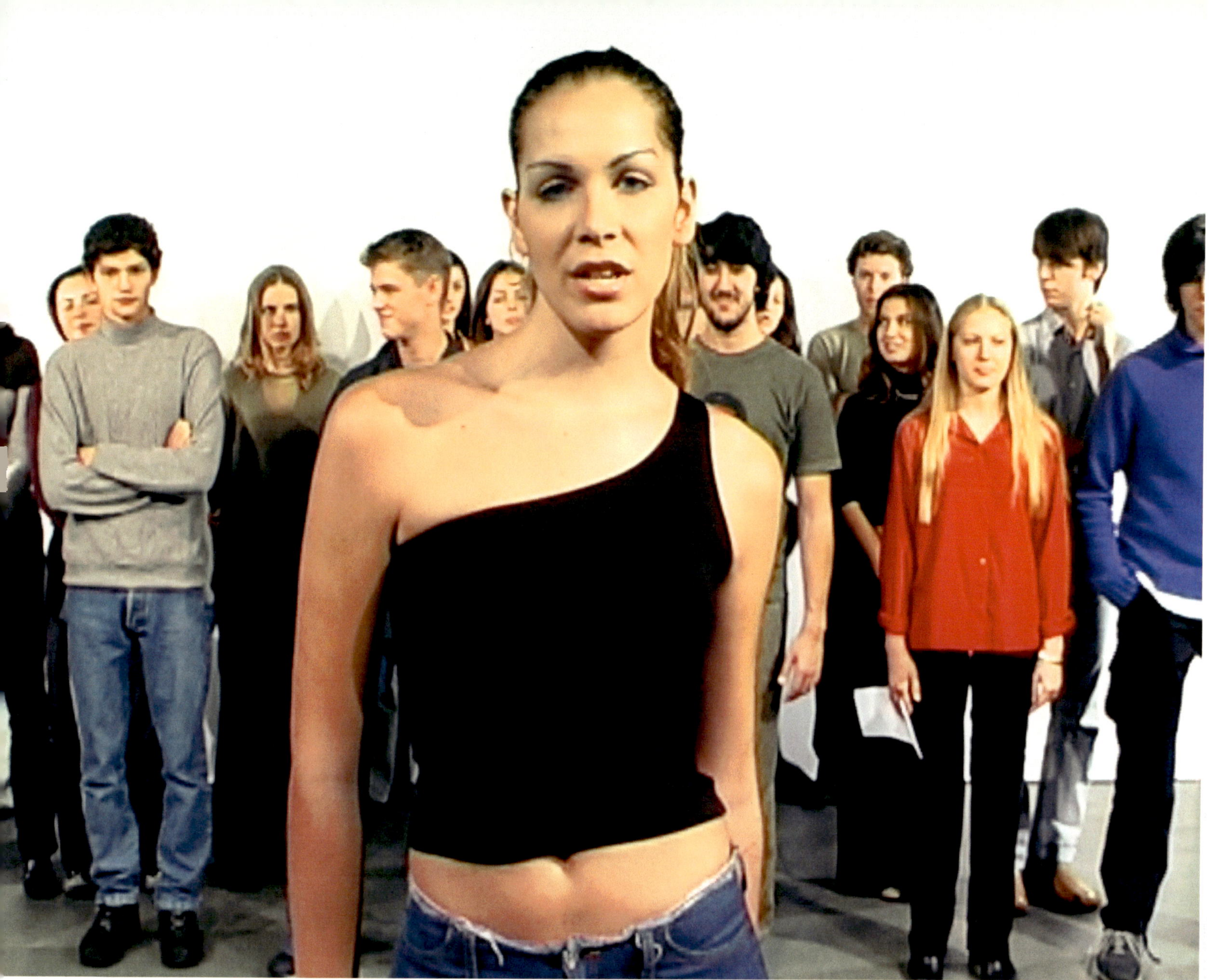

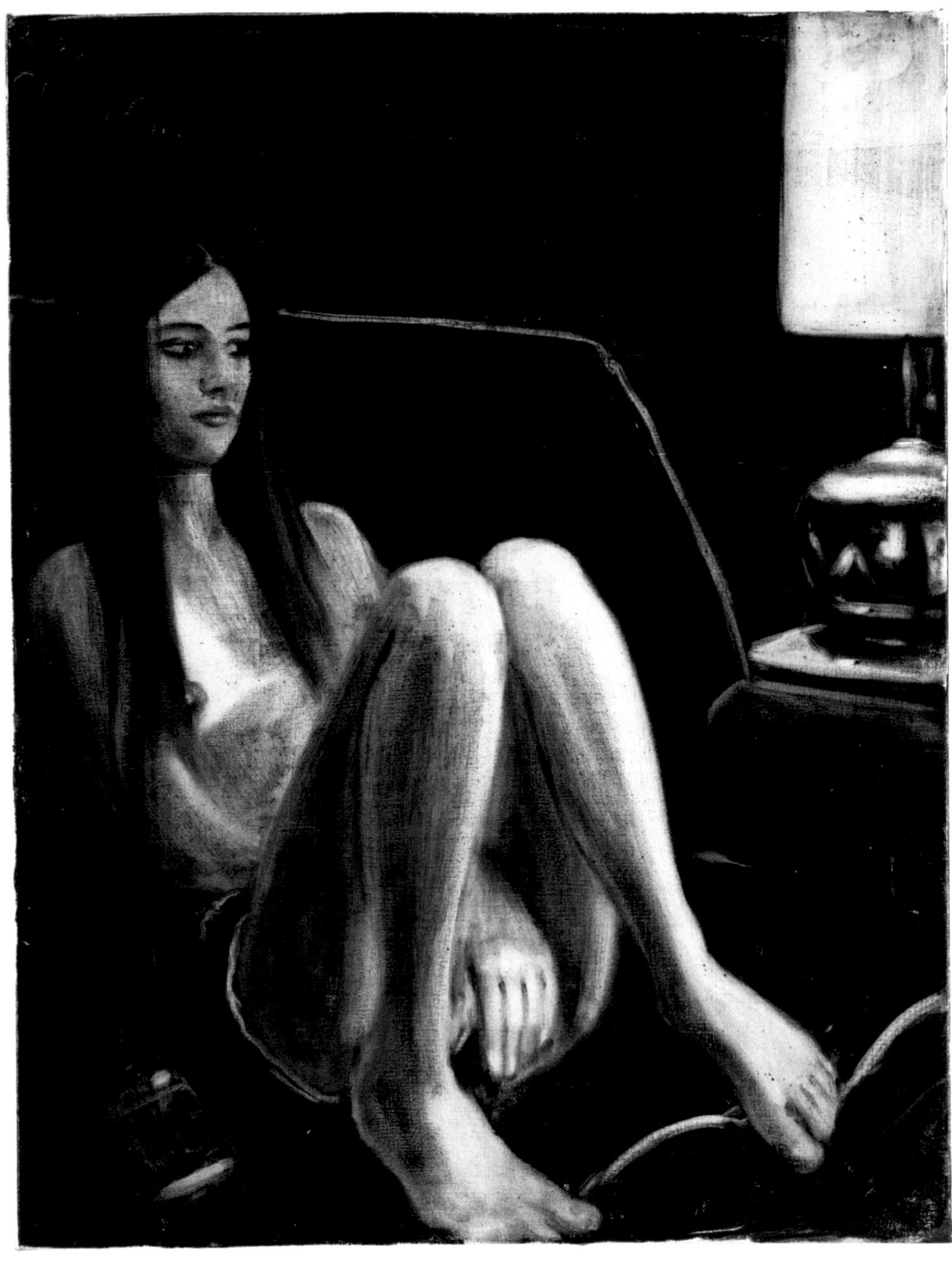

Joe Andoe
Girl with remote, 2004

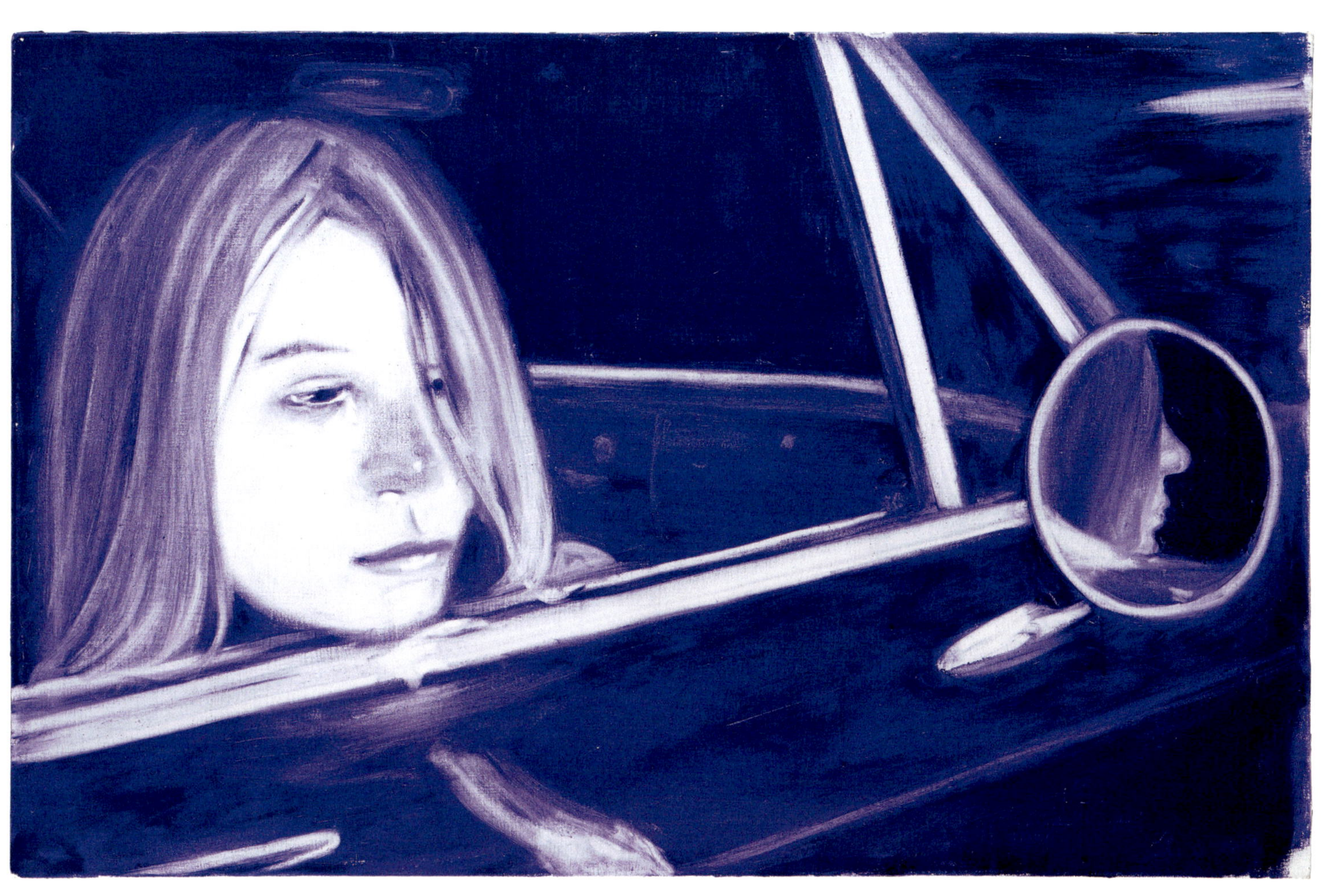

Sick girl in car, 2004

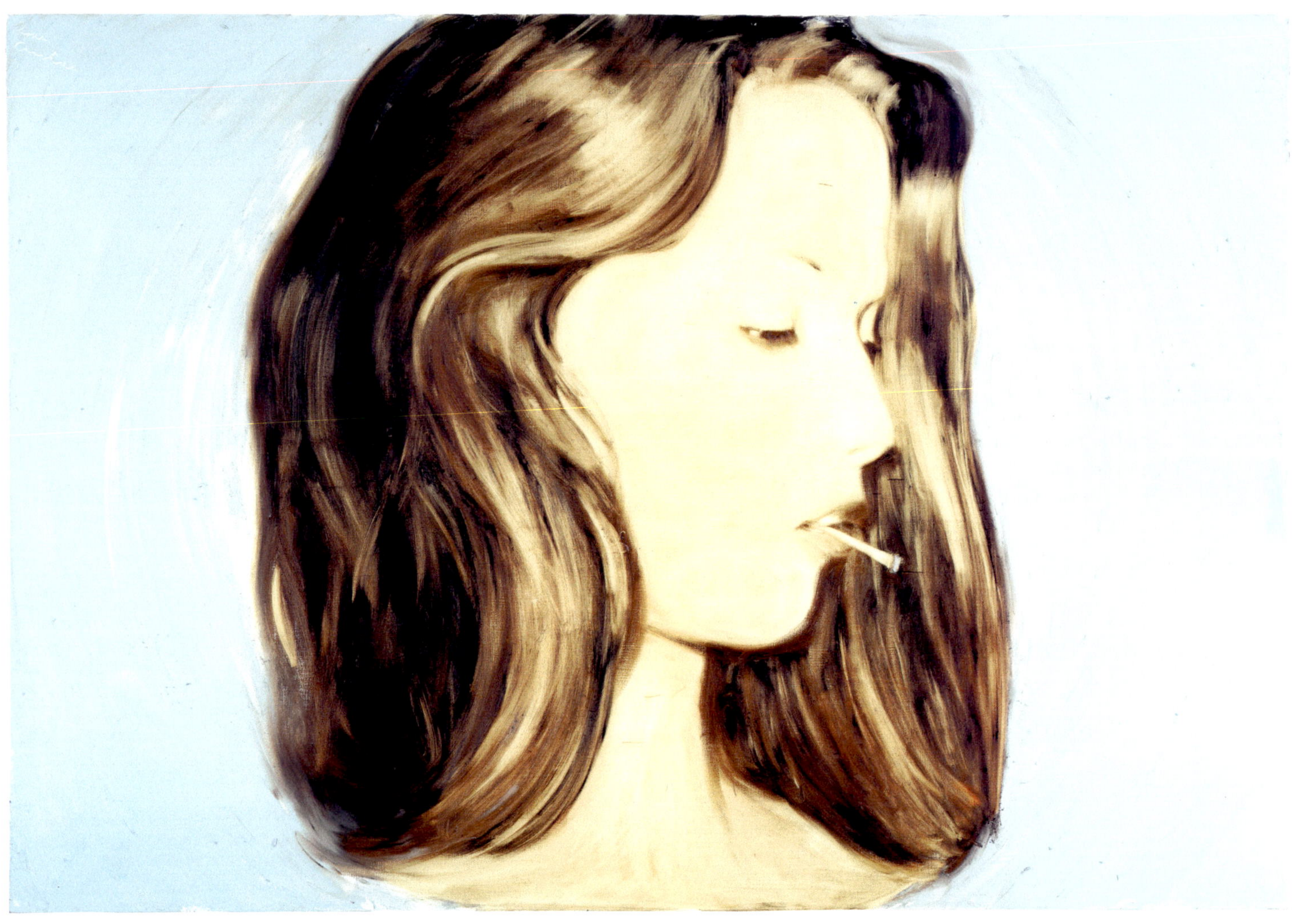

Joe Andoe
Untitled (blue portrait), 2003

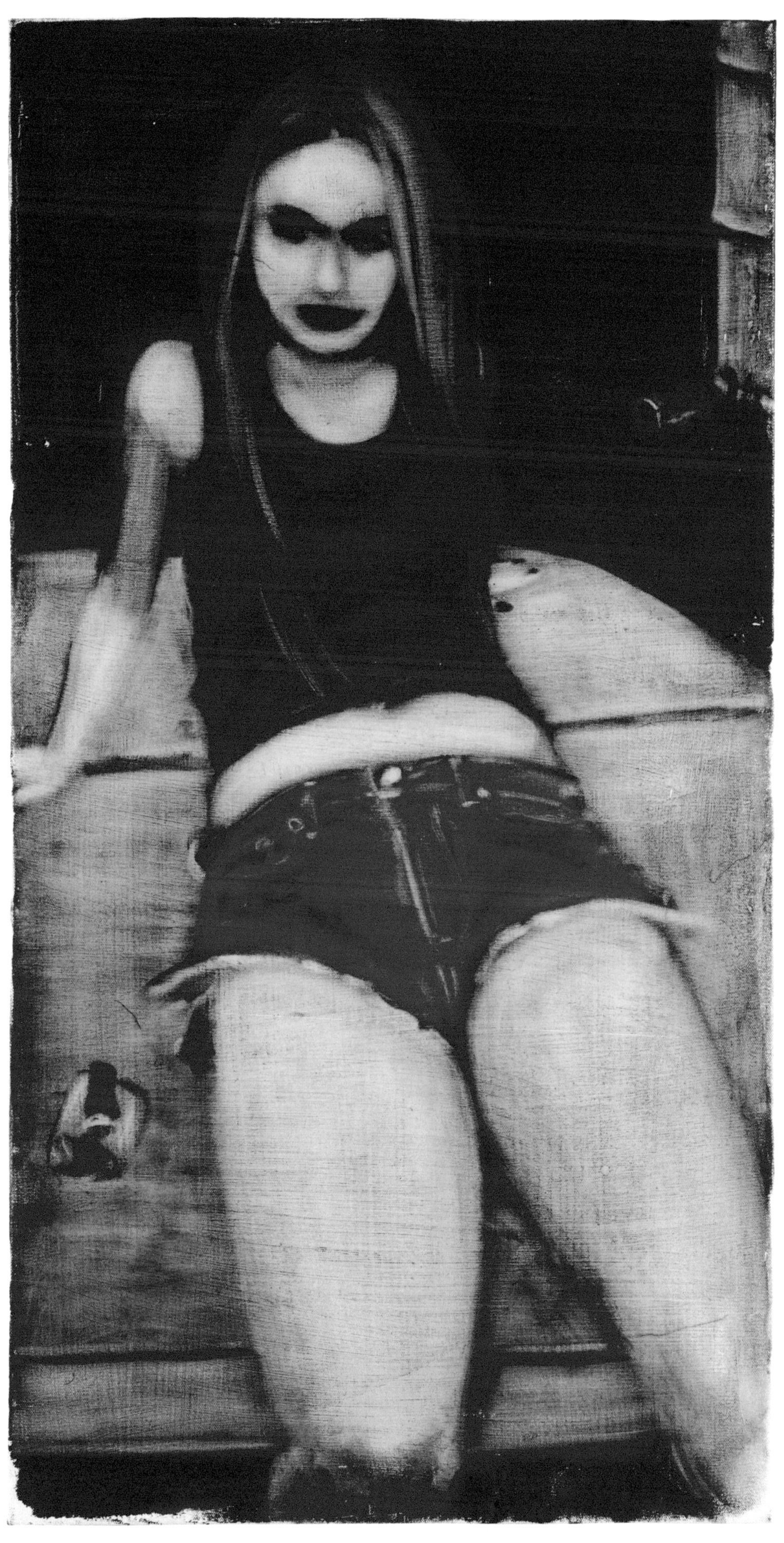

Untitled (girl on bed with jean shorts), 2003

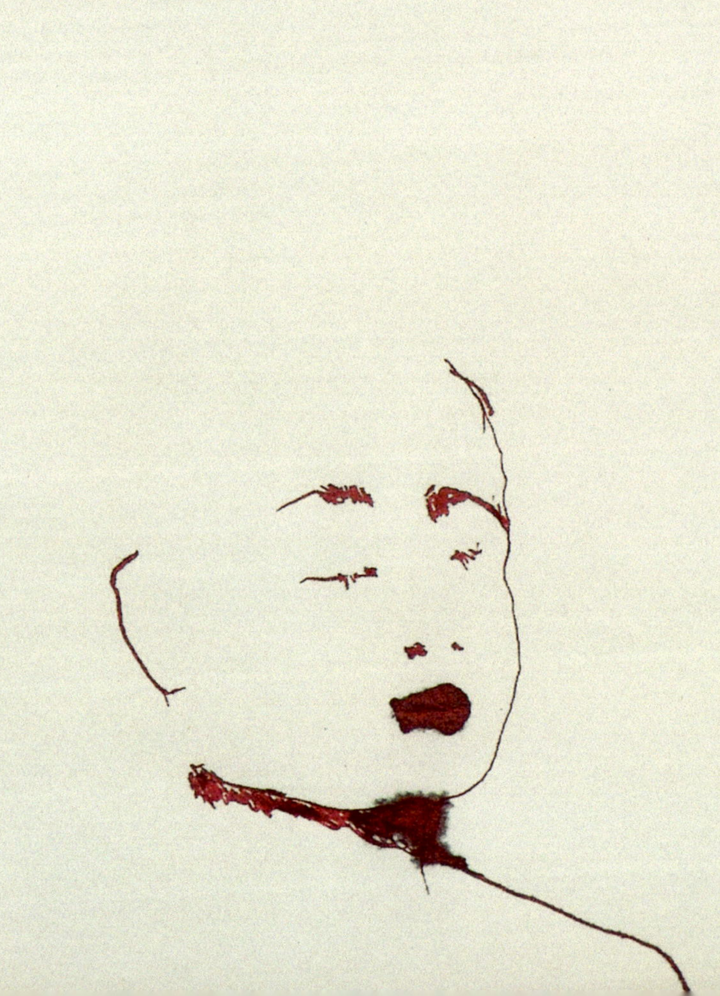

NO FUTURE.
NO ILLUSIONS

Invention, loss and rediscovery of
youth, or the children of Marx and
Coca-Cola got lost in the forest

Georg Seeßlen

ESTABLISHING SHOT

What does a society need »youth« for, really? One thing is for sure: not every society needs youth, and youth in one society is not the same as youth in another. And if societies of the past did not need youth, then it is plausible that future society, too, will not need any youth—at least not in connection with biology and biography. But youth was there, became part of history, a part of languages, images and narratives. Even if future society, whether it be capitalist or Stalinist (or both), no longer needs the condition of youth at all or allows it to become a permanent option (cosmetically and culturally), the history of youth (which, by the way, did not have to be either peaceful or progressive) will not be forgotten. The only really remarkable thing about youth is that it has to be recollected. We call the recollection of youth art. Or love. Or war. Or something completely different.

The old, accumulating bourgeoisie proceeded from a simple projection onto youth: you should *have* a better life one day! That required ambition and tradition. The new bourgeoisie, failing in enjoyment and enjoying failure, projected the opposite onto youth: you should *do* it better one day! That, in turn, requires experience and experiment, rebellion and progress. Of course, you shouldn't exaggerate things, so that it is kept within the class.

Youth preserves the bourgeoisie and youth changes the bourgeoisie. It changes the class so that it is maintained. Youth as a state of compressed future, on the one hand, and youth as a compressed state of enjoyment, on the other, that has to arouse, from a secret yearning, at least the suspicion of the »old« (»Here he comes again with his stupid youth«, Karl Valentin's petit-bourgeois rails against his son, the confirmand, »I was also young once. Perhaps I was younger than you!«). In the Oedipal structure of these conflicts, a political system mythologized (and sexualized) itself: The bourgeoisie as a class can only survive by being mobile. The only guarantee of mobility is the excitement between the generations—in love and horror. Once there is no longer any youth, there will also be no bourgeoisie.

So what! If youth is a state in which you take a run *to have* a better life or *to do* things better, then it obviously designates a rupture. The bourgeoisie therefore has an interest in charging this rupture with pleasure and fear. Thus it is no longer a matter of initiation and youthful heroic journeys (both, of course, will be mirrored endlessly in bourgeois youth culture as fiction and ritual), but a phase of passage in which both are endlessly mirrored and varied in commodities and signs, in short, transformed into culture.

CLOSE IN

What use is all this to the youthful subject? Nothing. For its usefulness is a double projection: the projection of society onto the subject, and the projection of the subject into society. Therefore it is always a matter of a prison and its systematic destruction. And with prison it is also a matter of breaking out and gaining »free space«. Who am I? Where do I come from? Where am I going? Gender—class—race—generation. Each person comes from a different place and wants to go somewhere else. In youth you dream of connections, crazy alliances, revolutionary balance. Youth is supposed to be the answer to the inability of a society to come to terms with its contradictions. A system that does not want to change has integrated change as a stabilizing factor. All the conflicts of bourgeois society are projected onto three screens: the reciprocal reflection of money, labor and commodity, the female body as well as the continual decay and continual re-invention of »youth«.

You do not have to know anything more about »society«. And even that is too much!

Although all that is nothing but a swindle, it is also unavoidable. You have to work or/and have money. You cannot leave your body. Not really. And nobody asks you whether and when you want to be young. On the other hand, it holds true for all three: you have to make something of it. The

myths of capitalist society (that is the terrible thing about it) are inscribed into each person's biography right down to bodily details. Conversely, the happy thing about it is that each biographical gesture and each change of code is connected directly with the central narrative. A burp can change the world. A revolution cannot.

The young subject cannot know what is »natural« and what is »invention« about it. We are young, but we do not have our youth, so we become old. But youth can be »defined«. The condition can be described through its limits. The border to childhood. The border to adulthood. As if these conditions were less invented! As a youth you know that adults reconcile themselves much more easily with the children they once were than with the youths they were supposed to have been. And adults will dream of childhood as a treasure, and of youth as something that remains always something missed and withdrawn. You can become a child again at any time, in both the good and bad senses. But youth is like beauty; it does not return.

SHARPNESS, MAN, SHARPNESS!

In spite of everything, there is something undeniably grand and trivially factual about being young. As biology and as drama. This is probably what Roland Barthes called the »residue of reality« in myth, or what Sigmund Freud interpreted as the »recent« part of the dream, or what Karl Marx saw as the excess of reproduction. Youth has been endangered and seduced since Aristotle or since there have been »citizens«. It has become superfluous since Nietzsche. And that is its chance against the rule of the older generation and above all against biology and drama—that it has to invent itself.

As far as biology is concerned, just ask your doctor or pharmacist. The drama, originates from the Christian idea of time, a curved line through the Valley of Tears, not dissimilar to the curve of our automobile depreciation. Youth is where things start to go downhill, at first slowly, and then faster and faster. Youth means doing things for the first time and being able

to remember it. Sex and drugs and rock 'n' roll: the first kiss, the first fuck, the first love, the first loss. The first cigarette, the first beer, the first joint. The first record, the first concert, the first stage appearance, the first trip. Your first room…

How does it feel to be on your own? And don't forget: »like a complete unknown, like a rolling stone«. Great and lousy, of course. The first loneliness, the first experience of unhappy consciousness: if I have myself, I lose the world. If I have the world, I lose myself. The first completely independent radical thought. The ego is no other at all. I want to have been nobody.

The first resignation.

SCHWENK

A society needs all the more youth, the more unbearable the tension is between barbaric, paradisic childhood and life in civil society.

It is part of the critique and self-critique of youth culture that it is a capitalist institution. While it keeps morality and aesthetics in motion (or maybe not), youth is also supposed to keep the market in motion. Thus there are:

Firstly, commodities which, so to speak, are produced out of youth culture itself and sooner or later are adopted by the mainstream market. It is hotted up by certain skills and impulses: pop music, fashion trends and new practices in technology and communication, for example. Someone is always upset about how quickly the processes of »commercialization« and consumption take place. Someone is always fascinated by how fast kids learn to handle new devices and new codes.

Secondly, commodities which are produced especially for youth culture and are supposed to be »meaningful« only for youth, such as pre-torn jeans, a brand of sneakers or an ego-shooter game. Youth becomes a co-producer in the stream of commodities. And it seems as if »youth culture« is always one step ahead of the factual globalization of the streams of commodities and images.

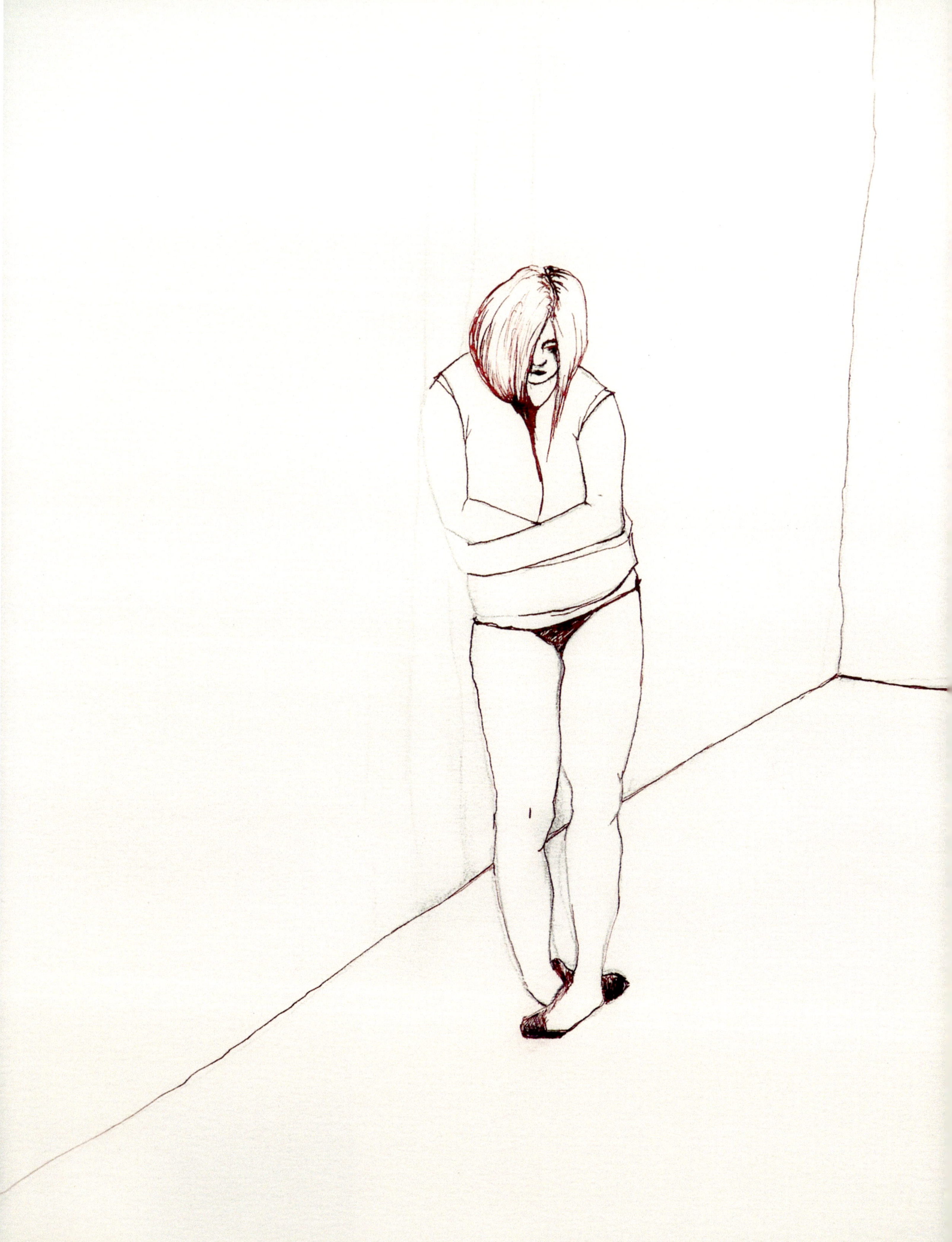

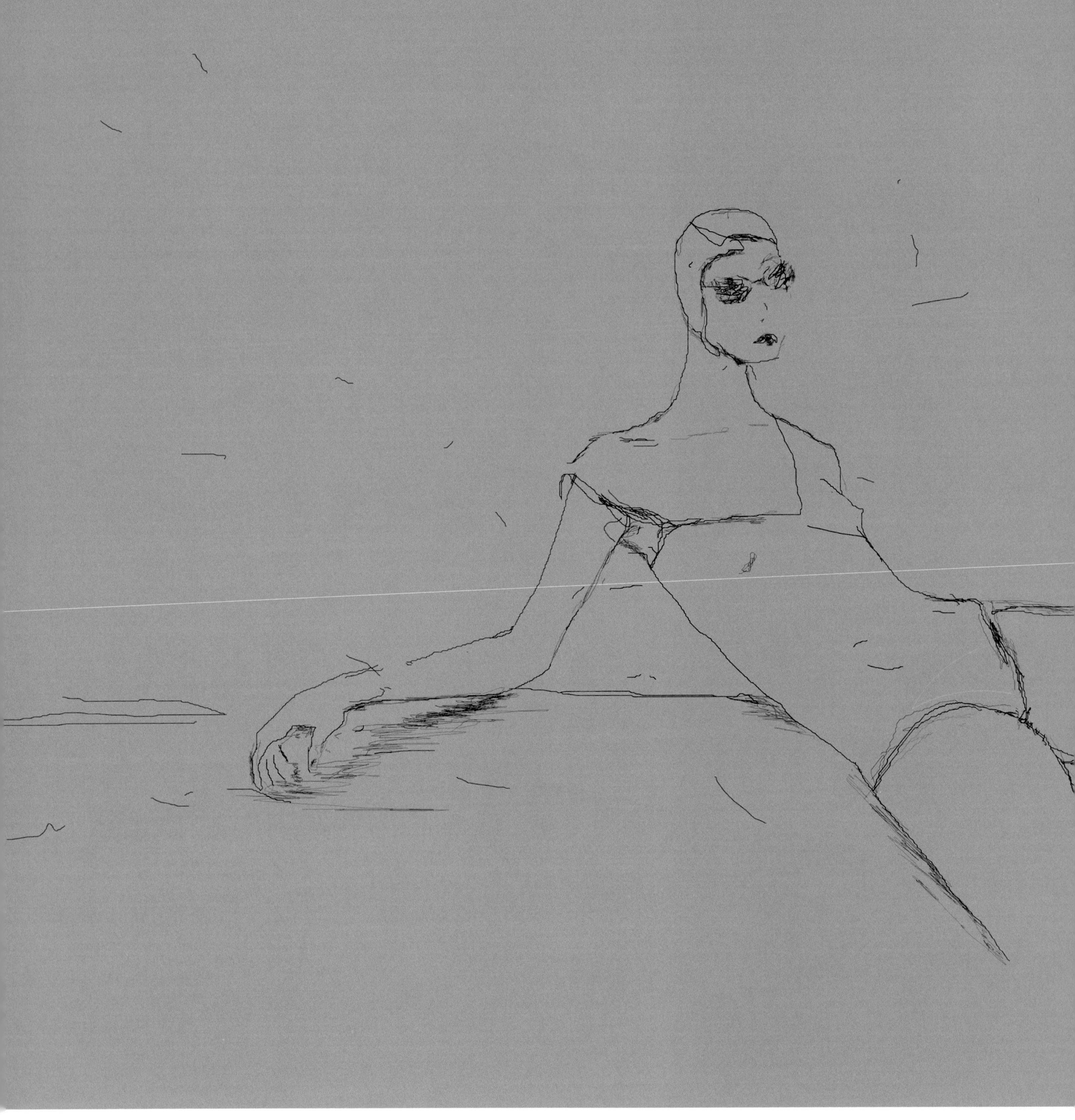

They call the youth of the world. The more reactionary they are, the more cunningly, the more cruelly, the more loudly they call for the youth of the world. Never, or almost never, can youth call back just as loudly: we want to stay where we are, in the ghetto. In the most boring part of the world where you can only find, amazed and sublime, that we like it here.

Thirdly, commodities which are sent through youth culture to be hotted up and sexualized. A commodity, for instance a car or a trendy sport, gets a »youthful touch« through this gesture for the mainstream; it itself promises youthfulness (sex, health and illusion). In the decadence phase of the domestic market, popular culture in this way sells precisely those values which the »old« youth had to reject: home savings plans, insurance policies, energy-saving models. Quiet is the new loud? Straight is the new rebel hero!

SHOOT / COUNTER SHOOT

We are not proud of being young
(Tocotronic)

Youth is thus a narrative in signs and perspectives, or in other words, a moving image.

Therefore the older generation exclaims, the youth of today! It is decadent, it has been seduced. It is lacking in vitality; it is boring. In my time youths were somehow younger. In my time they were more serious.

This image may be:
OVER SHOULDER ONE:
    accepted. We are the ones our
    parents always warned us about!
OVER SHOULDER TWO:
    rejected. You have no idea who
    we really are!
And this can be done:
    MOVE BACK:

Melodramatically: the aesthetic sign is a moral sign.

Tragically: the »sacred« and innocent state of youth can only be saved by radical sacrifice, so a couple of people should take it upon themselves to fulfil this hope and die before they grow up.

»I never believed that I would live to be eighteen,« says James Dean.

Ironically: not only in the appropriation of the means of production. That is not without danger. The computer whizz, the teenage nerd as new tycoons, sneaker capitalism, etc. of the 1980s made the system wobble more precariously than the youth rebellion ever achieved. Even the playful appropriation and transformation of mainstream culture by the phenomenon of youth causes confusion. As a money-burning consumption avant-garde, youth is welcome—but as an accumulating generation of company founders? Seen in this light, the fall of the new economy was the murder committed by capitalism on its own youth.

Epically: the youth of today are the powerful of tomorrow. They create a new world. And if we transform Woodstock into a church youth forum, we are supposed to be the source of a new moral narrative. Youth, at least in our civilization, is the promise of a New Testament. After all, not for nothing did our God split himself into an old, a young and some kind of third spirit, teen spirit, holy spirit (I am currently listening to him prevail on the new Arcade Fire album).

The other side of the indignation of the older generation about the younger generation is a form of parasitic participation. In every *Schoolgirl's Report*, in every third episode of the detective series, *Scene of the Crime*, with every guest on the Thomas Gottschalk Show who somehow loses a piece of clothing, there is this sexualized participation in indignation. *Susanna in the Bath and the Three Old Men*, these days and preferably with sex change.

The inner sexual pressure of the mythical space corresponds to a pressure toward prostitution from mainstream society, and no matter how you do it, you will do it wrong. Romantic withdrawal—youthful sexuality is the sexuality of youth, or offensive adoption—we are young and need the money. In the society of neo-liberalism, the young body has to be thrown onto the market. It tells of sex and performance in sport, for instance, sex and events discharging in pop, sex and

service in porno. Neither sexual *agents provocateurs* from youth culture, about whom the mainstream still dreams lavishly, nor sexual subcultures could disturb »the system«, but only the refusal of the young body to offer itself on the market. In the general visual code of the Turkish girl with a headscarf, this image, although masked, seems to be fulfilled in a double way: as a sexualization of political reservations and as a politicization of sexual reservations. The young body thus becomes the site of hidden social conflicts. With the abuse debate and its effects in the media, a new border is being drawn: the official line for the young body to enter the market is eighteen years. The line for sexual consent is about three years lower. The media are, among other things, machines in which the youthful body is processed in such a way that it is available to the older generation for its enjoyment (and always associated with this, for its fear) in an alternation of hysteria and boredom.

This sets a game of knowledge into motion. If in this world there is anything post-modern, then it is the youth in the modern world. This is part of the narrative of every new, lost generation or Generation X. Rather the opposite and precisely for this reason closely related: the lost generation is eaten up by history; Generation X is passed over by history. You can only still be youthful in being simultaneously a youth, as you would like to be or not to be, and someone else who stands to one side and looks on being youthful, and simultaneously also a third person who tries to make a profit from both or at least a strategy for survival. Only in this way is it also possible to enjoy »youthfulness« without becoming completely stupid, corrupt or mad—if one leaves aside the possibility of flight into the next *Neverland*, that Winona Ryder state through which the young soul-body bursts so powerfully onto the mainstream that it hurts both sides, or that Johnny Depp state with which the youthful body-soul remains eternally embalmed in a (more or less) self-created dream-realm. One has to imagine *Sleeping Beauty* before the kiss as a happy person.

The second discourse, according to the projection of the older generation, is the equally hedonistic and desperate self-enjoyment (along with self-portrait) of youth. We were young and loved life. And of course, we were young and needed the money. We were heroes. Jesus, we smoked a lot of dope. Do you have a gun, man? Can you be young and have a gun? Is Young Gun the beginning or the end of the myth?

The third discourse, finally, is turning oneself into a problem. One poses the question for oneself: is it easy to be young? Of course not. But is the pose of the victim still at all supportable? And what is worse: not to fulfil the role of youth which is presented to you or, even worse, to understand it so badly that even its refusal fails, or no longer to come out of the role of youth which is presented to you? Remarkably enough, the »professional youth« is always imagined as an older lady or gentleman. The fact that in the meantime there are more youthful professional youths than all the rock grandpas and Gottschalcks in the world is perhaps not favorable, because youth is our reserve of authenticity. History cannot at all be at an end, Mr. Fukuyama, as long as there are people who step into it from the realm of innocence of childhood through the paradisic slough of youth. Over and over again.

NEXT CLOSE IN

The whole thing is repeated as farce. Youth is the drama of first times. And then follow the dramas of last times. Now everything becomes unclear, with fuzzy edges. A well-focused point: being at a concert for the first time. A vague fear: when was the last time you were in the first row in front of the stage? When do fucking and love turn into a »relationship«? When do you go prowling around the streets for the last time? So much is certain: in our stream of narratives and images, the mythical motif of »parting« from youth is stronger and more persistent than the mythical motif of »first times«. The conclusion of the narrative: youth should at least remain a little bit open; the echo of scenes of a long parting

reverberates throughout bourgeois life. Moist eyes. And as I said: art and war, or at least writing catalogue texts or »unorthodox careers«, are all reactions to a false FADE OUT. Strange myth is war, by the way: On the whole it tells of how the old men of a society sacrifice their sons; in detail, however, it tells of how old men bring them and themselves to defend themselves against the sacrificial hysteria of the young.

Between the HARD EDIT to »the first time« and the FADE-IN to »the last time« lie the narratives of self-experience, self-enjoyment and self-reflection. One has to return again and again to what lies before. The media therefore incessantly create images of youth in which nobody has been. Images of youth through which you are supposed to a catch up on what was denied to you. Images of improved youth, improved images of youth. (In this way, punks and old men slap each other's thighs at the *Burnt Rum and Red Wine Punch*.)

In any case, we are convinced about the vampire nature of image production. The more images there are of youth, the less there is of it in reality. Reality? Which reality? Weren't we in agreement that the condition itself can be described largely as an invention, even though by various, contradictory authors with different, contradictory interests, styles, intentions and methods? The whole thing becomes a copyright problem. It has been able to solve the old question of »to whom does youth belong?«, in case of doubt, by force. If it was itself not enthused by the future that had been cast, the subject could quite simply be made into the slave of the national, religious or social idea for which it was worthwhile to hate and smash each other's heads in. That makes sense, because the primary interest was in surplus labor (and destructive) power. The new question of »to whom does the image of youth belong?« is a question of the market. The subject can go to hell, and that not just since standing armies with limitless demand for cannon fodder, and industrial reserve armies have gone out of fashion. The new split is that between consumer and the stimulus to consume. The 2010 model of the youth-

ful rebel is the person who doesn't give a damn about pretending to be youthful.

More precisely: self-withdrawal finally assumes a form which lies in the paradox of the withdrawal of the signs of youthfulness itself. One can possibly view the grunge movement from the perspective of a radical refusal of the signs of youth vis-à-vis society. And the slacker would practise wasting not so much his or her youth, but rather the signs of youth.

COMING SOON: NO FUTURE. NO ILLUSIONS II. Old is the new young, or the children of Marx and Coca-Cola meet the children of MP3 and Hartz IV on the net. ❏

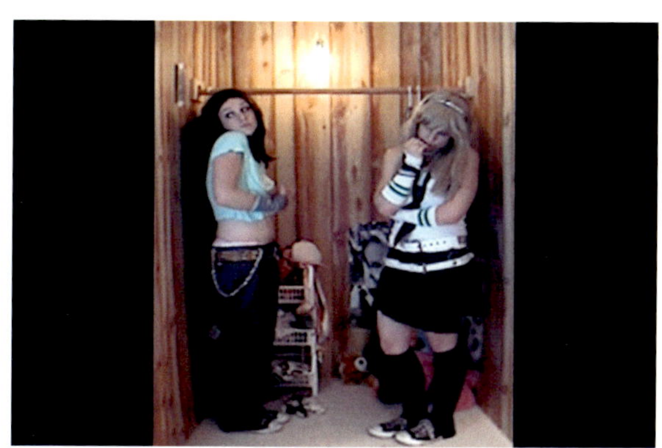

Alex McQuilkin
7 minutes in heaven, 2004

Hannah Starkey
Untitled – December 1999, 1999

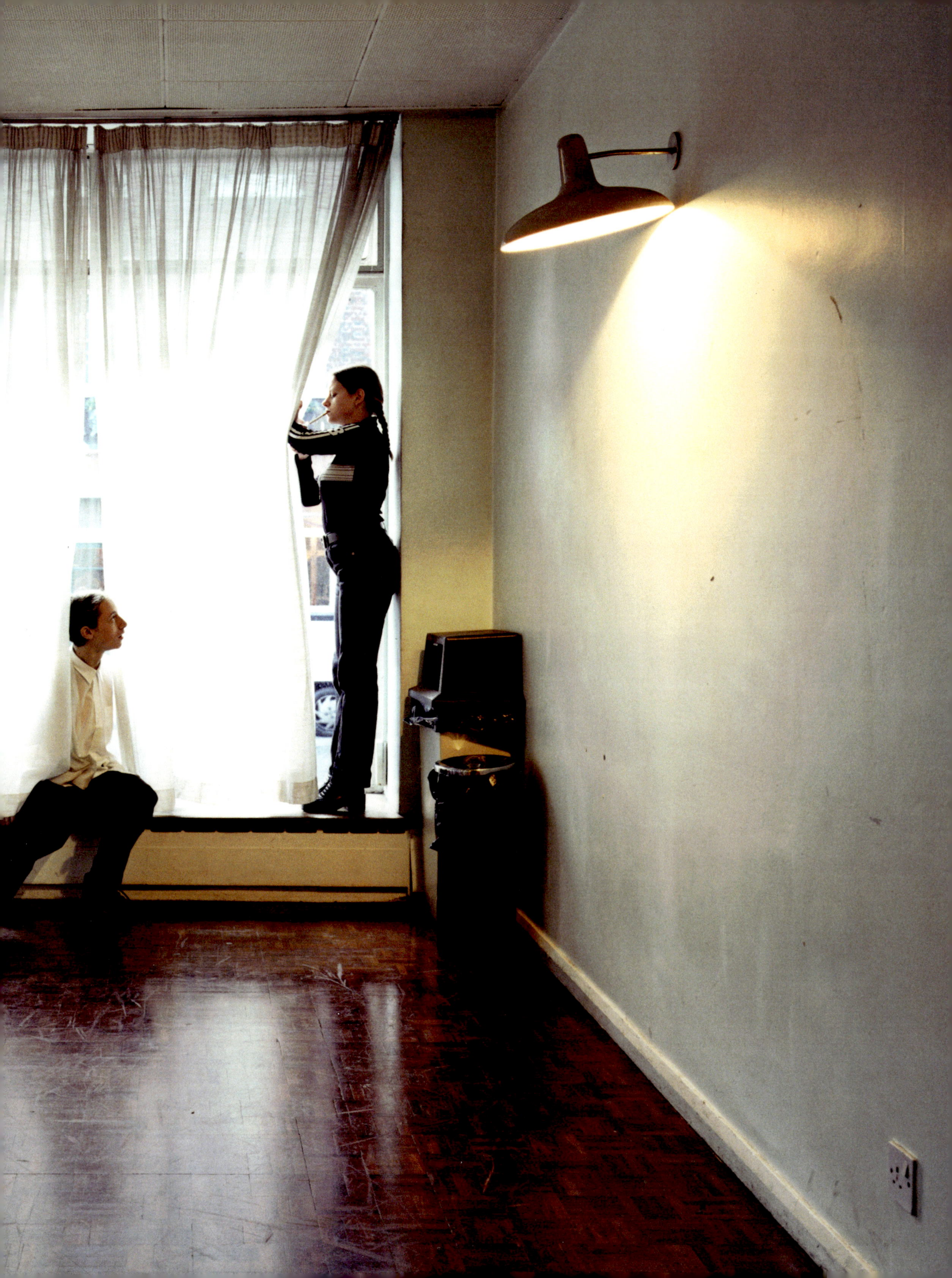

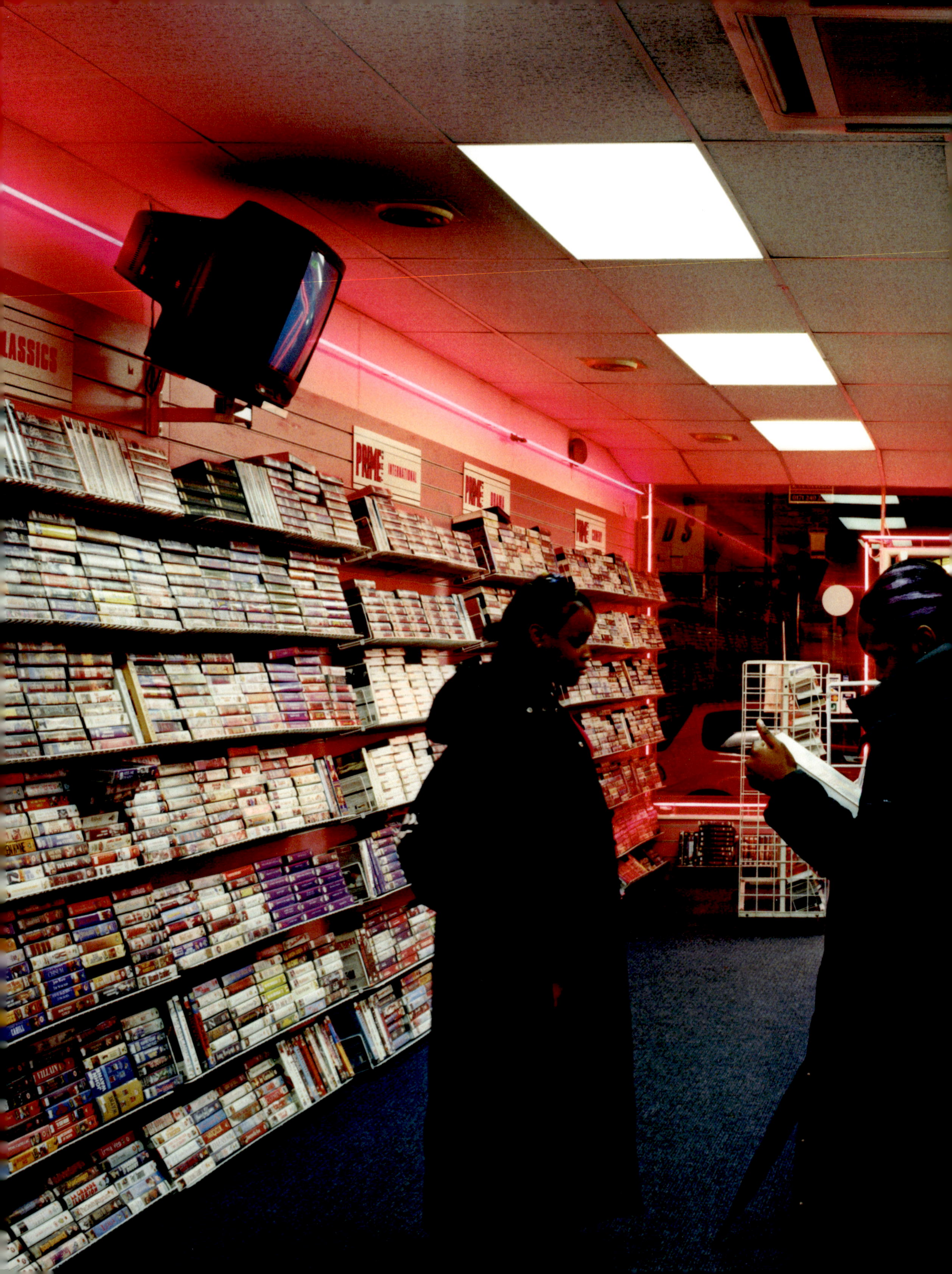

CLASSICS
PRIME INTERNATIONAL
PRIME
PRIME

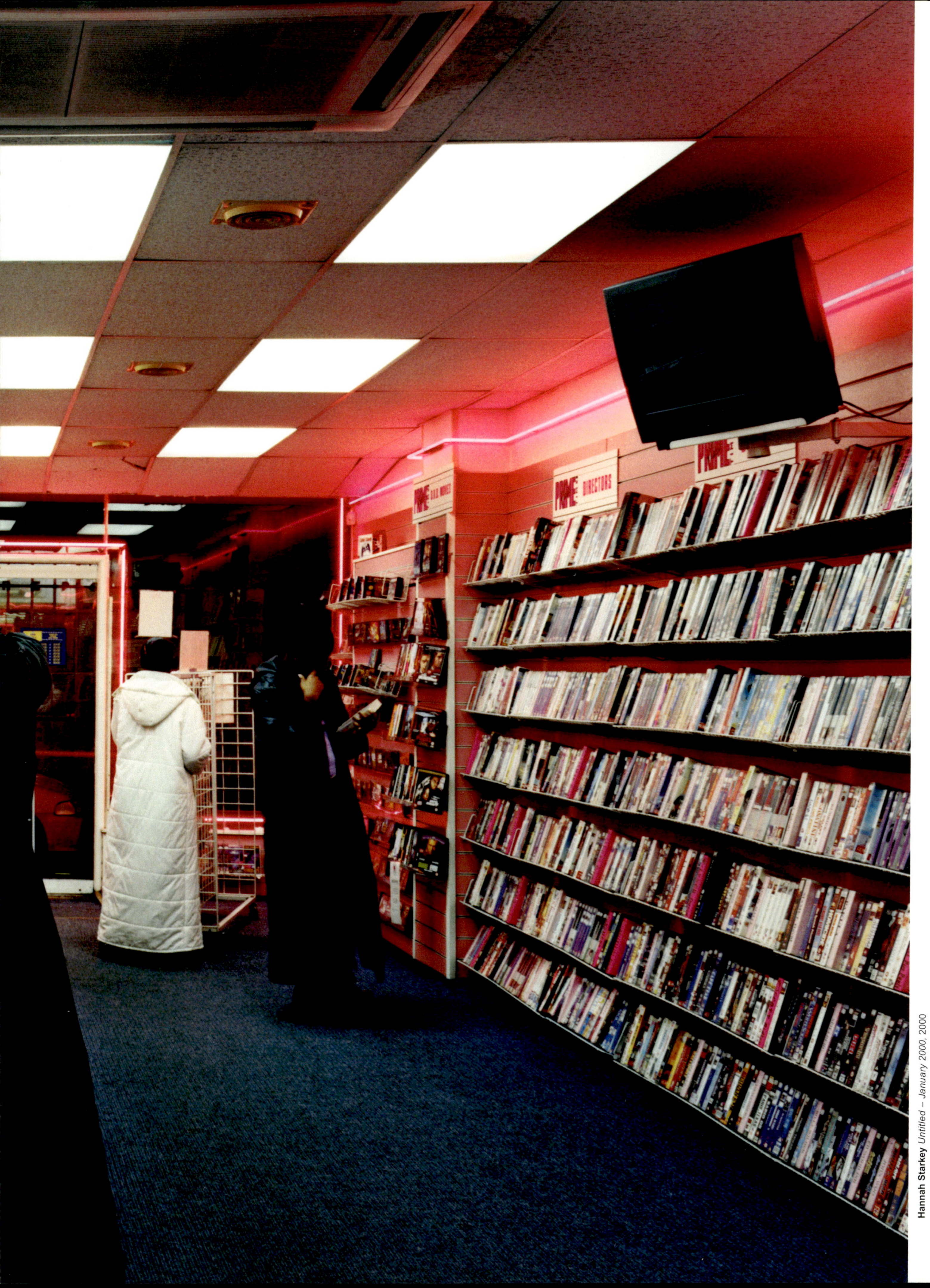

Hannah Starkey *Untitled – January 2000*, 2000

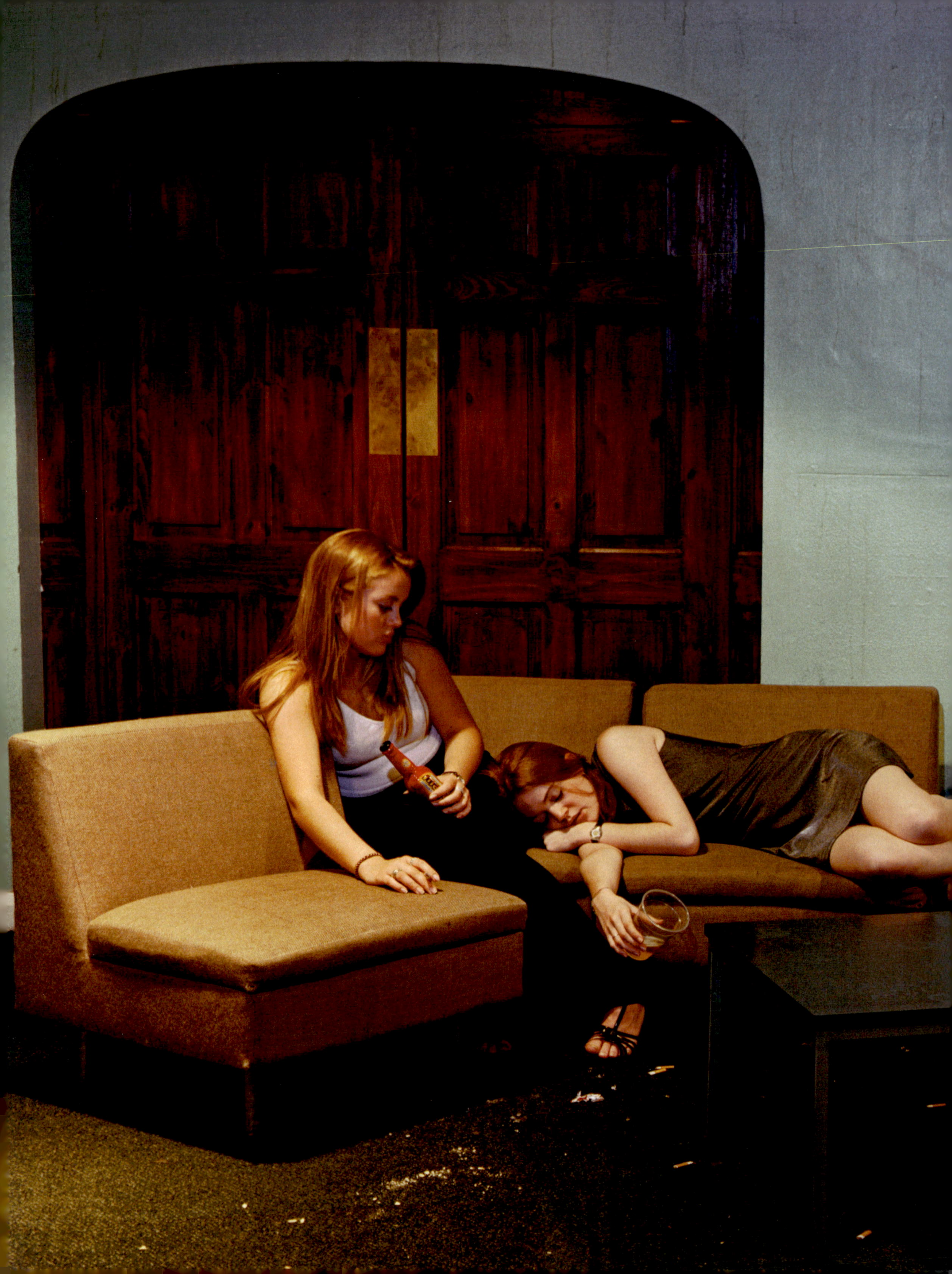

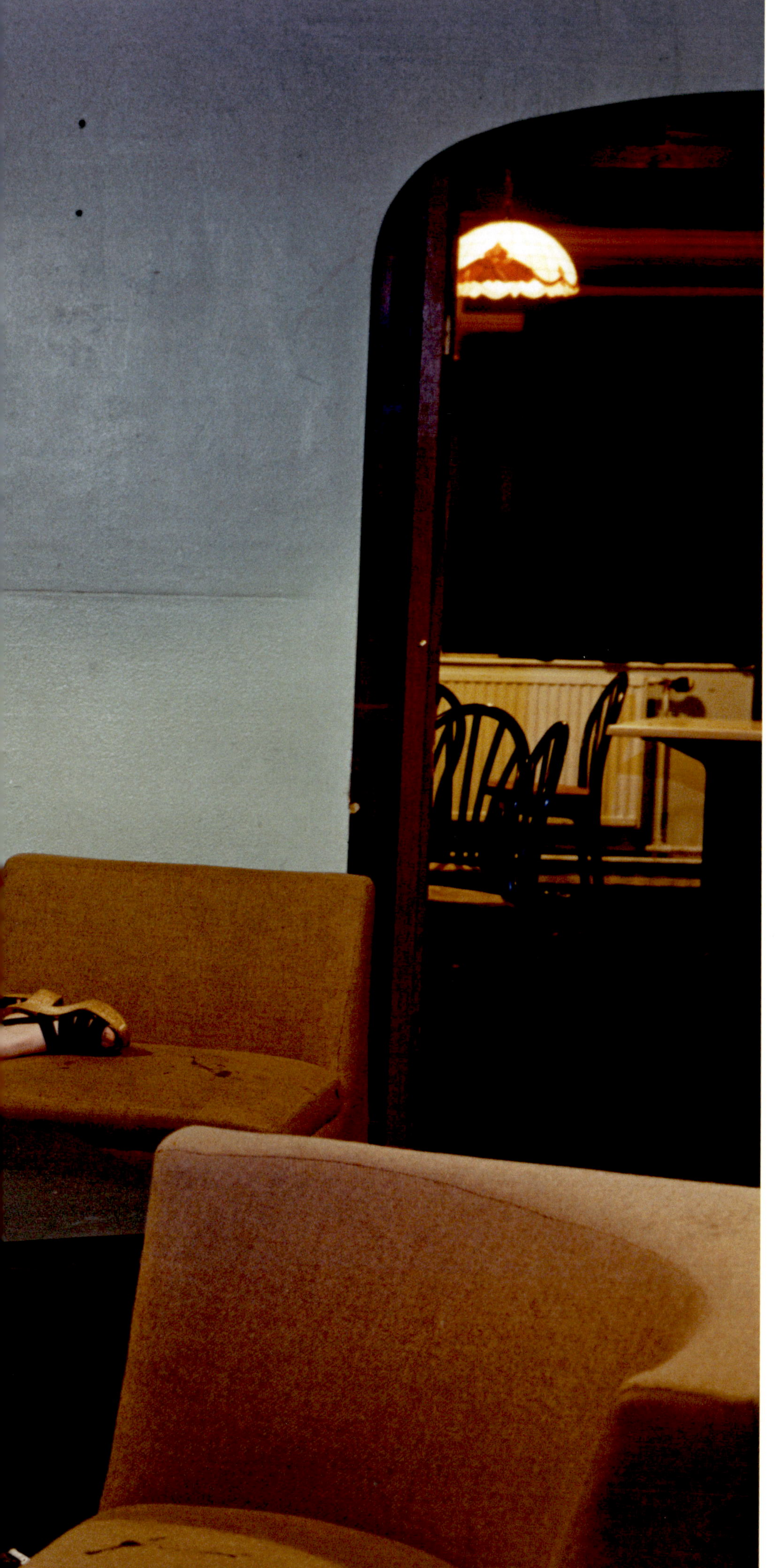

Hannah Starkey
Untitled – May 1997, 1997

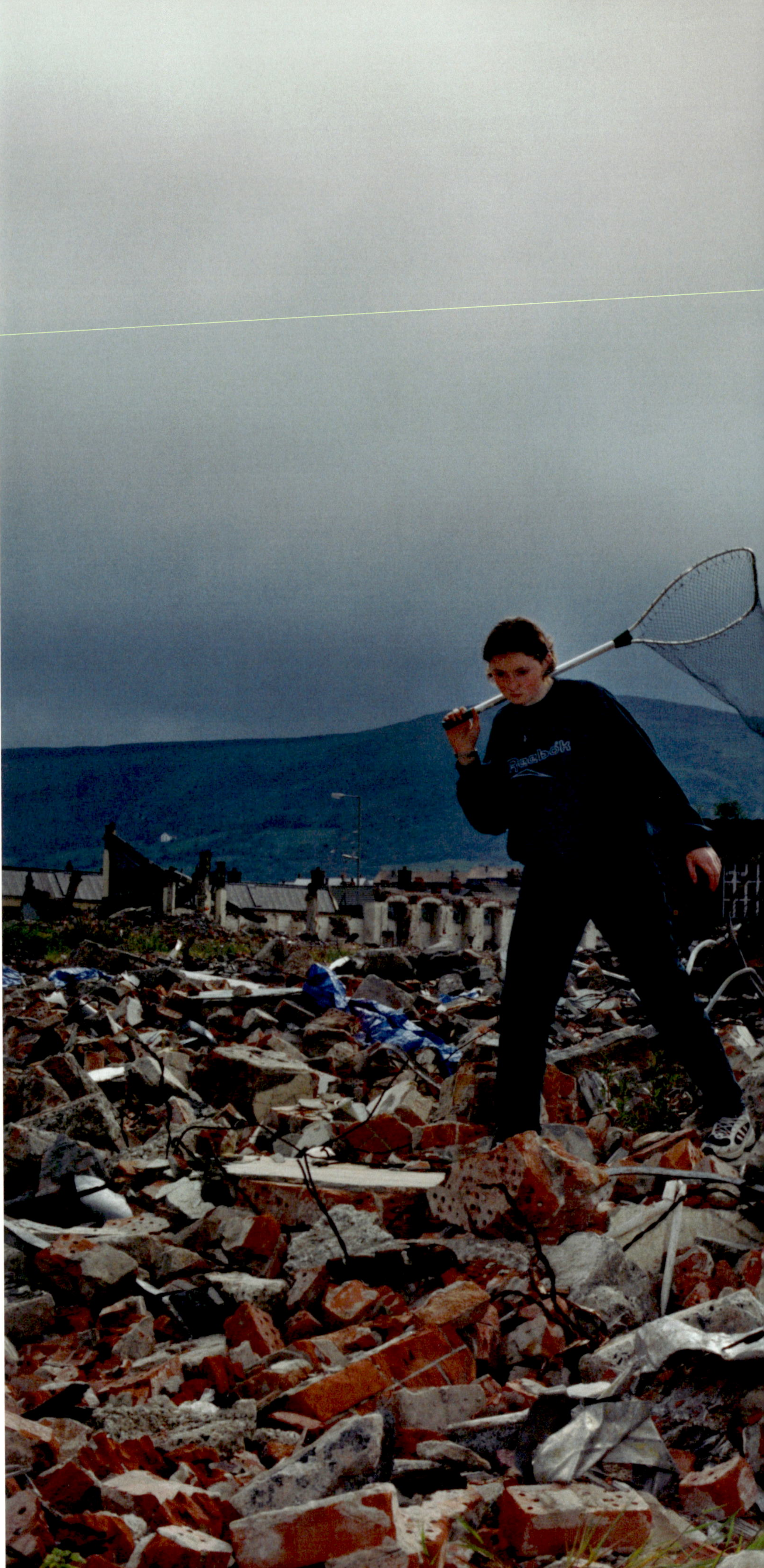

Hannah Starkey
Butterfly Catchers, 1999

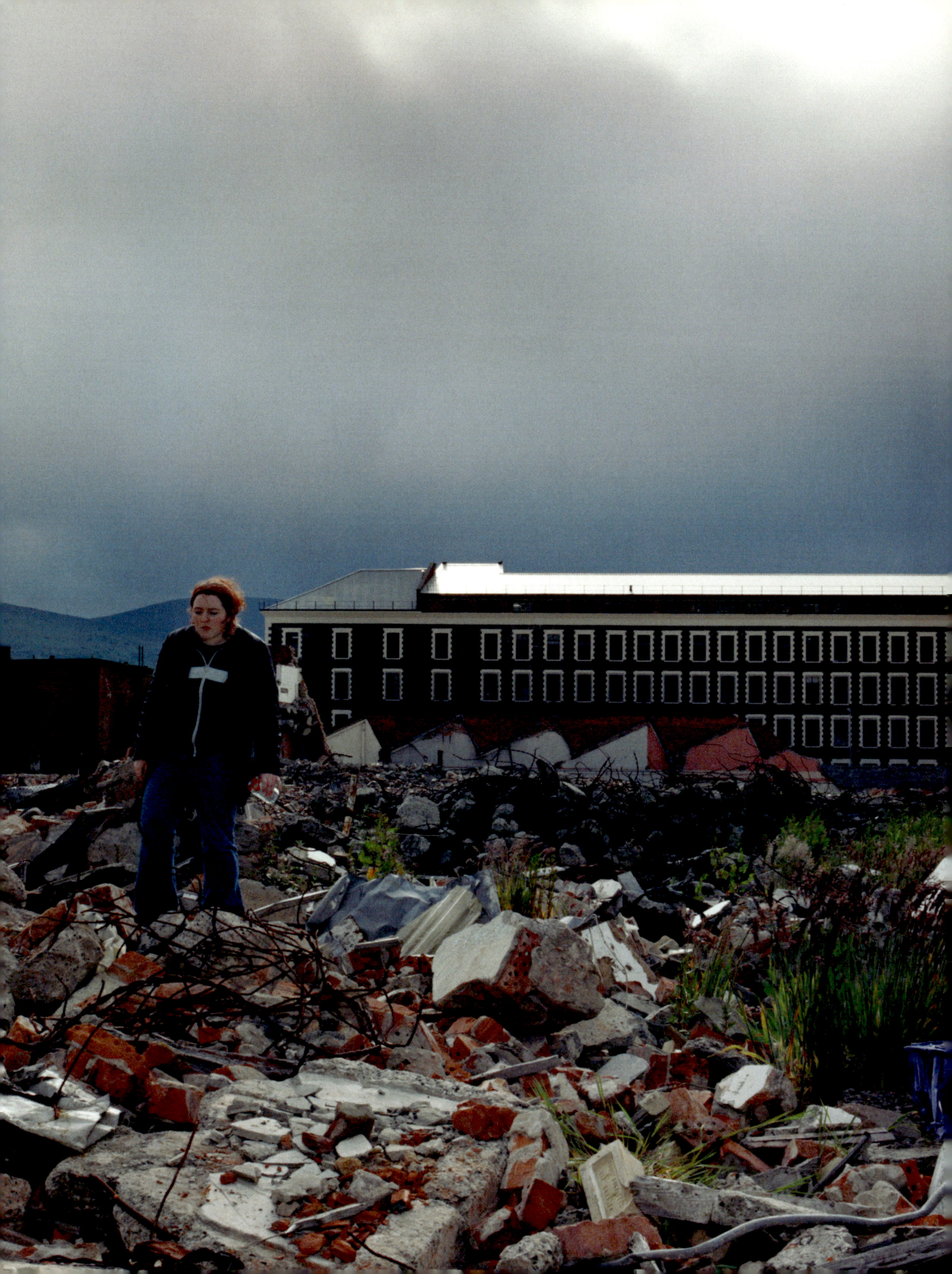

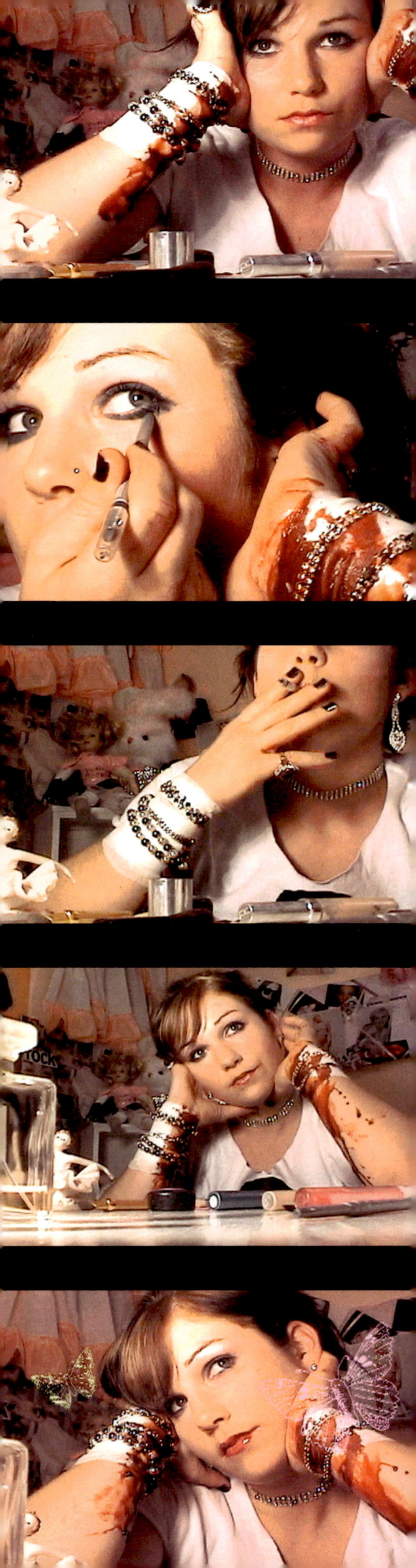

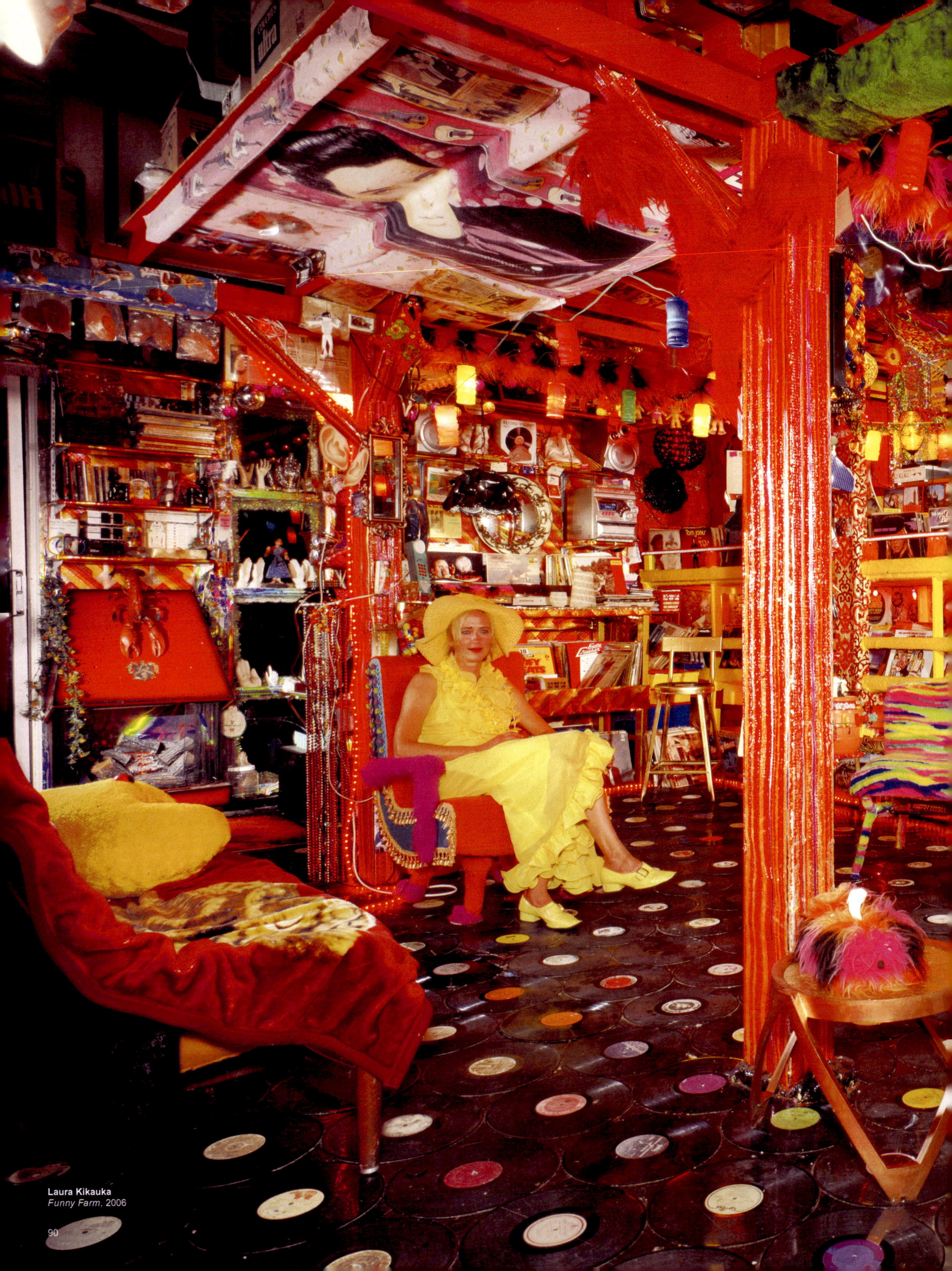

Laura Kikauka
Funny Farm, 2006

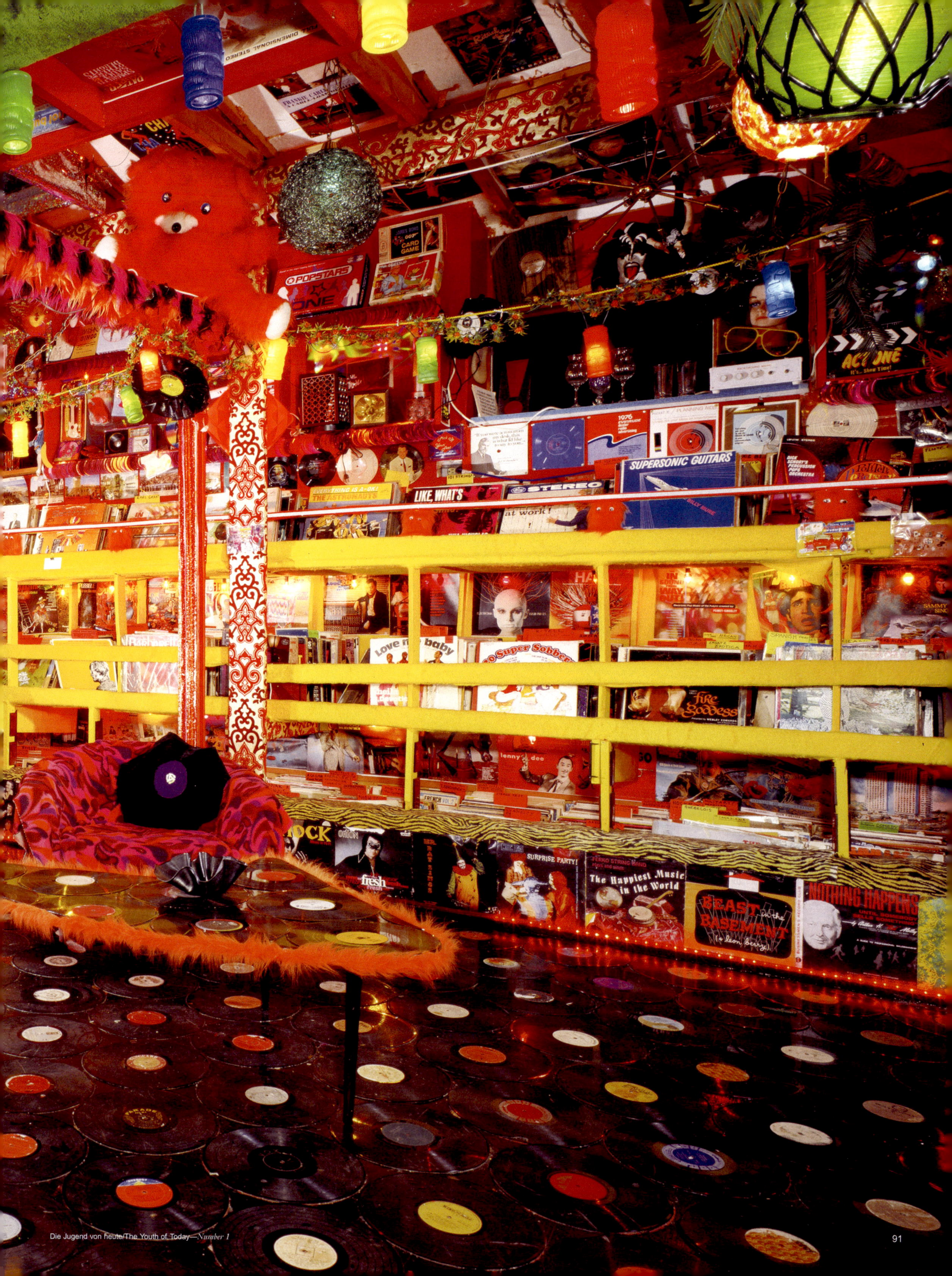

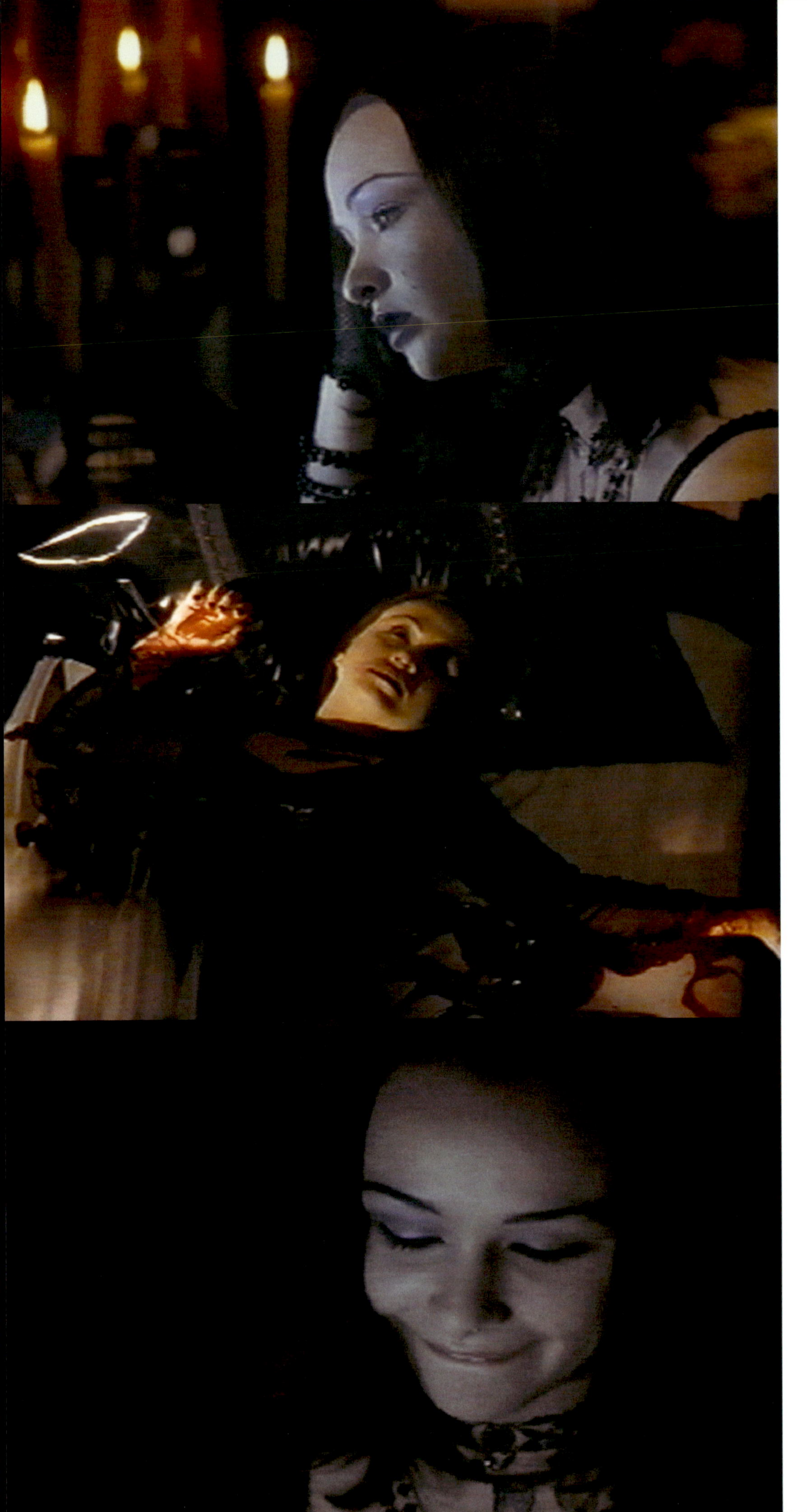

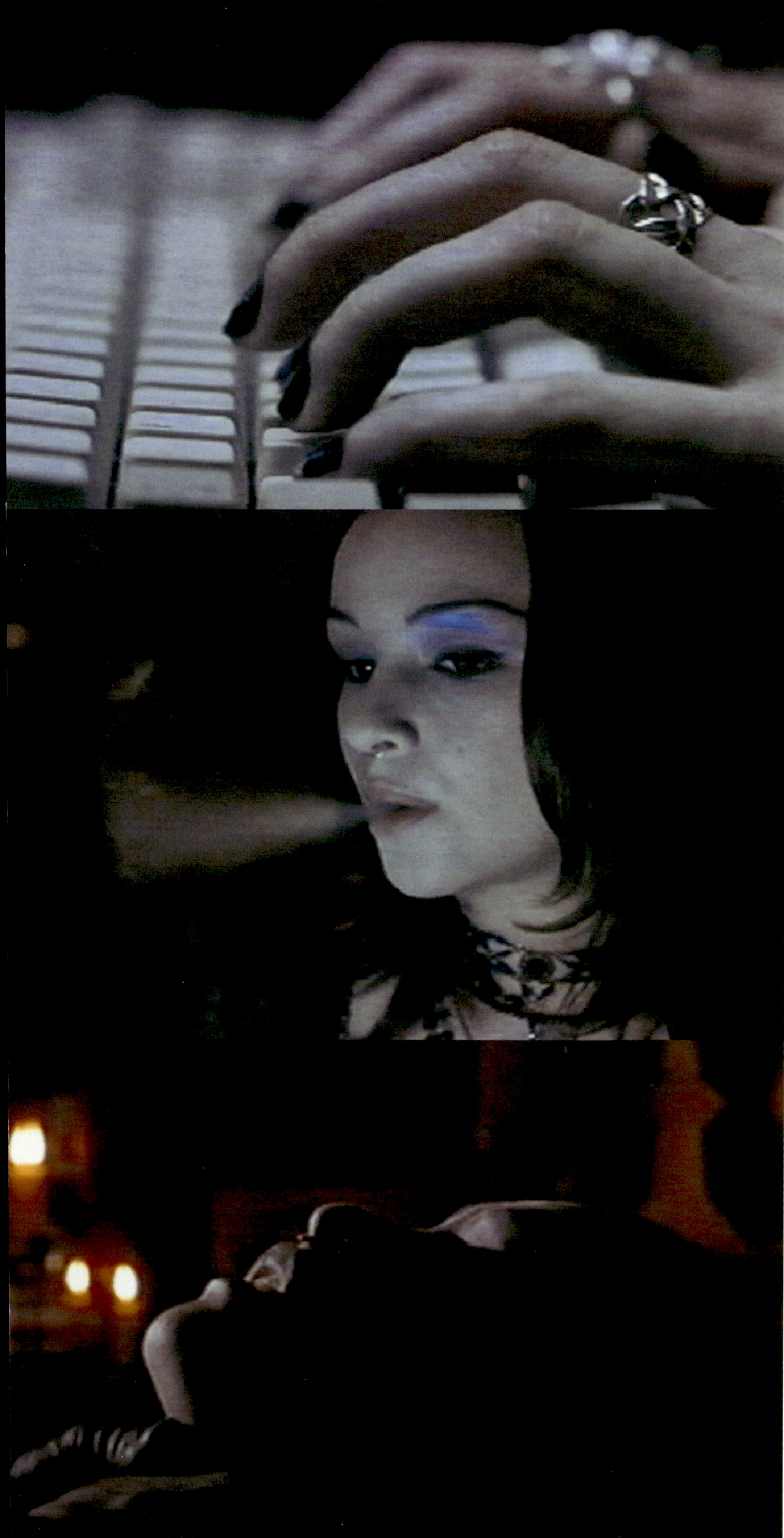

Ian Cooper
I'll Be Her, 2001

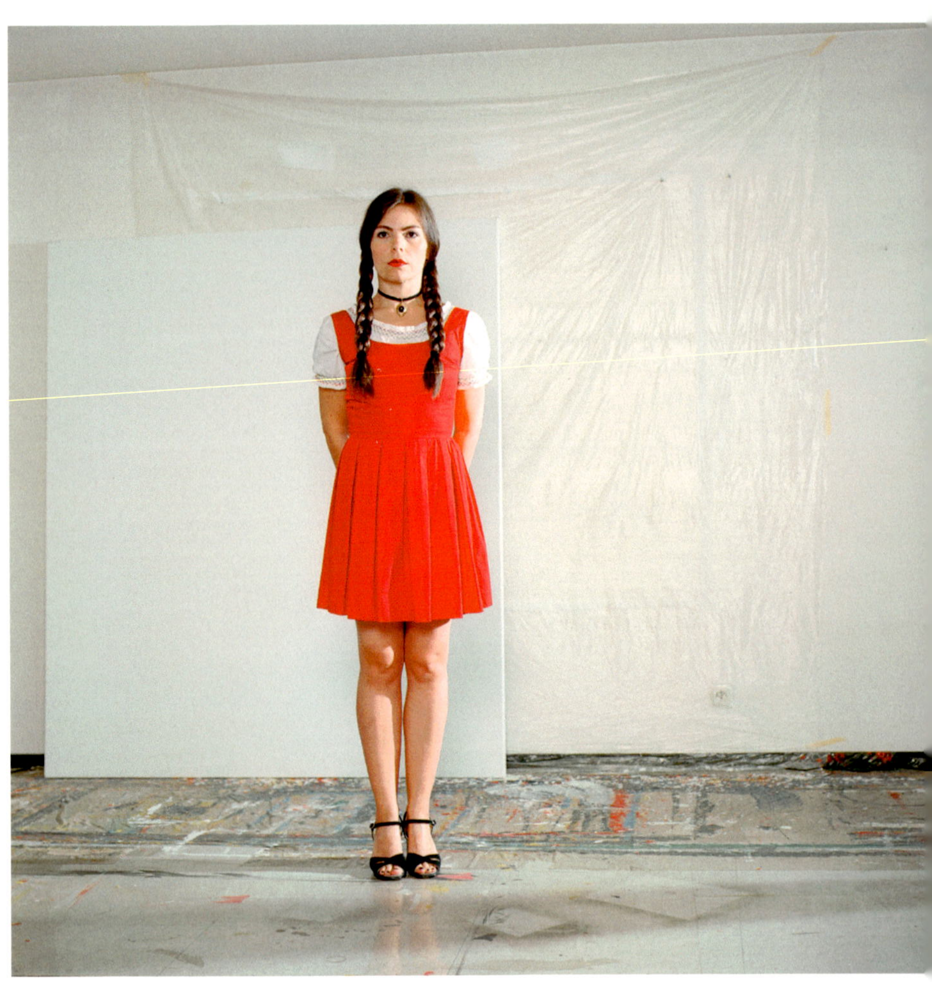

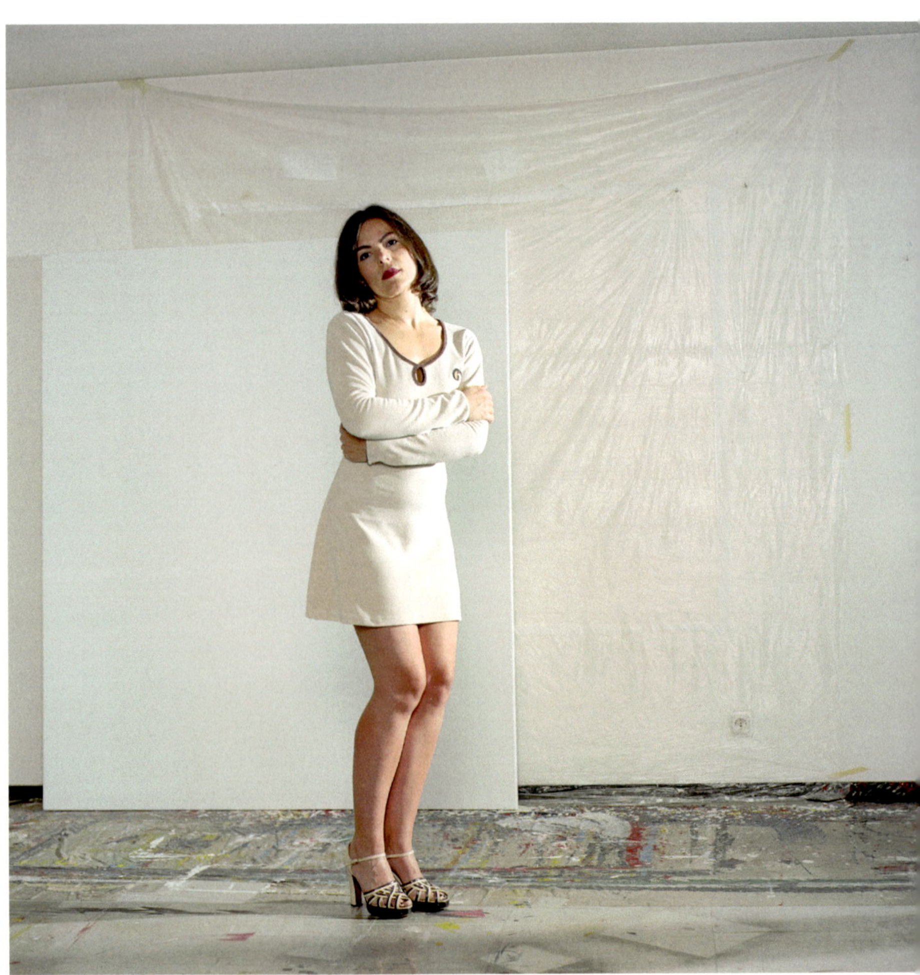

Ulrike Siecaup
Frau Siecaup, a message from home, 2002/06

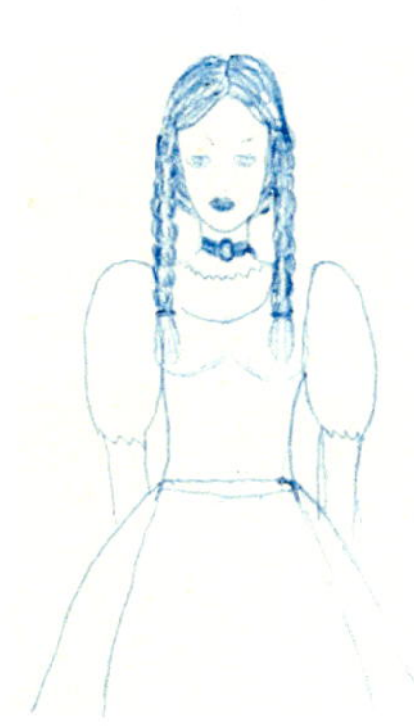

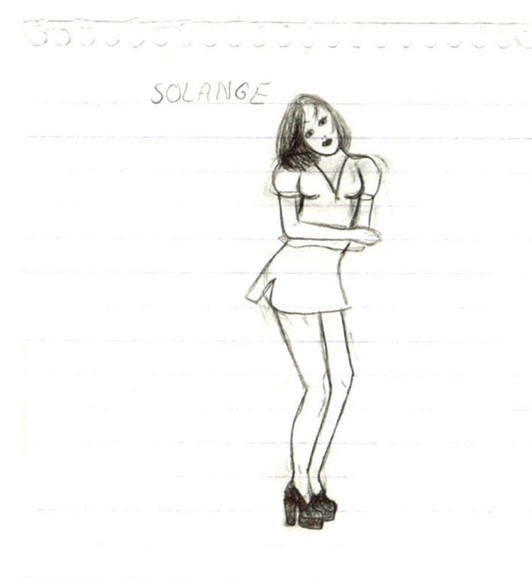
SOLANGE

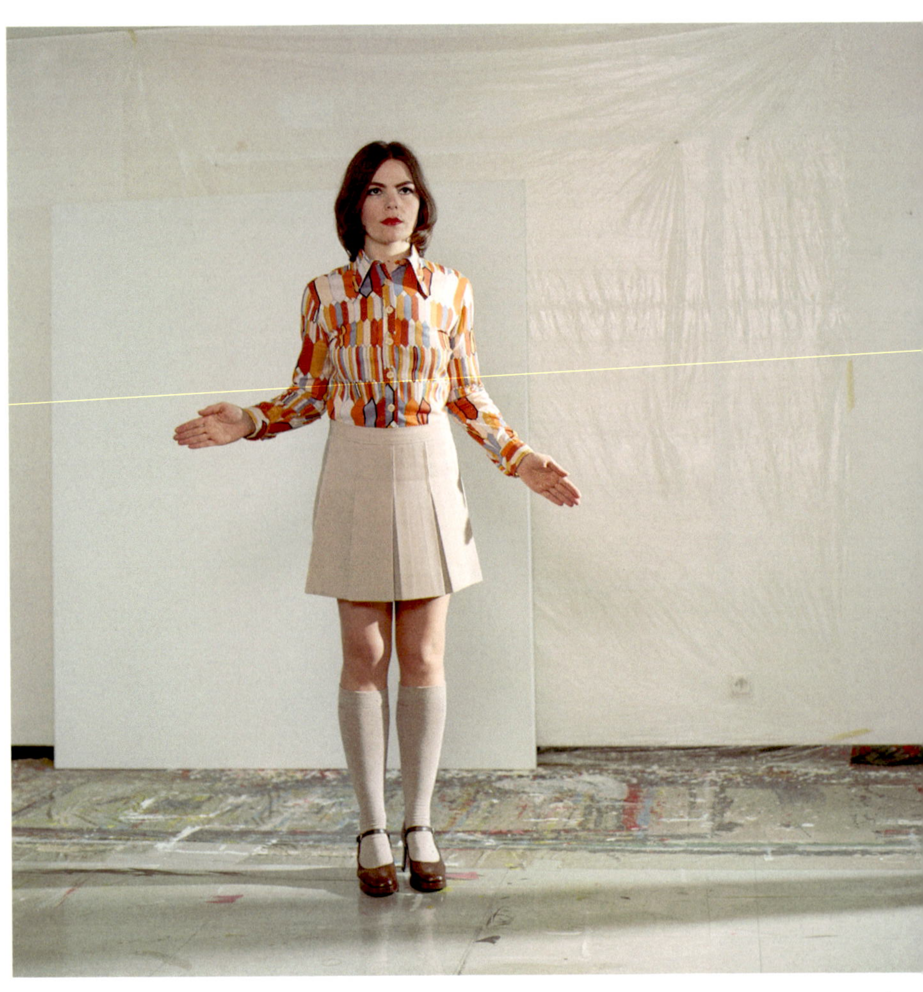

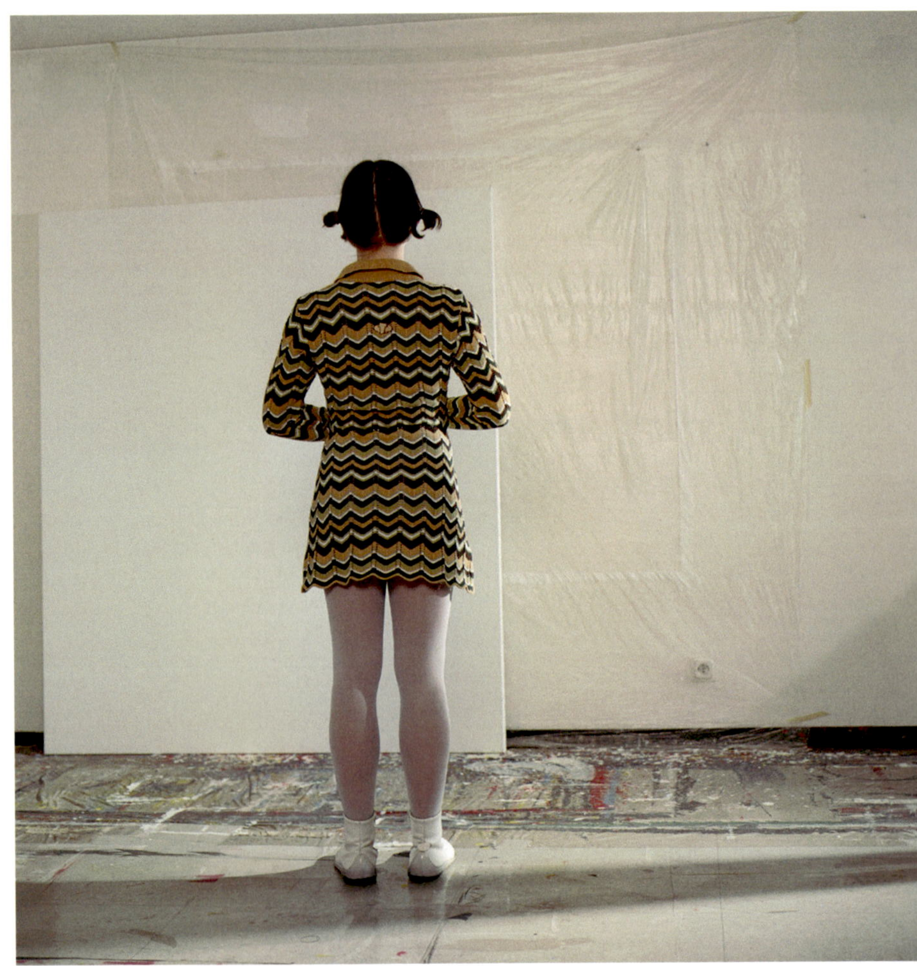

Ulrike Siecaup
Frau Siecaup, a message from home, 2002/06

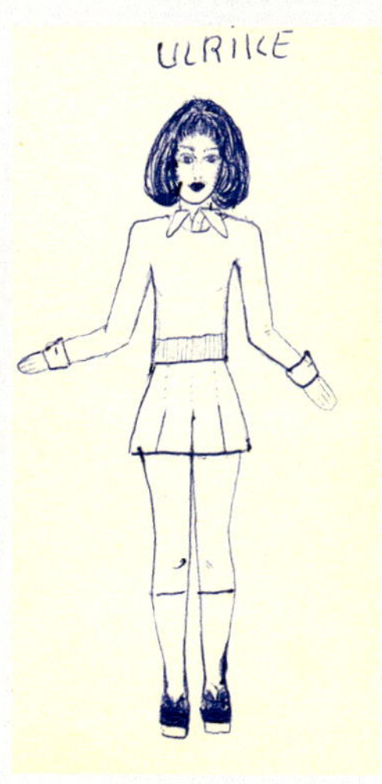

ULRIKE

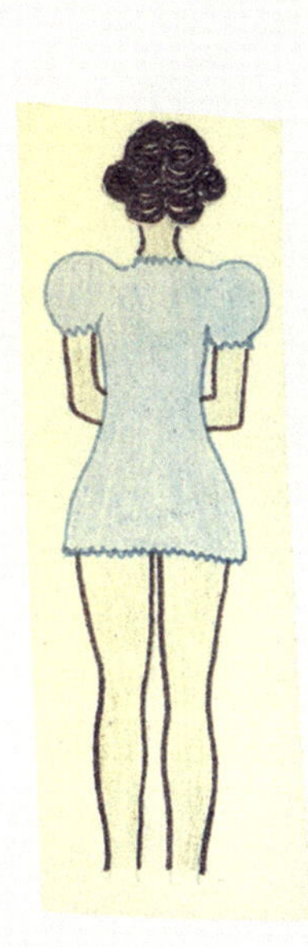

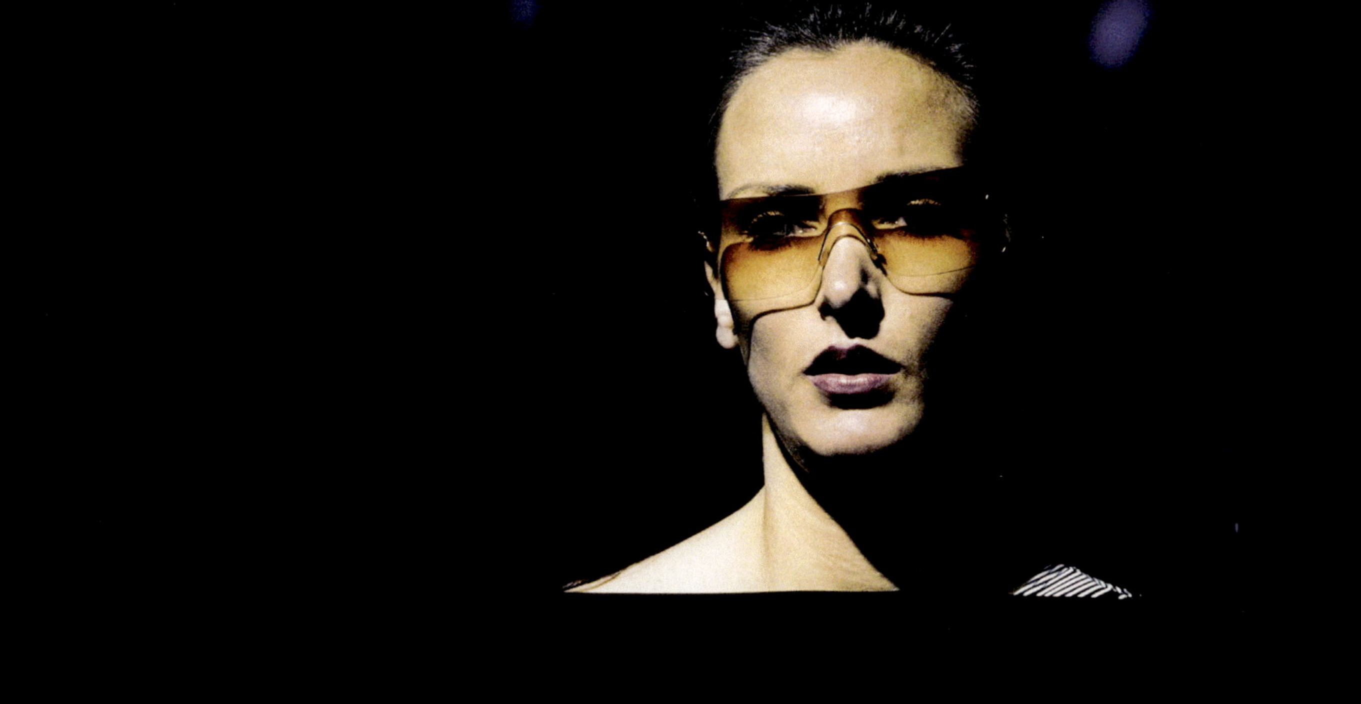

Philip-Lorca DiCorcia
Head #24, 2000

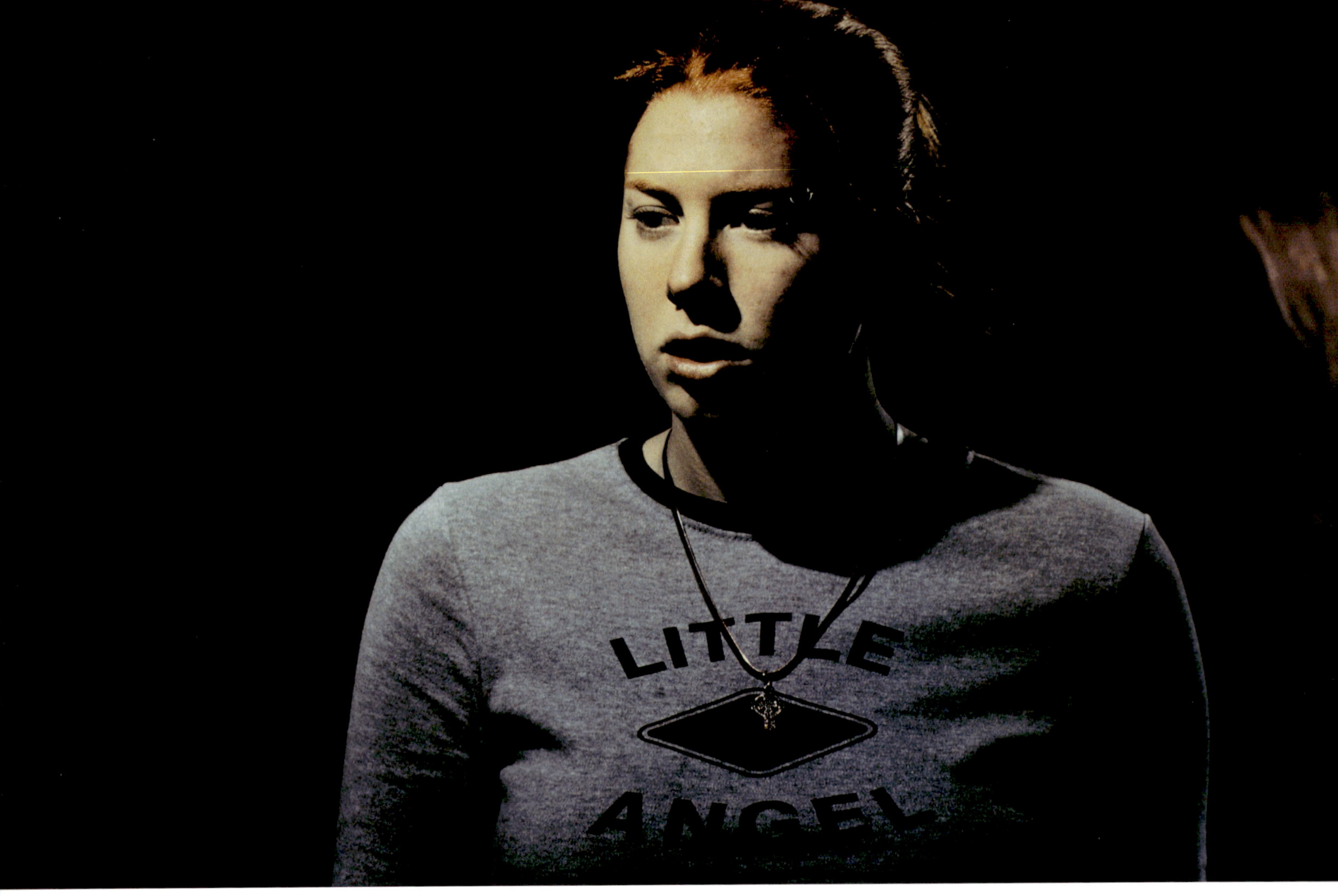

Philip-Lorca DiCorcia
Head #8, 2000

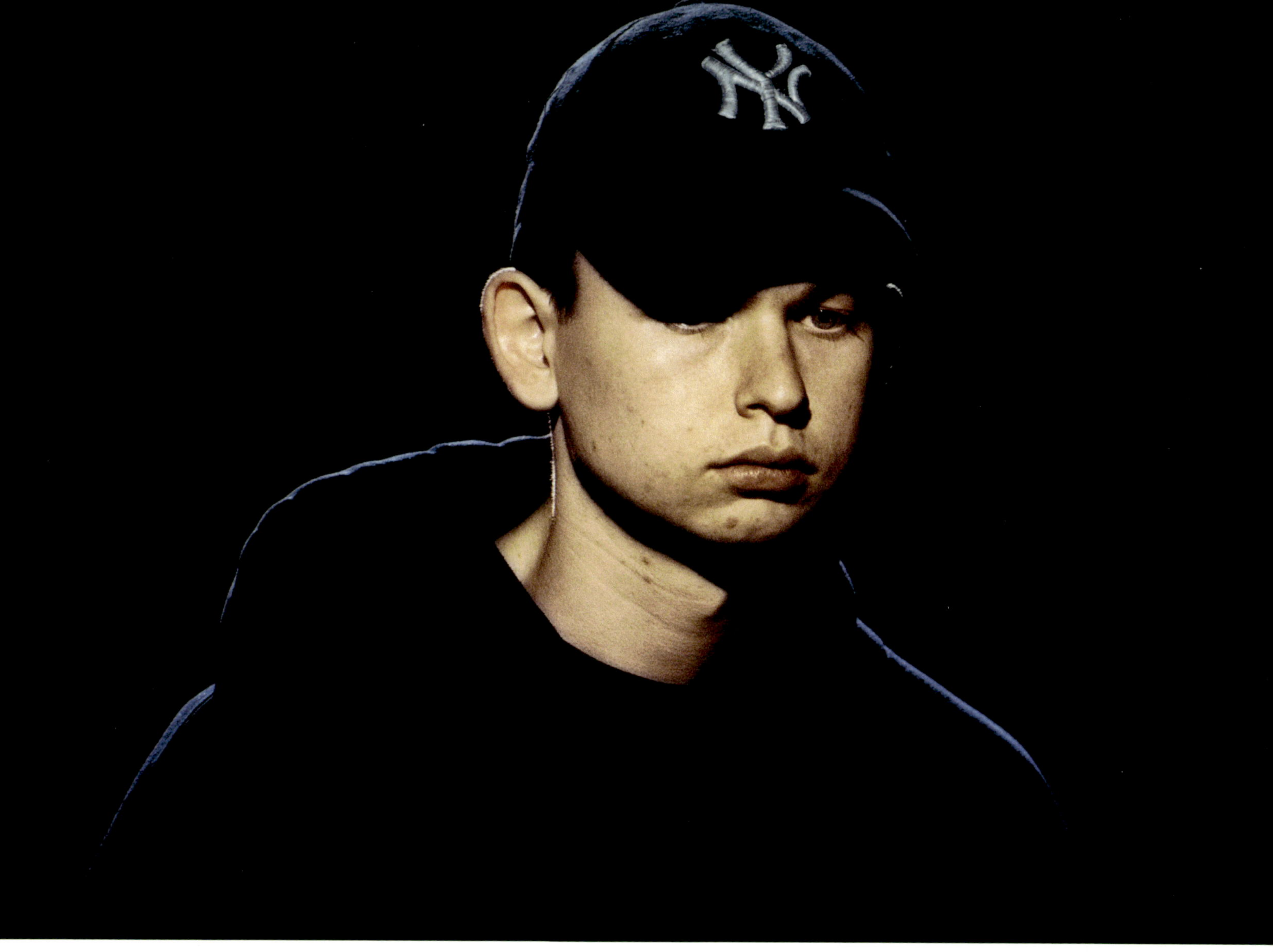

Head #10, 2000

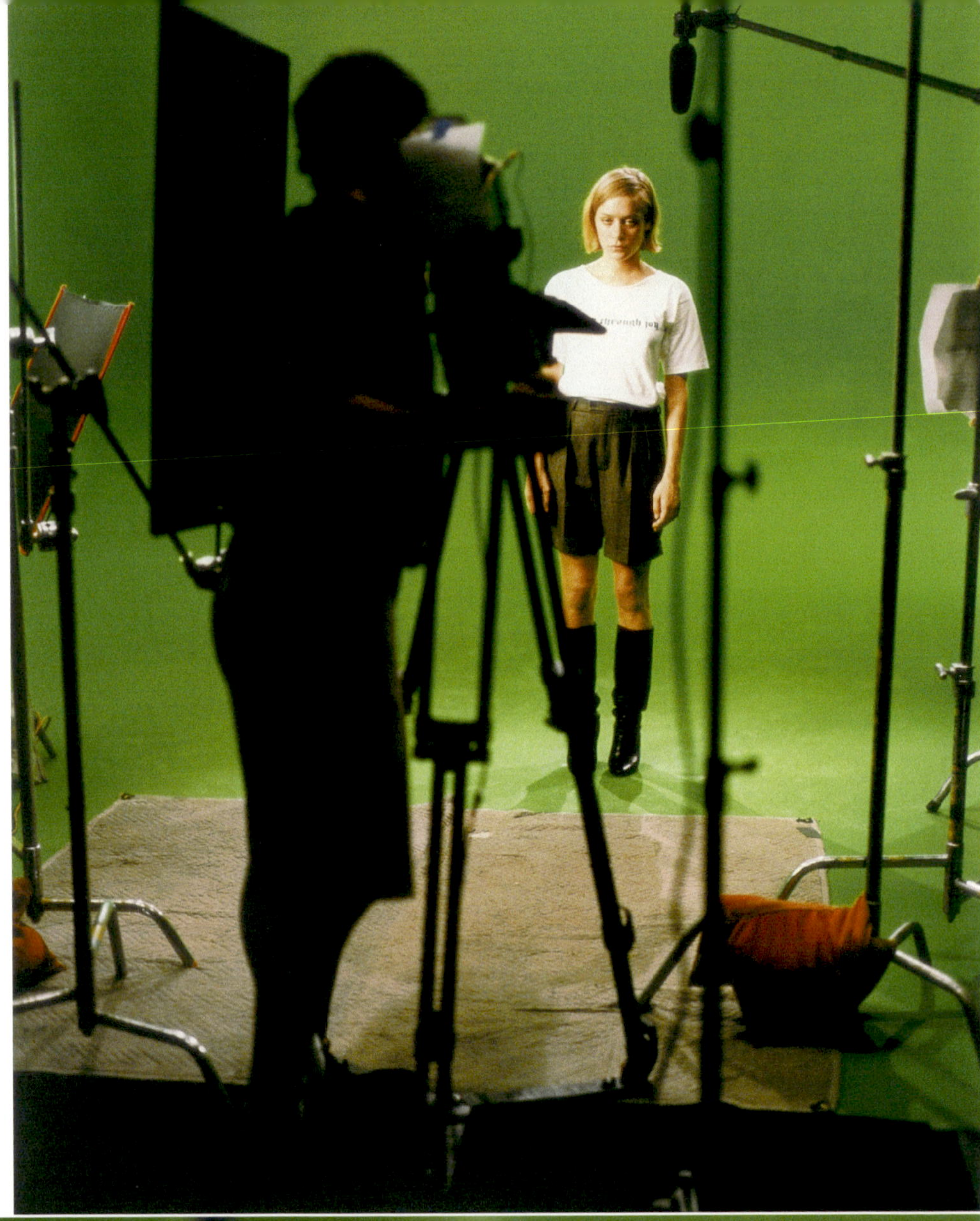

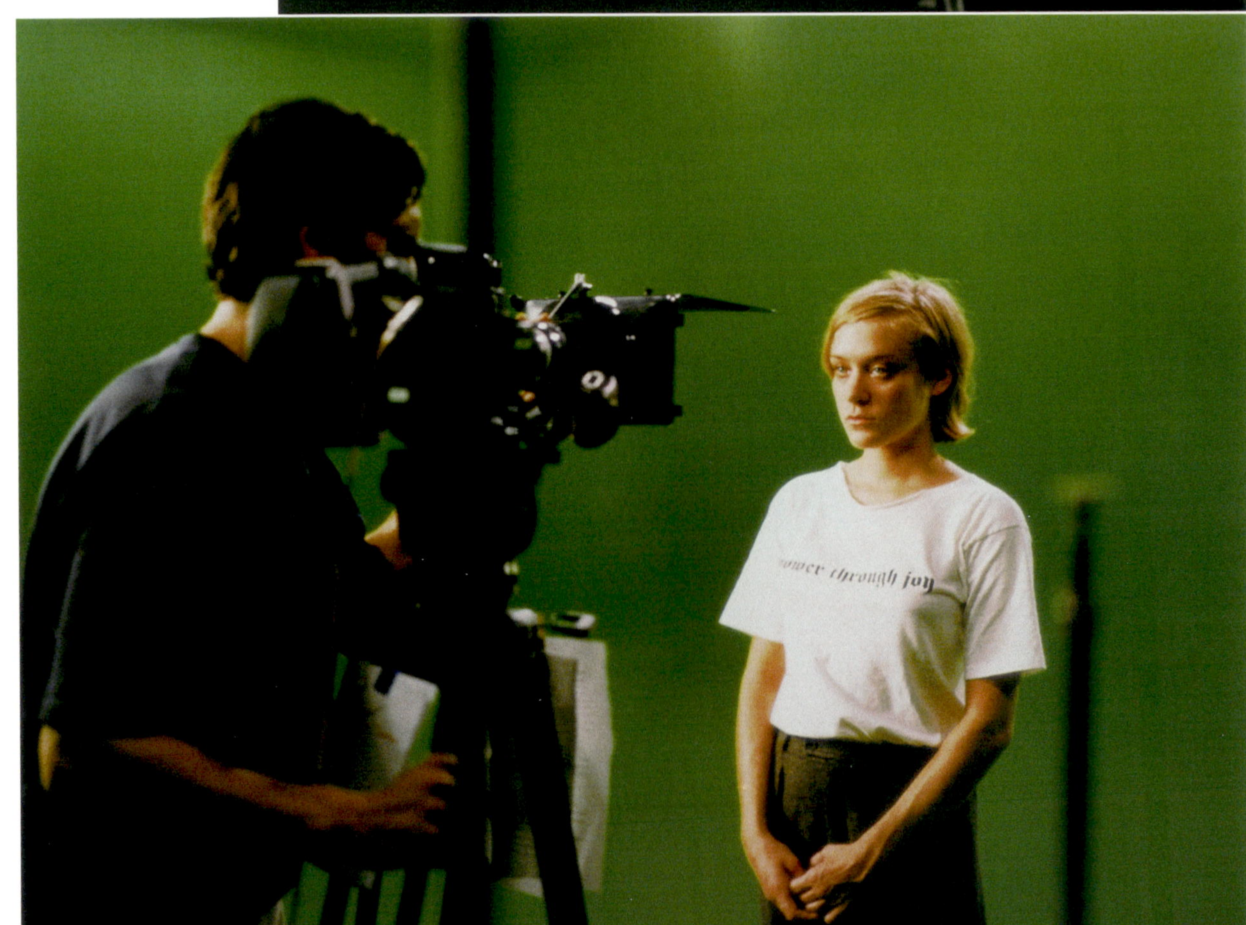

Slater Bradley
Actress #2, 2001
Actress #3, 2001

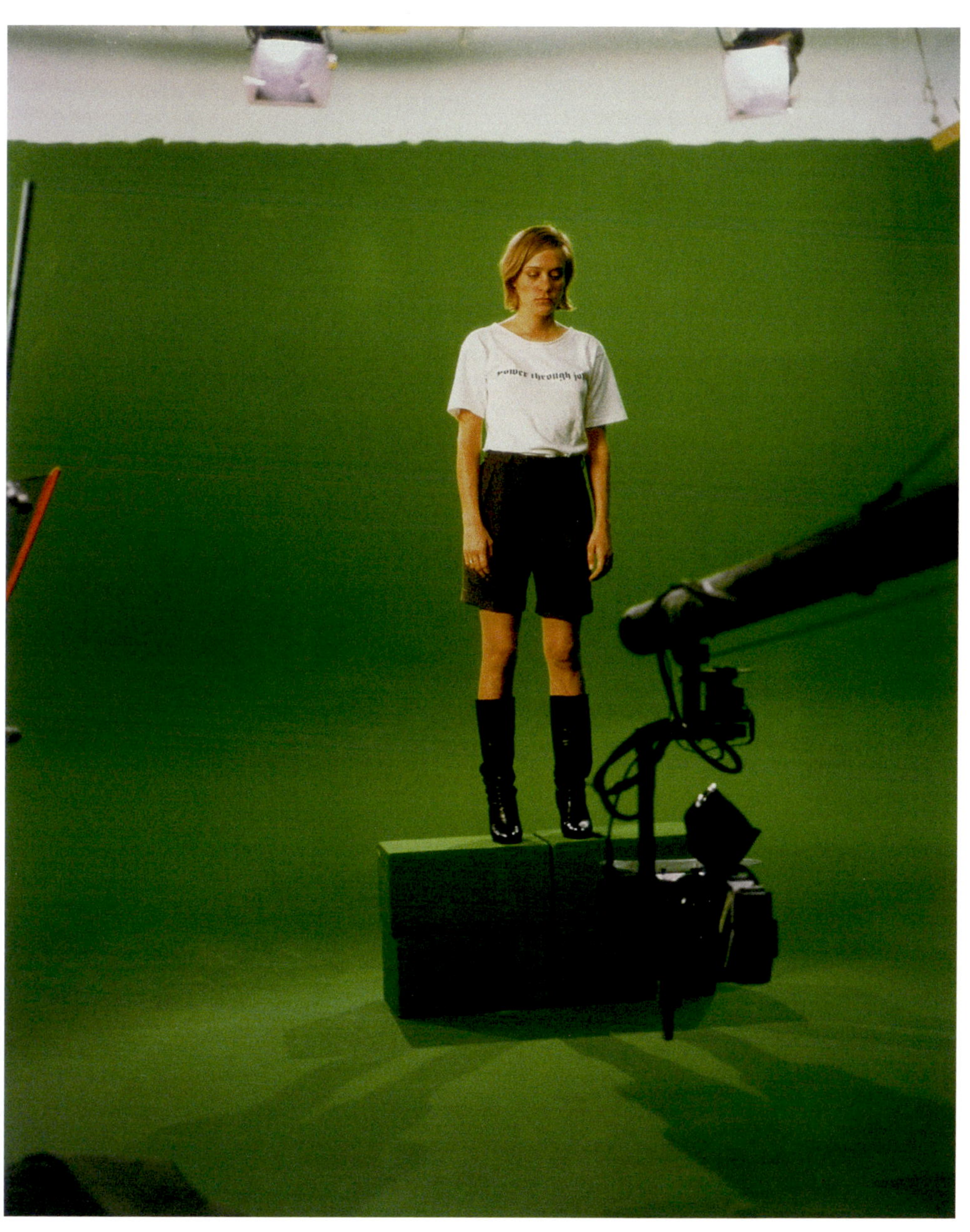

Actress #4, 2001

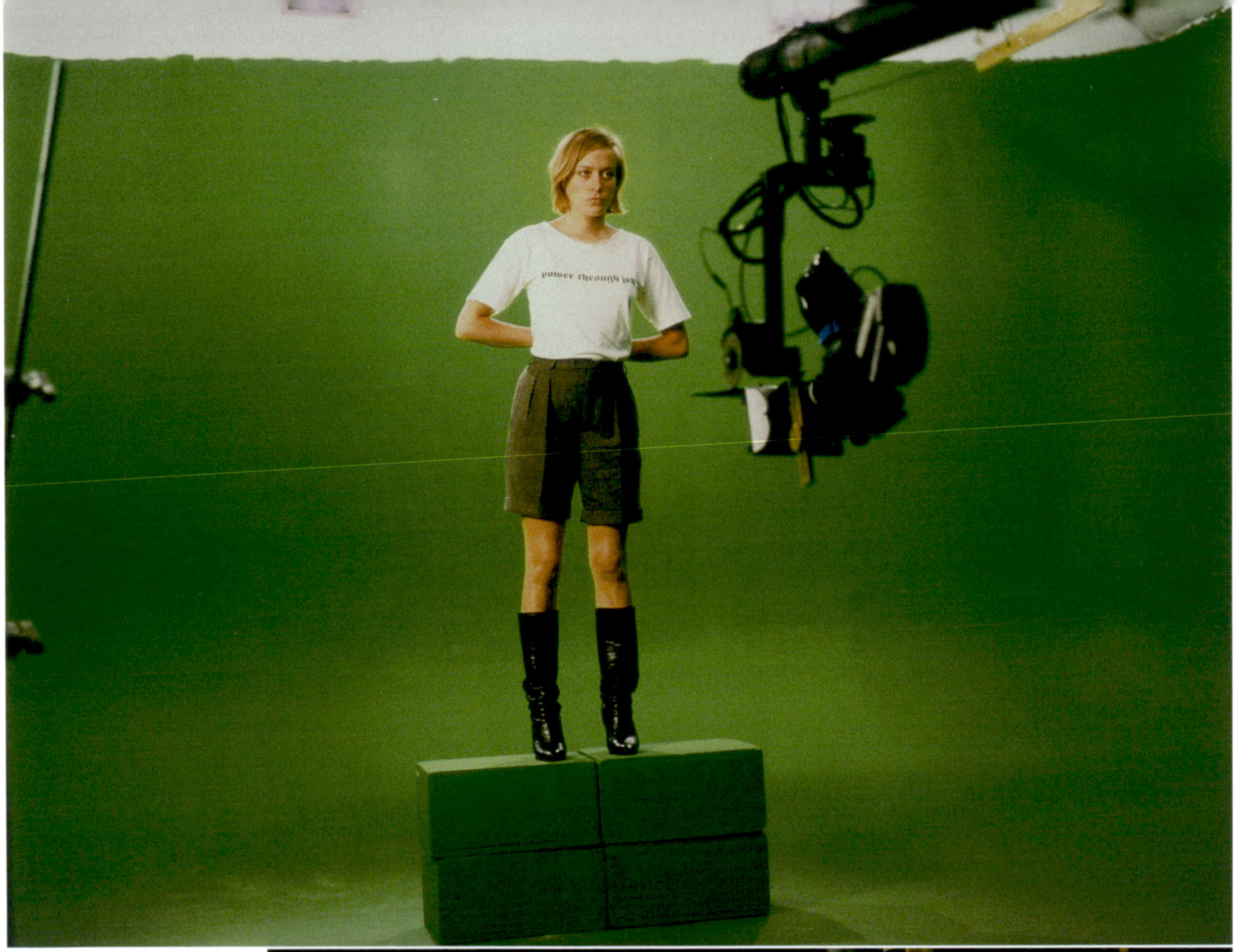

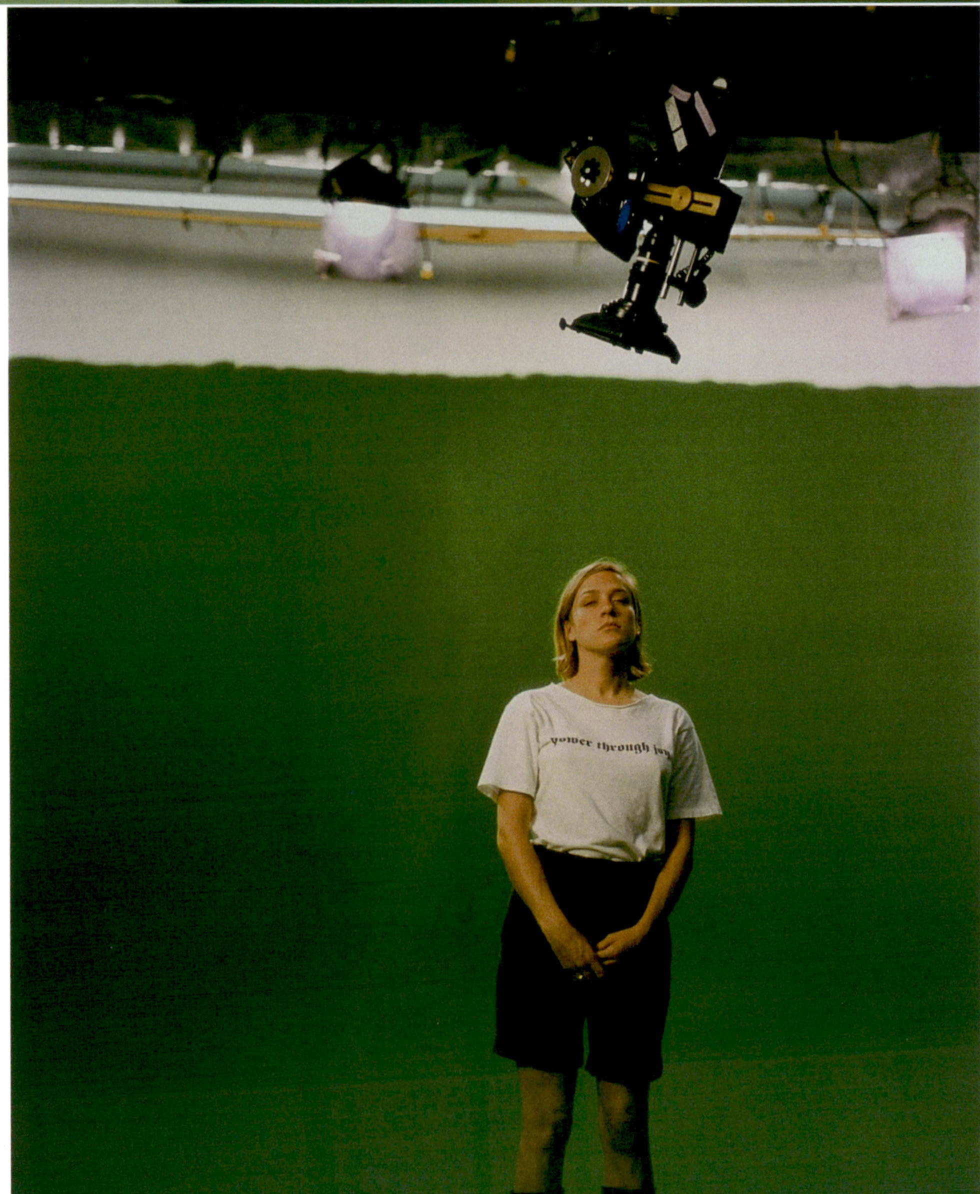

Slater Bradley
Actress #5, 2001
Actress #6, 2001

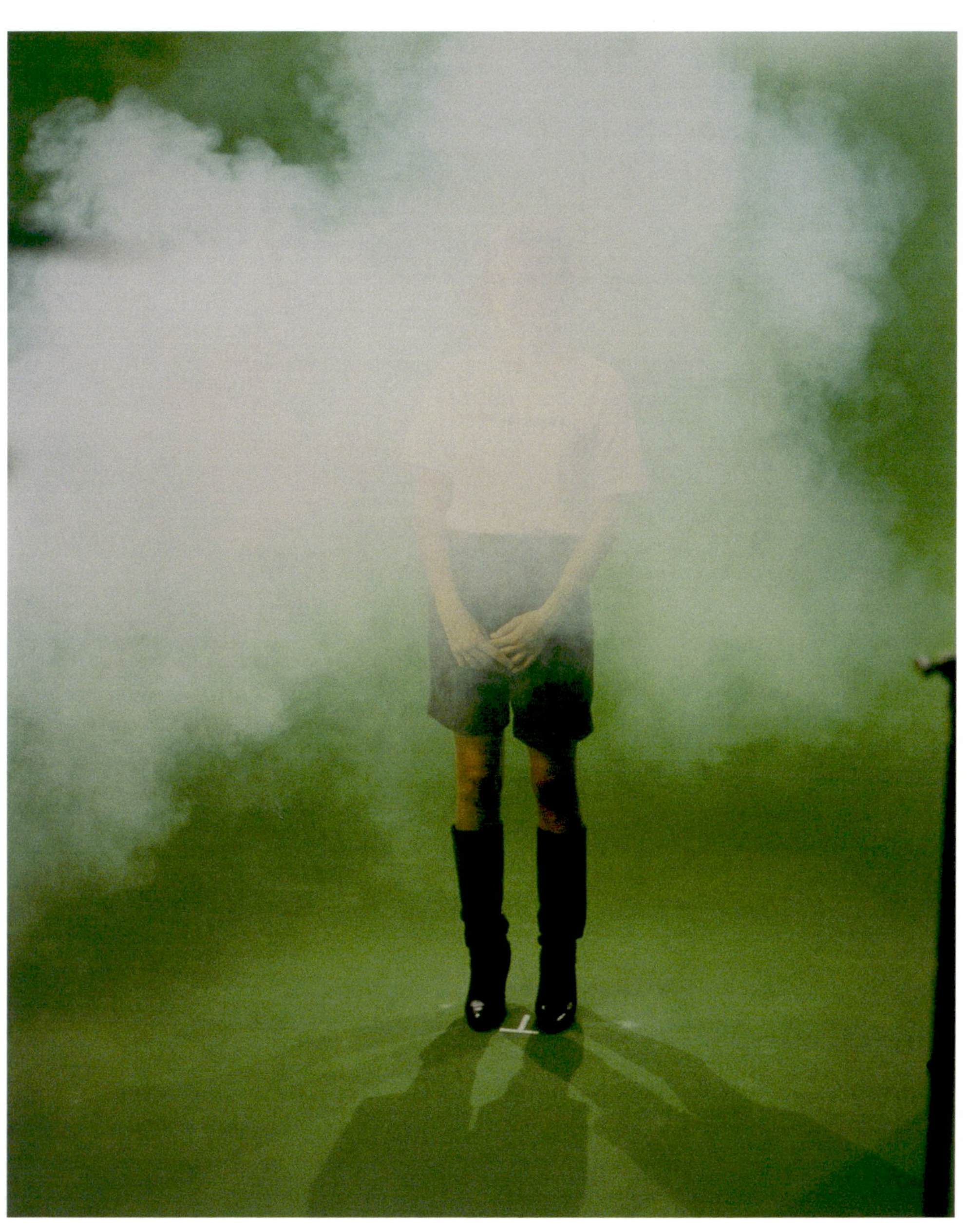

Actress #7, 2001

Anuschka Blommers / Niels Schumm
Class of 1998, 1998

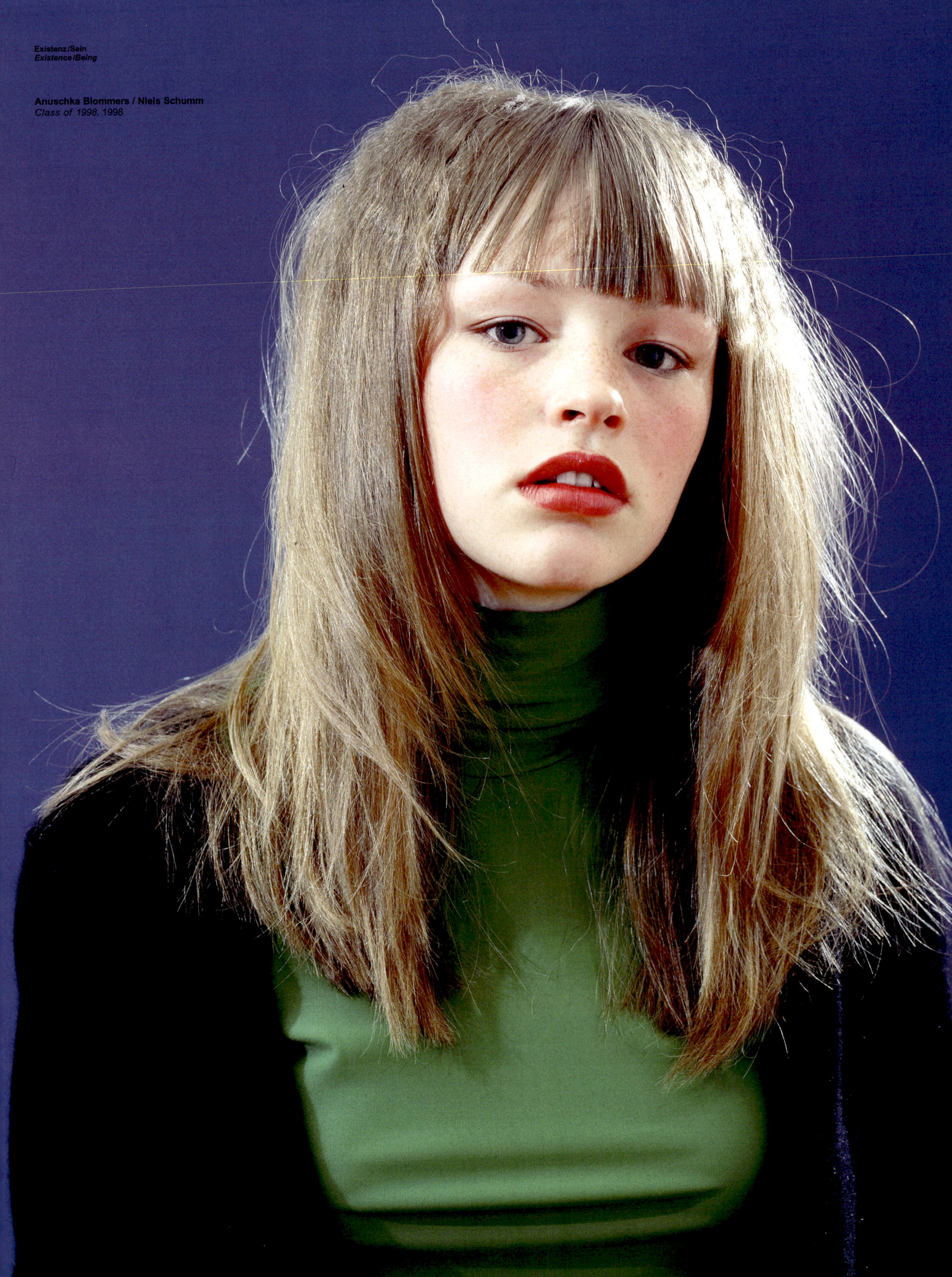

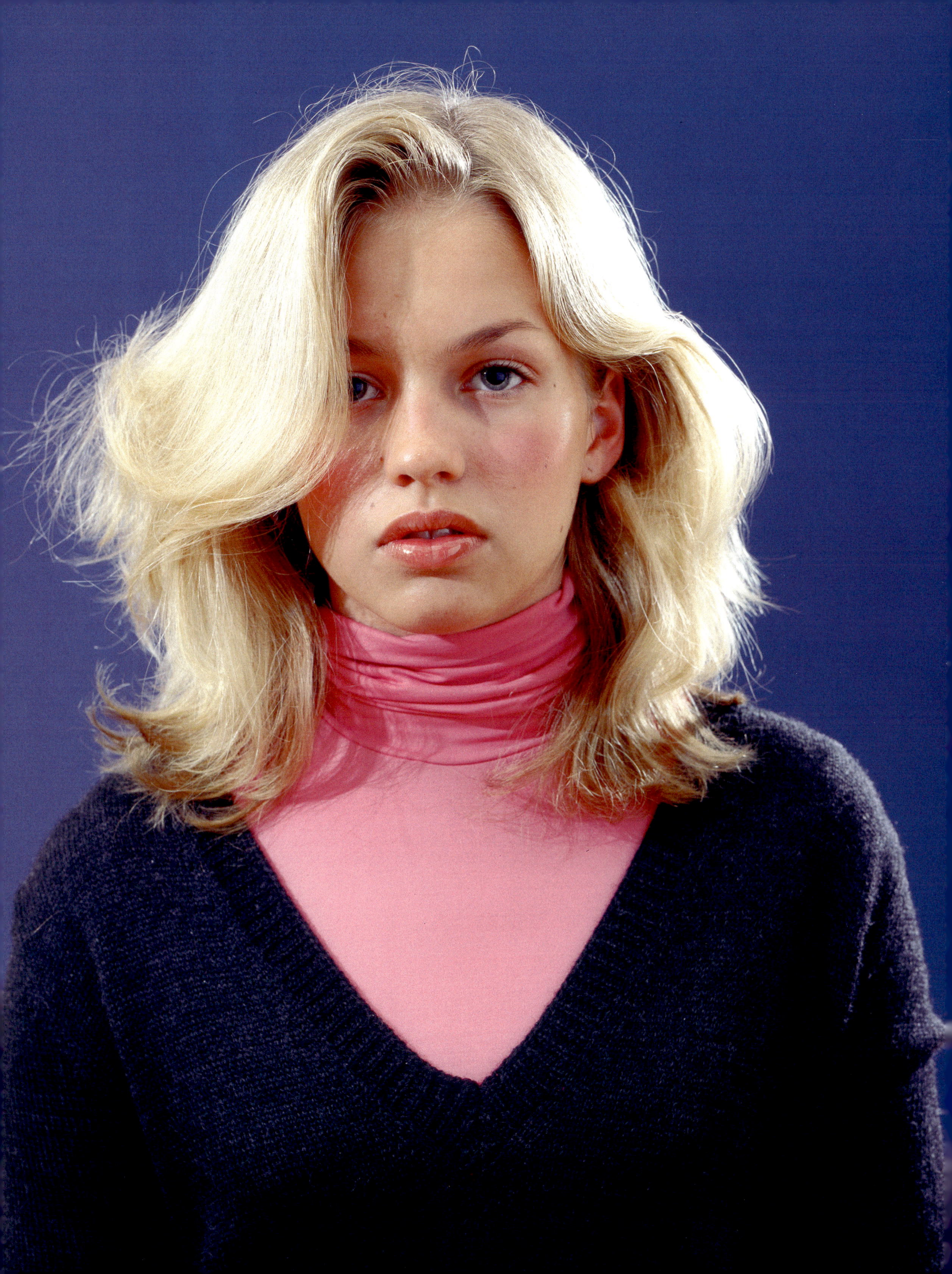

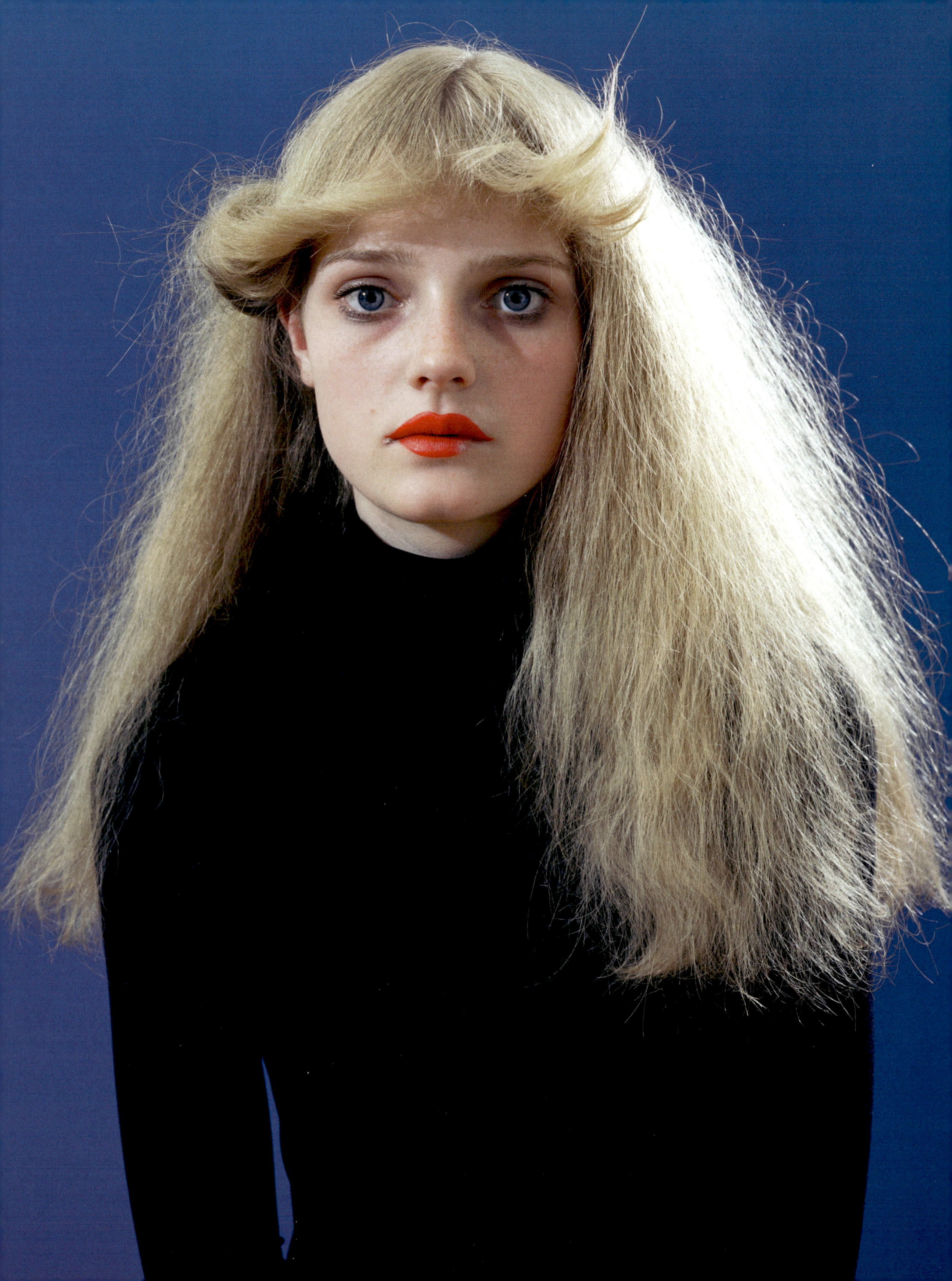

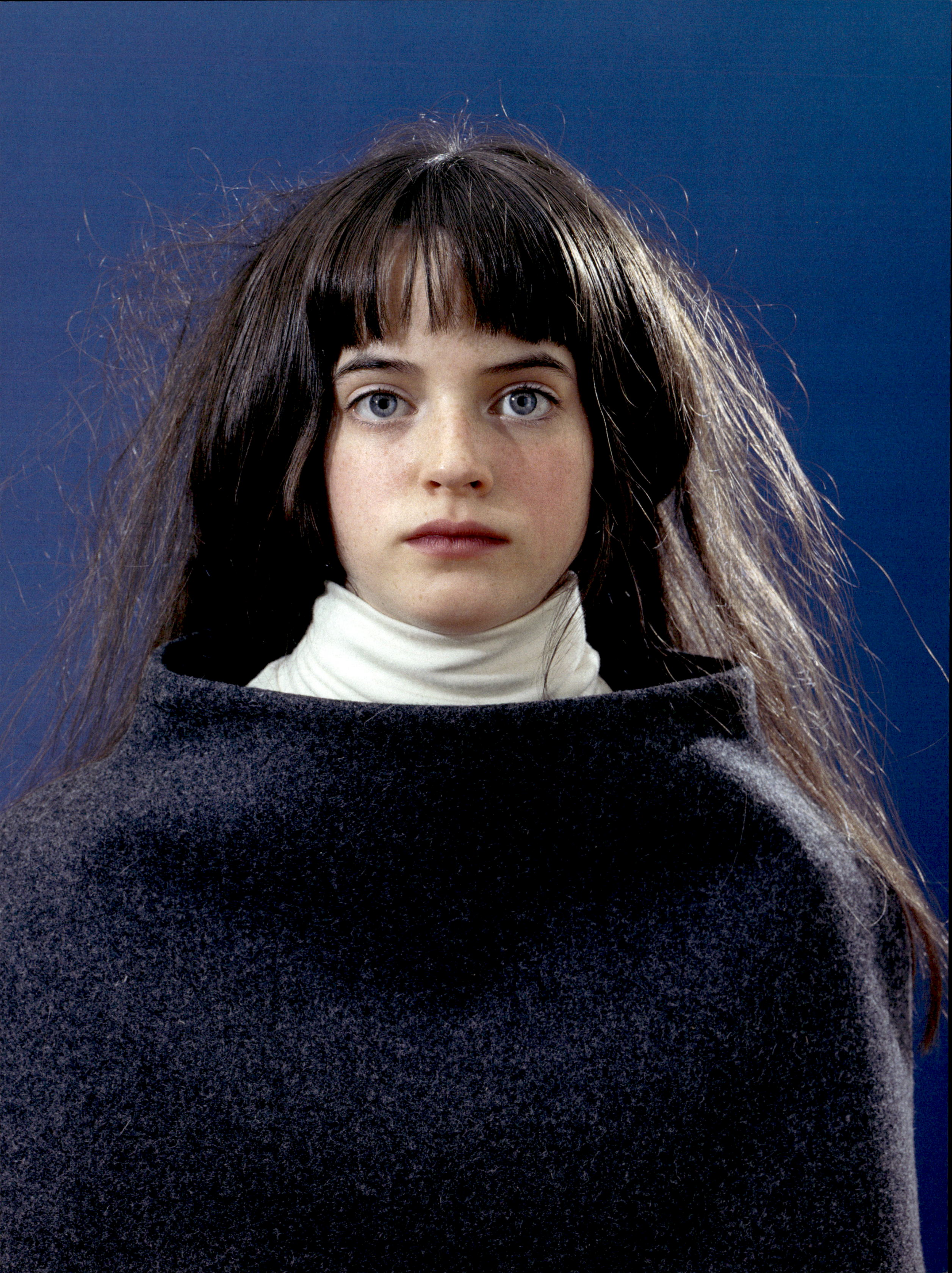

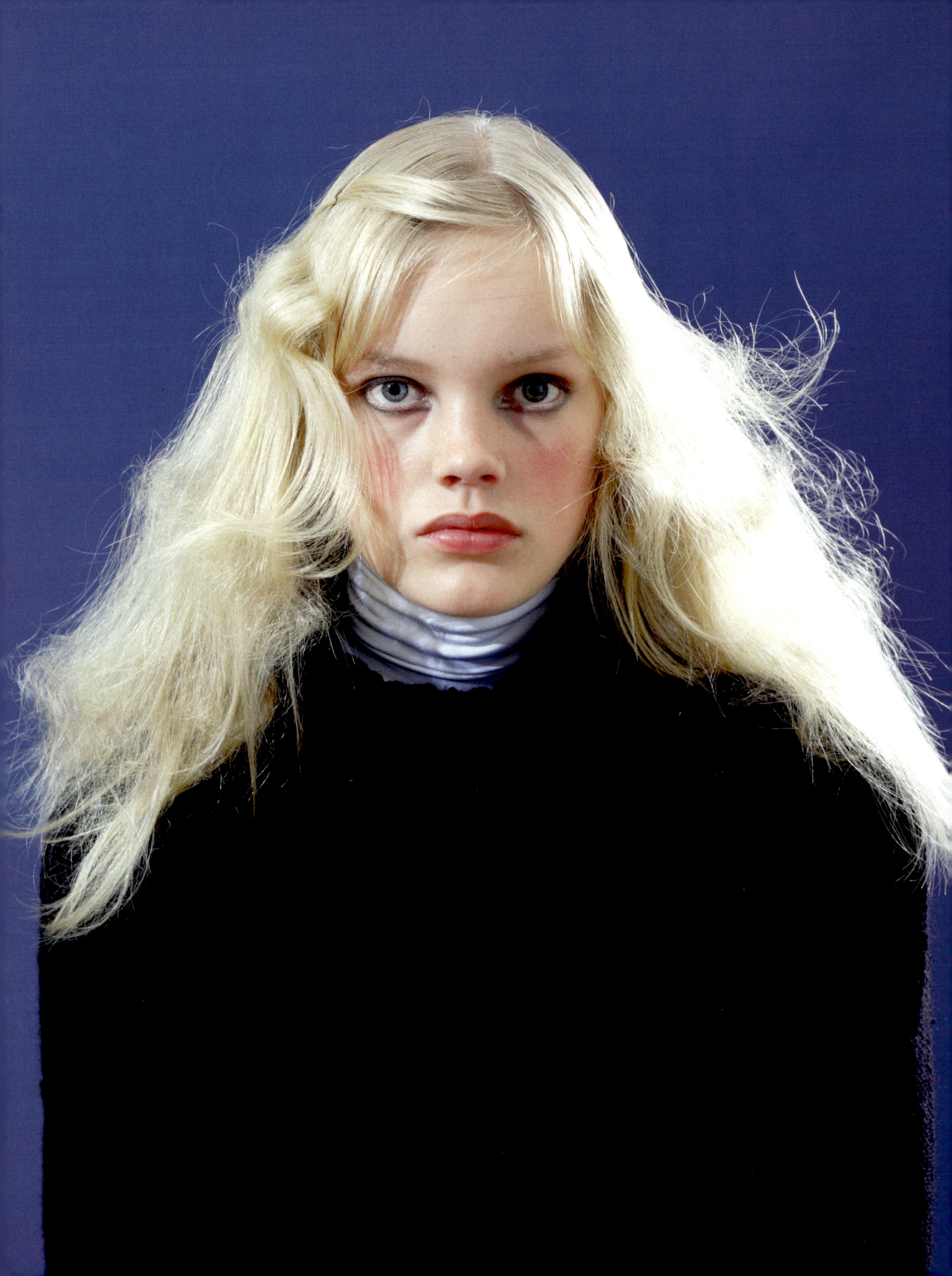

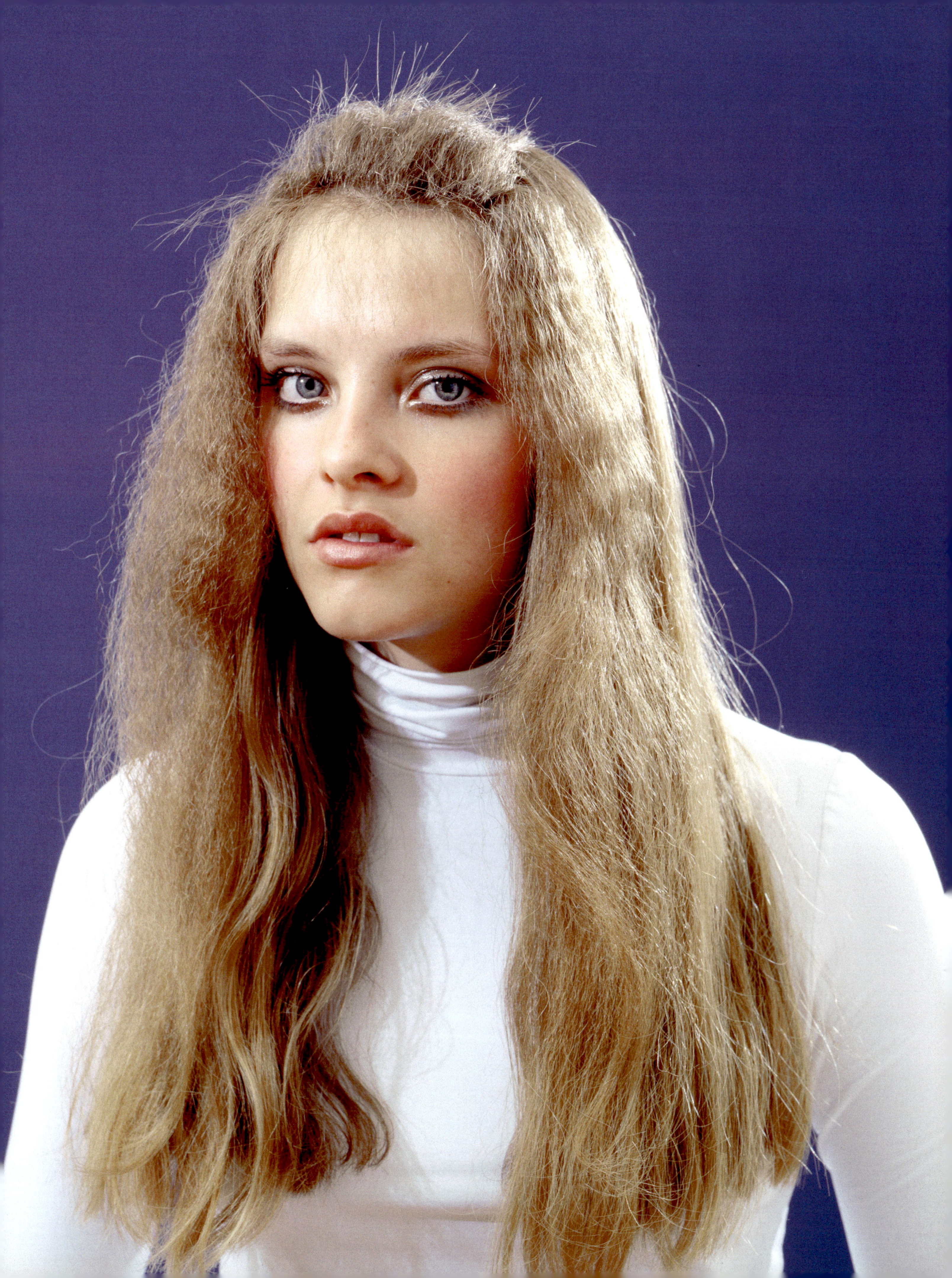

Körper/Sex
Body/Sex

I'm too drunk to fuck

you're to drunk to fuck

too drunk to fuck

It's all I need right now oh baby

I'm melting like an ice cream bar

Oh baby

Clemens Krauss
Ohne Titel, aus der Serie »Das Körperkörper-Problem«, 2005

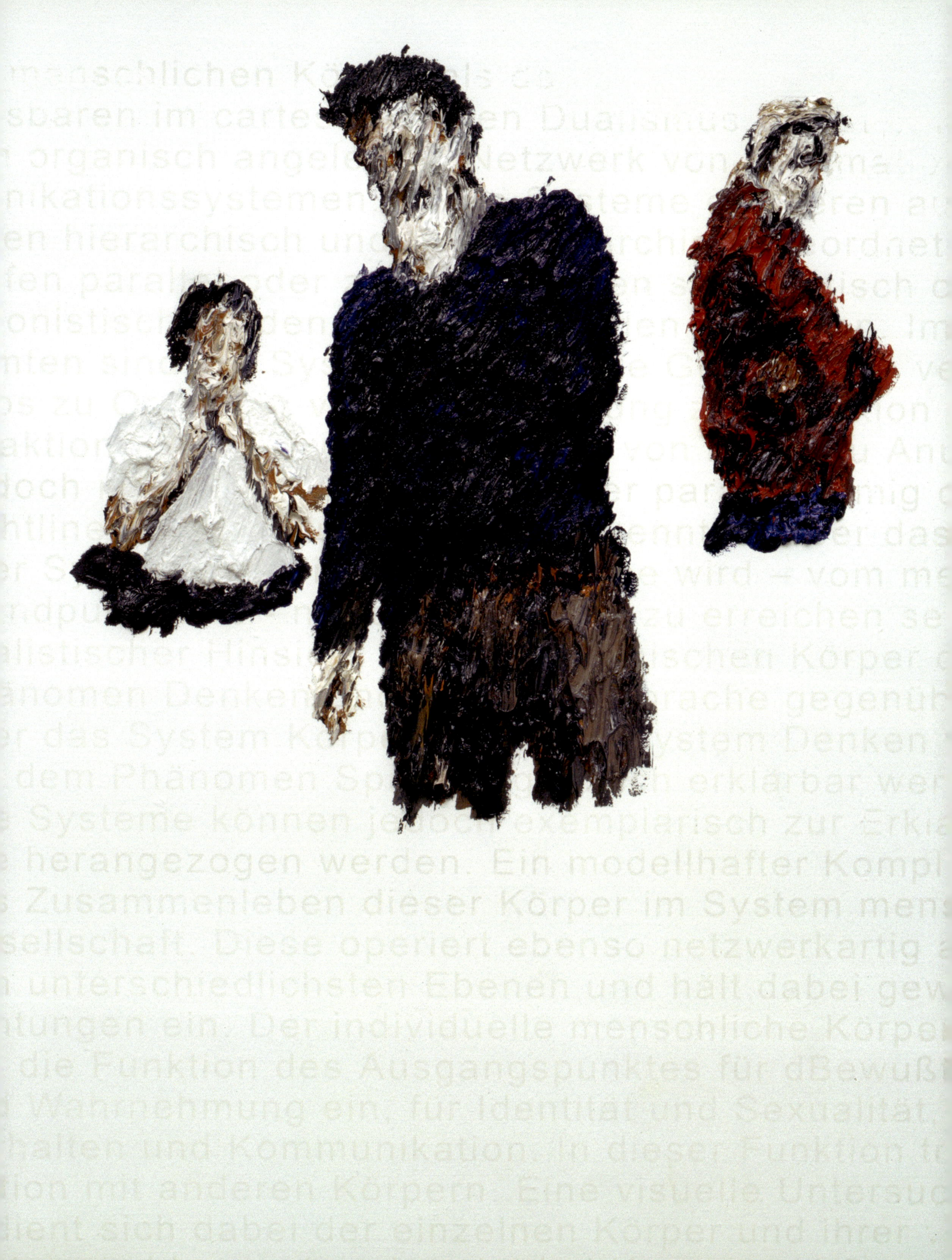

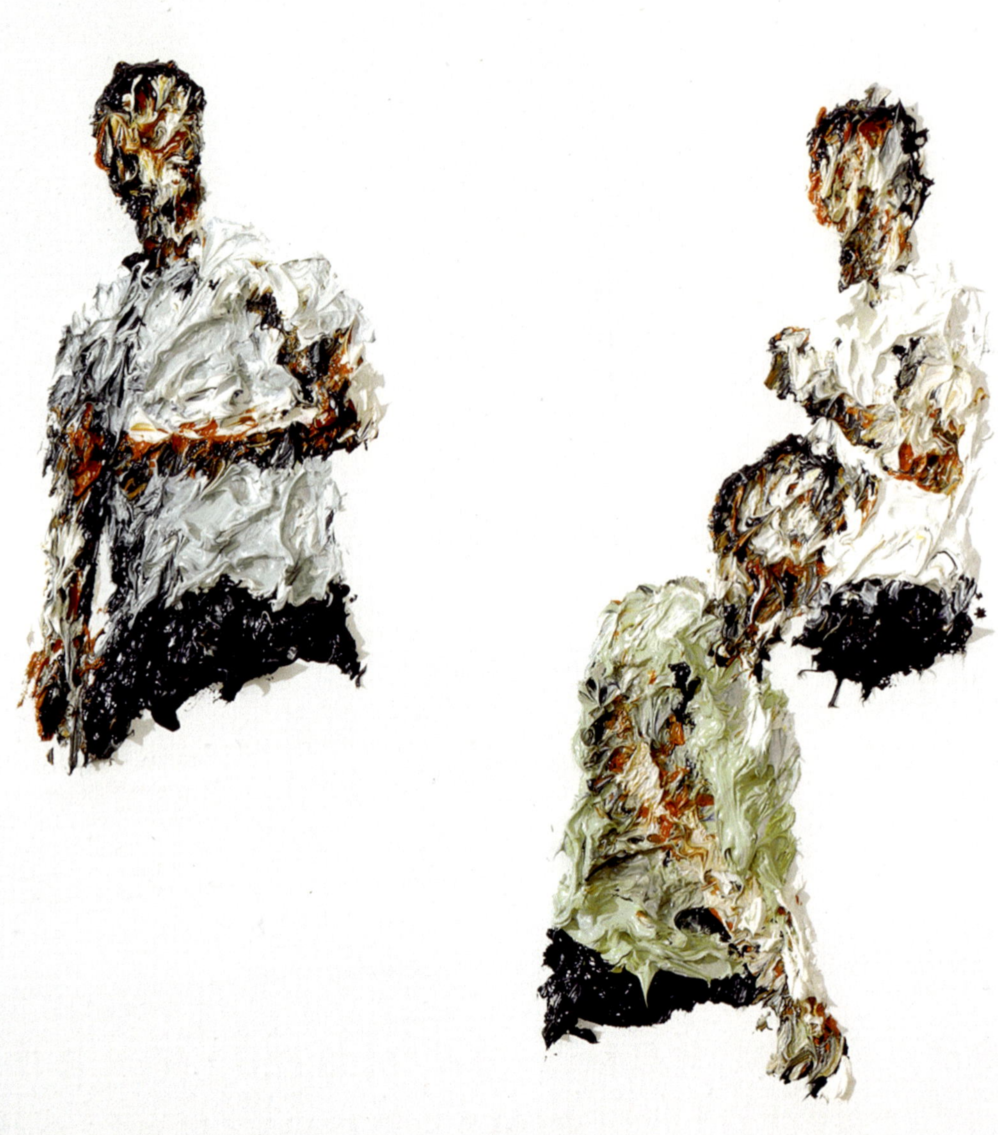

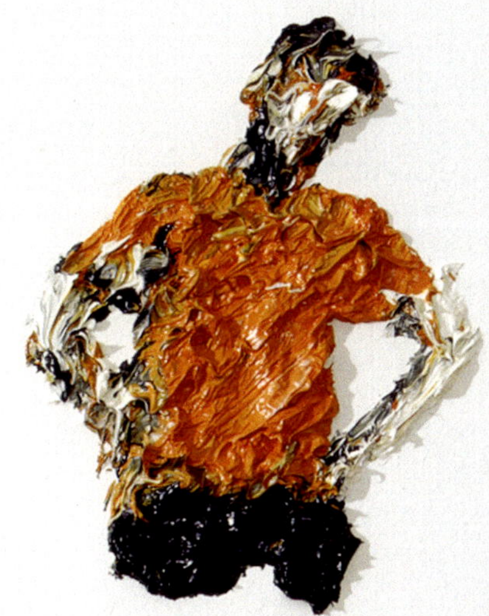

Sex und Pop

ZUM SOZIALEN GEBRAUCH EINER
NACHWACHSENDEN RESSOURCE

Niels Werber

Für Kunst und Literatur, Wirtschaft und Mode,
Medien und Politik stellt Jugend eine wichtige und
unerschöpfliche Ressource dar. Dies hat unterschied-
liche Gründe. Erstens: Für die schönen Künste,
Medien und Moden zählt vor allem die sexuelle
Attraktivität der jungen Leute. Ihre Schönheit, ihre
Unschuld, ihr Sex-Appeal wird begehrt. Jugendliche
Körper werden in Kunstwerken ästhetisiert, als
Werbeträger vermarktet, in Pornos missbraucht oder
als Erreger von Aufmerksamkeit benutzt. Zweitens:
Kunst und Literatur können aber noch einen anderen
Aspekt der Jugend bewirtschaften, dem vor allem in
politischen und philosophischen Kontexten großes
Gewicht zukommt: ihr Altern. Die Jugend rückt
nach – als Wähler oder Proletarier, als Volksgenosse
oder Arbeiter, als Politiker oder Angestellter. Die
Jugend ist die Zukunft der Gesellschaft. Alle Parteien,
Religionen oder Ideologien haben die Jugend entdeckt als formbares Material, deren Erziehung heute
die Gesellschaft von morgen schafft. An der Jugend
schätzt man ihre Erziehbarkeit, die sicherzustellen
scheint, die Entwicklung der Gesellschaft sei steuer-
bar, weil sie aus Individuen bestehen wird, deren
aktuelle Konditionierung die künftige Ausprägung
der gewünschten Form der Gesellschaft erwarten
lässt. Aus Kinderladenkindern würden mündige
Bürger einer anderen Gesellschaft, aus guten Gym-
nasiasten dringend benötigte Fachleute etc. – von
Pionieren, Pimpfen, Jungvolk oder Selbstmordatten-
täterschülern zu schweigen. Drittens: Während die
erfolgreiche Erziehung der Jugend zum Bürger einer
kommenden Ordnung auf Erwartbarkeiten setzt, gilt
aber auch umgekehrt die Jugend als Pool der Ab-
weichungen und Überraschungen. Diese Jugend ent-
zieht sich der Konditionierung durch die ältere
Generation. Sie wird zu einer Avantgarde stilisiert,
die alles Statische und Überkommene als alt weg-
sprengt. Geprägt von der Lebensphilosophie des aus-
gehenden 19. Jahrhunderts, pflegen nach dem ersten
Weltkrieg alle politischen Bewegungen dieses Bild
der revolutionären Jugend. Aber auch neue Kunst ist
nun sehr oft junge Kunst, und anders als der gelehrte
Künstler Alteuropas ist das Genie der Moderne jung.
Was der junge Künstler schafft, soll anders, neu, über-
raschend sein, mit den überkommen Regeln der
Produktion brechen und neue Modi der Rezeption
auf den Weg bringen. Schon der »Sturm und Drang«
war nach Auskunft Nietzsches eine Jugendbewegung.

In der 9. seiner *Unzeitgemäßen Betrachtungen* setzt
Friedrich Nietzsche die »natürlichen Instinkte« der
»Jugend« polemisch gegen die obsolete Kultur der
»zahn- und geschmacklosen Greise«. Sei es in den
Semantiken der Kunst, der Mode oder der Politik:
das Paradigma der Jugend verlässt sich auf biologi-
sche Evidenzen: Die überkommen versteinerten
Verhältnisse müssen allein deshalb weichen, weil
ihre Vertreter altern, abtreten und sterben, während
die unverdorbene, frische Jugend antritt und allein
dadurch schon die Verhältnisse verändert. Der natür-

liche Wechsel der Generationen kann leicht an sozialdarwinistische Modelle der Evolution rückgebunden werden, so dass der Auftritt der Jugend auf der gesellschaftlichen Bühne dann allein schon einen weiteren Schritt in Richtung *Fitness* garantiert. Das junge Starke verdrängt das alte Schwache. Unvermeidlich. Und der offensichtliche Biologismus dieses Denkschemas wird ausdrücklich begrüßt, da die junge Generation soziokulturelle Differenzierungen wie die der Klasse, der Schicht, des Standes, des Bildungsgrades, des Kapitals, der Religion ignoriert und man so tun kann, als seien mit dieser Blindheit für soziale Differenzen die Differenzen selbst auch schon aufgehoben. DIE JUGEND bildet daher eine ideale Projektionsfläche für Entdifferenzierungsutopien jeglicher Couleur. Ob nun junge Menschen eher mit sexuellem oder ästhetischem Interesse betrachtet werden oder als zu erziehende oder revolutionäre Generation, in jedem Fall wird Jugend als Ressource verstanden, deren Eigenschaft, immer wieder nachzuwachsen, sicherstellt, dass an den sozialen Konstruktionen der Jugend seit Jahrhunderten nicht allzu viel geändert werden musste. Es ist alle zehn oder zwanzig Jahre dann eben eine neue Jugend, die begehrt und erzogen, verbraucht und benutzt wird, je nach Gusto.

1. SEX. ALTE MÄNNER, JUNGE MÄDCHEN

Als Johann Wolfgang Goethe 1772 damit beginnt, den Faust-Stoff zu einem Drama zu verarbeiten, ist er 23 Jahre jung, promovierter Jurist und zugelassener Rechtsanwalt an einem Frankfurter Schöffengericht. Sein Protagonist dagegen ist deutlich älter. Aber nicht erst *Faust II*, sondern bereits im *Urfaust* geht es um die Perspektive älterer Männer auf sehr junge Mädchen. Heinrich Faust hat allerlei studiert, mehrere akademische Titel erworben und eine Stelle im universitären Lehr- und Forschungsbetrieb. Zufrieden ist er aber nicht. Nicht nur leidet der Gelehrte, wie bekannt, an dem Herz verbrennenden Wissen, »daß wir nichts wissen können«, sondern auch an seinem Lebensalter: »Ich bin zu alt, um nur zu spielen, / Zu jung, um ohne Wunsch zu sein«, verrät er ungefragt. Mephistopheles wird dieses Problem bald von einer Hexe lösen lassen. Faust hat ihn gefragt, ob ihm deren »Sudelköcherei / Wohl dreißig Jahr [...] vom Leibe« schaffe. Warum eigentlich? Krank oder gebrechlich ist er nicht. Auf »natürliche« Weise zu altern, reizt ihn nicht – er will nicht gesund, er will jung sein. Dem Manne von fünfzig Jahren verlangt es nicht nach arkanem Wissen oder Antworten auf ungelöste wissenschaftliche Fragen, sondern zuallererst nach Jugend. Faust wird ein Elixier verabreicht et voilà: Jugend. Dazu gehören heute Alkoholkonsum und Sex der Vierzehn- und Fünfzehnjährigen, wie aus einem *Stern*-Extra über *Jugend, Liebe und Sex hervorgeht*.[1] Aber schon der verjüngte Faust vergnügt sich zunächst in Auerbachs Keller mit stark alkoholisier-

ten Studenten und ihren obszönen Liedern, dann verlangt ihm nach Margarete. Der Trank wirkt. Das ausnehmend hübsche Mädchen von immerhin »über vierzehn Jahr« hält Faust, der sie ohne Umstände »keck« auf offener Straße anspricht, für einen gut aussehenden Herrn aus edlem Haus. Und der Magister, Doktor und Professor traut sich als jugendlicher Verführer nun allerhand zu: »Hätt' ich nur sieben Stunden Ruh', / Brauchte den Teufel nicht dazu, / So ein Geschöpfchen zu verführen.« Dass er weiß, dass er vieles nicht weiß, und sogar weiß, dass er von vielem nicht einmal weiß, dass er es nicht weiß, beschäftigt ihn nicht länger, da er nun verführen kann. Was Faust begehrt, ist Jugend, seine eigene und die der zu erobernden Frau, an deren unberührter Frische Goethe keinen Zweifel lässt.

Hannelore Schlaffer hat in ihrem Essay *Das Alter. Ein Traum von Jugend* den kulturellen Topos der Jugend als »erotische Bereitschaft« definiert, die sublimiert den Namen Schönheit trägt. Altern bedeute in einer männlich geprägten Kultur, dass Frauen ihre Schönheit verlieren, während Männer, denen es reicht, nicht schön, sondern interessant auszusehen, ihre erotische Bereitschaft nicht nur behalten, sondern auch noch selbstbewusst ausstellen. Die »unangenehme Aufgabe, tatsächlich zu altern, haben sie den Frauen aufgetragen.«[2] Während die Frau trotz aller Kosmetik »ihre Anmut verliert«, lasse die Kunst den würdigen Mann in »männlicher Altersschönheit« erstrahlen, beschreibt Schlaffer die Arbeitsteilung der Geschlechter in unserer Kultur. Kein Maler habe je die »Anstrengung« unternommen, eine altersschöne, unwiderstehliche Frau zu schaffen, während es in Kunst und Literatur zum Gemeinplatz geworden sei, dem reifen Mann eine »junge Frau« an die Seite zu stellen, die diesem als »Wunschbild ewiger Jugend« diene und an deren Seite er »sich selbst jung und schön« fühle (S. 16). Faust hätte es also gar nicht nötig gehabt, einen Pakt mit dem Teufel einzugehen, um sich ein *barely legal teen* zur Geliebten zu machen, denn gerade sein Alter, sein Stand und sein Vermögen berechtigen ihn dazu, unter der blühenden Jugend seine Wahl zu treffen.

Es sei zu einer »Regel geworden«, resümiert Schlaffer und meint nun nicht allein die Welt der Literatur, »daß der erfolgreiche Mann sich mit einer neuen Frau belohnt«, die vor allem jung und schön sein muss. Der »Germanistikprofessor« und »Topmanager«, der »Politiker« oder der »Künstler« – sie alle krönen ihren Erfolg mit einer jungen Frau und werden dafür bewundert, dass ihre Gefährtinnen immer jünger werden. »Die junge Frau ist im wörtlichen Sinne der Pour le mérite des Erfolgreichen.« Die männliche »Oberschicht« überlässt es ihren Untergebenen, mit ihren Ehefrauen alt zu werden (S. 76), und demonstriert mit den Models an ihrer Seite »jugendliche Kraft« und soziale Überlegenheit zugleich (S. 77). Jung heißt auch heute wieder: so alt wie Gretchen. Ein abendliches Socializing-Event von

Werbe- und Marketing Leuten besuchen Faltbakkens Helden Macht und Rebel mit beinahe Vierzehnjährigen, und es wird »klar, daß es eine Mordswirkung hat, wenn man mit jungen Mädchen auf so einem Fest auftaucht. Das war auch wohl Machts Absicht. Mit kleinen Mädchen Eindruck schinden. Noch mehr Eindruck.«[3] Tom Holert hat in einem Essay über »Jugend als Ressource« geschrieben, »Faldbakkens Figuren könnten sich durchaus als Rollenmodelle« eignen.[4] Er hat Recht, denn dieses Rollenmodell ist schon lange erfolgreich auf dem Markt.

Der »erfolgreiche Mann«, schreibt die Emerita, werde nicht etwa verachtet, wenn er laut nach einem »One-Night-Stand« verlange, sondern zu »neuen Akquisitionen« geradezu ermuntert (S. 76f). Auch Faust macht aus seinem Verlangen kein Geheimnis. »Wenn nicht das süße junge Blut / Heut Nacht in meinen Armen ruht, / So sind wir um Mitternacht geschieden«, treibt er Mephisto an. Geduld ist seine Sache nicht. Faust redet Margarete denn auch nicht ins Bett, wie er es sich zutraut, sondern er kauft sie. »Geschenke« sollen ihm den Weg ebnen. Mephistopheles kommentiert: »Gleich schenken? Das ist brav! Da wird er reüssieren!« Einen veritablen »Schatz« holt er ihm herbei, »Um Euch das süße junge Kind / Nach Herzens Wunsch und Will' zu wenden«. Weder angehexte Jugend noch französische Galanterie gewinnen ihm den Preis, sondern Gold. »Ich bin so jung, so jung – und [...] schön«, so »jung« und so »arm«, lautet Gretchens Selbstbeschreibung. So muss es auch sein, wenn die Jugend kapitalisiert werden soll. Zum erfolgreichen Mann, der sich mit einer jungen Frau für seine Verdienste auszeichnet, gehört die junge Frau, die an seinem ausgezeichneten Verdienst Interesse hat. Ihr geht es ebenfalls um Distinktion, wie das Beispiel Gretchens zeigt. Faust und sein Kuppler lassen die junge Frau aus der Unterschicht in ihrem Mädchenzimmer alles finden, was sie ihrer Vorstellung nach bräuchte, um öffentlich als »Edelfrau« aufzutreten. Einmal wie eine adelige Dame auszusehen! Aber was hilft ihr »Schönheit, junges Blut«, wenn »Nach Golde drängt, / Am Golde hängt / Doch alles«.

Auch sie selbst. Und weil sie schön und jung ist, wird sie reich beschenkt, aber umsonst ist nichts, und sie zahlt ihren Preis. Ihr Bruder Valentin sagt der Schwangeren sterbend »im Vertrauen nur: / Du bist doch nun einmal eine Hur'«. Die junge Frau an der Seite des erfolgreichen Mannes ist käuflich. Faust besucht seine »Buhle« nur ungern »ohne Geschenke«. Ist die »Liebespein« des Mannes erst einmal befriedigt, schaut er sich nach neuen Herausforderungen um. Auf dem Blocksberg tanzt Faust mit einer jungen Schönen, deren unverhülltem Busen er Komplimente macht. Im zweiten Teil der Tragödie heißt es über Helenas Schönheit: »reizend! jung, des Alten Lust! / Erst zehen Jahr!« Die Geliebte kann gar nicht jung genug sein und darf nie altern: »Nie wird sie mündig, wird nicht alt, / Stets appetitlicher Gestalt, / Wird

jung entführt, im Alter noch umfreit«. Unmündig und appetitlich, genau wie die minderjährigen G-String-Expertinnen bei Faldbakken, das äußerst dienstbereite Servicepersonal in Michel Houellebecqs Sextourismusvisionen, genau wie Nabokovs Lolita oder Wedekinds Wendlas und Lulus… Die Liste wäre beliebig zu verlängern. Ohnehin schreiben alle diese Autoren den gleichen Mythos fort. Michel Houellebecq nennt eine Mädchenzeitschrift *Lolita*, Faldbakken läßt ausgerechnet ein Gretchen »sehr kluge Theorien über Mädchenhintern« ausdenken, Wedekinds Dr. Schön schlägt vor, Lulu Mignon zu nennen, nach der »reizenden« Kindfrau aus *Wilhelm Meisters Lehrjahren*. Goethe selbst wusste zwar, dass seine jungen Frauen mythischer Natur sind – »Ganz eigen ist's mit mythologischer Frau, / Der Dichter bringt sie, wie er's braucht, zur Schau« –, aber gerade der Mythos orientiert wenn nicht die Wirklichkeit, dann doch die Muster ihrer kulturellen Konstruktion. In der Jugendmoden-Etage eines Berliner Kaufhauses prangt überlebensgroß das Bild einer nackten Kindfrau unter dem Titel *wild child*.

2. AVANTGARDE. JUNGE BEWEGUNG GEGEN ALTE ORDNUNGEN

Eine jahrzehntegroße Altersdifferenz zwischen jungen Mädchen und ihren Liebhabern ist leicht zu beobachten. Jugend dagegen ist ein sehr unpräziser Begriff, der allenfalls im Juristischen qua Gesetz definiert wird. All den kulturellen und politischen »Bewegungen«, welche die junge »Generation« pauschal als »Vortrupp des Kommenden« beschwören,[5] kann aber an einer präzisen Begriffsbestimmung ohnehin nicht gelegen sein, da niemand ausgegrenzt werden soll, der etwa älter als 25 *und* revolutionär wäre. Gerade wenn Jugend zum Kampfbegriff avanciert, der polemisch auf überkommene Strukturen gerichtet ist, wird der Begriff von allen Fragen des Alters abgekoppelt. »Jugend hängt von seinem Mute zu sich selbst ab. Jugend ist ein Entschluß«, schreibt Moeller van den Bruck, »Alter« dagegen sei »Erbe, Besitz, Sättigung und Genuß«, »überkommener Ruf und Ruhm«.[6] Die Rede ist vom Anspruch des »jungen« deutschen Volkes auf einen Platz an der Sonne, aber das Vokabular könnte genauso gut gegen tradierte ästhetische oder moralische Auffassungen oder auch gegen Schicht- und Klassendifferenzen in Stellung gebracht werden. Erich Honecker stellt 1972 in einer Adresse an Funktionäre der Freien Deutschen Jugend fest, man rechne »mit der Bereitschaft der Jugend, sich überall dort an die Spitze zu stellen, wo es darauf ankommt, dem Neuen zum Durchbruch zu verhelfen und Hemmnisse zu überwinden.«[7] Nicht die Werktätigen, die Jugend zieht voran in eine neue Zeit. Selbst ein zeitgenössischer Soziologie wie Heinz Bude geht davon aus, dass »die sozialen Bewegungen des neuen Typs nicht von sozialen Klassen, sondern von Altersgruppen getragen« würden, beispielsweise

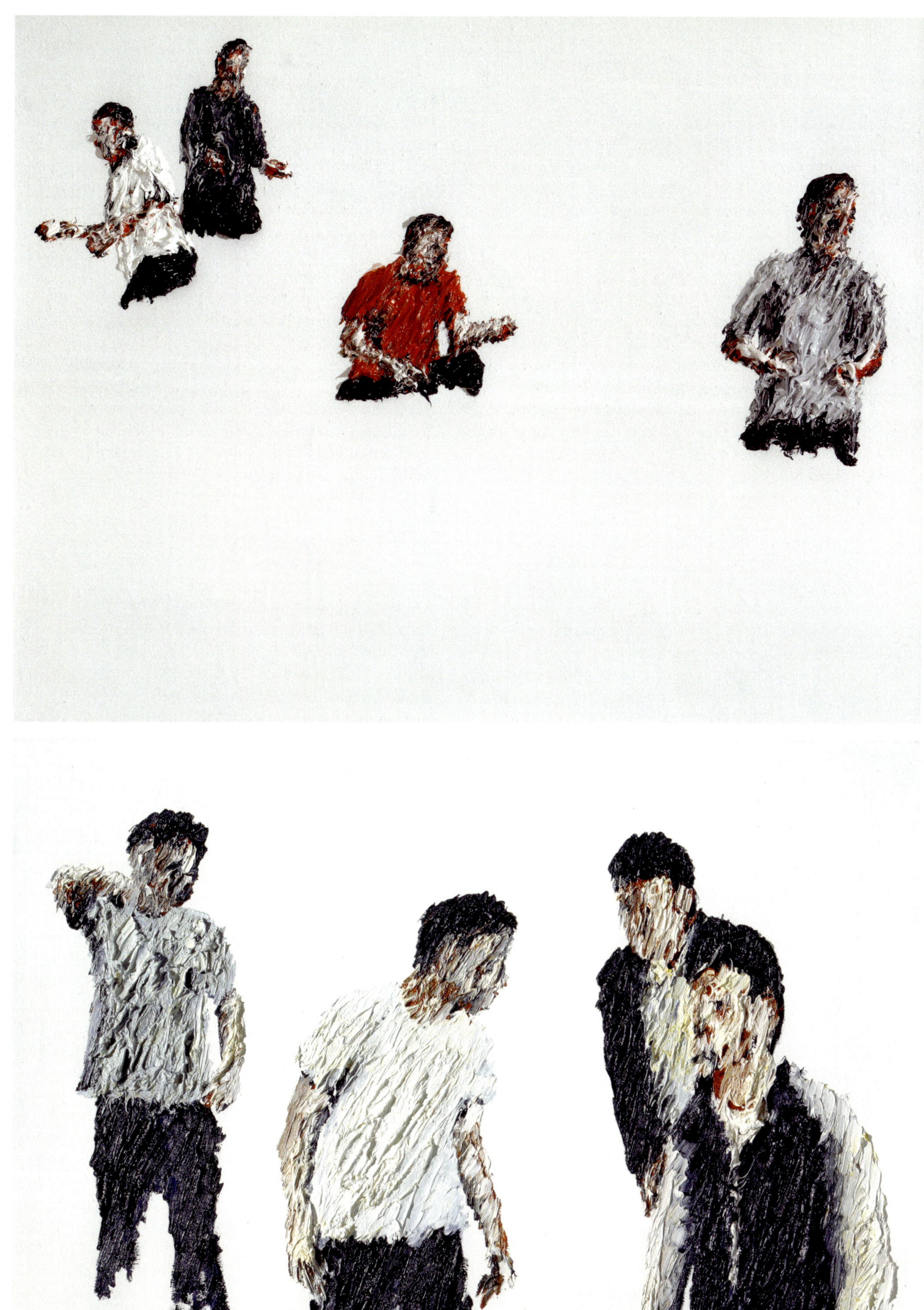

Clemens Krauss
Ohne Titel, aus der Serie »Das Körperkörper-Problem«, 2005

Ohne Titel, aus der Serie »Das Körperkörper-Problem«, 2005

von der jugendlichen Generation der 1968er.[8] Die Evidenz des gemeinsamen Alters und des »gemeinsamen Schicksals« (S. 34) gleicht all jene Differenzen aus, die man innerhalb der Kohorte beobachten könnte, wenn man nur wollte: Klasse, Rasse, Gender… Diese analytische Unterkomplexität macht die ideologische Stärke des Begriffs aus. Jugend wird zu einem beliebig einsetzbaren Synonym für den Aufbruch zu neuen Ufern und die Zerschlagung des Überlebten.[9] In ihrem Manifest *Über den bewaffneten Kampf in Westeuropa* vom Mai 1971 entdeckt die RAF das revolutionäre Potential der Jugend, die in die Bresche springen soll, welche der vollkommene Mangel an revolutionärem Elan des Proletariats der Bundesrepublik in die antikapitalistische Front gerissen hat. Wenn man in die Arbeiterklasse allenfalls »potentielle revolutionäre Energie« hineinzupostulieren vermag, dann werden Alternativen nötig, welche die RAF im manifesten »Generationenkonflikt« entdeckt, der als »Widerspruch« zur »kapitalistischen Produktionsweise« und ihrem »traditionellen Anpassungs- und Integrationsprozeß« gedeutet wird.[10] Die Jugend sei unangepasst, die »Arbeiterklasse« dagegen »etabliert«. Die RAF geht erstens davon aus, »daß das Bezugssystem der Älteren völlig überholt ist«, und zweitens, als »unmittelbare Folge«, dass eine »Jugendrevolte« unvermeidlich sei, die als »tendenziell antikapitalistisch und revolutionär« zu gelten habe, auch wenn sie als »Bereitschaft zu aggressiver Äußerung bis hin zur Gewaltanwendung« auftrete (S. 93ff.). In einer Metaphorik, die seit dem ersten Weltkrieg die Jugendsemantik prägt, heisst es im Manifest, die »Rolle der Jugend« bestehe im mit ungeheurer »Wucht« vorgetragenen »Sturm auf die Grenzpfähle aus einer vergangenen Epoche« (S. 97). Von der »Jugend im Sturm« auf die alte Weltordnung ist in faschistischen und nationalsozialistischen Programmschriften genauso die Rede wie in bürgerlichen und kommunistischen.

Wenn erst einmal Jugend Avantgarde ist und Avantgarde Jugend, dann schreiben die politischen Bewegungen auch die älteren Anhänger oder Adressaten in die Jugend hinein. Die Jugend, so frohlockt Werner Beumelburg, Autor des 1933 erschienenen Bandes *Das jugendliche Reich*, sei »mit Urgewalt« vorgestoßen, habe »im Siege alle Schranken eingerissen«, um das nationalsozialistische Reich ewiger Jugend zu errichten, so dass nun selbst das Bürgertum »verjüngt« worden sei.[11] Im Dritten Reich ist alles jung. Der Begriff der Jugend wird derartig aufgeladen, dass das Lebensalter nicht mehr anzeigt. Das »Ganze«, nämlich das »Volk als Ganzes«, werde sich nun »seiner Jugend, seiner ewigen Jugend bewußt«, die gesamte »nationalsozialistische Bewegung« sei eine »Bewegung der Jugend«, schreibt Will Vesper 1934. Das ganze Volk habe im nationalsozialistischen »Jungbrunnen« seine »Jugendlichkeit« wiedergefunden.[12] Wenn die Zugehörigkeit zur Jugend nicht vom biologischen Alter abhängt, sondern von sozialen

Konstruktionen, dann können auch »Vierzigjährige« dazu zählen, wie Peter Suhrkamp im Jahre 1932 anmerkt.[13] Der Begriff wird »inhaltsleer«, könnte man resümieren, aber dies bedeutet noch nicht, dass er keine »Kraft« entfalten könnte.[14] Schließlich steht immer wieder eine neue Jugend bereit zum Sturm. Im 20. Jahrhundert hat sie jeder beliebigen »Attacke gegen Tradition und Macht die Aura des Elementaren, Neuen, Niegehabten verschafft.«[15]

Mit dem übergeordneten Begriff der Generation teilt der Begriff der Jugend die Funktion, als »Projektionsfläche« zu dienen und eine »imaginäre Gruppe von Gleichaltrigen« zu konstituieren.[16] Es ist fraglich, ob es sich hierbei um Selbstentwürfe der Generation handelt oder ob nicht tatsächlich Fremdbeschreibungen auf die Generation projiziert werden. Im Fall der politischen oder weltanschaulichen Funktionalisierungen der Jugend kann es sich offensichtlich nur um Projektionen handeln, nicht um Selbstbeschreibungen der Jugend selbst. Als Harry Graf Kessler am 4. Juni 1930 Beobachtungen über jene »Massenbewegung« notiert, welche die »ganze deutsche Jugend ergriffen« habe, ist er 62 Jahre alt.[17] Aber ob die Autoren mittleren Alters nun Ulrike Meinhof oder Hans Grimm heißen, sie gehen stets davon aus, dass gerade ihr Begriff von Jugend der neuen Generation zu einer angemessenen Selbstbeschreibung verhelfen könne. Der logische nächste Schritt liegt darin, die Jugend so zu erziehen, dass sie diese Fremdbeschreibung als Selbstbeschreibung übernimmt.

3. ERZIEHUNG ALS SOZIALISATIONSSTEUERUNG

Dass Mädchen ihre Hosen so niedrig in den Hüften tragen und ihre Tanga-Strings so hoch, dass sie zu sehen sind, wie Faldbakken minutiös schildert, ist kein Effekt von Erziehung, sondern von Sozialisation oder Entkulturation.[18] Erziehung setzt immer eine »Absicht des Erziehens« voraus und eine entsprechende Evaluation ihrer Ziele, während Sozialisation absichtslos »mitläuft«.[19] Erziehung glückt oder misslingt, wenn etwa Kinder in der Schule Schreiben lernen oder nicht. Das Erreichen der Erziehungsziele wird dann mit Noten, Versetzungen, Abschlüssen sanktioniert. Eine derartige Erziehung zum sichtbaren Tragen von Unterwäsche, Tätowierungen und Piercings gibt es nicht, doch führt offenbar auch die Sozialisation zu erwartbaren Ergebnissen. Anders als Erziehung, die immer an der Kommunikation ihrer Absichten erkennbar ist, kann Sozialisation auch über »Nachahmung« laufen (S. 53). Was da von der Jugend nachgeahmt wird, muss nicht eigens als Ziel eines Lernprozesses ausgewiesen werden. Dennoch haben natürlich die meisten Jugendlichen irgendwann »gelernt«, dass man mit einem Feuerzeug auch eine Bierflasche öffnen könnte oder man »auf *e*« viel trinken sollte.

Niklas Luhmann hat gezeigt, dass »Sozialisation immer Selbstsozialisation und nicht Import von Kulturpartikeln in das psychische System« (S. 52) ist. Dies unterscheidet Sozialisation von Konditionierung. Zwar lassen sich große Analogien zwischen gesellschaftlich angebotenen kulturellen Mustern und den Verhaltensweisen von Kindern oder Jugendlichen feststellen, doch gibt es keine Kausalprogramme, die erklären könnten, warum die einen dies und die anderen das andere zu »importieren« scheinen – Jungs tragen Beckham-Frisuren und Mädchen ziehen sich an wie Gwen Stefani. »Yes ma'am, we got the style that's wicked...«, was zwar nach erfolgreicher Schulung der »girls« zu »fetish people« klingt,[20] doch leisten Musik und Video einen Beitrag zur Sozialisation, nicht zur Erziehung, denn Anpassung eigener Verhaltensweisen der Rezipienten an die Vorgaben ist zwar *möglich*, diesen aber in Form und Nachhaltigkeit völlig freigestellt. Weil sich aber dann doch immer einige Jugendliche finden, die vor allem medial angebotenen kulturelle Muster übernommen zu haben scheinen, hat man auch jenseits der Bildungssysteme und ihrem Unterricht von »Erziehung« etwa durch »Massenmedien« gesprochen[21] oder vom »Fernsehen« als einem » (un-)heimlichen Erzieher«.[22] Zumal die Jugendforschung hat immer wieder eine »Auffassung von Sozialisation« gepflegt, nach der »Heranwachsende einem leeren Gefäß gleichen, das erst gefüllt werden muß. Diesem Verständnis von Sozialisation entsprechend werden Jugendliche ausschließlich durch den passiven Konsum gesellschaftlicher Trainingsprogramme erwachsen«.[23] *Counter Strike* »erzieht« die Jugend zu unzurechnungsfähigen Amokläufern, die angemessene Inszenierung von »Vorbildern« etwa aus der Welt des Sports dagegen bewahrt die Kinder vor Drogen und Übergewicht, so fürchtet oder hofft man.

Medien unterstellt man hier eine geradezu behavioristische Kompetenz. Wer von einer beschreib- und daher auch programmierbaren »Wechselbeziehung« zwischen Medien und der »Erziehung und Entwicklung Jugendlicher« ausgeht,[24] hegt nicht nur an der »Massenwirkung« der Medien keine Zweifel (S. 173), sondern wird sich ihrer zu bedienen suchen, um Jugendliche geistig-kulturell zu formen und ideologisch zu festigen.

Massenmedien, so liest man in einer anderen aktuellen, ›kritischen‹ Einschätzung, bildeten eine »invisible religion«, die wie »keine andere Institution so viele Menschen dazu bringt, zur gleichen Zeit das gleiche zu tun«.[25] Mit welchem Tenor auch immer – unterstellt wird die Erziehbarkeit der Jugend durch die Massenmedien. Es macht nur auf den ersten Blick einen widersprüchlichen Eindruck, dass die gleichen Protagonisten der Jugend-Semantik, die der jungen Generation pauschal ein avantgardistisches, abweichendes, revolutionäres oder subversives Potential zuweisen, nun ihre Sozialisation zu überwachen und zu steuern trachten. Die Ressource der Jugend ist zu kostbar, um sie der Selbstsozialisation zu überlassen. Gerade weil die Jugend Avantgarde ist, gehört ihre »ideologisch-politische Erziehung« zu den vornehmsten Aufgaben der »Partei«, die jenseits der Jugendverbände und Schulen von den Massenmedien wahrgenommen wird.[26] Nur die Voraussetzung einer planbaren Sozialisation, die über die Schulung von einzelnen Fertigkeiten und die Vermittlung spezifischer Wissensbestände weit hinausgeht und den »ganzen Menschen« erfasst, macht die Jugend als gesellschaftspolitische Ressource so attraktiv. Geeignete Konditionierungsprogramme führen zum sozialistischen Menschen, zum Volksgenossen, zum Patrioten oder zu Trägerinnen von Spice-Girl-Rucksäcken. ❏

1 http://www.stern.de/lifestyle/liebesleben/519802.html?eid=519819&nv=ex_L3_ct.
2 Hannelore Schlaffer, *Das Alter. Ein Traum von Jugend,* Frankfurt am Main, 2003, S. 14.
3 Matias Faldbakken, *Macht und Rebel* (2002), München, 2005, S. 311.
4 Tom Holert, »Posieren, Fälschen und das Bohren dicker Bretter«, in: *Literaturen,* Heft 10 (2005), S. 100-106, S. 102.
5 Frank Trommler, »Mission ohne Ziel. Über den Kult der Jugend im modernen Deutschland«, in: *Mit uns zieht eine neue Zeit. Der Mythos Jugend,* hrsg. von Rolf-Peter Janz, Thomas Koebner, Frank Trommler, Frankfurt am Main, 1985, S. 14-49, S. 40.
6 Ebd., S. 15.
7 Lothar Bisky, *Massenmedien und ideologische Erziehung der Jugend,* Berlin, 1976, S. 34.
8 Heinz Bude, *Das Altern einer Generation. Die Jahrgänge 1938 bis 1948,* Frankfurt am Main, 1995, S. 60.
9 Vgl. Winfried Mogge, »Wandervogel, Freideutsche Jugend und Bünde«, in: *Mit uns zieht eine neue Zeit,* S. 174-198.
10 ID-Verlag, *Rote Armee Fraktion. Texte und Materialien zur Geschichte der RAF,* Berlin, 1997, S. 92.
11 Vgl. Ulrich Nassen, Norbert Hopster, »Vom ›Bekenntnis‹ zum ›Kampf‹. Jugend und Jugendliteratur auf dem Weg ins ›jugendliche Reich‹«, in: *Mit uns zieht eine neue Zeit,* S. 546-562, S. 552.
12 Joachim Radkau, »Die singende und die tote Jugend. Der Umgang mit Jugendmythen im italienischen und deutschen Faschismus«, in: *Mit uns zieht eine neue Zeit,* S. 97-127, S. 116.
13 Trommler, »Mission ohne Ziel. Über den Kult der Jugend im modernen Deutschland«, S. 41.
14 Radkau, »Die singende und die tote Jugend. Der Umgang mit Jugendmythen im italienischen und deutschen Faschismus«, S. 121.
15 Trommler, »Mission ohne Ziel. Über den Kult der Jugend im modernen Deutschland«, S. 14.
16 Bude, *Das Altern einer Generation. Die Jahrgänge 1938 bis 1948,* S. 39.
17 Harry Graf Kessler, *Tagebücher. 1918-1937,* Frankfurt am Main, 1982, S. 662.
18 Vgl. Jürgen Jensen, »Die Reproduktion der Gesellschaft. Rolle und soziale Bedeutung der Nachkommenschaft – interkulturell gesehen«, in: *Jung und wild. Zur kulturellen Konstruktion von Kindheit und Jugend,* hrsg. von Dorle Dracklé, Berlin, Hamburg, 1996, S. 54-75.
19 Vgl. Niklas Luhmann, *Das Erziehungssystem der Gesellschaft,* Frankfurt am Main, 2002, S. 54.
20 Gwen Stefani, *Rich Girl,* Interscope Records (2004).
21 Bisky, *Massenmedien und ideologische Erziehung der Jugend,* S. 11.
22 Vgl. »Das Fernsehen – der (un–)heimliche Erzieher«, in: *Forschung & Lehre,* Heft 10 (2005), S. 522-532.
23 Dorle Dracklé, »Kulturelle Repräsentation von Jugend in der Ethnologie«, in: *Jung und wild. Zur kulturellen Konstruktion von Kindheit und Jugend,* hrsg. von Dorle Dracklé, Berlin, Hamburg, 1996, S. 14-53, S. 26.
24 Bisky, *Massenmedien und ideologische Erziehung der Jugend,* S. 7, vgl. a. S. 12.
25 Peter Winterhoff-Spurk, »Kalte Herzen. Wie das Fernsehen den Charakter verändert«, in: *Forschung & Lehre,* Heft 10 (2005), S. 522-525, S. 523.
26 Bisky, *Massenmedien und ideologische Erziehung der Jugend,* S. 34.

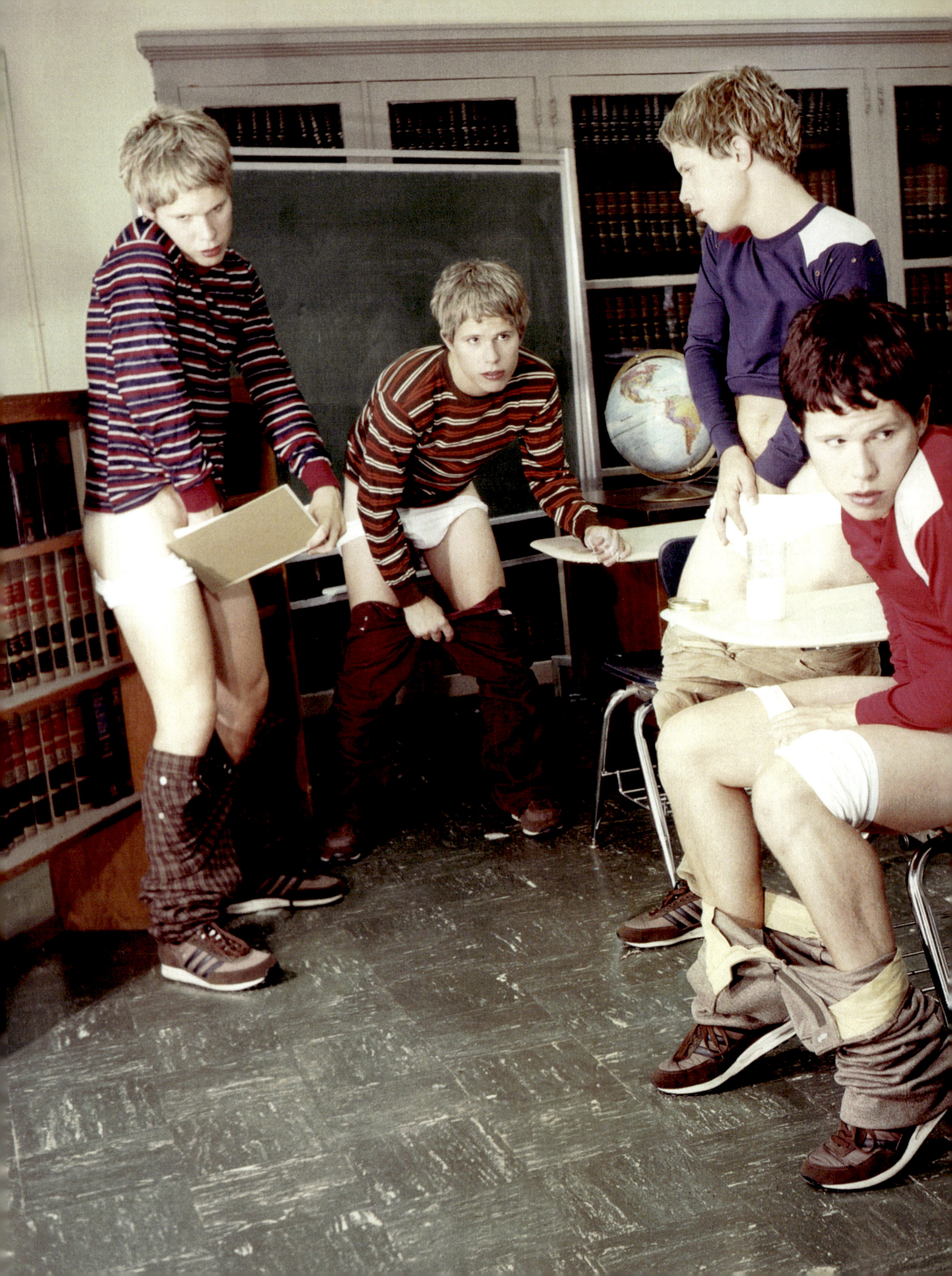

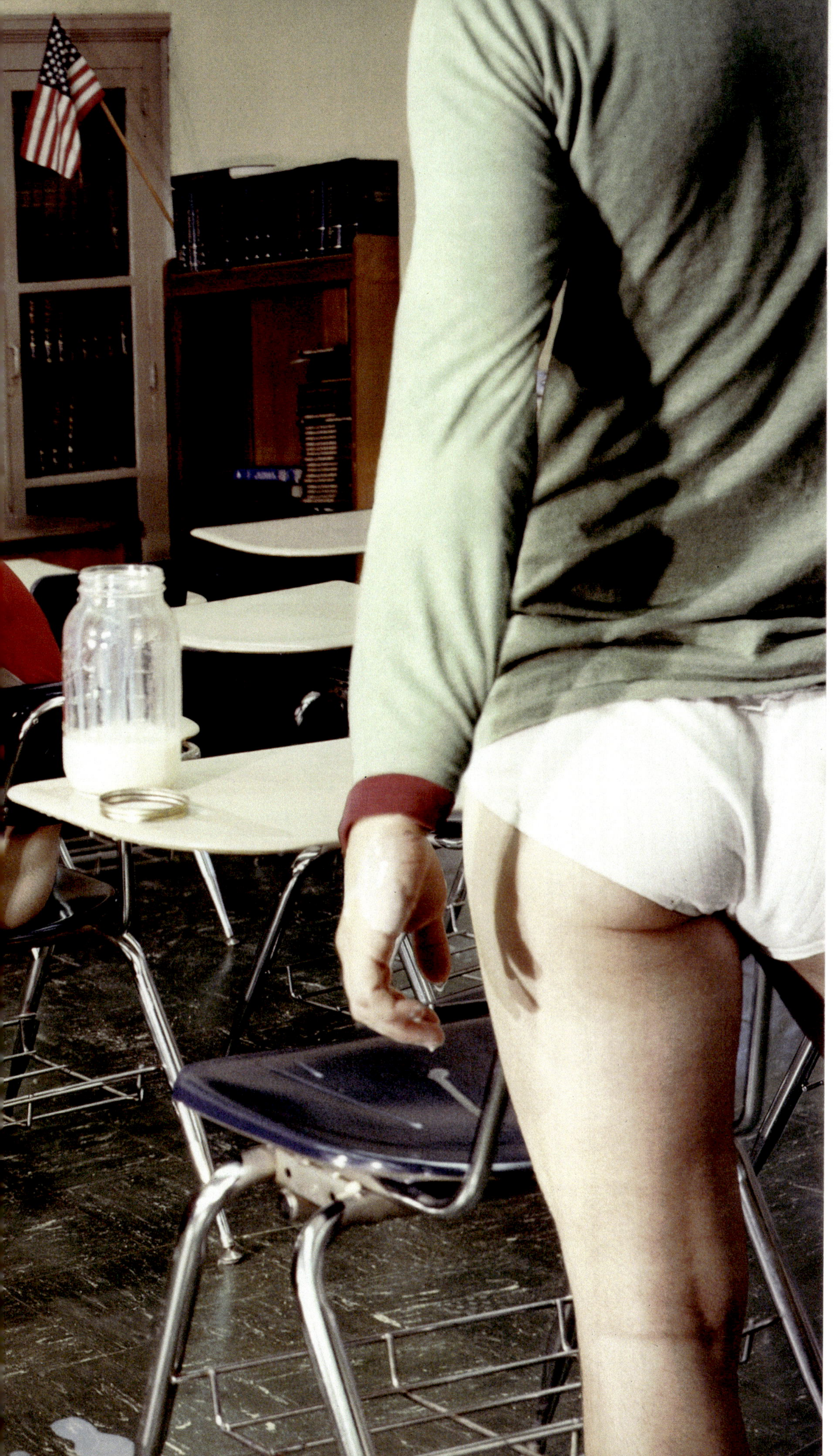

Anthony Goicolea
Premature, 1999

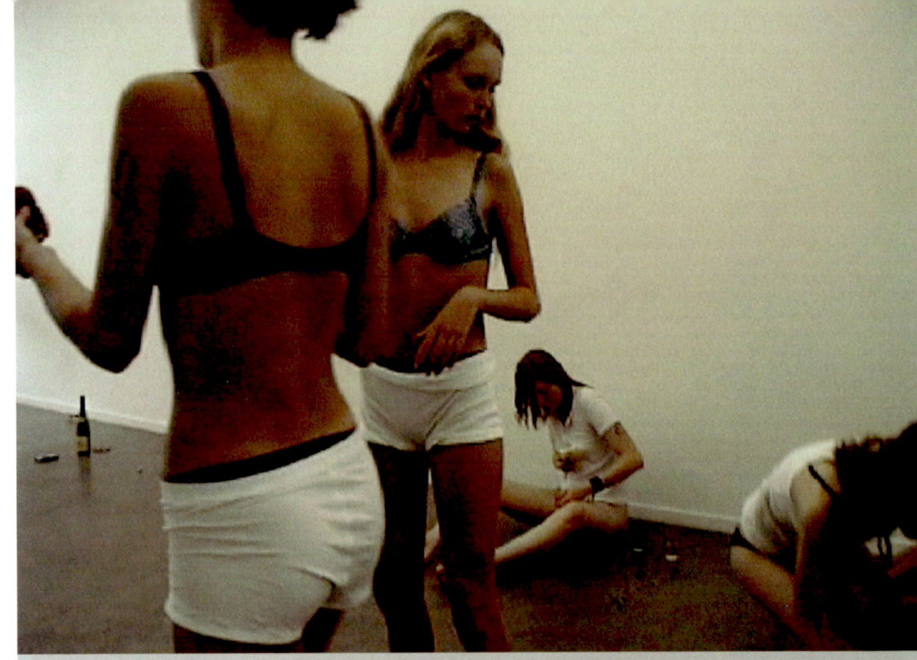

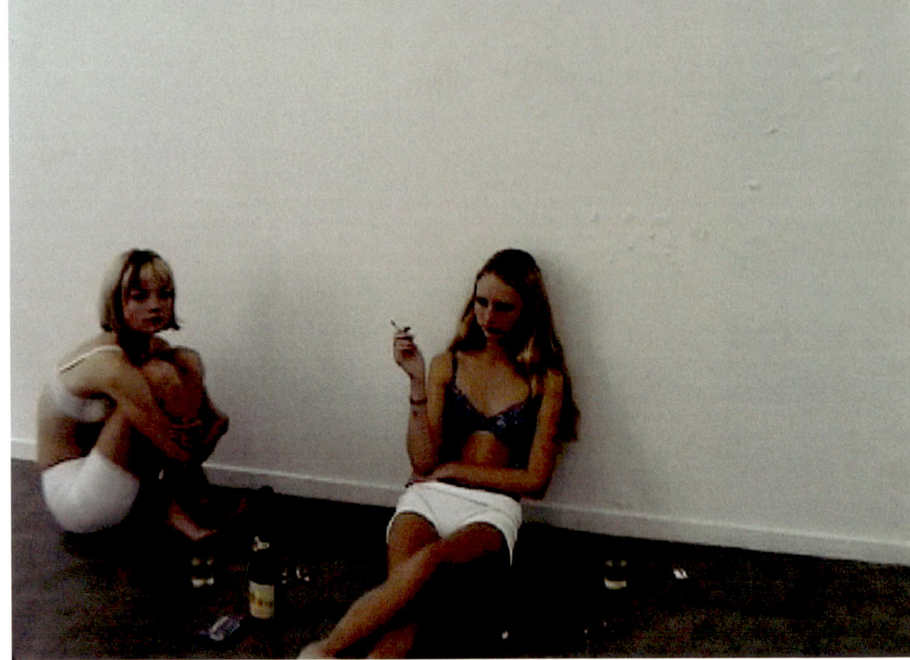

L. A. Raeven
TestRoom, 2000

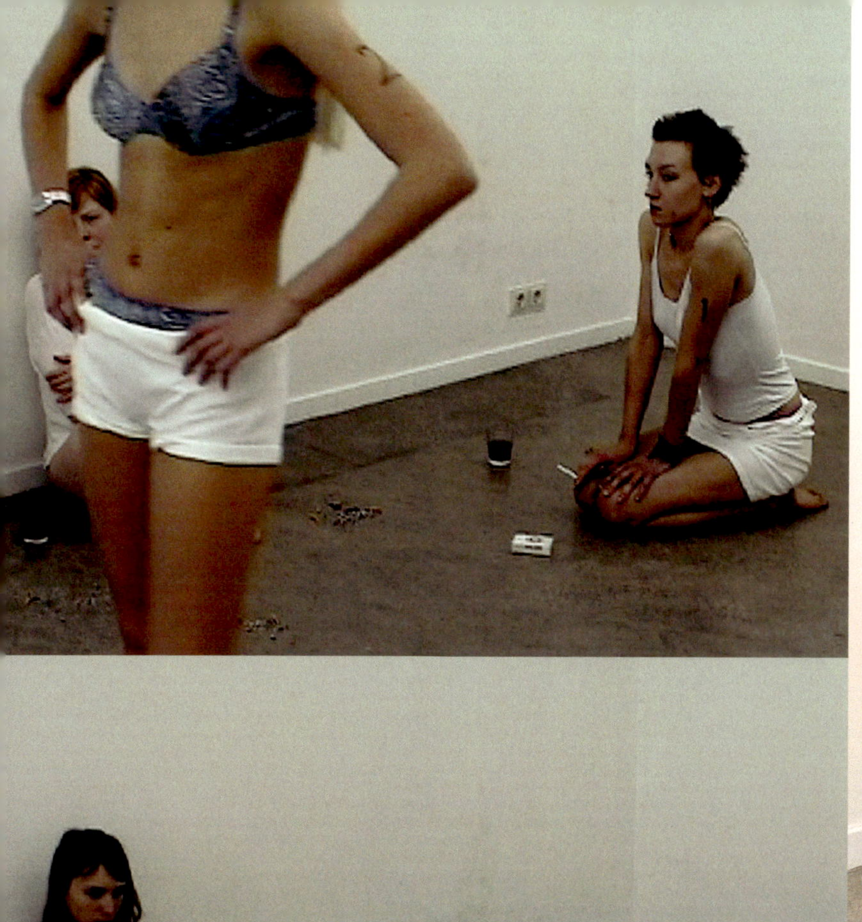

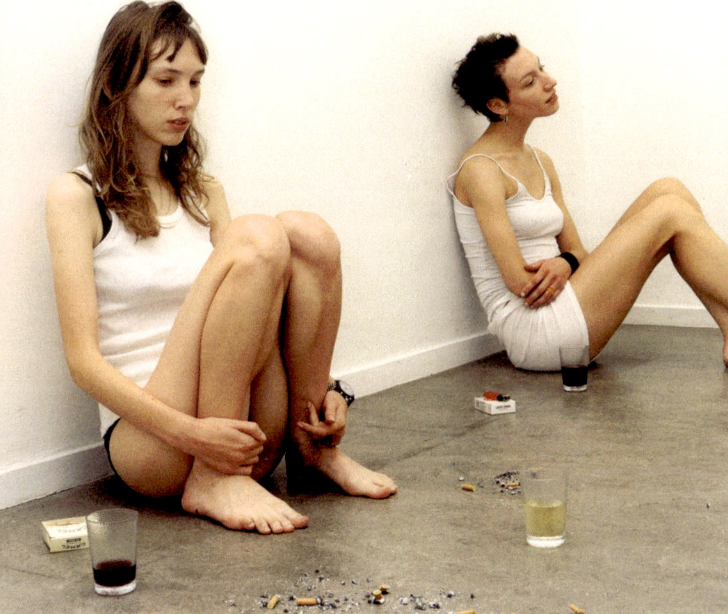

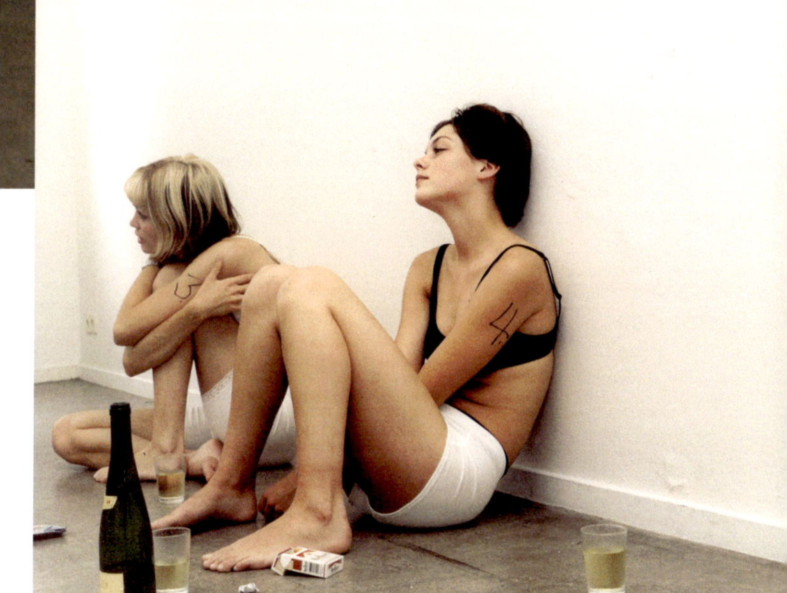

Sex and Pop

ON THE SOCIAL USE OF
A REGENERATIVE RESOURCE

Niels Werber

For art and literature, business and fashion, the media and politics, youth represents an important and inexhaustible resource. There are various reasons for this. Firstly, for the fine arts, the media and fashion, it is above all the sexual attractiveness of young people that counts. Their beauty, their innocence, their sex appeal are desirable. Youthful bodies are aestheticized in art works, marketed as advertising medium, misused in pornos and used as a stimulus for drawing attention. Secondly, art and literature can work on another aspect of youth that has great weight especially in political and philosophical contexts: ageing. Youth regenerates—as voter or proletariat, as fellow citizen or worker, as politician or employee. Youth is the future of a society. All parties, religions and ideologies have discovered youth as a malleable material whose education today creates the society of tomorrow. What one appreciates about youth is its educability, which seems to ensure that the development of society is controlled because it will consist of individuals whose present conditioning foreshadows the future shape of the desired form of society. Kindergarten children grow up into responsible citizens of another society, good high school students become urgently needed specialists, etc., to say nothing of boy scouts, girl guides, cubs and brownies, or suicide bombings students. Thirdly, whereas the successful education of youth to citizenship of a coming order banks on expectations, conversely, youth is also regarded as the pool of deviations and surprises. Youth withdraws from conditioning by the older generation. It is fashioned into an avant-garde which blows away everything that is static and traditional as simply old. Influenced by vitalist philosophy of the last part of the nineteenth century, after World War I, all political movements cultivated this image of the revolutionary youth. But also new art is very often young art and, as distinct from the learned artist of old Europe, the genius of modernity is young. What a young artist creates is supposed to be different, new, surprising, to break with the traditional rules of production and to initiate new modes of reception. Already »Sturm und Drang« was, according to Nietzsche, a youth movement.

In the ninth of his *Untimely Observations,* Friedrich Nietzsche juxtaposes the »natural instincts« of »youth« polemically against the obsolete culture of »toothless and tasteless old men«. Whether it be in the semantics of art, fashion or politics, the paradigm of youth relies on biological evidence. The traditional, ossified, social conditions must give way already because their representatives grow old, retire and die, whereas unspoiled, fresh youth enters the stage and already by this act changes the situation. The natural change of generations can easily be tied back to social-Darwinist models of evolution so that the appearance of youth on the social stage already guarantees a further step in the direction of *fitness.* What is young and strong pushes aside what is old and weak. Inevitably. And the obvious biologism of this way of thinking is explicitly welcomed because the young generation ignores socio-cultural differences such as class, status, social station, level of education, amount of capital, religious confession, and one can act as if, with this blindness for social differences, the differences themselves had already been erased. YOUTH therefore forms an ideal projection surface for Utopias of dedifferentiation of all kinds. Whether young people are viewed with a sexual or aesthetic interest, or as a generation to be educated and revolutionized, in any case, youth is understood as a resource whose property to regenerate itself again and again ensures that not very much has had to be changed for centuries in the social constructions of youth. Every ten or twenty years there is simply a new youth which is desired and educated, consumed and used, depending on preferences.

1. SEX. OLD MEN, YOUNG GIRLS

When Johann Wolfgang Goethe began in 1772 to work up the material for *Faust* into a drama, he was a young man of 23 years, a doctor of law and admitted to the bar at a Frankfurt court of lay assessors. His protagonist, by contrast, is much older. Not only in the late work, *Faust II*, but already in the *Urfaust* it is a matter of the perspective of older men on very young girls. Heinrich Faust has studied all sorts of things, acquired several academic titles and a position in university teaching and research. But he is not satisfied. Not only does the scholar suffer, as we know, under the heart-consuming knowledge »that we cannot know anything«, but also under his age, »I am too old to just play, / too young not to have any desires«, he reveals without being asked. Mephistopheles will soon have this problem solved by a witch. For Faust had asked him whether her »bad cooking / could take thirty years off my body«. But why? He is not sick or frail. To age »naturally« does not attract him; he does not want to be healthy; he wants to be young. The fifty-year-old man does not ask for arcane knowledge or answers to unsolved scientific questions, but first of all for youth. Faust is given an elixir et voilà—youth! Today this includes alcohol consumption and 14- and 15-year-olds having sex, as we can read in a *Stern* special issue on *Youth, Love and Sex*.[1] But already the rejuvenated Faust first enjoys himself in Auerbach's cellar with very drunk students and their obscene songs, and then he desires Margarete. The potion works. The extremely pretty girl of »more than fourteen« takes Faust, who accosts her »audaciously« on the street without hesitation, to be a good-looking man from a respectable family. And the master, doctor and professor, as a youthful seducer, now is game for anything: »If I just had seven hours rest / I wouldn't need the devil / to seduce such a little creature«. The fact that he knows that there is much that he does not

know, and even knows that there is much about which he does not even know that he does not know, no longer preoccupies him because now he is able to seduce. What Faust desires is youth, his own and that of the woman to be conquered about whose untouched freshness Goethe leaves no doubt.

In her essay, *Old Age: A Dream of Youth*, Hannelore Schlaffer has defined the cultural topos of youth as »erotic readiness« which, sublimated, bears the name of beauty. In a male dominated culture, she says, getting old means that women lose their beauty whereas men, for whom it suffices not to be beautiful, but interesting, not only maintain their erotic readiness, but also self-confidently exhibit it. »They have given women the unpleasant job of actually growing old«.[2] Whereas a woman, despite all her cosmetics, »loses her prettiness«. art allows the dignified man to radiate a »male beauty of old age«, is the way Schlaffer describes the division of labor among the sexes in our culture. No painter has ever undertaken the »exertion« of creating an irresistible woman in the beauty of old age, whereas in art and literature it has become commonplace to put a »young woman« at the side of a mature man to serve him as the »desirable image of eternal youth« and at whose side he feels »himself young and handsome« (p. 16). So it was not necessary for Faust to make a pact with the devil to make a *barely legal teen* into a lover, because it is precisely his age, his status and his wealth that give him the right to make a selection from youth in its bloom.

It has become »a rule«, Schlaffer summarizes (and she does not have just the world of literature in mind), »that a successful man rewards himself with a new woman«, who above all has to be young and beautiful. The »German studies Professor« and »top executive«, the »politician« and the »artist«—all of them crown their success with a young woman and are admired for the fact that their companions get younger and younger. »The young woman is in a literal sense the Pour le mérite of the successful man«. The male »elite« passes on their wives to their subordinates to grow old with them (p. 76) and demonstrate with the models at their side »youthful vitality« and social superiority at one and the same time (p. 77). Today being young once again means: being as old as Gretchen. An evening social event of advertising and marketing people is visited by Faltbakken's heroes, Power and Rebel, with almost 14-year-olds, and it becomes »apparent that it makes a big splash when you turn up at such a party with young girls. That was probably also Power's intention. To try to make an impression with little girls. An even greater impression«.[3] In an essay on *Youth as a Resource*, Tom Holert writes, »Faltbakken's characters could very well be role models«.[4] He's right because this role model has been successful on the market for a long time.

The professor emerita writes that the »successful man« is not despised when he desires a »one night stand«, but is even encouraged to make »new acquisi-

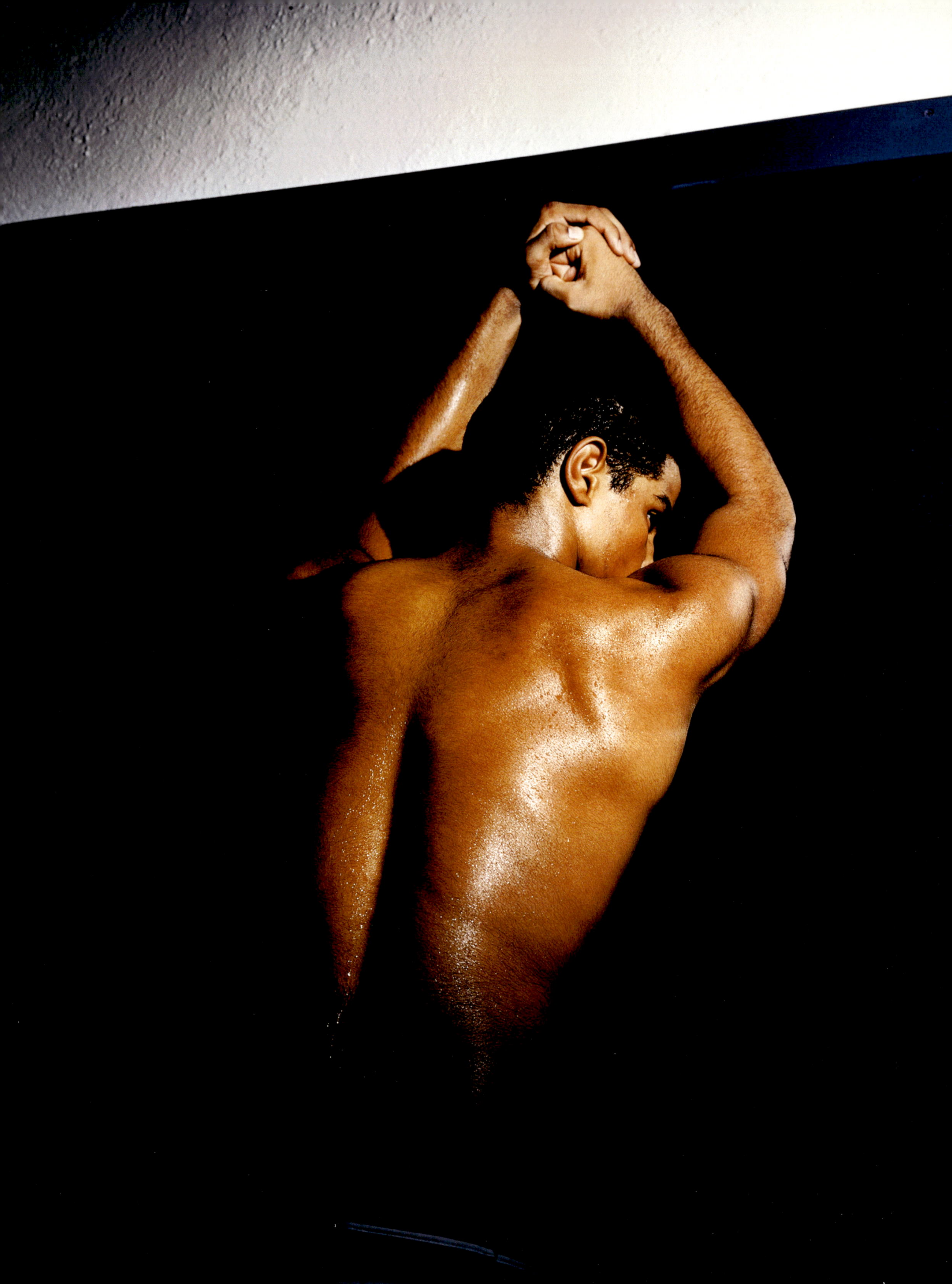

tions« (p. 76f.). Faust, too, does not make any secret of his desire. »If this sweet young blood / does not lie in my arms tonight / we will be divorced at midnight«, he goads Mephisto on. Patience is not his thing. Faust then does not talk Margarete into bed, which he has the confidence to do, but rather he buys her. »Gifts« are supposed to clear the way for him. Mephistopheles comments, »Give gifts straight away? That is well-behaved! He will have success«! He fetches a veritable »treasure« for him, »to turn the sweet young child / to the wish and will of your heart«. Neither magic-induced youth nor French gallantry win him the prize, but gold. »I am so young, so young—and [...] beautiful«, so »young« and so »poor« is Gretchen's description of herself. That's the way it has to be if youth is to be capitalized. The counterpart of the successful man who rewards himself for his achievements with a young woman is the young woman who is interested in his excellent achievements. She, too, is concerned with distinction, as the example of Gretchen shows. Faust and his coupler enable the young woman from the lower classes to find everything in her girl's room which she thinks she needs to appear in public as a »noblewoman«. To look like a noble lady for once! But what is the use of her »beauty, young blood« when »after all everything / presses for gold / depends on gold«.

Including Gretchen herself. And because she is beautiful and young, she is richly endowed with gifts, but nothing is for free, and she pays the price. Her brother, Valentin, says to the dying pregnant girl, »in confidence: / you are really just a whore«. The young woman at the side of the successful man is venal. Faust does not like visiting his »paramour« »without gifts«. Once the man's »love pain« has been satisfied, he starts looking around for new challenges. On the Blocksberg, the highest of the Harz Mountains, Faust dances with a young beauty to whose naked bosom he makes compliments. In the second part of the tragedy, Helena's beauty is described as »charming! young, the old man's pleasure! / only ten years old«! His lover cannot be young enough and must not age, »never will she grow up, never grow old, / always an appetizing form, / seduced when young, and still wooed when old«. An appetizing minor, just like the young G-string experts in Faldbakken's writing, the extremely willing servants in Michel Houellebecq's visions of sex tourism, just like Nabokov's Lolita and Wedekind's Wendlas and Lulus… The list could be continued indefinitely. Anyhow, all these authors continue the same myth. Michel Houellebecq calls a girls' magazine *Lolita;* Faldbakken has a Gretchen, of all people, think out »very clever theories about girls' behinds«; Wedekind's Dr Schön proposes that Lulu be called Mignon, after the »charming« child-woman from *Wilhelm Meister's Apprenticeship.* Goethe himself knew that his young women were of a mythical nature—»It is very special with a mythological woman, / the poet puts her on show when he needs

to«—but it is precisely the myth which provides orientation, if not for reality, then at least for the model of its cultural construction. The youth fashion department of a Berlin department store shows an enormous image of a naked child-woman under the title *wild child.*

2. AVANT-GARDE. YOUTH MOVEMENT AGAINST OLD ORDERS

It is easy to observe an age difference of decades between young girls and their lovers. Youth, on the other hand, is a very imprecise term which, if at all, is defined only in the legal area by law. All the cultural and political »movements« which conjure up the young »generation« in general as the »scouting party of what is to come«,[5] however, cannot have any interest in a precise definition of the term anyway, because nobody is supposed to be excluded who may be older than twenty-five and[5] revolutionary. Precisely when youth becomes a term of struggle which is directed politically against traditional structures, it is dissociated from any question about age. »Youth depends upon one's courage to be true to oneself. Youth is a decision«, writes Moeller van den Bruck; »old age«, by contrast, is »inheritance, possessions, satiation and enjoyment, traditional reputation and fame«.[6] The reference here is to the claim of the »young« German people to a place in the sun, but the vocabulary could just as well be deployed against traditional aesthetic or moral conceptions or even against differences in social strata and classes. In 1972, Erich Honecker stated in an address to functionaries in the Free German Youth League that they were counting on »the willingness of youth to take the lead wherever it is a matter of helping what is new to break through and overcome obstacles«.[7] It is not the workers, but youth which pulls everything forward into a new age. Even a contemporary sociologist like Heinz Bude proceeds on the assumption that »the social movements of the new kind are borne not by social classes but by age groups«, for example, by the youthful 1968 generation.[8] The evidence of a common age and a »common destiny« (p. 34) equalizes all those differences which could be observed within the cohort if one wanted to: class, race, gender… This analytical lack of complexity constitutes the ideological strength of the term.

Youth becomes an all-purpose synonym for setting out on new paths and for iconoclasm against what has outlived its time.[9] In its manifesto, *On Armed Struggle in Western Europe* from May 1971, the Red Army Faction discovers the revolutionary potential of youth which is supposed to throw itself into the breach which the complete lack of revolutionary enthusiasm of the West German proletariat has ripped in the anti-capitalist front. If at most »potential revolutionary energy« can be postulated and projected into the working class, then alternatives become necessary which the Red Army Faction discovers in the manifest »generation conflict« which is interpreted as a »contradiction« in the »capitalist mode of production« and its »traditional process of adaptation and integration«.[10] Youth is said to be non-conformist, whereas the working-class is »well established«. The Red Army Faction proceeds on the assumption firstly, »that the reference system of the older generation is completely obsolete«, and secondly, as »an immediate consequence«, that a »youth revolt« is unavoidable which has to be seen as »tendentially anti-capitalist and revolutionary«, even when it manifests itself as »a willingness to aggressive expression to the point of violence« (p. 93ff). In metaphors which mark the semantics of youth since the World War I, the manifesto states that »the role of youth« consists in the »enormously forceful storming of the boundary posts of a past epoch« (p. 97). Fascist and National Socialist programs talk about »youth storming« against the old world order, just as liberal and Communist party programs do. Once youth is avant-garde and avant-garde is youth, the political movements then include older adherents or addressees within the boundaries of youth. Werner Beumelburg, the author of *Das jugendliche Reich* [The Young Reich] from 1933, writes joyfully that youth has advanced »with primal violence«, has »torn down all barriers in victory« to set up the National Socialist Reich of eternal youth so that now even the bourgeoisie has been »rejuvenated«.[11] In the Third Reich everything is young. The concept of youth is charged in such a way that people's age no longer counts. The »whole,« namely, the »people as a whole«, will now become »aware of its youth, its eternal youth«. The entire »National Socialist movement« is a »movement of youth«, writes Will Vesper in 1934. The entire people has rediscovered its »youthfulness« in the National Socialist »fountain of youth«.[12] If being a part of youth does not depend on biological age but on social constructions, then even those who are »forty years old« can be part of it, as Peter Suhrkamp remarks in 1932.[13] The concept is »emptied of content,« one could summarize, but this does not mean that it is not able to develop any »force«.[14] After all, there is always a new youth emerging that is ready to storm the foundations. In the twentieth century it has given any arbitrary »attack against tradition and power the aura of something elementary, new, unheard-of«.[15]

Together with the overarching concept of the generation, the concept of youth fulfils the function of serving as a »projection surface« and constituting an »imaginary group of those of the same age«.[16] It is questionable whether here it is a matter of the way a generation casts itself or whether in fact alien descriptions are projected onto the generation. In the case of political or ideological instrumentalization of youth, it can obviously be only a matter of projections, and not of self-descriptions of youth

itself. When, on 4 June 1930, Harry Graf Kessler notes down observations on that »mass movement« which »had gripped the entire German youth«, he is 62 years old.[17] But no matter whether the middle-aged writers are called Ulrike Meinhof or Hans Grimm, they always proceed on the assumption that precisely their concept of youth could help the new generation to an appropriate description of itself. The next logical step lies in educating youth in such a way that it takes on this alien description as a self-description.

3. EDUCATION AS GUIDING SOCIALIZATION

The fact that girls wear their trousers so low on their hips and their tanga strings so high that they can be seen, as Faldbakken describes so minutely, is not an effect of education, but of socialization or enculturation.[18] Education always presupposes an »intention to educate« and an appropriate evaluation of its aims, whereas socialization takes place incidentally by itself.[19] Education succeeds or fails when, for instance, children learn to write at school or not. Attaining aims of education is then sanctioned by grades, regrading into another class, final examinations. There is no education to wear underwear visibly, to get tattooed and pierced, but socialization obviously also leads to predictable results. In contrast to education, which can always be recognized by the communication of its intentions, socialization can also proceed via »imitation« (p. 53). What is imitated by youth does not have to be disclosed explicitly as the aim of a learning process. Nevertheless, of course, most youths have »learnt« at some time that one can open a beer bottle with a cigarette lighter or how to drink »down the hatch«.

Niklas Luhmann has shown that »socialization is always self-socialization and not the importation of cultural particles into the psychic system« (p. 52). This distinguishes socialization from conditioning. Important analogies can be established between socially offered cultural patterns and ways of behavior of children and youth, but there are no causal programs that could explain why some seem to »import« this while others seem to »import« that. Boys wear Beckham hairstyles and girls dress like Gwen Stefani. »Yes ma'am, we got the style that's wicked…«, which sounds like successful training of the »girls« to become »fetish people«,[20] but music and video make an important contribution to socialization, not to education, because adaptation of one's own ways of behaving to models is *possible*, but the form and persistence of this adaptation is left completely open. However, because there are always some youths who seem to have adopted above all cultural models offered by the media, there has been talk of education by the mass media[21] and of »television« as a »covert and eery educator«[22] even beyond the education system and its teaching practices. Especially social research into youth has regularly cultivated a »conception of socialization« according to which »teenagers resemble an empty vessel that first has to be filled. According to this understanding of socialization, youths grow up exclusively by passively consuming social training programs«.[23] *Counter Strike* »educates« youth to become certifiable madmen, whereas the appropriate staging of »exemplary models«, say, from the world of sport saves children from drugs and obesity is what one fears or hopes. The media are attributed here with a downright behaviorist competence. Those who proceed from a describable and therefore also programmable »reciprocal relationship« between the media and the »education and development of youths«,[24] not only do not have any doubt about the »mass effects« of the media (p. 173), but will also try to use them to form youth in an intellectual and cultural way and to consolidate it ideologically.

The mass media, one reads in another recent ›critical‹ evaluation, form an »invisible religion« which like »no other institution brings so many people to do the same thing at the same time«.[25] No matter what the tone is, it is assumed that youth can be educated by the mass media. Only at first glance does it make a contradictory impression that the same protagonists of the semantics of youth who attribute to the younger generation in general an avant-garde, deviant, revolutionary or subversive potential, now strive to supervise and guide their socialization. The resource of youth is too precious to leave it to self-socialization. Precisely because youth is the avant-garde, its »ideological and political education« is one of the most noble tasks of the »party« which is taken up by the mass media beyond the boundaries of youth organizations and schools.[26] Only the assumption of plannable socialization which goes far beyond the training of individual skills and the teaching of specific knowledge and comprises the »entire human being« makes youth so attractive as a socio-political resource. Appropriate conditioning programs lead to socialist human beings, to comrades of the people, to patriots or to wearers of Spice Girl rucksacks. ❏

1 http: /www.stern.de/lifestyle/liebesleben/519802.html?eid=519819&nv=ex_L3_ct.
2 Hannelore Schlaffer, *Das Alter. Ein Traum von Jugend* [Age. A Dream of Youth], Frankfurt am Main, 2003, p. 14.
3 Mathias Faldbakken, *Macht und Rebel* [Power and Rebel](2002), Munich, 2005, p. 311.
4 Tom Holert, »Posieren, Fälschen und das Bohren dicker Bretter [Posing, Counterfeiting and the Drilling of Thick Boards]«, in: *Literaturen*, Issue 10 (2005), p. 100-106, p. 102.
5 Frank Trommler, »Mission ohne Ziel. Über den Kult der Jugend im modernen Deutschland [Mission Without Goal. On Youth Cult in Modern Germany]«, in: Rolf-Peter Janz, Thomas Koebner, Frank Trommler (Eds.), *Mit uns zieht eine neue Zeit. Der Mythos Jugend* [With Us Into a New Time], Frankfurt am Main, 1985, p. 40.
6 Ibd., p. 15.
7 Lothar Bisky, *Massenmedien und ideologische Erziehung der Jugend* [Mass Media and Ideological Education of Youth], Berlin, p. 34.
8 Heinz Bude, *Das Altern einer Generation. Die Jahrgänge 1938 bis 1948* [Aging of One Generation. The Age-Group 1938 to 1948], Frankfurt am Main, 1995, p. 60.
9 Cf. Winfried Mogge, »Wandervogel, Freideutsche Jugend und Bünde [Wandervogel, Free-German Youth and Leagues]«, in: *Mit uns zieht eine neue Zeit* [With Us Into a New Time], p. 174-198.
10 ID-Verlag, *Rote Armee Fraktion. Texte und Materialien zur Geschichte der RAF* [Red Army Faction. Texts and Materials on the History of the RAF], Berlin, p. 92.
11 Cf. Ulrich Nassen, Norbert Hopster, »Vom ›Bekenntnis‹ zum ›Kampf‹. Jugend und Jugendliteratur auf dem Weg ins ›jugendliche Reich‹ [From the ›Commitment‹ to ›Struggle‹. Youth and Youth Literature on the Way to the ›Young Reich‹]«, in: *Mit uns zieht eine neue Zeit* [With Us Into a New Time], p. 552.
12 Joachim Radkau, »Die singende und die tote Jugend. Der Umgang mit Jugendmythen im italienischen und deutschen Faschismus [The Singing and the Dead Youth. Dealing With Youth Myths in Italian and German Fascism]«, in: *Mit uns zieht eine neue Zeit* [With Us Into a New Time], p. 116.
13 Trommler, »Mission ohne Ziel. Über den Kult der Jugend im modernen Deutschland [[Mission Without Goal. On Youth Cult in Modern Germany]«, p. 41.
14 Radkau, »Die singende und die tote Jugend. Der Umgang mit Jugendmythen im italienischen und deutschen Faschismus [The Singing and the Dead Youth. Dealing With Youth Myths in Italian and German Fascism]«, p. 121.
15 Trommler, »Mission ohne Ziel. Über den Kult der Jugend im modernen Deutschland [Mission Without Goal. On Youth Cult in Modern Germany]«, p. 14.
16 Bude, *Das Altern einer Generation. Die Jahrgänge 1938 bis 1948* [Aging of One Generation. The Age-Group 1938 to 1948], p. 39.
17 Harry Graf Kessler, *Tagebücher. 1918-1937* [Diaries. 1918-1937], Frankfurt am Main, 1982, p. 662.
18 Cf. Jürgen Jensen, »Die Reproduktion der Gesellschaft. Rolle und soziale Bedeutung der Nachkommenschaft – interkulturell gesehen [The Reproduction of Society. Role and Social Significance of Descendants]«, in: Dorle Dracklé (Ed.), *Jung und wild. Zur kulturellen Konstruktion von Kindheit und Jugend* [Young and Wild. On the Cultural Reconstruction of Childhood and Youth], Berlin, Hamburg, 1996, p. 54-75.
19 Cf. Niklas Luhmann, *Das Erziehungssystem der Gesellschaft* [The Educational System of Society], Frankfurt am Main, 2002, p.54.
20 Gwen Stefani, *Rich Girl*, Interscope Records (2004).
21 Bisky, *Massenmedien und ideologische Erziehung der Jugend* [Mass Media and the Ideological Education of Youth], p. 11.
22 Cf. »Das Fernsehen – der (un–)heimliche Erzieher [Television—the Uncanny and Secret Educator]«, in: *Forschung & Lehre*, Issue 10 (2005), pp. 522-532.
23 Dorle Dracklé, »Kulturelle Repräsentation von Jugend in der Ethnologie [Cultural Representation of Youth in Ethnology]«, in: Dorle Dracklé (Ed.), *Jung und wild. Zur kulturellen Konstruktion von Kindheit und Jugend* [Young and Wild. On the Cultural Reconstruction of Childhood and Youth], Berlin, Hamburg, 1996, p. 14-53, p. 26.
24 Lothar Bisky, *Massenmedien und ideologische Erziehung der Jugend* [Mass Media and Ideological Education of Youth], p. 7, cf. p. 12.
25 Peter Winterhoff-Spurk, »Kalte Herzen. Wie das Fernsehen den Charakter verändert [Cold Hearts. How Television Changes the Character]«, in: Forschung & Lehre, Issue 10 (2005), p. 522-525, p. 523.
26 Lothar Bisky, *Massenmedien und ideologische Erziehung der Jugend* [Mass Media and Ideological Education of Youth], p. 34.

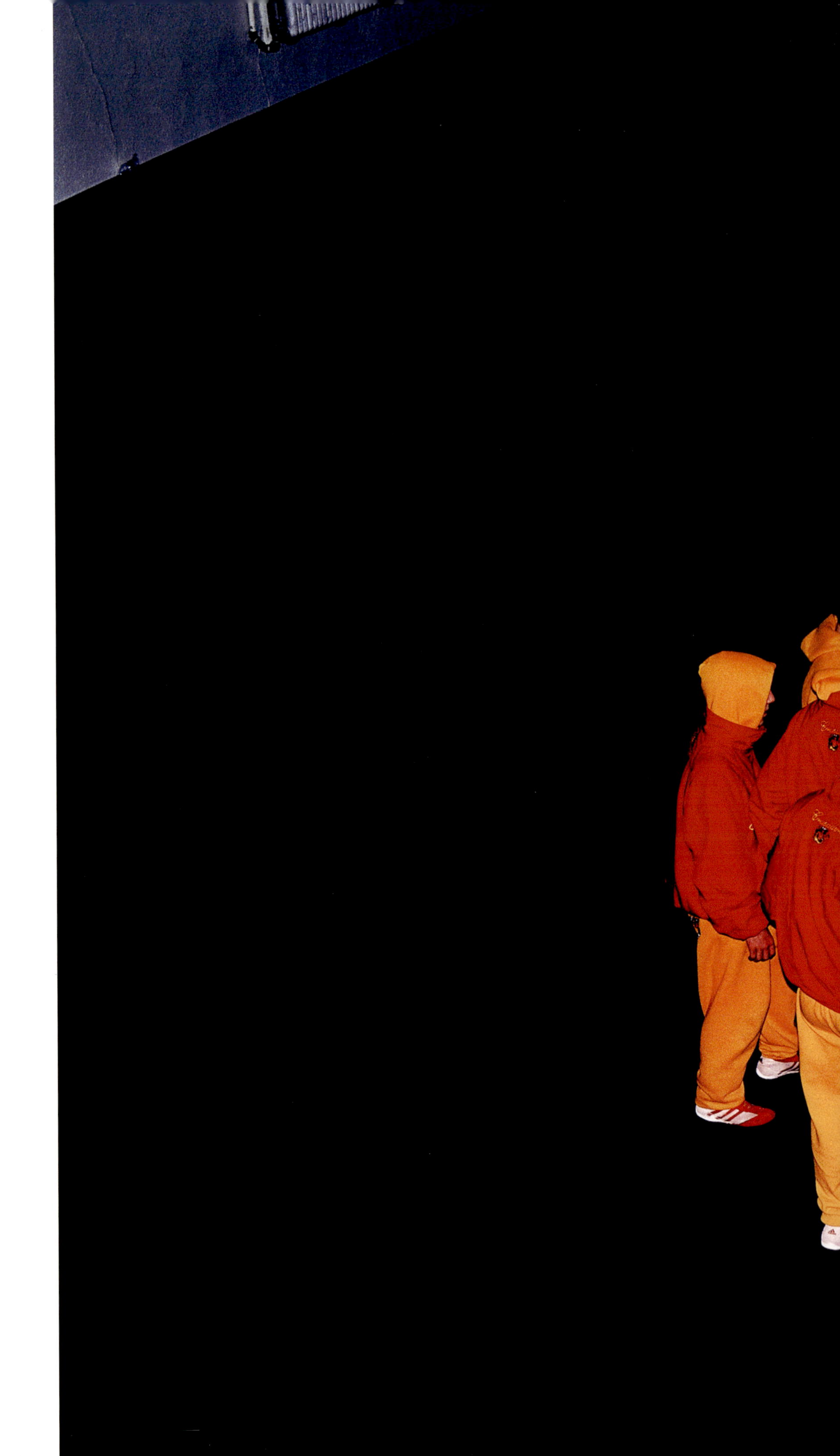

Collier Schorr
Hooded Figures (B.C.), 2003

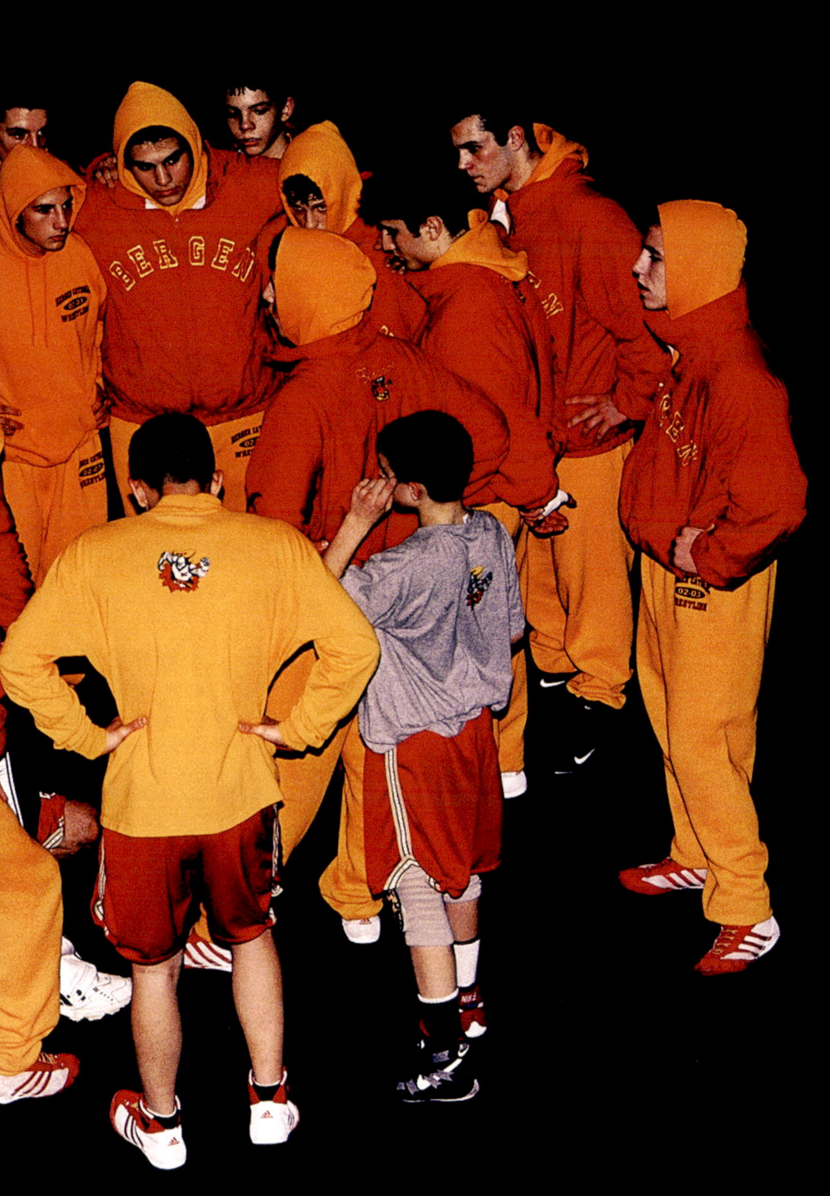

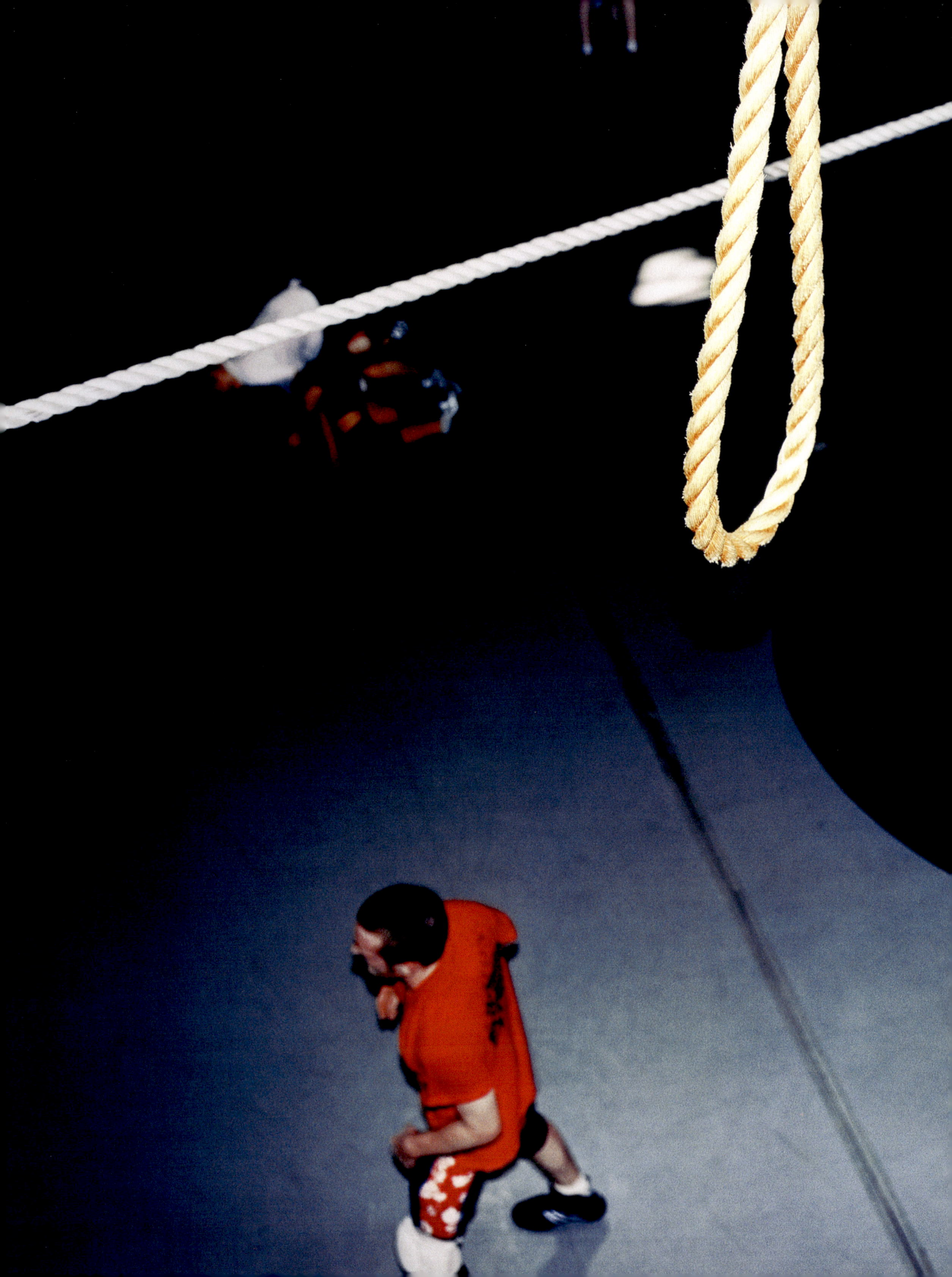

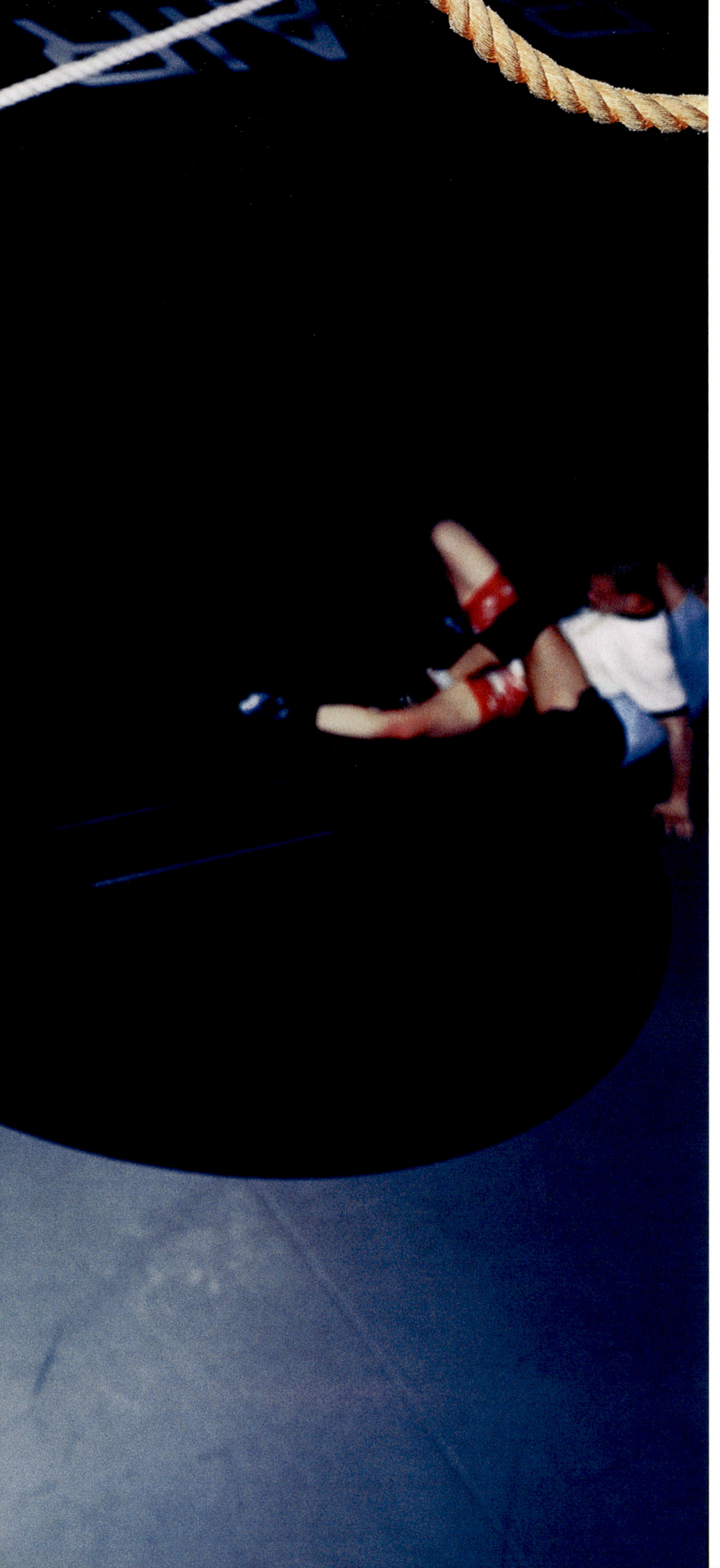

Collier Schorr
Two Regimes (Rope), 2003

135

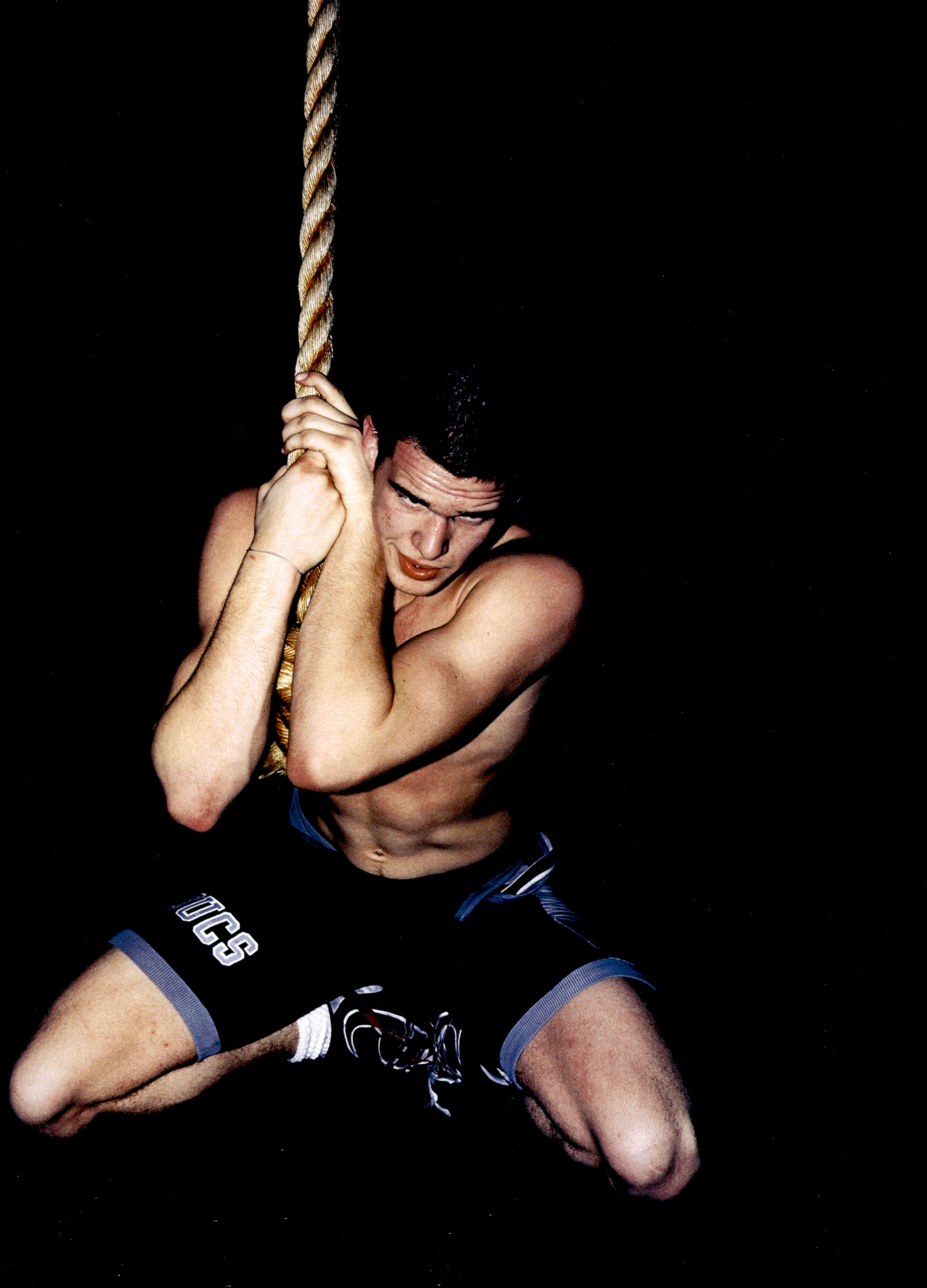

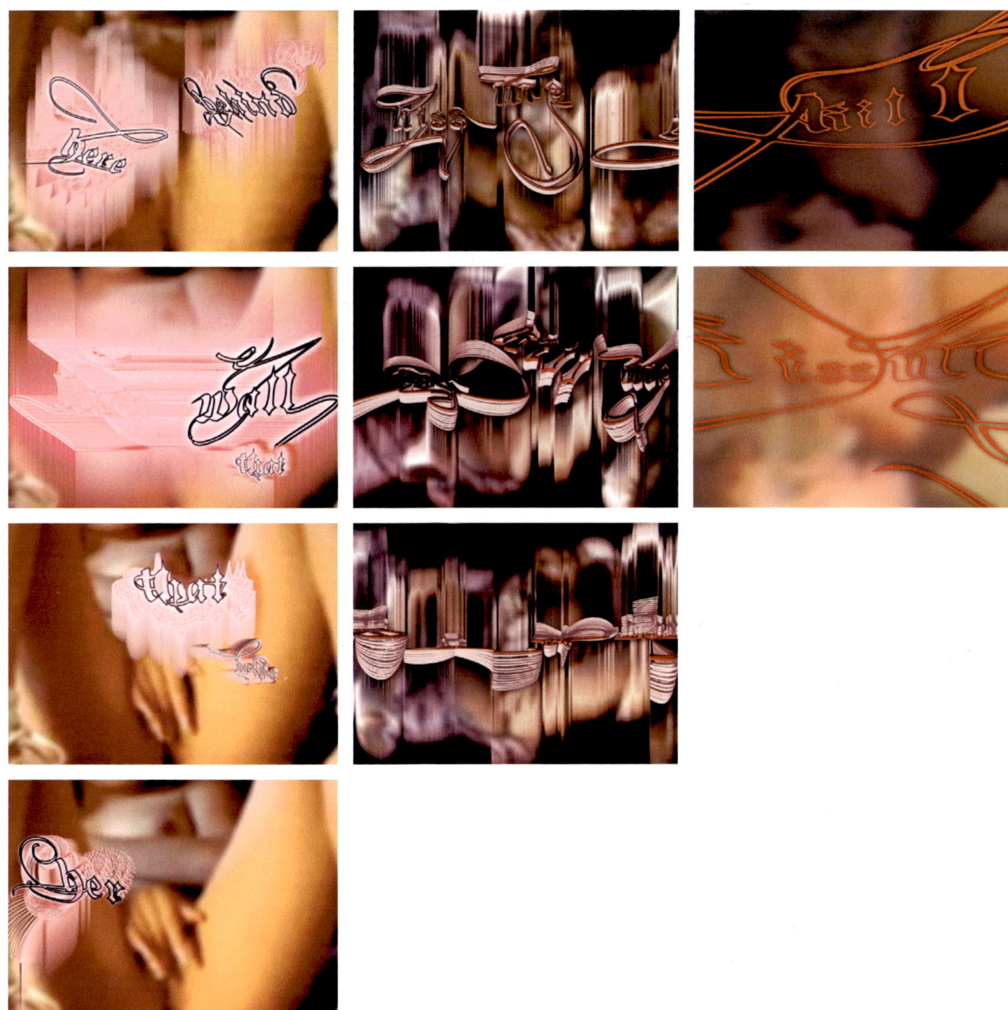

Kiki Seror
All her crime, 2002

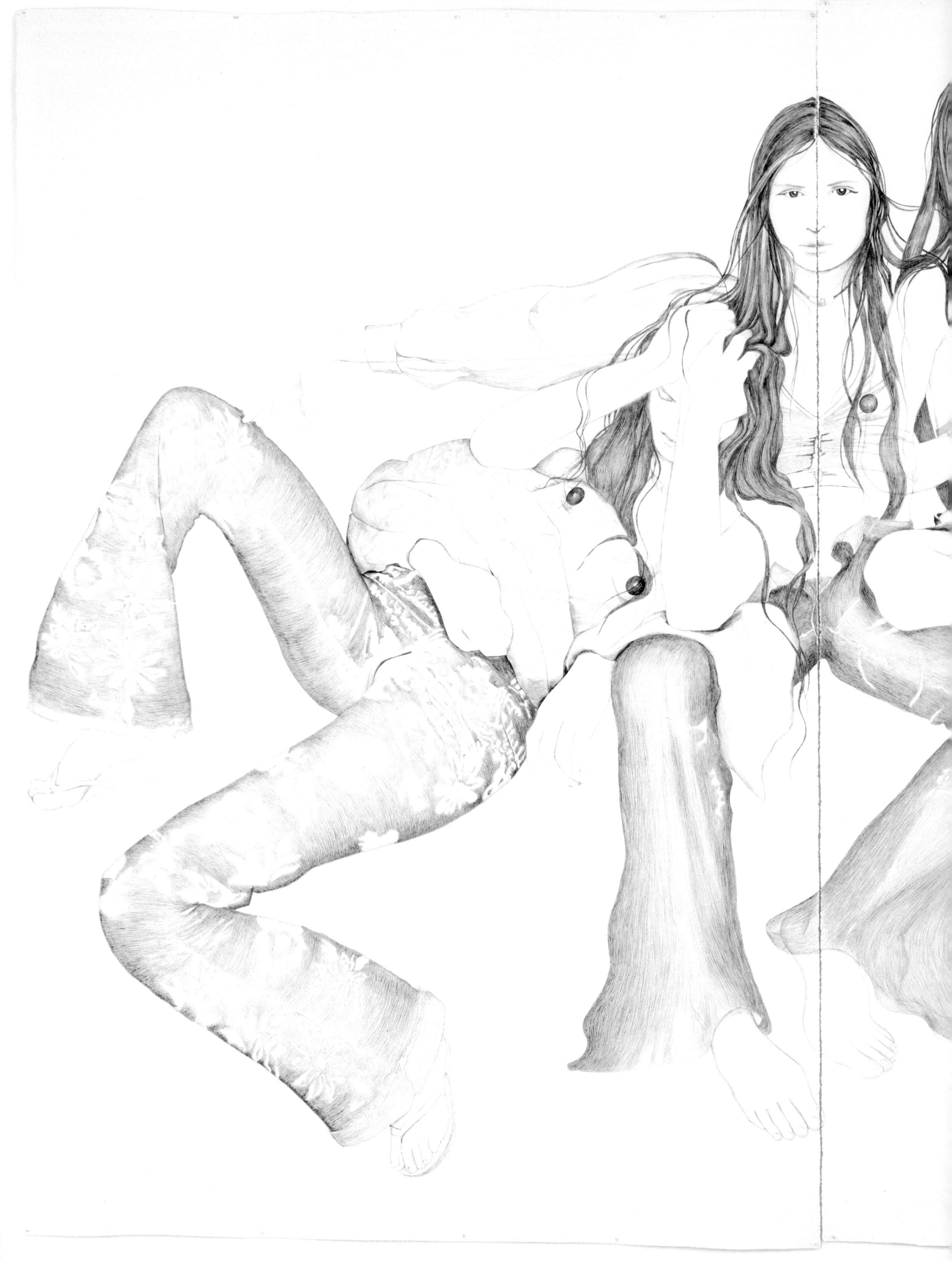

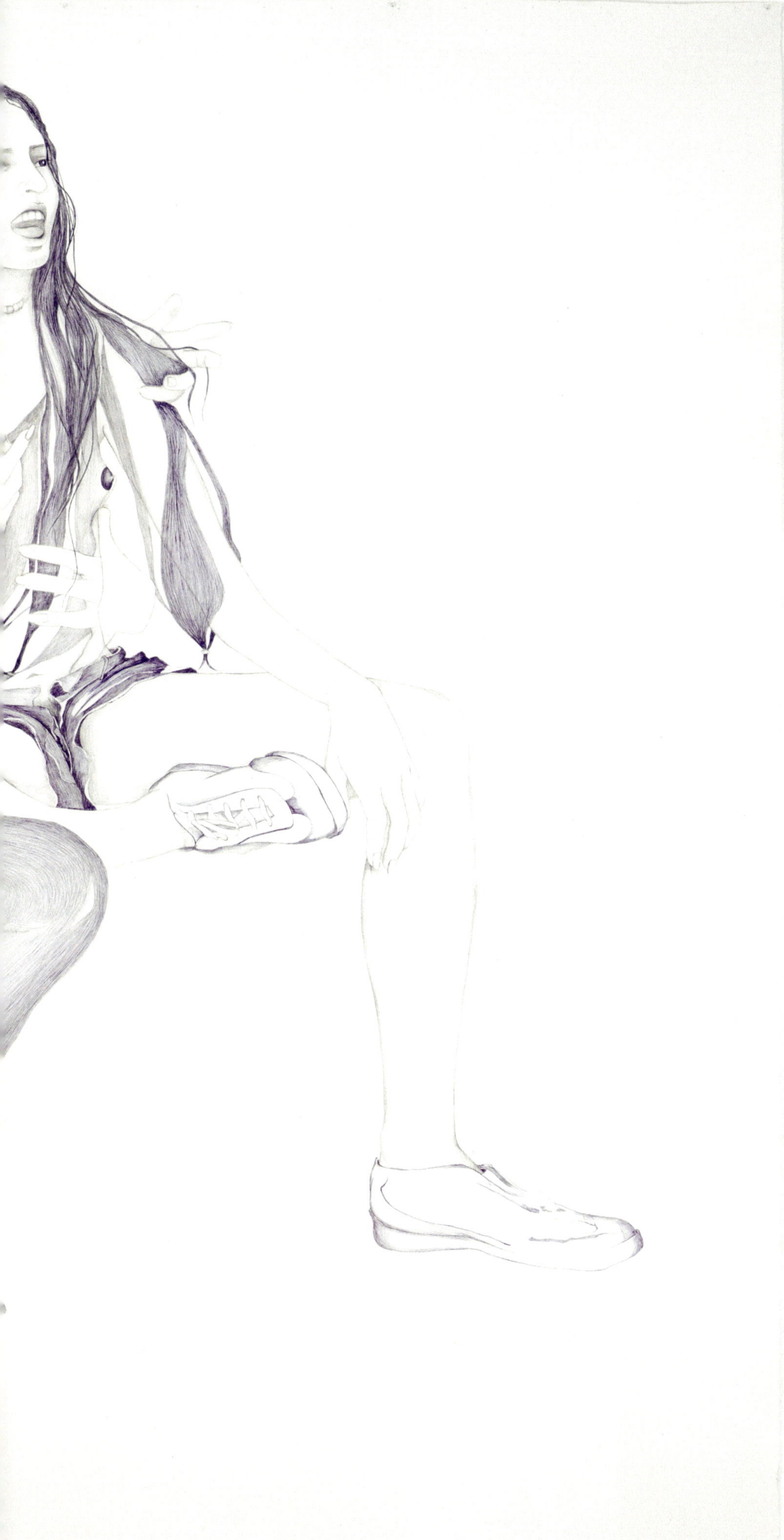

Marlene McCarty
Big girls scream, 2003

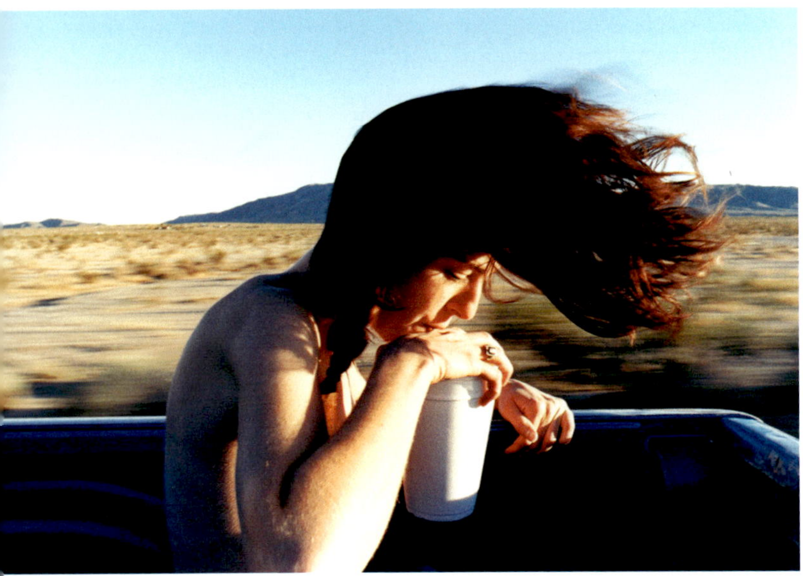

Ryan McGinley
Dakota Hair, 2004

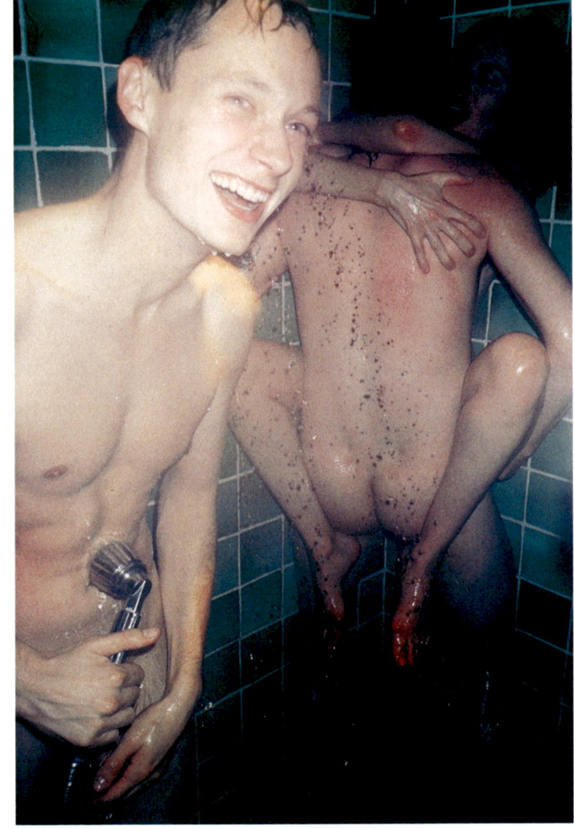

Untitled (Shower), 2005

Tim & Dakota, 2002

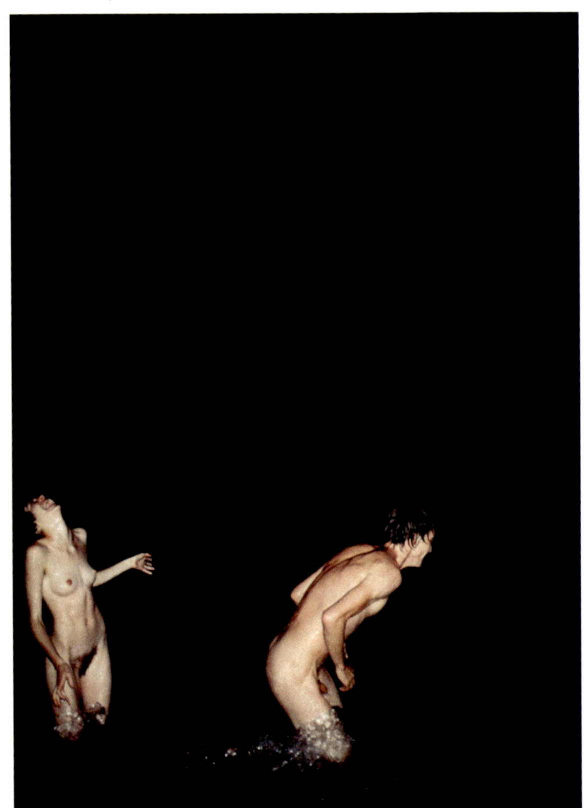

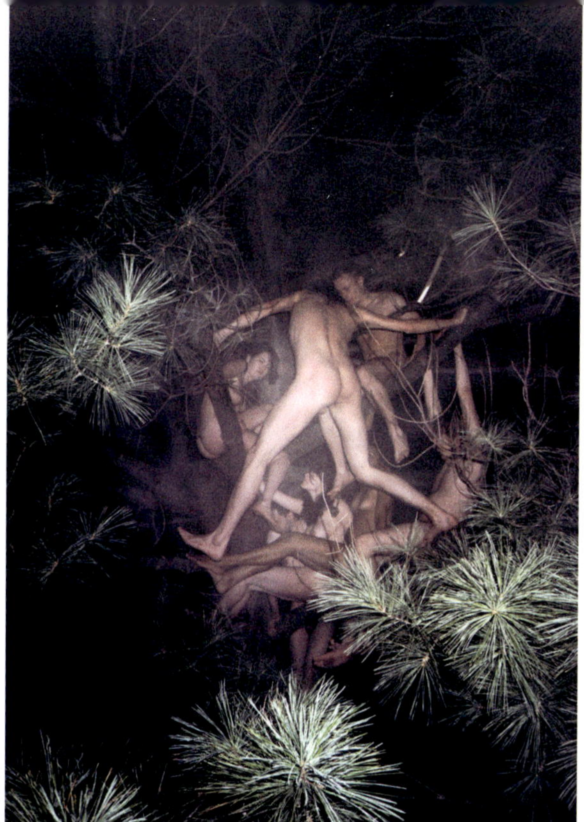

Tree #1, 2003

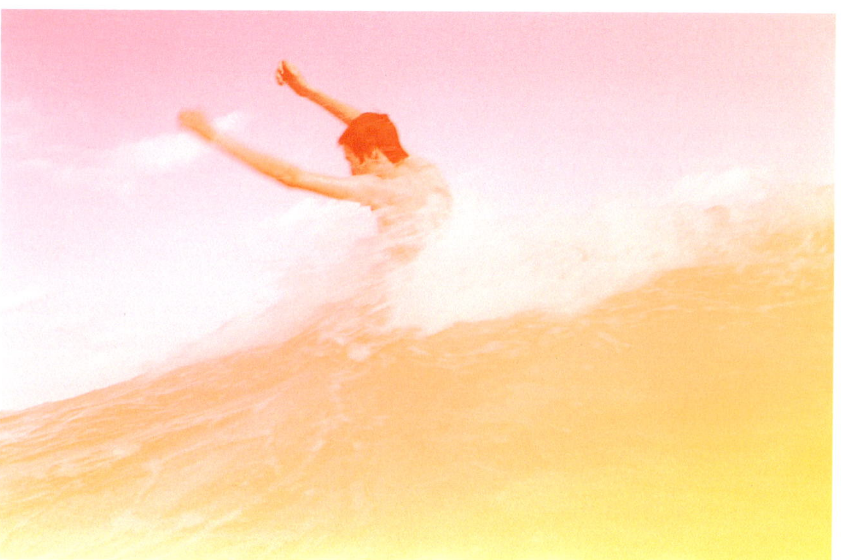

Wade Wave, 2004

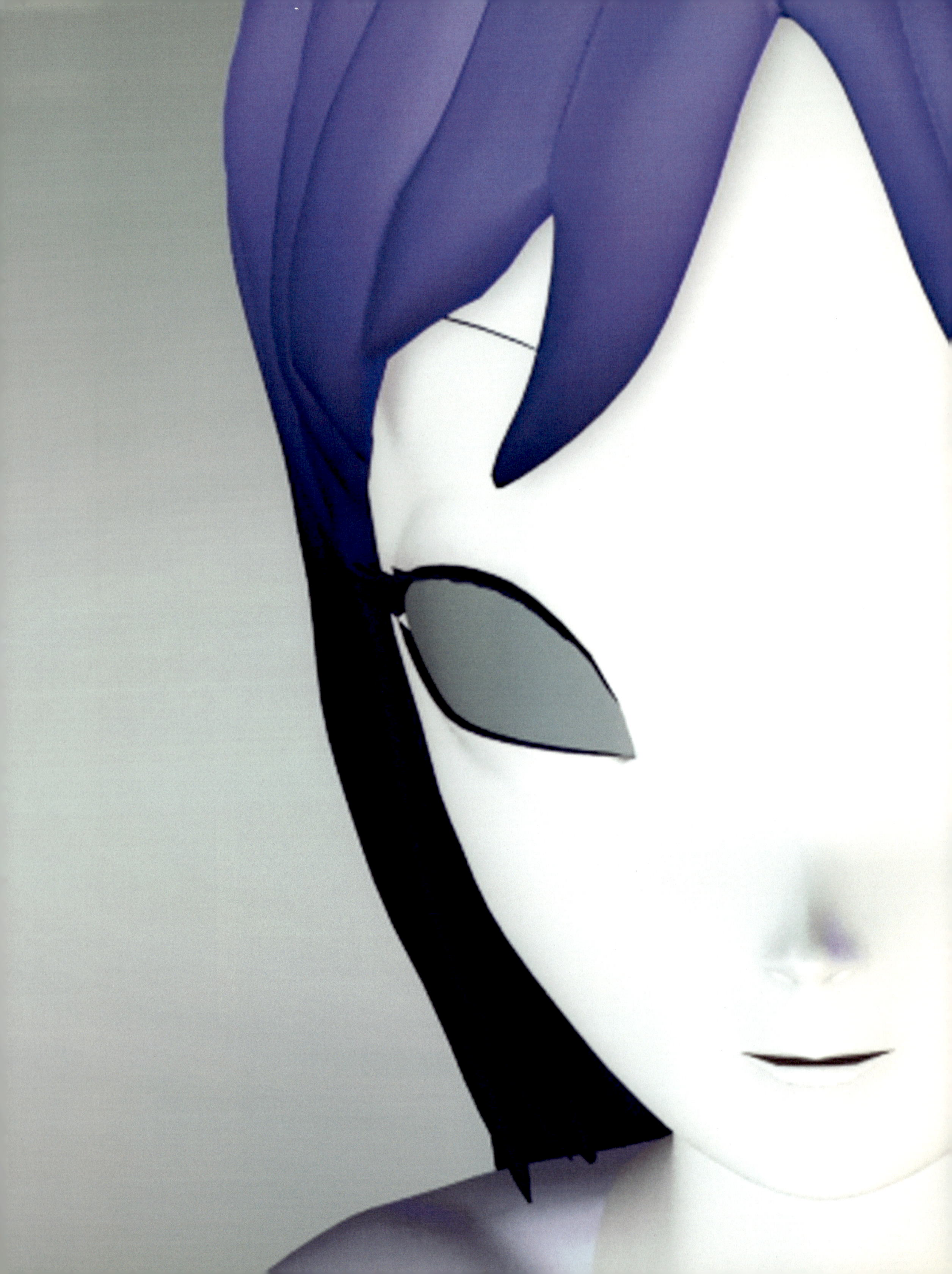

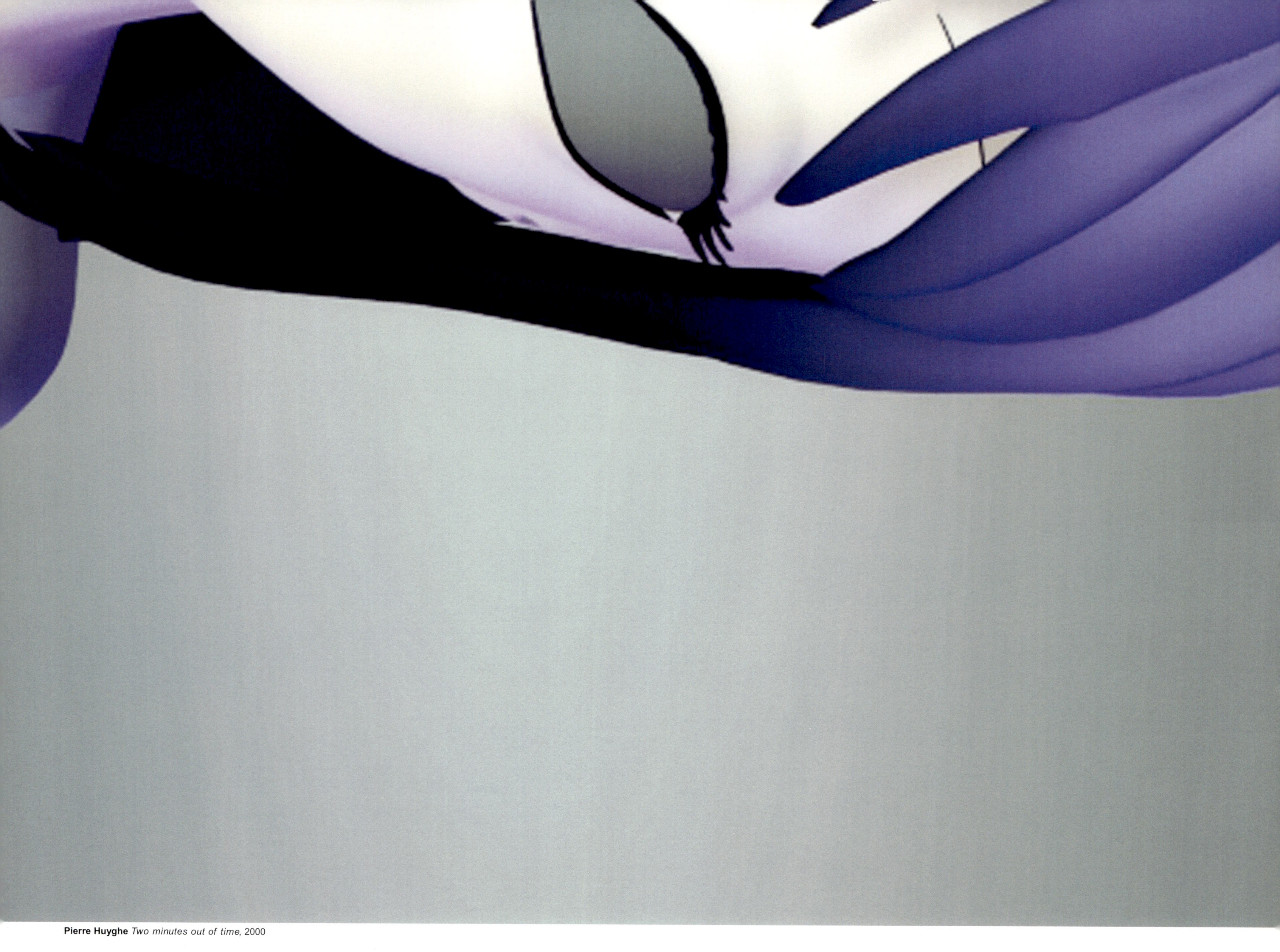

Pierre Huyghe *Two minutes out of time*, 2000

Amie Dicke
Waiting for Carmen, 2004

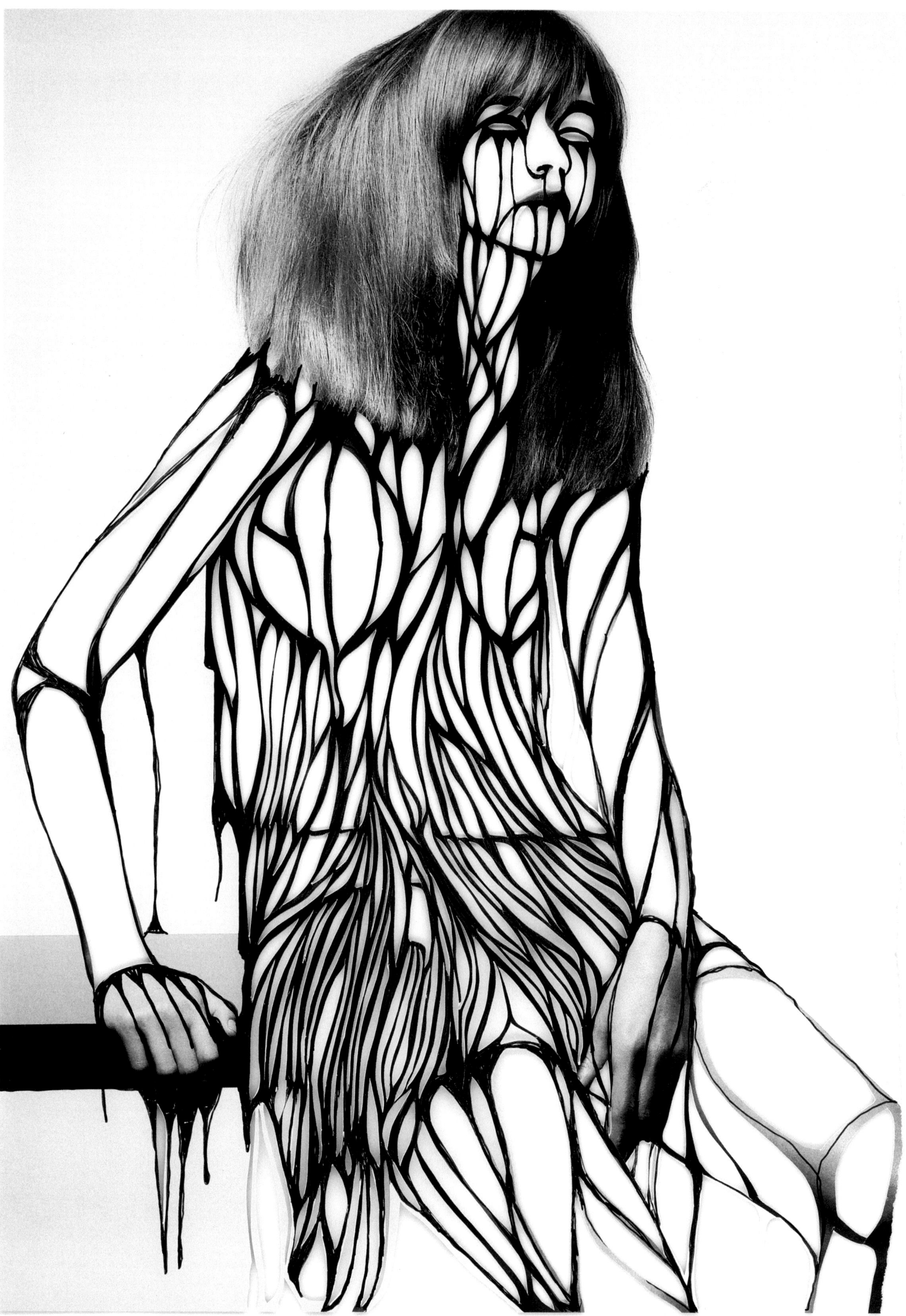

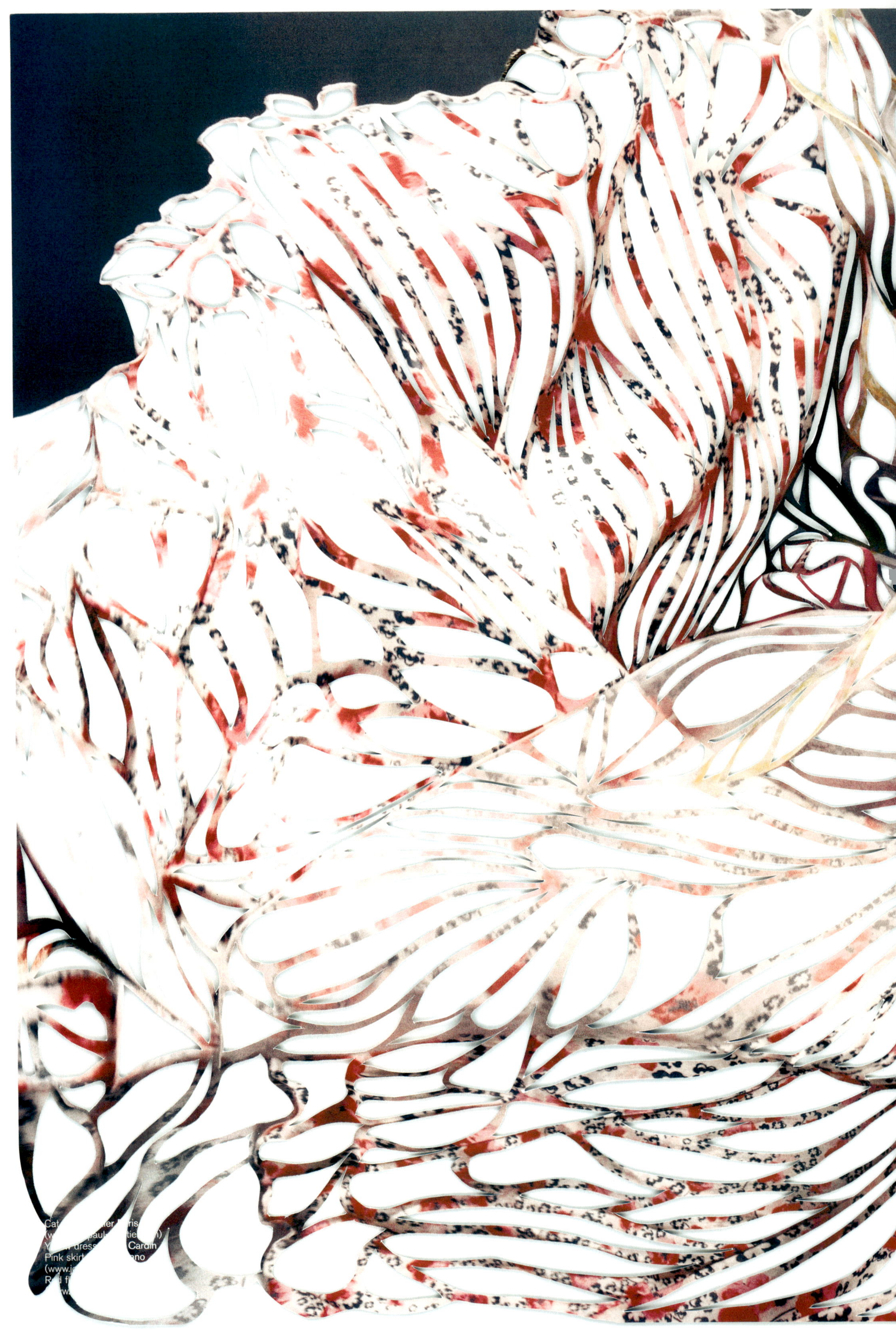
Cat... Paris
(www...paul...tie...m)
Y...w dress ... Cardin
Pink skirt ... ...no
(www.j...
R...d f...
...w...

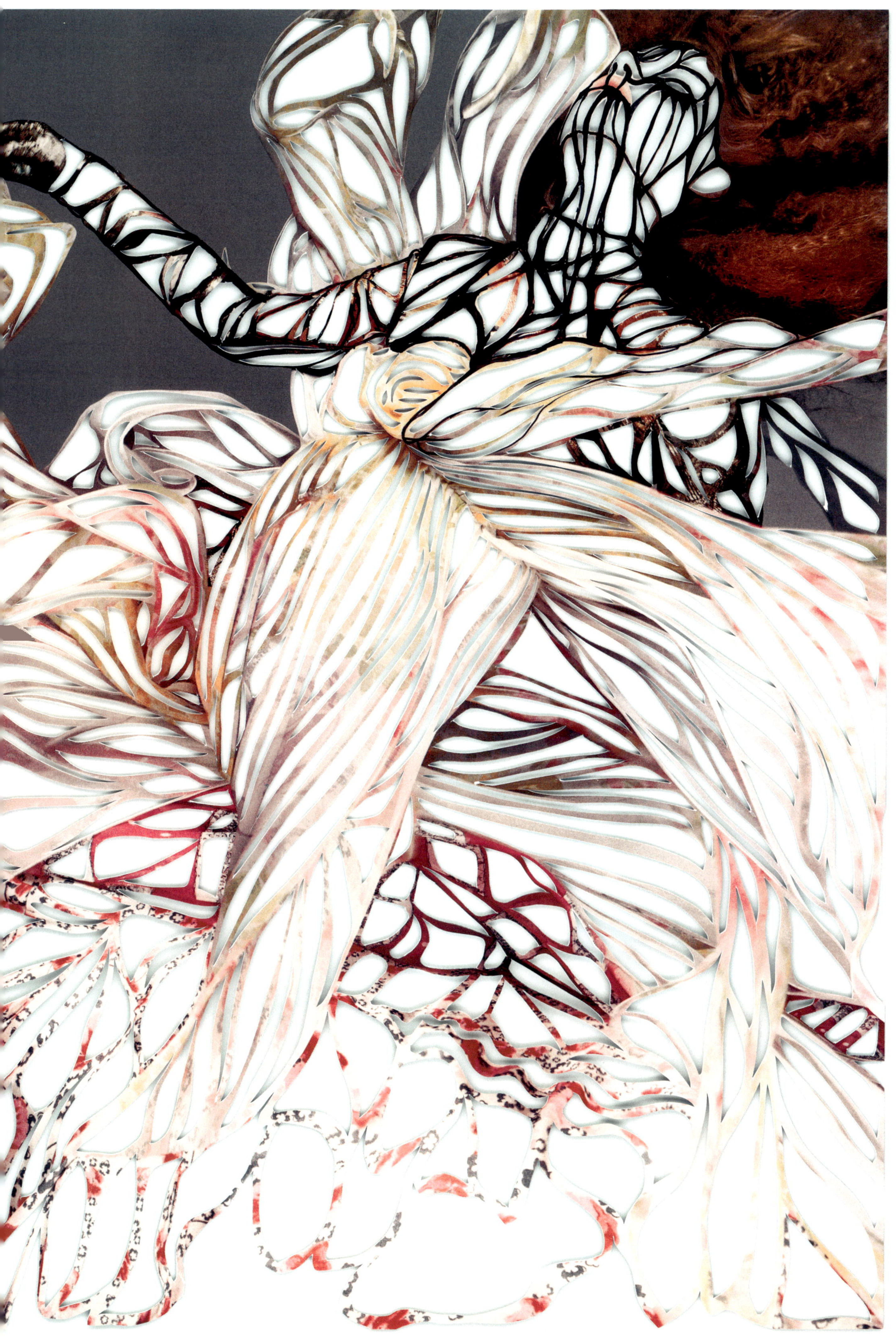

Amie Dicke *Explosion*, 2004

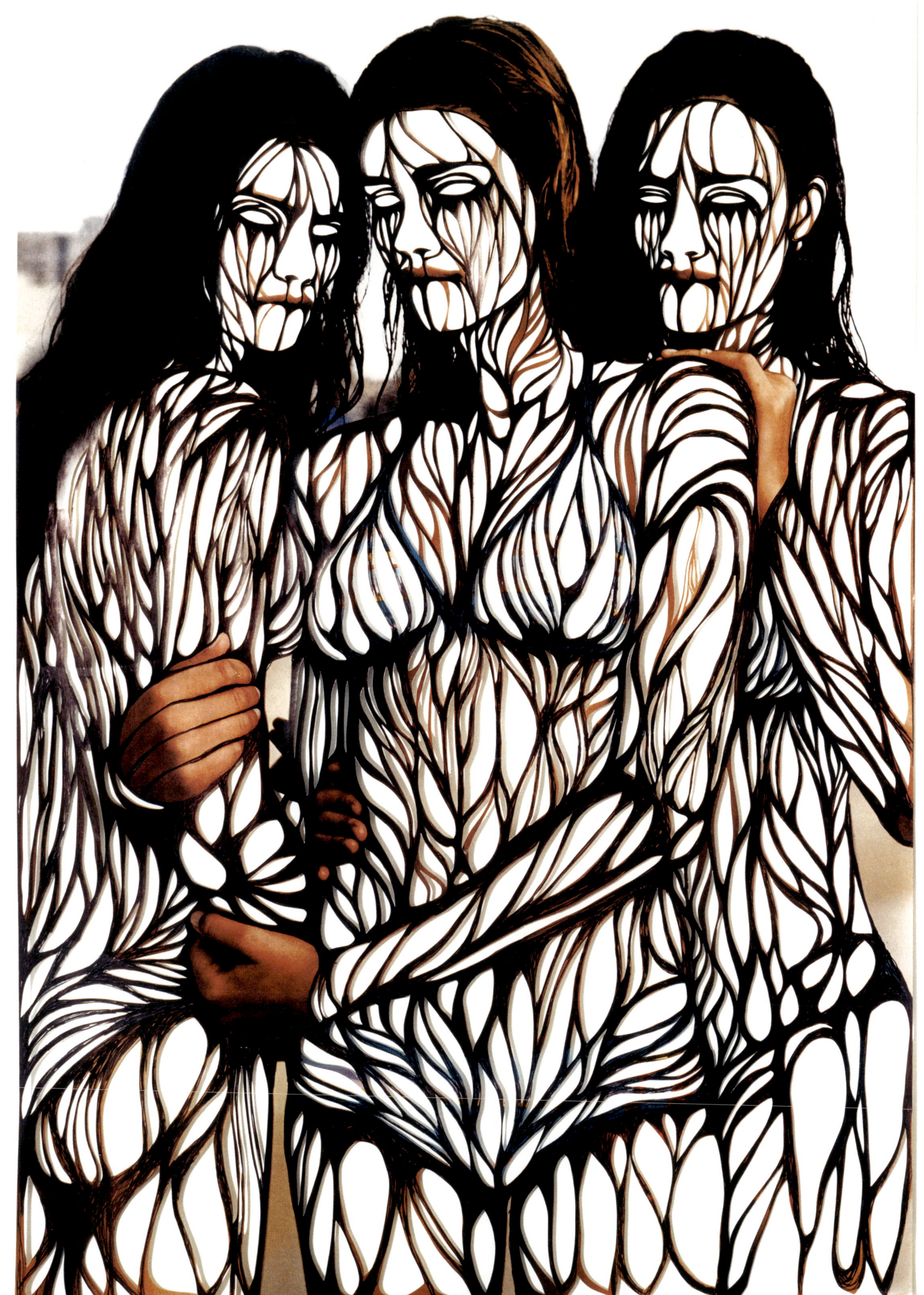

Amie Dicke *And away the vapour flew*, 2003

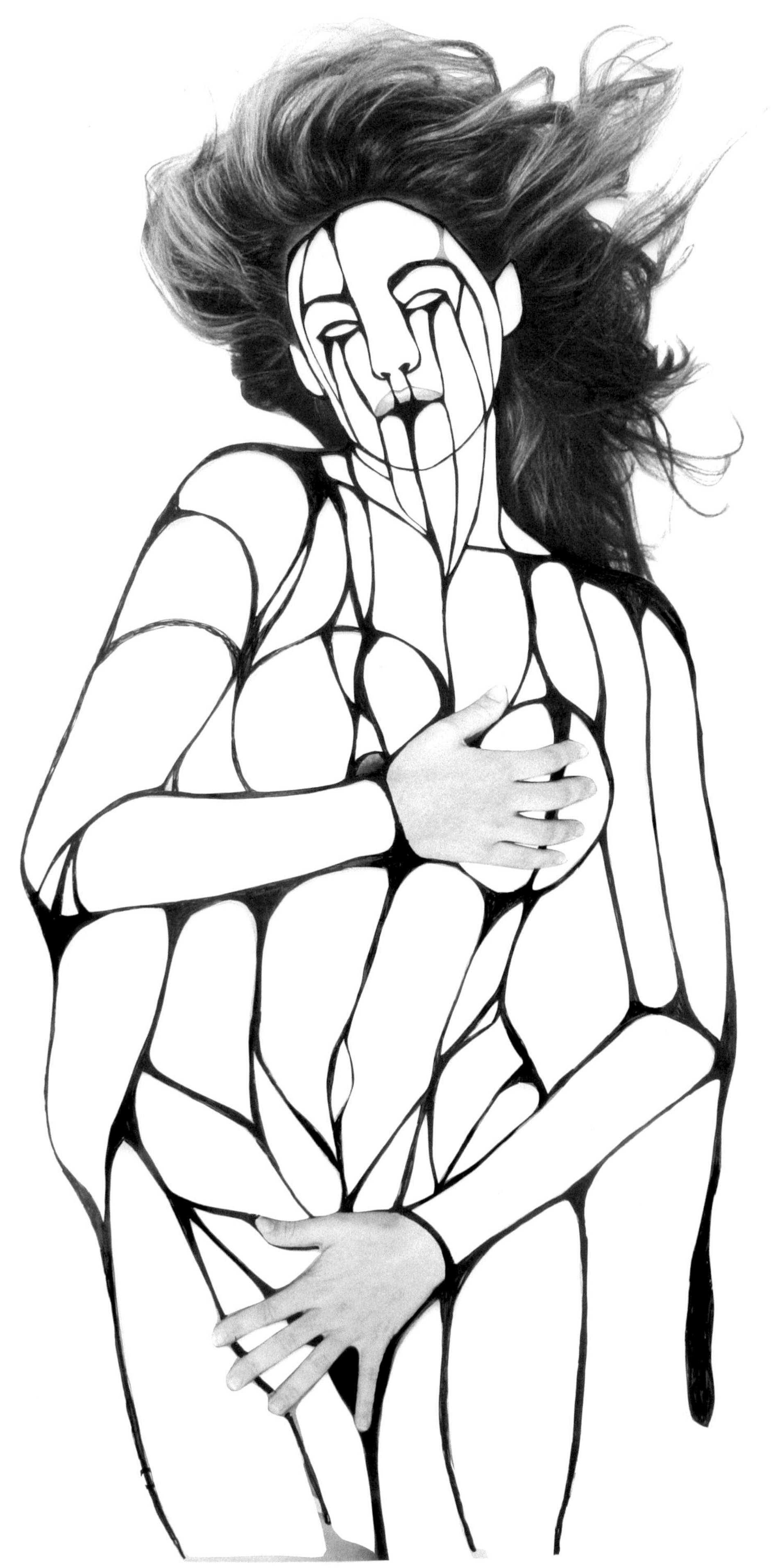

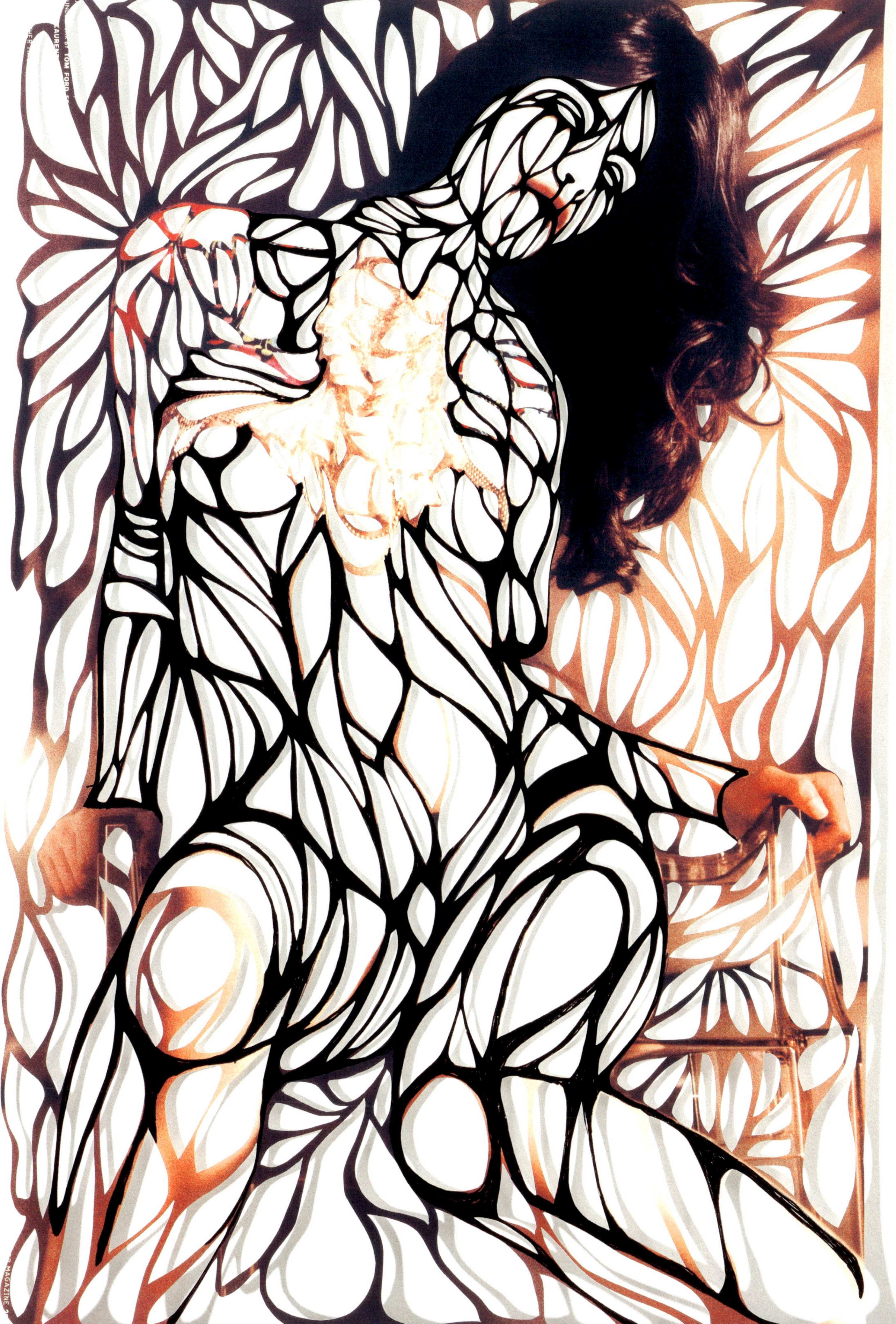

Once a dream weave a shade, 2004

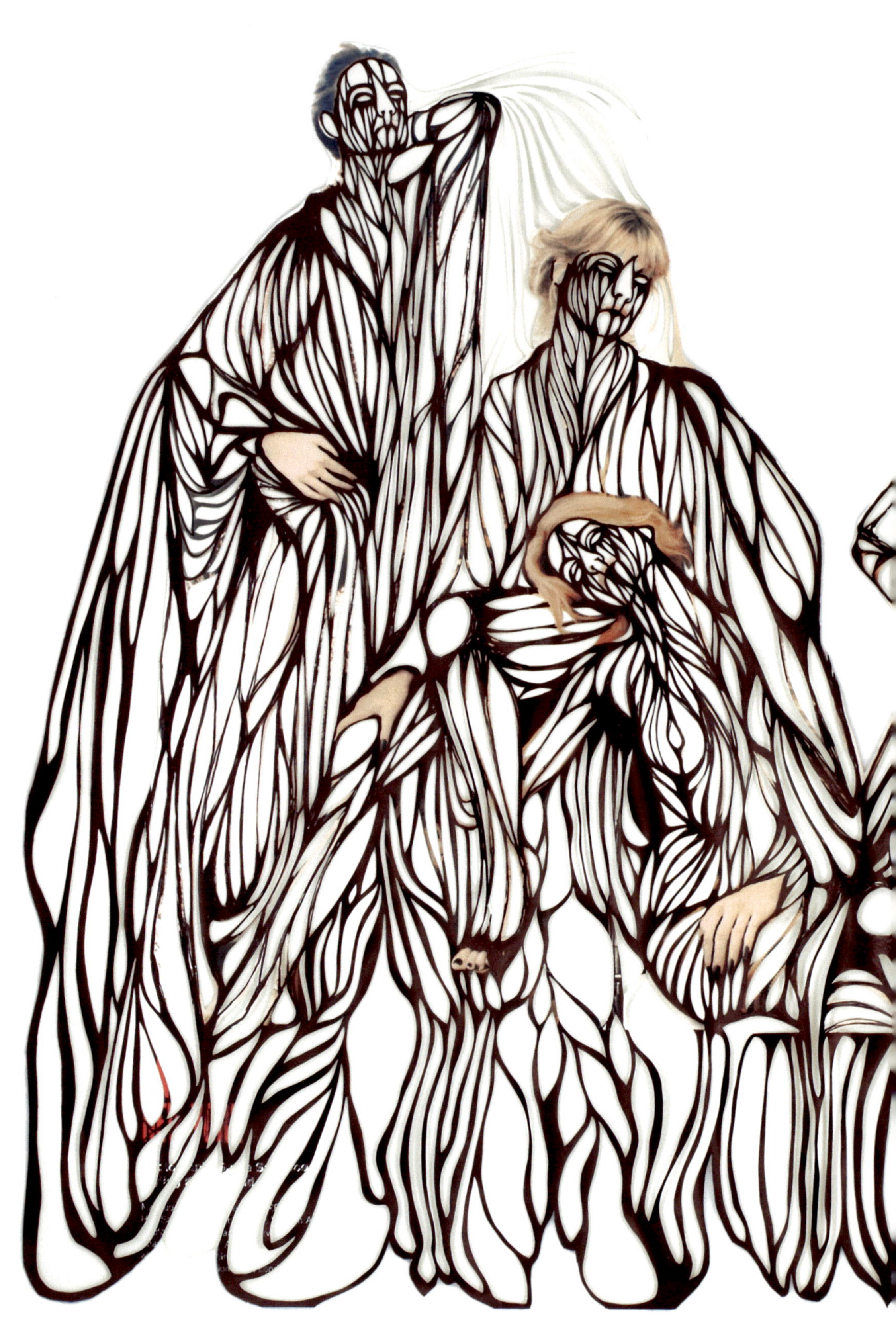

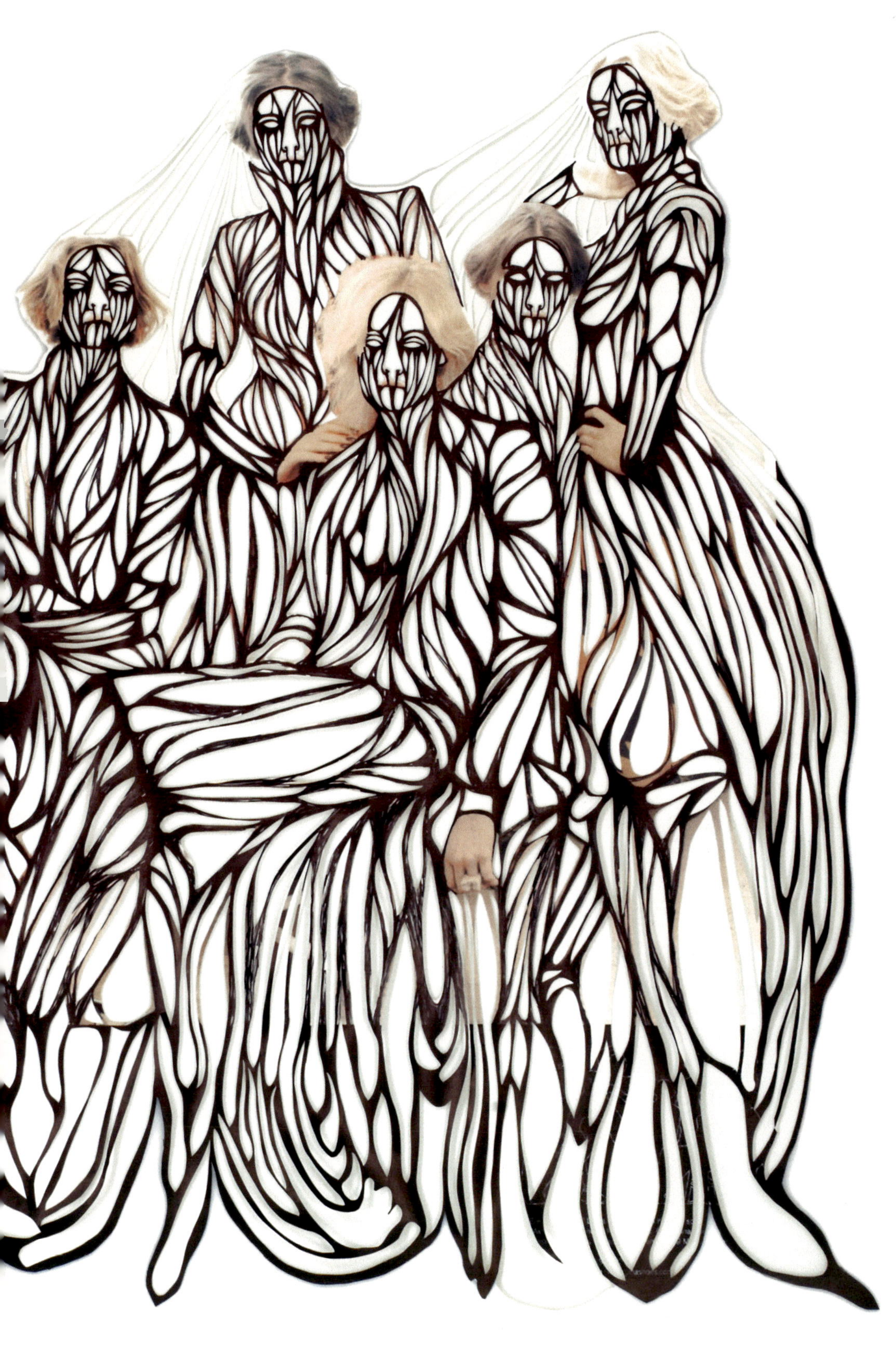

Amie Dicke *Ashes*, 2005

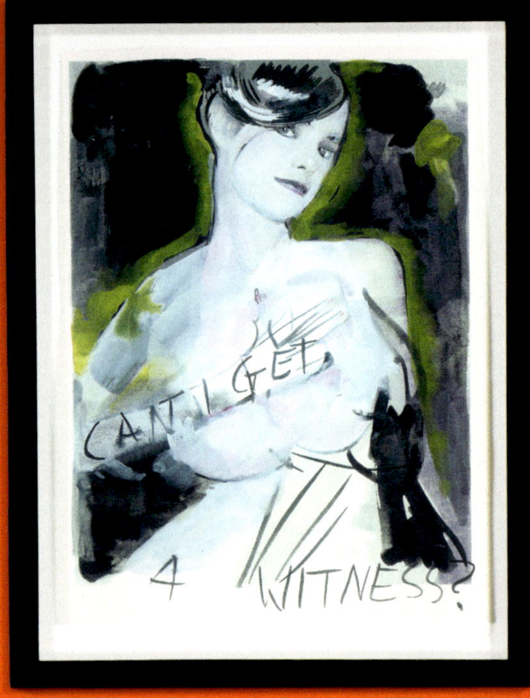

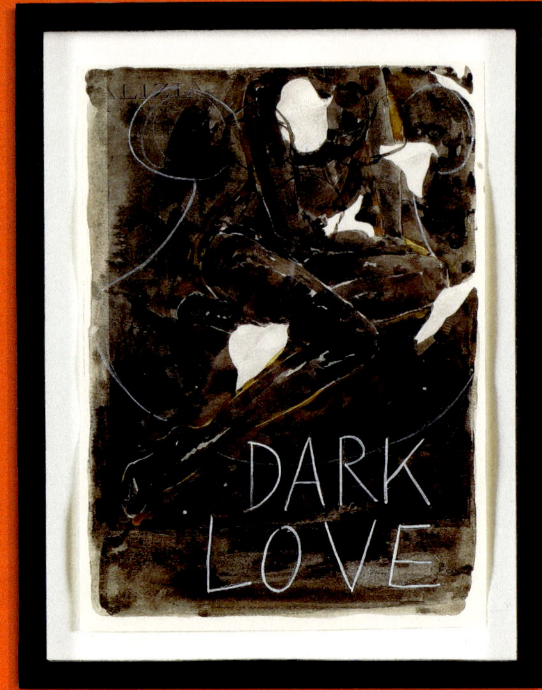

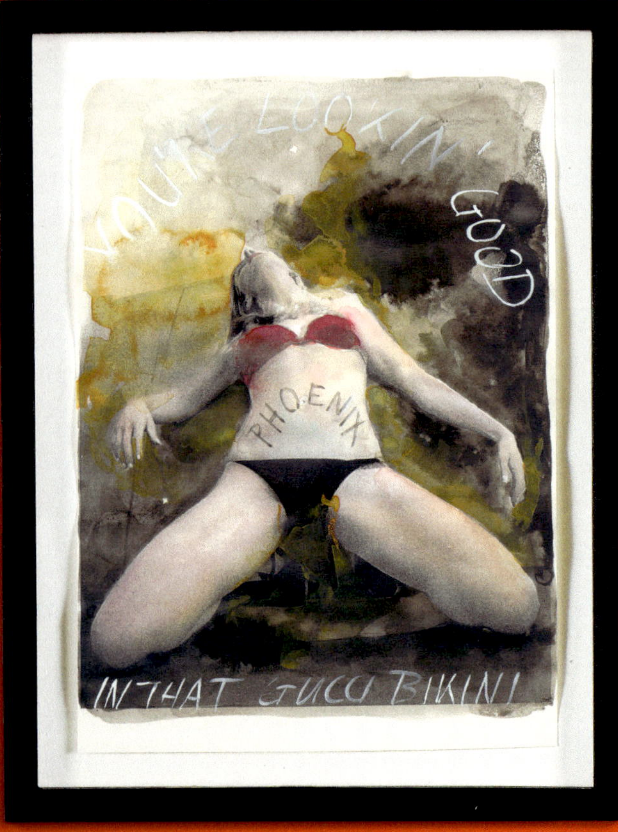

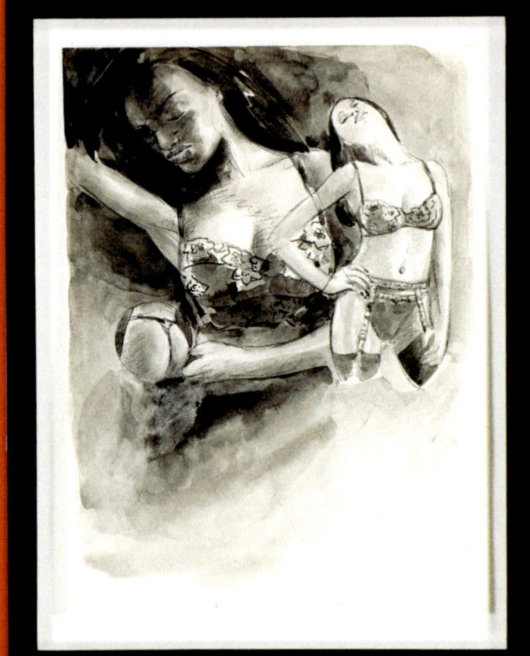

Alex Tennigkeit
Can I get a Witness?, 2004
You're looking good in that Gucci bikini, 2004

Dark Love, 2004
Untitled (Dessous), 2004

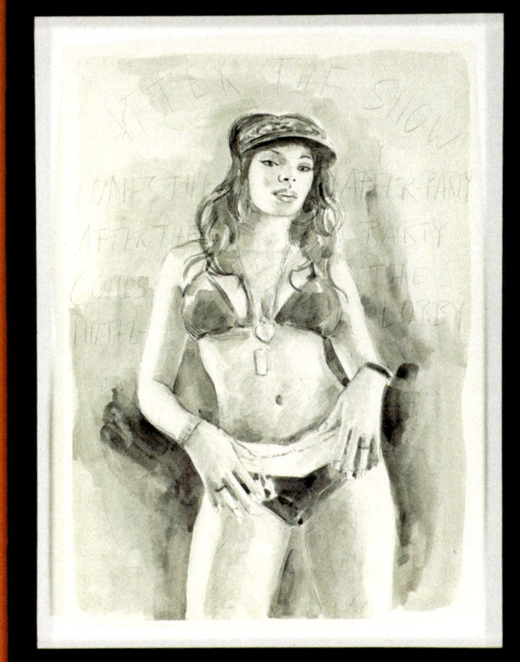

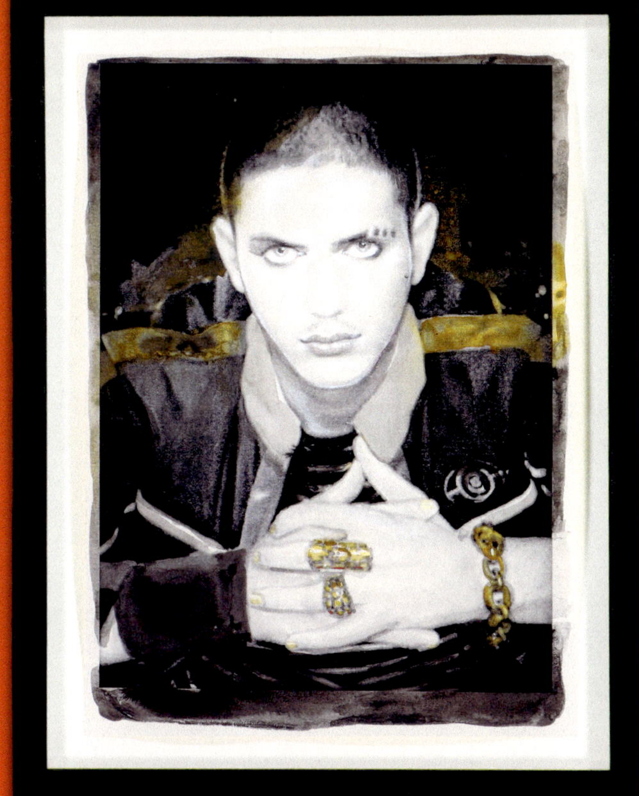

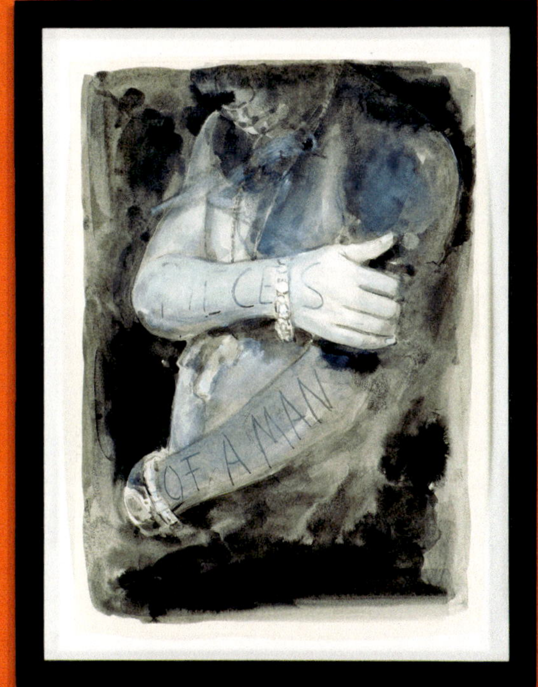

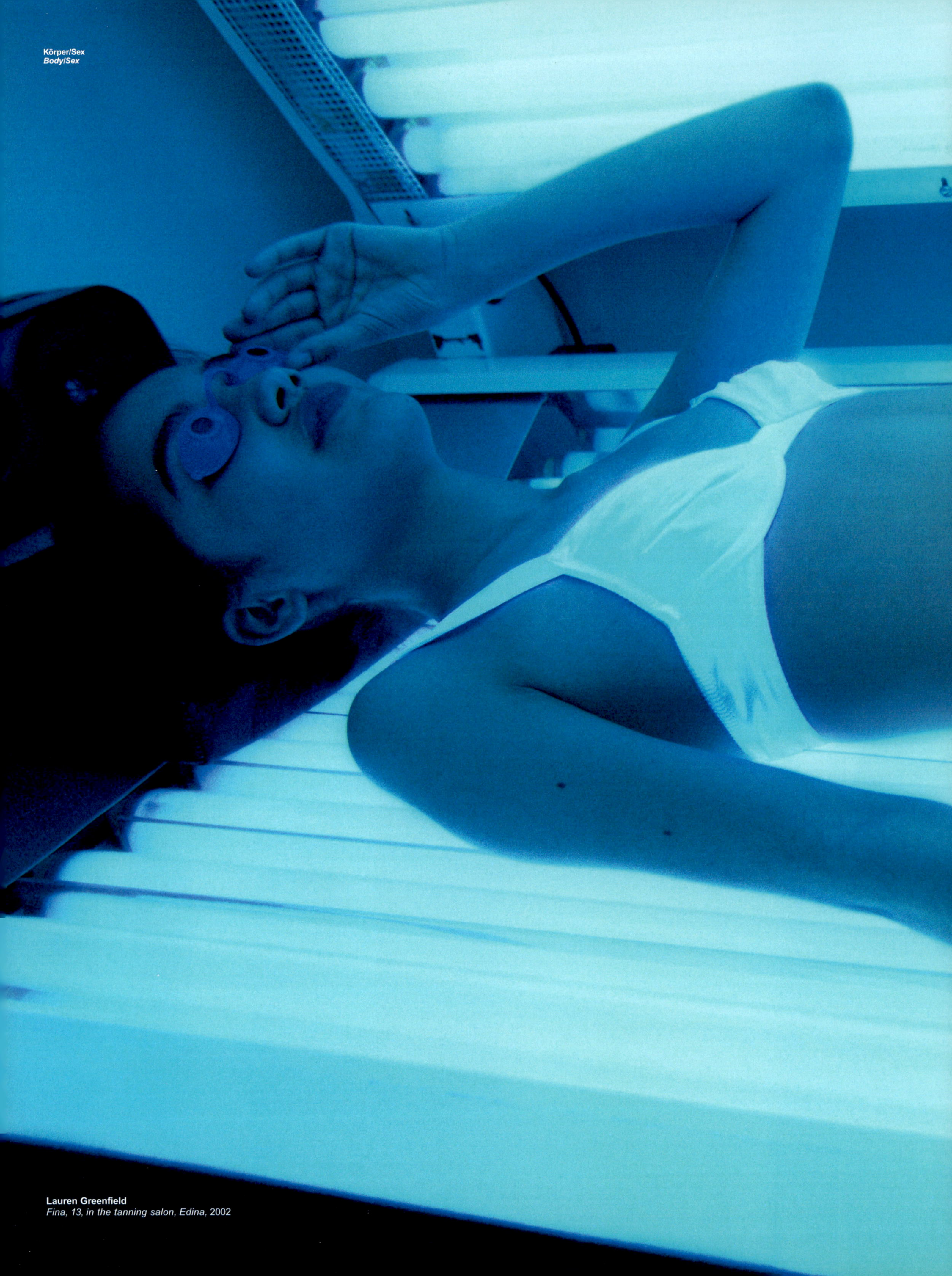

Lauren Greenfield
Fina, 13, in the tanning salon, Edina, 2002

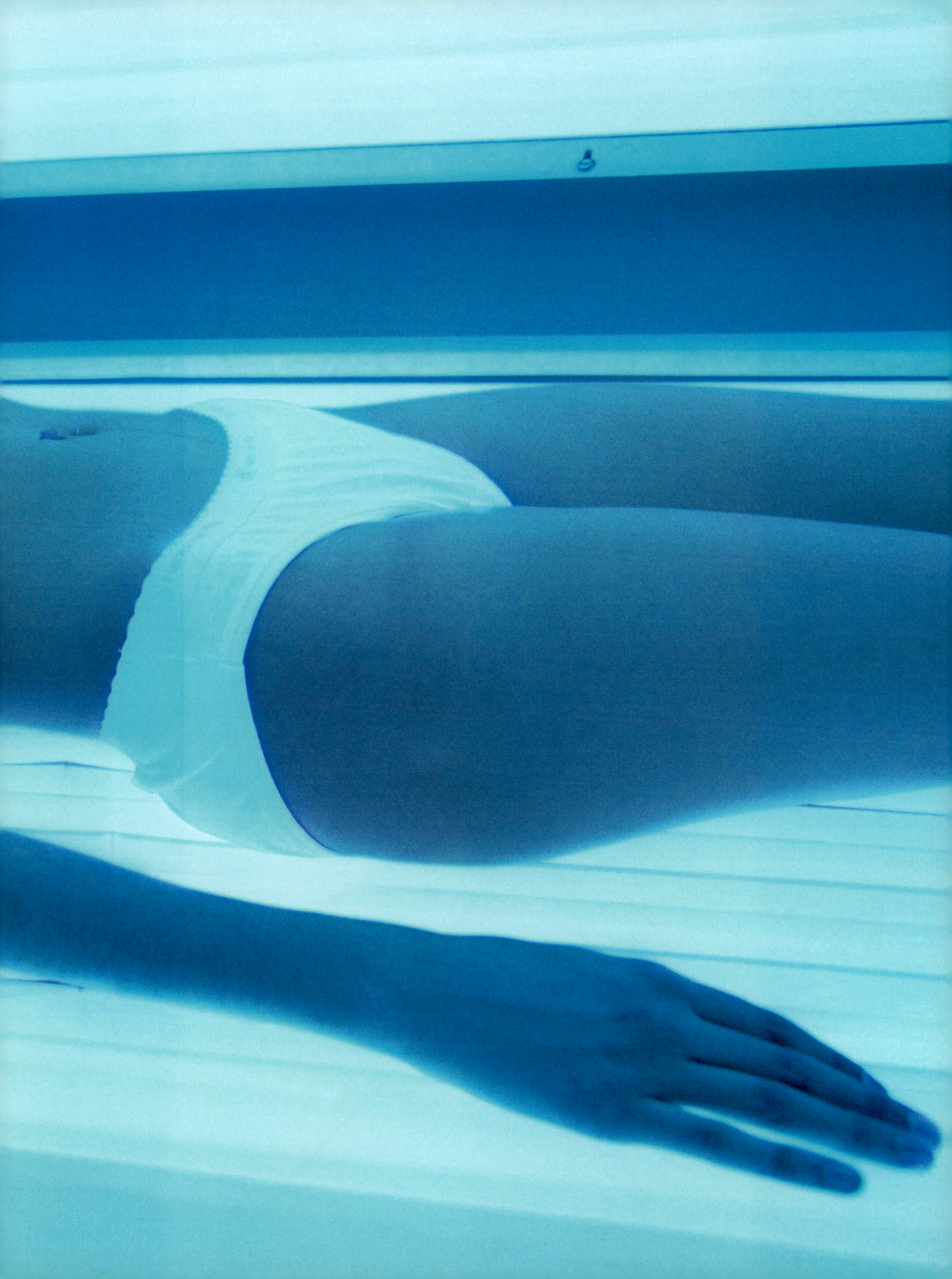

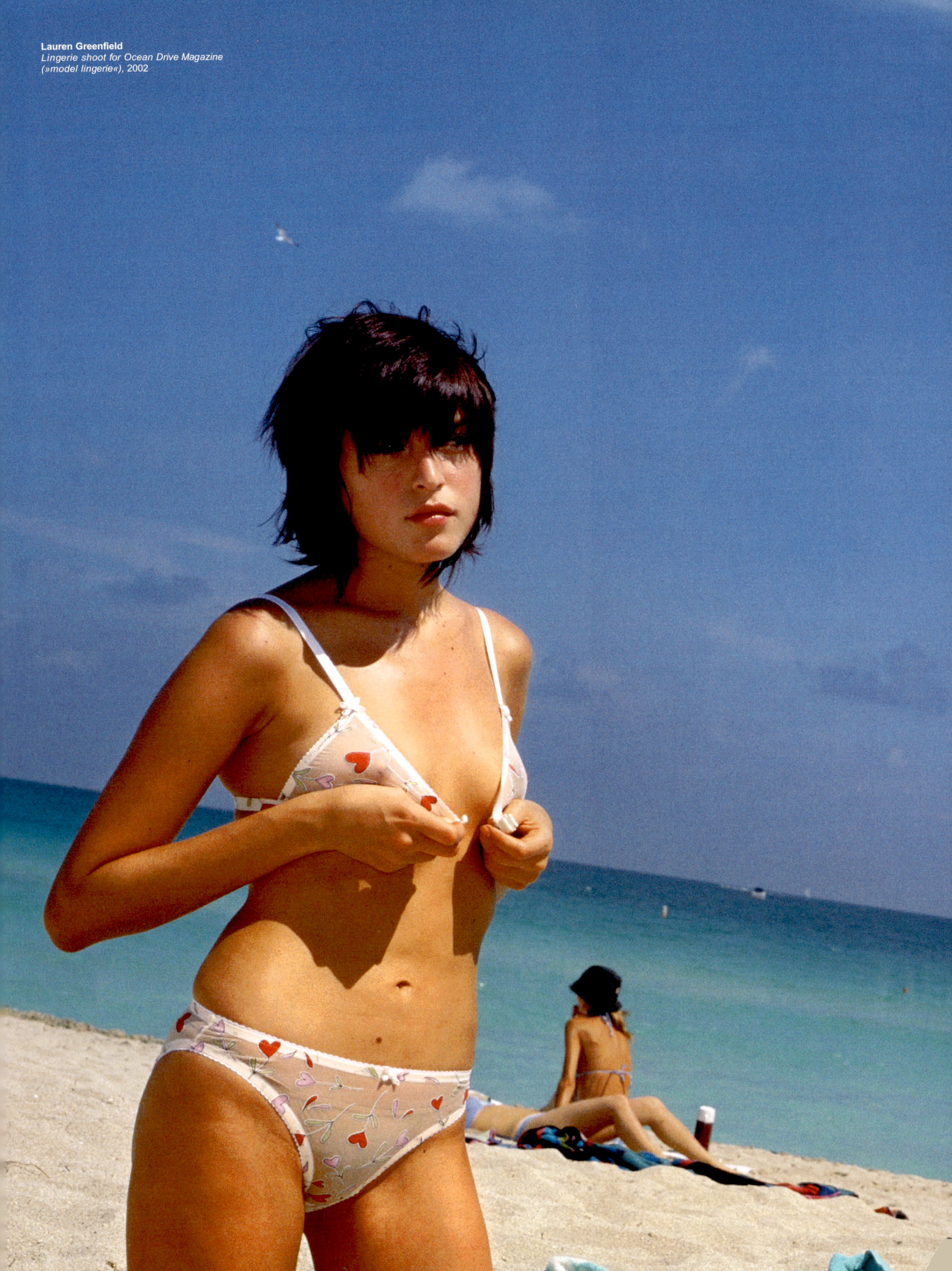

Lauren Greenfield
Lingerie shoot for Ocean Drive Magazine
(»model lingerie«), 2002

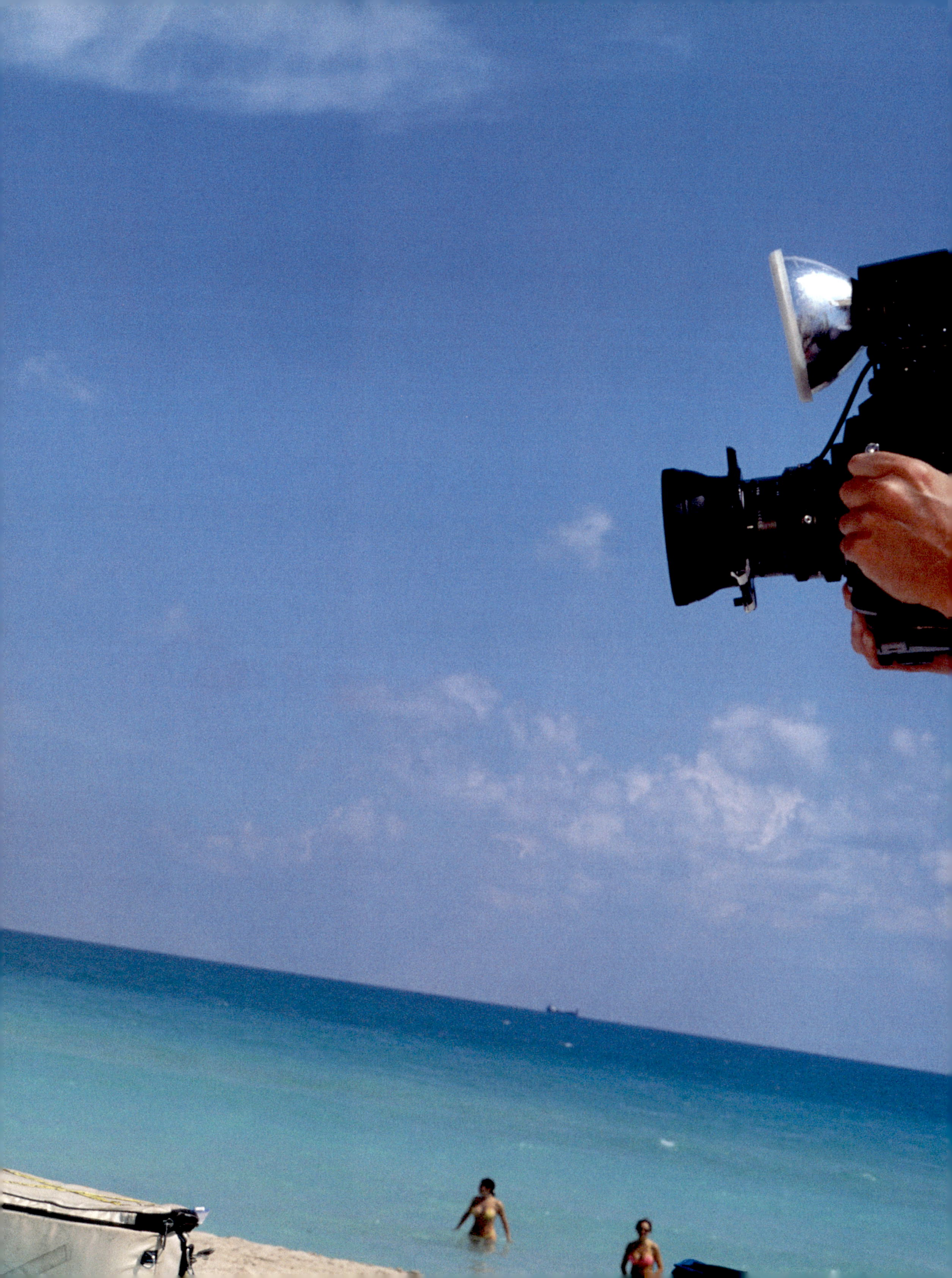

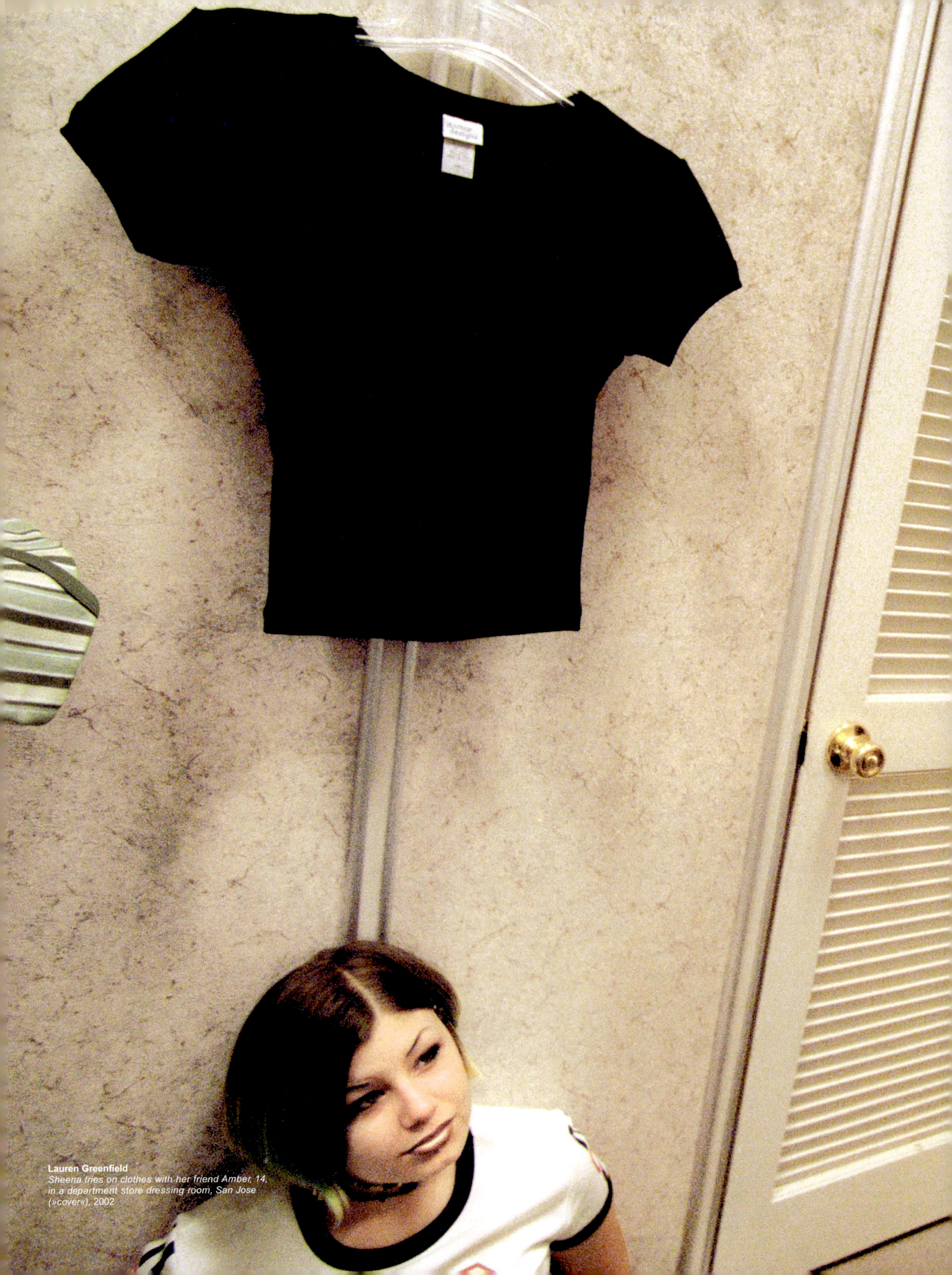

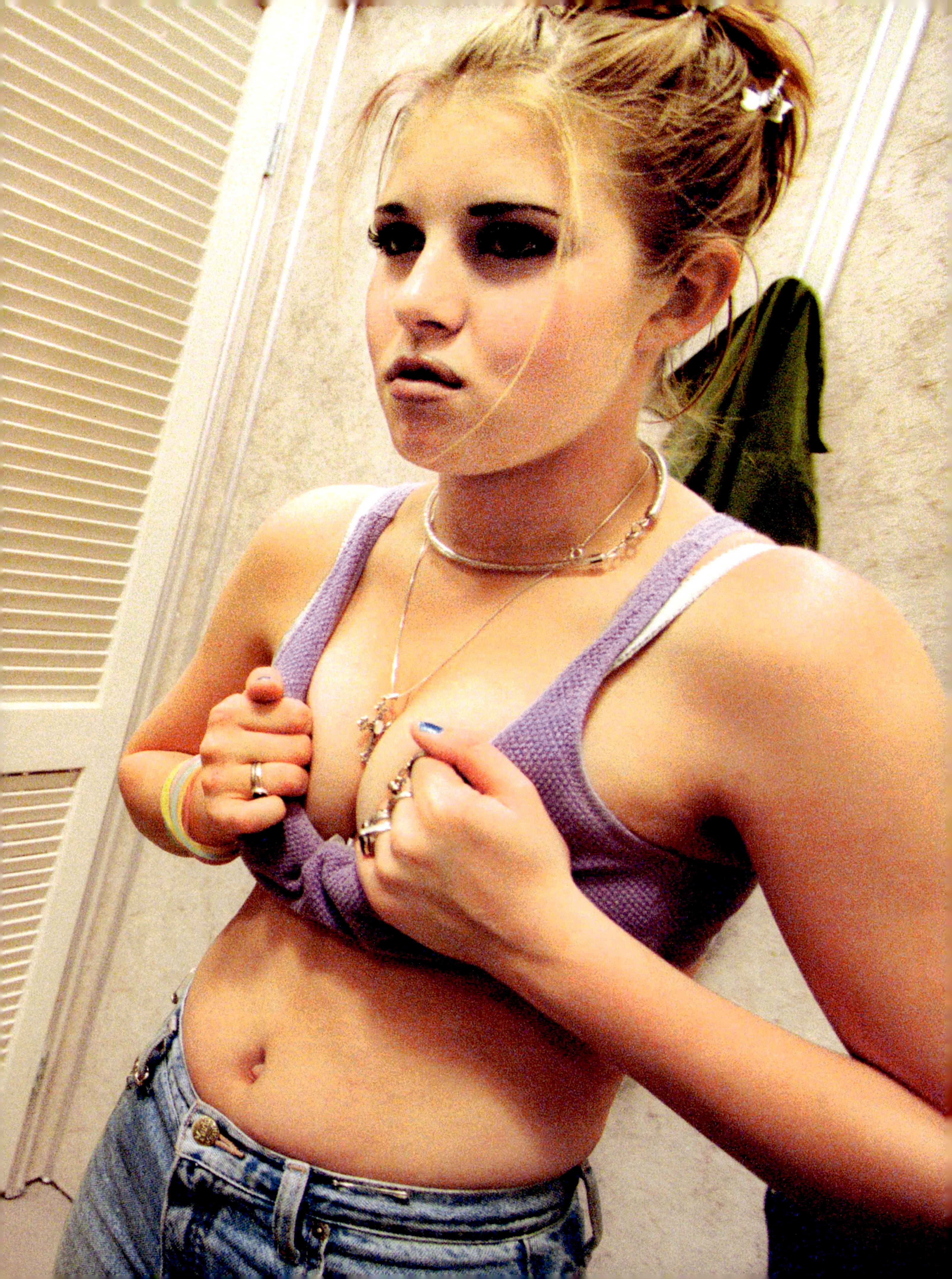

Lauren Greenfield
Lillian, then 18, shops at Kirna Zabete, New York, 2002

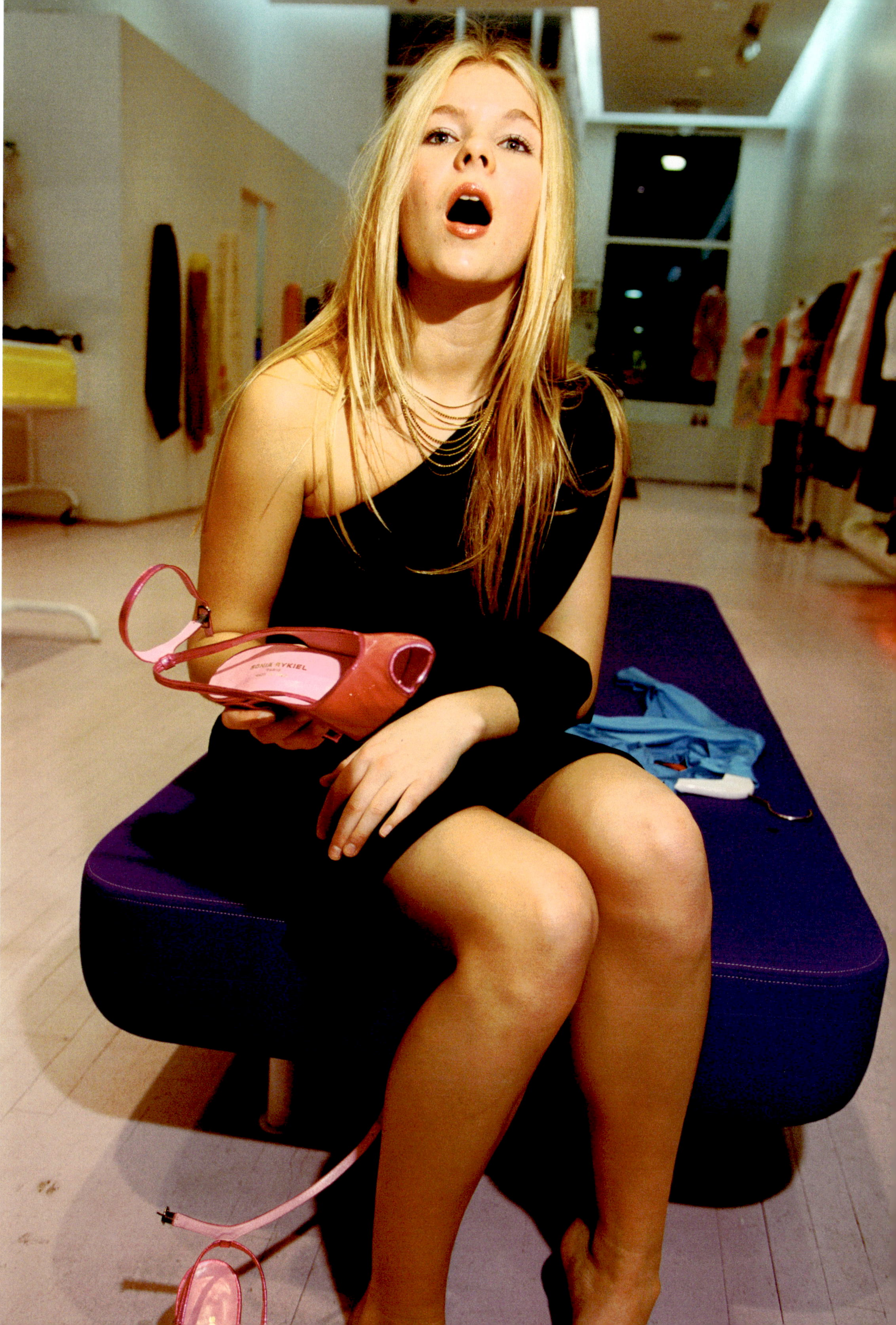
SONIA RYKIEL

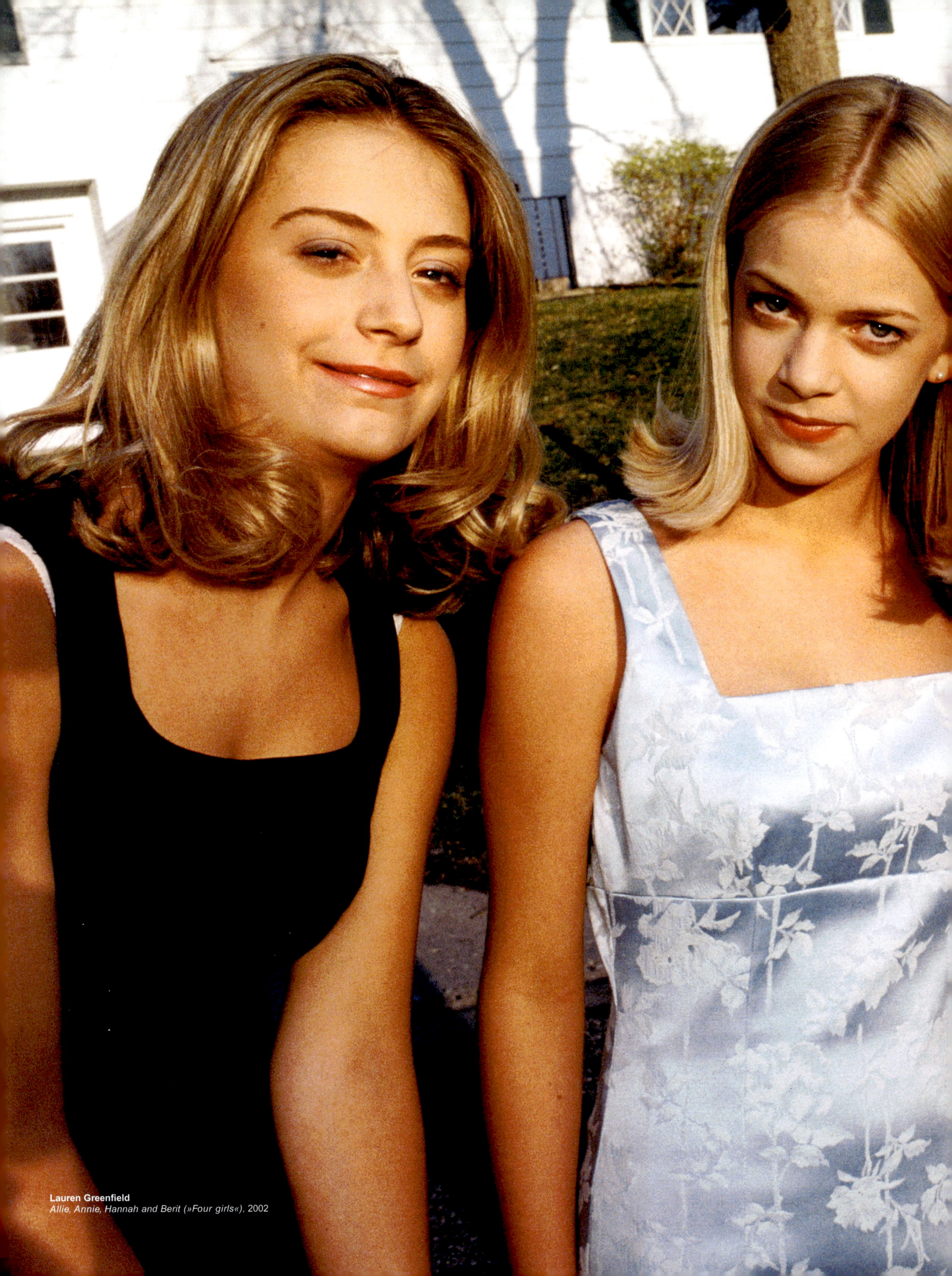

Lauren Greenfield
Allie, Annie, Hannah and Berit (»Four girls«), 2002

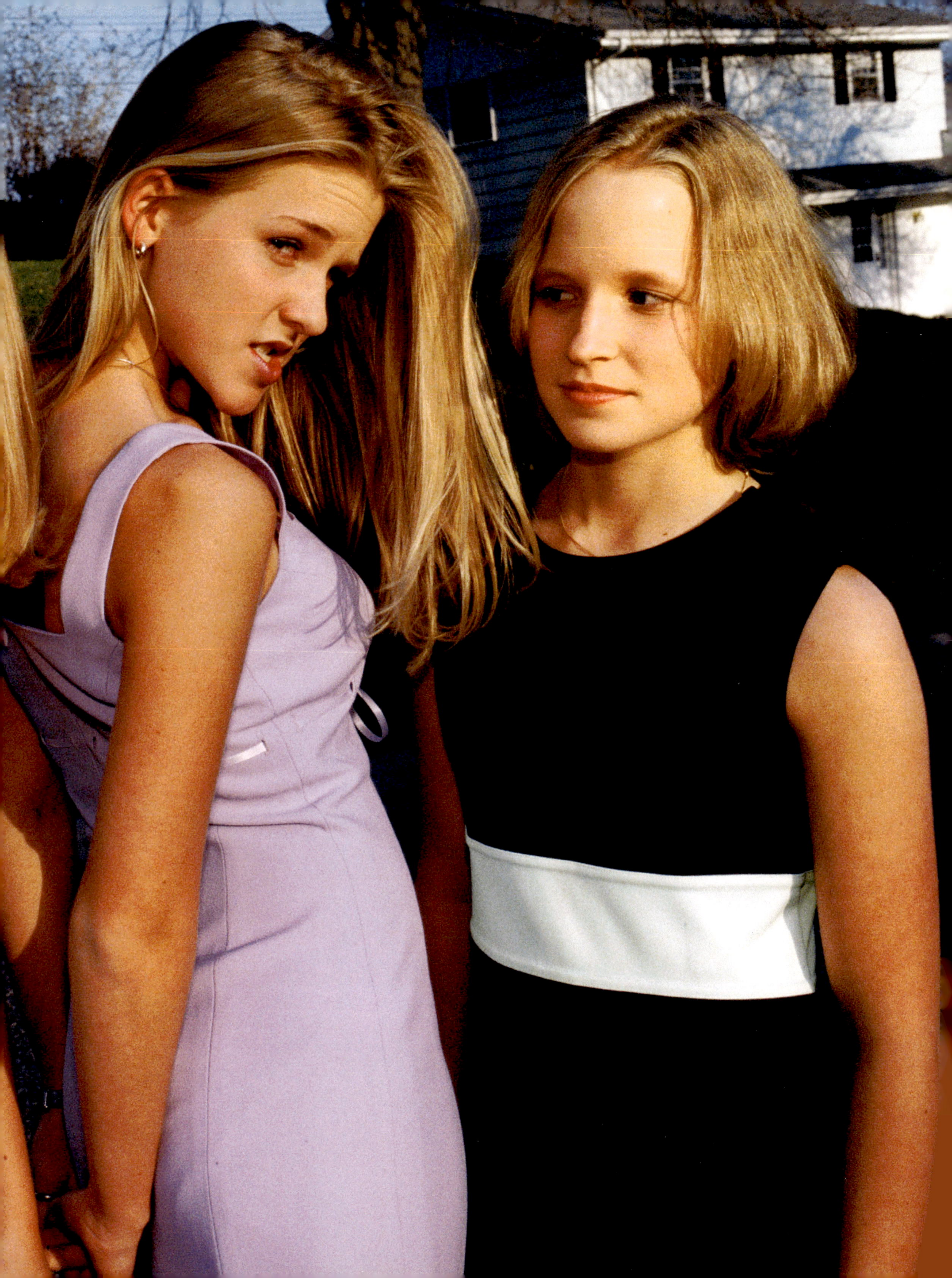

Musik/Club
Music/Club

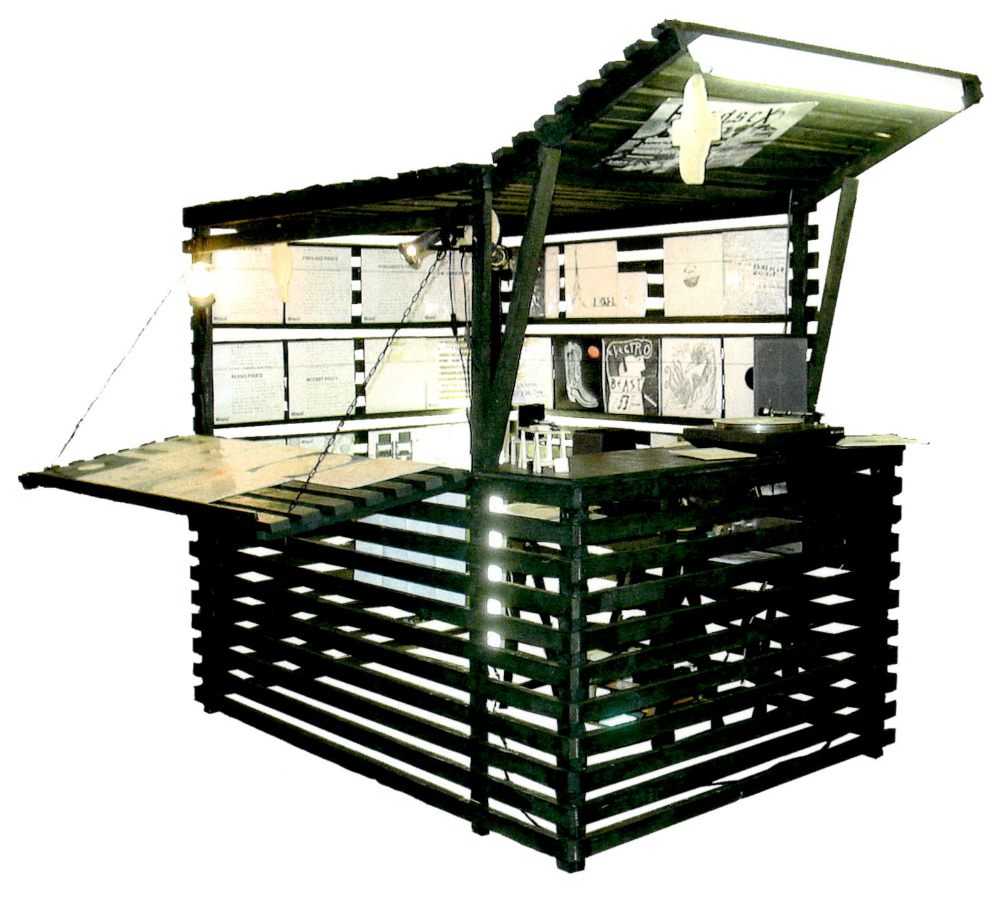

Frédéric Post
Le Disquaire, 2002

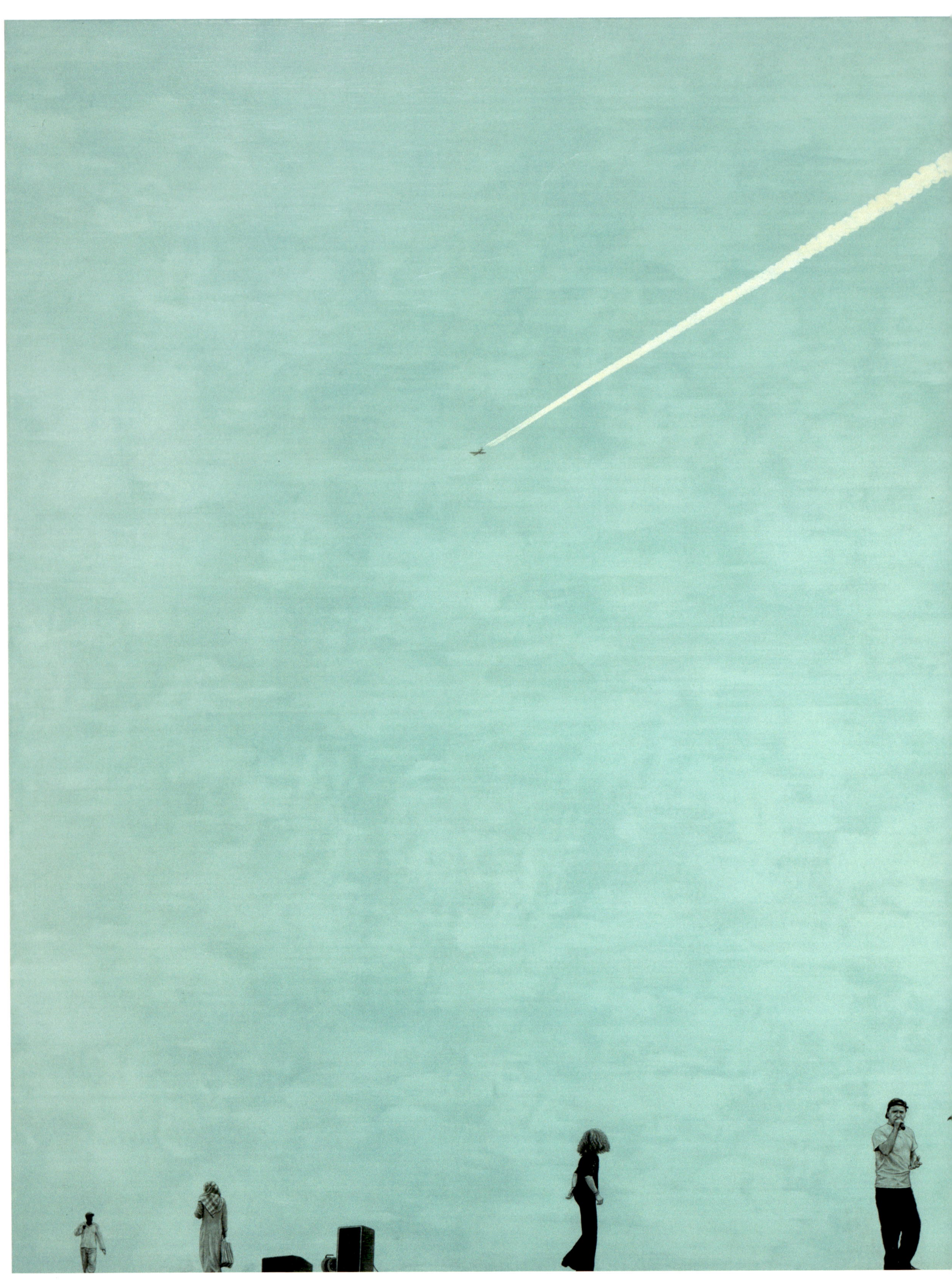

Hendrik Krawen *Stahlwerkstraße – Samstag nachmittag Vers. II, 2005*

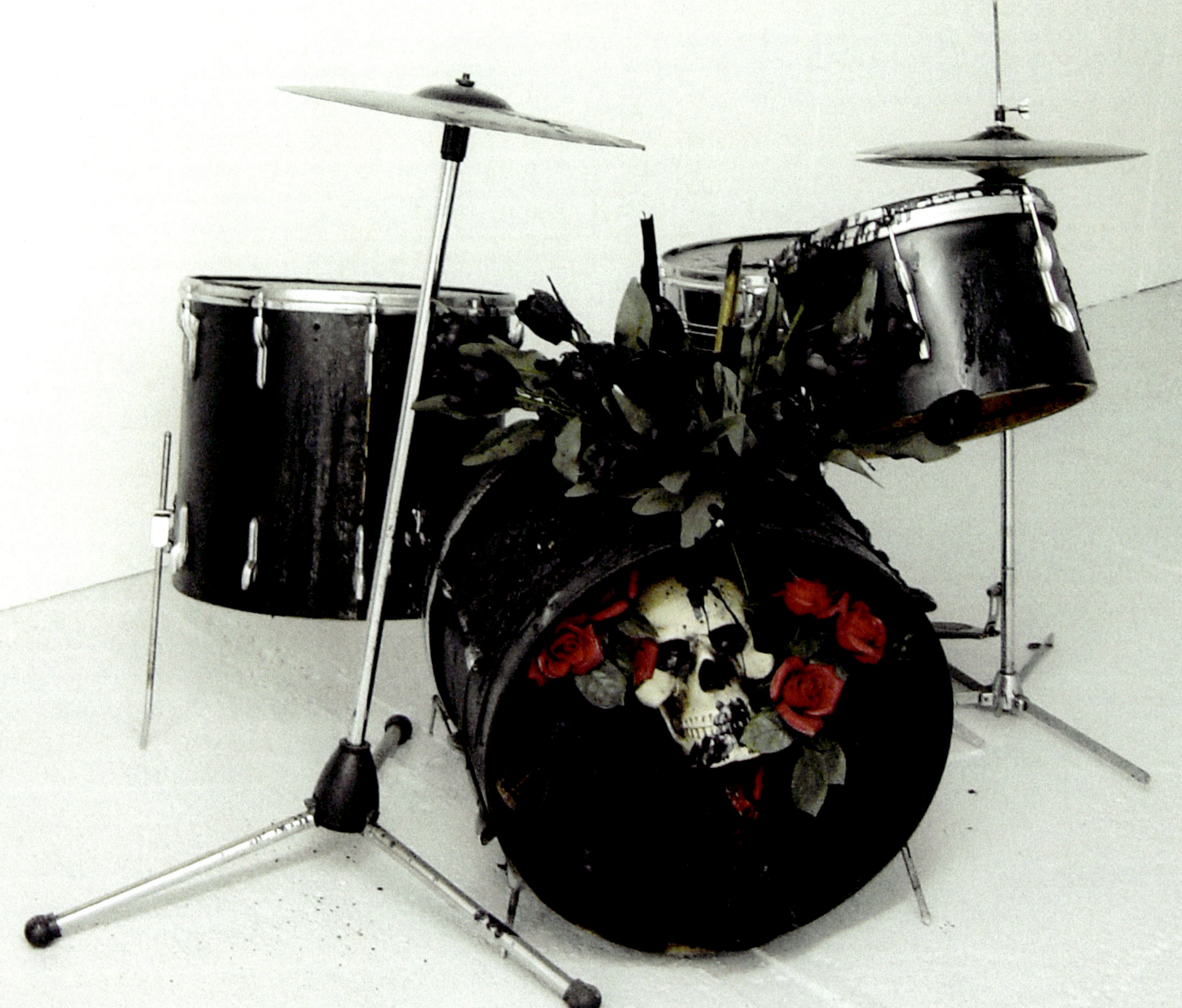

Marc Bijl *Teenage kicks*, 2003

TEENAGE FANCLUB?

WIE JUGENDLICHKEIT VON
EINEM VERSPRECHEN ZU EINER
BEDROHUNG WURDE

Mercedes Bunz

Immerzu und immer viel zu laut hat sie die Jugend begleitet – bis heute: die Musik. Nach wie vor ist sie eines der wichtigsten Medien, in denen junge Leute einen Platz finden und einen Platz haben. Mode, Videospiele, Sex oder Alcopops mögen für junge Menschen zwar auch eine nicht unwesentliche Rolle spielen, aber Musik ist das kulturelle Format, das sie am längsten und intensivsten durch die Jugend begleitet. Für diese spezielle Beziehung gibt es Gründe. Musik ist ein ganz besonderes Medium, weil es jungen Leuten ermöglicht, in einer Welt, die ihnen nicht gehört, mit nichts als einem Taschengeld in der Hand Räume zu erobern. Denn Musik ist laut, mit ihr kann seine eigene Ordnung innerhalb der Welt errichtet werden. Im Reihenhaus der Eltern, auf der Bühne, im Club entsteht durch das Aufdrehen der Lautstärke von Musik ein zweiter, ein eigener Raum, der zum eigentlichen wird. »Es lebe das sekundäre Leben. Es gibt kein anderes.«[1], beschreibt das der Musikkritiker Diedrich Diederichsen. Musik ist also immer mehr als nur Klang. Sie ist das Errichten einer eigenen Ordnung. Genau deshalb ist der Kampf der Generationen, der 1965 von The Who mit *My Generation* erstmalig auf den Punkt gebracht wurde, immer auch über Musik ausgefochten worden.

BEWEGUNGSLEHRE

Natürlich haben viele Menschen auch nach dem Ende ihrer Jugend und mit fortschreitendem Alter Musik gehört. Mit der Zeit haben sie aber davon abgelassen, sich zu dieser Musik zu bewegen. Auf einem Konzert abmoschen, pogen oder raven gehen, all das tut man im Allgemeinen nur, wenn man jung ist und die Welt erleben will. Später wird das Erlebte in Wissen verwandelt und man beginnt, lieber über Musik zu reden, als sich zu ihr zu bewegen. Dass im Musikdiskurs die Musik zum Zuhören bevorzugt wird, darauf hat auch die englische Kulturwissenschaftlerin Sarah Thornton verwiesen.[2] Musikkritiker sind deshalb selten taufrische Jugendliche und wenn sie sich die Nächte um die Ohren schlagen, stehen sie lieber redend an der Bar als auf der Tanzfläche.

Mit zunehmendem Alter wird schließlich ein Punkt erreicht, an dem der Spaß zu Ende ist. Zuerst lässt das Durchhaltevermögen nach, dann fühlt man sich von all den herumspringenden Jungspunden unverschämt an sein Alter erinnert. Mit den Jahren wird Bewegung Stück für Stück gegen besseres Wissen ausgetauscht. Eine Umorientierung der Lieblingsmusik erfolgt: In den 1980er Jahren wurde dann über Jazz gefachsimpelt, seit den 1990er Jahren wird bevorzugt Electronica gehört. Zumindest bis vor kurzem. Denn seit einigen Jahren entwickelt sich eine gegenläufige Tendenz: Menschen, welche die Vierzig überschritten haben, gehen immer noch auf Konzerte und hören sich die neuen The-Bands an, wenn auch mit größerer Distanz. In den Clubs braucht man heute keine Angst zu haben, mit Vierzig aufzufallen wie eine Leuchtboje im dunklen Eiselmeer. In den letzten fünf Jahren hat die Kombination von Clubs und Restaurants dafür gesorgt, dass auch Menschen jenseits der Dreißig es schaffen, wach zu bleiben, bis gegen Mitternacht die Zeit gekommen ist, noch ein, zwei Stunden auf guten Anlagen laute Musik zu genießen und sich dabei zwischen anderen netten Menschen mit einem Bier in der Hand weiter durch die Nacht zu bewegen. Und bei teuren Großevents wie Robbie Williams-Tourneen ist man ohnehin schon wegen der hohen Eintrittspreise neben ein paar vereinzelten, kreischenden Teenagern mehr oder weniger unter sich. All das heißt aber: Popmusik wird heute nicht mehr in einem bestimmten Alter abgelegt. Man bleibt ihr gewogen. Sie begleitet einen bis weit über die Vierzig, was darauf hindeutet, dass sich mit dem Zustand der Jugend etwas geändert haben muss.

REBELLION WAR GESTERN

Lange ist Jugend ein Versprechen gewesen. Ein Versprechen von Neuem, ein Versprechen von Freiheit, vielleicht auch von Wut. Jugend, das war eine bestimmte Phase, in der Besonderes möglich war. Es war möglich, die Dinge neu und anders zu machen. Es galt, einen eigenen Weg zu finden, einen eigenen Ausdruck, einen eigenen Stil zu kreieren. Gegen die bestehenden Regeln. Nicht von ungefähr hat der englische Kulturwissenschaftler Dick Hebdige geschrieben, dass Jugend nur dann anwesend ist, wenn ihre Präsenz ein Problem ist oder sie als Problem gesehen wird.[3] Jugend war der Anfang des Eigenen. Der Beginn des eigenen Lebens. Und den begann man mit einem Tusch. Dann jedoch wurde es still. Ohne dass es groß aufgefallen wäre, blieb der Generationskonflikt aus, im Grunde schon seit den späten 1980er Jahren. In der letzten Zeit begann man dann, Artikel zu diesem Umstand zu veröffentlichen und sich Gedanken zu machen.[4] Man entdeckte: Jugend ist keine Phase mehr zwischen Kindheit und Adoleszenz. Man wird nicht mehr erwachsen. Man bleibt jung.

Erste Spuren dieser Verschiebung werden Anfang der 1990er Jahre von dem amerikanischen Autor Douglas Coupland in seinem Roman *Generation X*[5] beschrieben, in dem drei junge Leute in den späten Zwanzigern mehr oder weniger nicht in der Welt ankommen. Geprägt vom Schreckgespenst einer postmodernen Beliebigkeit, vor der man in kritischen Kulturkreisen damals ganz gerne Panik pflegte, schiebt der Roman diesen Umstand dabei noch der historischen Situation unter. Tatsächlich hat sich mittlerweile gezeigt, dass Douglas Coupland damals weniger die Erfahrung einer Generation festhielt, die aus Versehen zwischen die Ritzen der Geschichte gefallen ist, sondern vielmehr eine gesellschaftliche Veränderung beschreibt, die sich entwickelt hat, um zu bleiben. Das Erreichen des dreißigsten Lebensjahrs führt nicht mehr zu einer unsichtbaren Durchtrennung der Nabelschnur unserer Jugend. Man wird nicht mehr erwachsen – eine Tatsache, deren deutlichstes Zeichen das Ausbleiben des Generationskonflikts ist. Die Jugend rebelliert heute nicht mehr gegen die Errungenschaften der älteren Generation. Zu werden wie seine Eltern, das ist heute kein bedrohlicher Alptraum mehr. Es ist im Gegenteil eher eine Unmöglichkeit. Ein Konflikt findet folglich nicht statt.

JUGEND HEUTE

In den letzten Jahrzehnten hat sich das Jungsein langsam und kontinuierlich seinen Weg von der Welt der Jugend in die Welt der Erwachsenen gebahnt, bis es sich heute weigert, zur rechten Zeit zu gehen. Zunächst war Jugendlichkeit für Erwachsene etwas Erstrebenswertes. In den 1980er Jahren, als Männer noch maßgeblich durch die Frau an ihrer Seite charakterisiert wurden, war Jugendlichkeit ein Zeichen ihrer Dynamik und suggerierte Potenz und Erfolg. Und für die Frauen, die sich zur selben Zeit mit eckigen Schulterpolstern den Weg in die Chefetagen bahnten, hing Attraktivität sowieso von ihrer jugendlichen Erscheinung ab. Alle wollten jung sein. Dann jedoch änderten sich die Verhältnisse. Denn spätestens seit Mitte der 1990er Jahre musste man sich immer weniger bemühen, jung zu wirken. Man blieb einfach jung. Der Filmkritiker Claudius Seidl beschreibt diese Verschiebung in seinem Buch *Schöne junge Welt* am Beispiel Hollywoods. Dort ist es seit Ende der 1990er Jahre ganz normal, dass in Filmremakes eine Fünfundvierzigjährige die Rollen einer Zwanzigjährigen spielt. »Jungsein«, schließt er aus diesen Beobachtungen, »das ist heute eine Möglichkeit, die anscheinend jedem offen steht, ganz egal, wie alt er ist.«[6] Das stimmt, das ist so. Aber haben sich damit die Probleme wirklich aufgelöst? Sicher ist man auf diese Weise den Generationskonflikt losgeworden. Nicht jedoch die Probleme. Es gibt neue. Denn Jugend ist heute nicht mehr nur ein Versprechen. Sie ist auch eine Bedrohung.

Dass post-adoleszente Dreißiger die gleichen Codes wie Twens benutzen, dass die Unterschiede nicht mehr so groß sind, wie sie mal waren (auch wenn einige bestehen bleiben), das ist sicher erst einmal gut. Wenn jugendkulturelle Erfahrungen jedoch bis hinein ins Familien- und Berufsleben wirksam sind, dann heißt das nicht nur, dass man jung bleibt. Es heißt auch, dass man nicht in der Welt ankommen kann. Tatsächlich hat die Verunsicherung der Lebensverhältnisse nicht nur die »Generation Praktikum« erwischt, sondern alle Altersgruppen. Mit der Lehre tritt man nicht mehr in einen Betrieb ein, in dem man im Verlauf der Jahre aufsteigt, bis man ins Rentenalter kommt. Unsere Leben haben sich verändert. »Lebenslauf«, »berufliche Laufbahn«, »Ruhestand«, Metaphern, mit denen wir unsere Biografie zu beschreiben pflegten, suggerierten bisher: The only way is up. Diese Gradlinigkeit hat auch immer als gesellschaftliche Disziplinierung auf unsere Lebensläufe eingewirkt. Lange war ein alternativer, gebrochener Lebenslauf deshalb auch ein Wagnis und wurde als »Ausstieg« markiert. Genau das ist jetzt vorbei. Heute ist der alternativ gebrochene Lebensentwurf zum Normalfall geworden.[7] Man schult um. Man geht Pleite. Man fängt neu an. Sicher ist nur eines: Man wird nie mehr endgültig ankommen. Auch wenn sich heute noch in unserer Beamtenbesoldung Spuren des alten Modells finden, nach dem man allein auf Grund des Älterwerdens befördert wurde, hat die Flexibilisierung in allen Bereichen begonnen. Und diese bedrohliche Situation ist es, die man mit den Jugendlichen teilt.

Doch natürlich hat das auch etwas Gutes. Im Berufsleben stößt man weniger auf verkrustete Hierarchien, wenn es pragmatisch um Inhalte und Können geht. Außerdem stirbt die Midlife-Crisis aus, neben der Angst vor Flexibilisierung darf man auch mehr und länger Spaß haben, obwohl man eine Firma hat. Oder Kinder. Dennoch – und wir sollten uns nicht täuschen – bleiben wir nicht einfach jung. Nur auf den ersten Blick sieht es so aus, als hätte sich unsere Jugend auch im späteren Leben breit gemacht.

LEBEN, WISSEN UND DIE EIGENE GESCHICHTE

Tatsächlich teilen post-adoleszente Dreißiger sich zwar popkulturelle Zeichen mit den Twens, trotzdem haben diese Zeichen, auch wenn sie auf den ersten Blick dieselben scheinen, andere Bedeutungen. Das hat mit Geschichte zu tun, denn die Bedeutung des Zeichens hängt immer vom jeweiligen Kontext ab und dieser verschiebt sich auch mit der Zeit. Das Spiel der Zeichen ist ein anderes, wenn man zu einem anderen Zeitpunkt in dieses Spiel eintritt und damit vor einem anderen historischen Ausschnitt steht. Das ist auch der Grund dafür, dass der musikalische Nachwuchs von den meisten Musikjournalisten, die in den 1990er Jahren oder früher sozialisiert wurden, mit Skepsis beobachtet wird. Wenn kolportiert wird, Grime sei ein neuer Hype oder beim Rockausflug der The-Bands handele es sich nur um die schlechte Wiederholung von Elementen, die Gun Club oder die Talking Heads schon besser präsentiert hätten, dann wird damit immer auch ein Hegemonieanspruch des eigenen Blickwinkels markiert. Tatsächlich ist die Wiederholung von Bestehendem aber weniger das Manko, sondern vielmehr der eigentliche Punkt: »Jeder Anfang ist immer schon eine Wiederholung; und Verstehen ist nur dadurch möglich, daß man sich vereinnahmen läßt«[8], hat der Berliner Wissenschaftshistoriker Hans-Jörg Rheinberger einmal geschrieben. Und genau deshalb hat die Jugend auch ein Recht auf Wiederholung, ein Recht darauf, ihre eigene Geschichte zu entwerfen.

Weil sie zu einem anderen Zeitpunkt auf die Popkultur trifft als ältere Generationen, sind Dinge neu, die den älteren Semestern schon »abgefrühstückt« scheinen. Und neben deren Wissensvorsprung bleibt nach wie vor nur, das eigene Leben zu setzen, ein Leben, das später ebenfalls in Wissen verwandelt werden wird. Wir bleiben also alle länger jung, dennoch pflegen wir interne Hierarchien. Qua Wissen. Und der Wissensvorsprung ist weniger denn je unschuldig in einer Welt, in der die Sicherung von geistigem Eigentum teilweise wichtiger geworden ist, als der Besitz von Produktionsmitteln. Wissen ist im Rahmen einer verschärften Patentierungspraxis zur neuen Währung erklärt worden, nicht nur ökonomisch, auch kulturell. Im popkulturellen Wissen kann gegen den Vorsprung, aber auch den Ballast der Dreißigjährigen, nur eine gewisse Ignoranz helfen: eben nichts zu wissen, sondern erstmal zu machen. Ob man der Wiederholung entkommt, stellt sich so oder so erst später heraus. Denn in der Auseinandersetzung um Kulturproduktion hat sich in den letzten Jahren gezeigt, dass der Moment der Originalität nicht beim ersten Mal einsetzt, sondern erst durch die Wiederholung sichtbar wird.[9] Die Wiederholung hat also einen elementaren Anteil an der Schaffung von Neuem. Dennoch ist die Entstehung von neuem nicht planbar. Sie verbleibt nach Hans-Jörg Rheinberger »im Bereich einer unaufgeräumten Konfusion«.[10] Was wirklich neu gewesen sein wird, kann prinzipiell nicht im Moment seiner Entstehung, sondern erst nachträglich bestimmt werden. Und auch wenn man sich die Zeichen teilt, wird um das, was neu sein wird, weiter gerungen werden. Der Generationskonflikt ist also leiser geworden, aber besteht weiterhin. Gott sei Dank. Denn genau deshalb bleibt Jugend am Ende dann doch vielleicht immer noch das, was es mal gewesen ist: Ein utopisches Potential, das Versprechen auf eine andere, neue, eigene Zukunft. ❑

1 Diedrich Diederichsen, *Musikzimmer*, Köln, 2005, S. 15.
2 Vgl. Sarah Thornton, *Club Cultures. Music, Media and Subcultural Capital*, Oxford, 1997, S. 1-2.
3 Vgl. Dick Hebdige, *Hiding in the Light*, London, 1988, S. 17.
4 Vgl. Claudius Seidl, *Schöne junge Welt. Warum wir nicht mehr älter werden*, München, 2005; auch: Sascha Lehnhartz, *Global Players. Warum wir nicht mehr erwachsen werden*, Frankfurt am Main, 2005.
5 Douglas Coupland, *Generation X. Geschichten für eine immer schneller werdende Kultur*, Berlin, 1994.
6 Claudius Seidl, *Schöne junge Welt*, S. 19-20.
7 Vgl. Jan Masschelein, Maarten Simons, *Globale Immunität oder eine kleine Kartographie des europäischen Bildungsraums*, Zürich-Berlin, 2005.
8 Hans-Jörg Rheinberger, *Iterationen*, Berlin, 2005, S. 105.
9 Vgl. Gisela Fehrmann, Erika Linz, Eckhard Schumacher, Brigitte Weingart (Hrsg.), *Originalkopie. Praktiken des Sekundären*, Köln, 2004.
10 Hans-Jörg Rheinberger, *Iterationen*, S. 118.

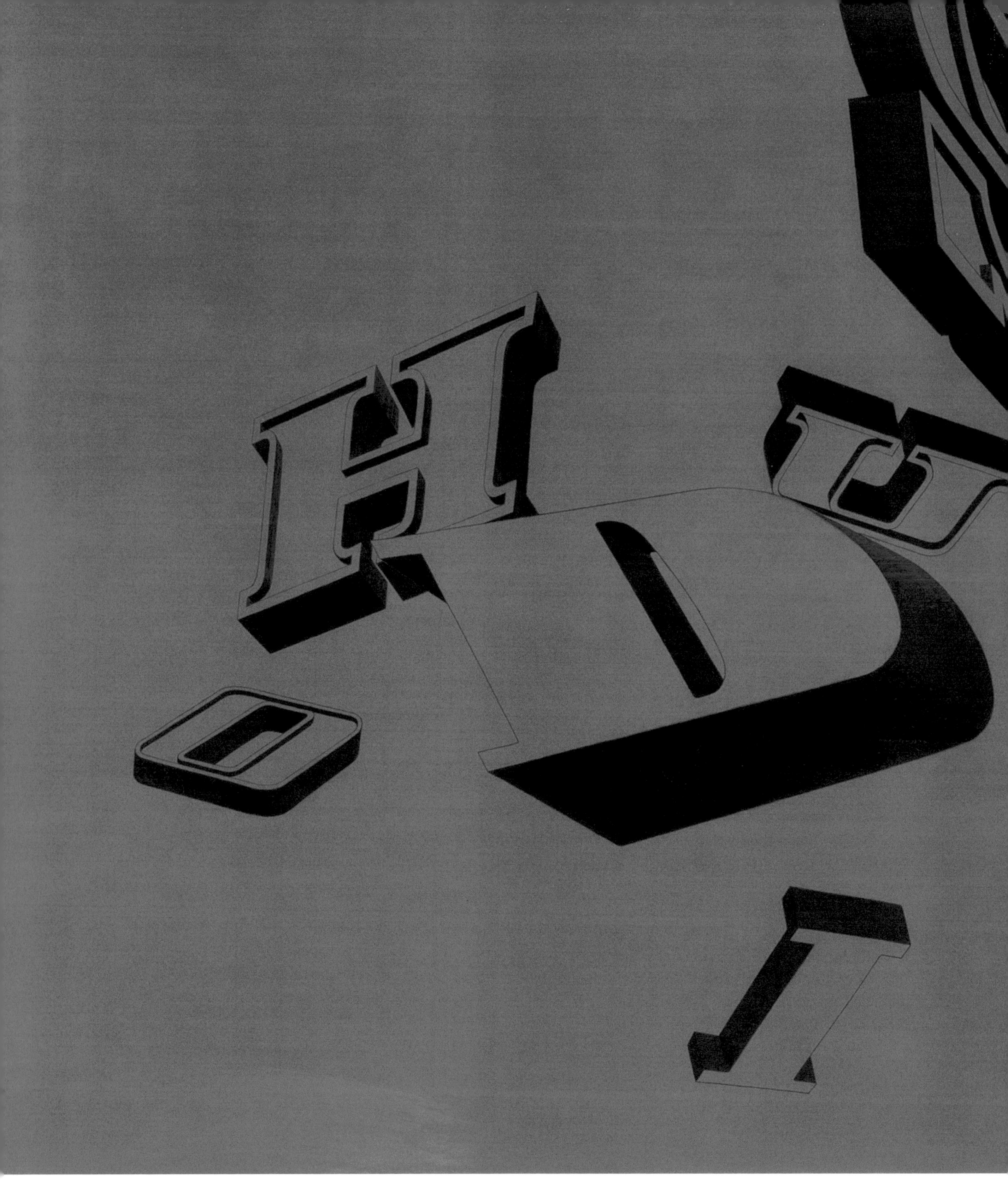

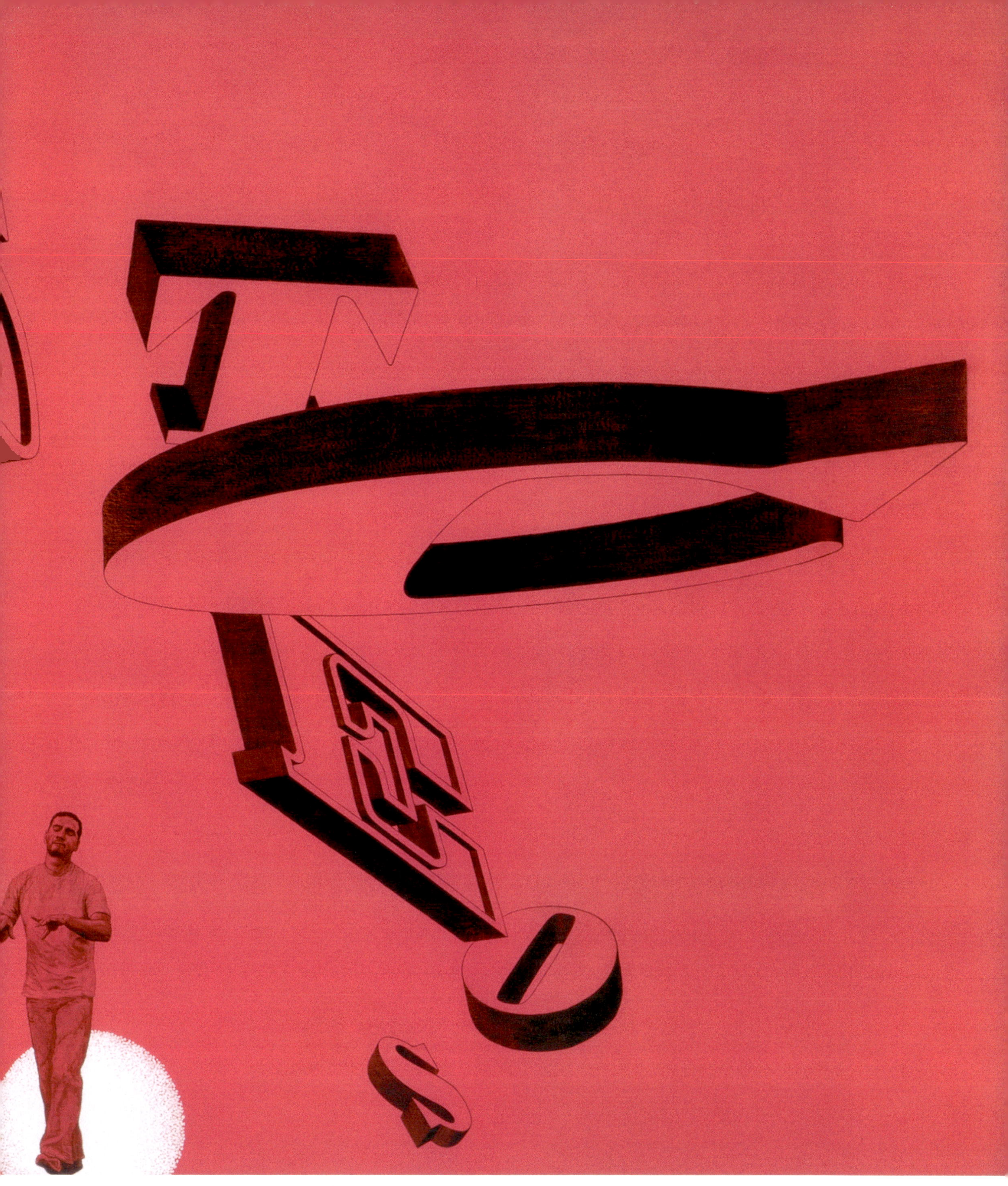

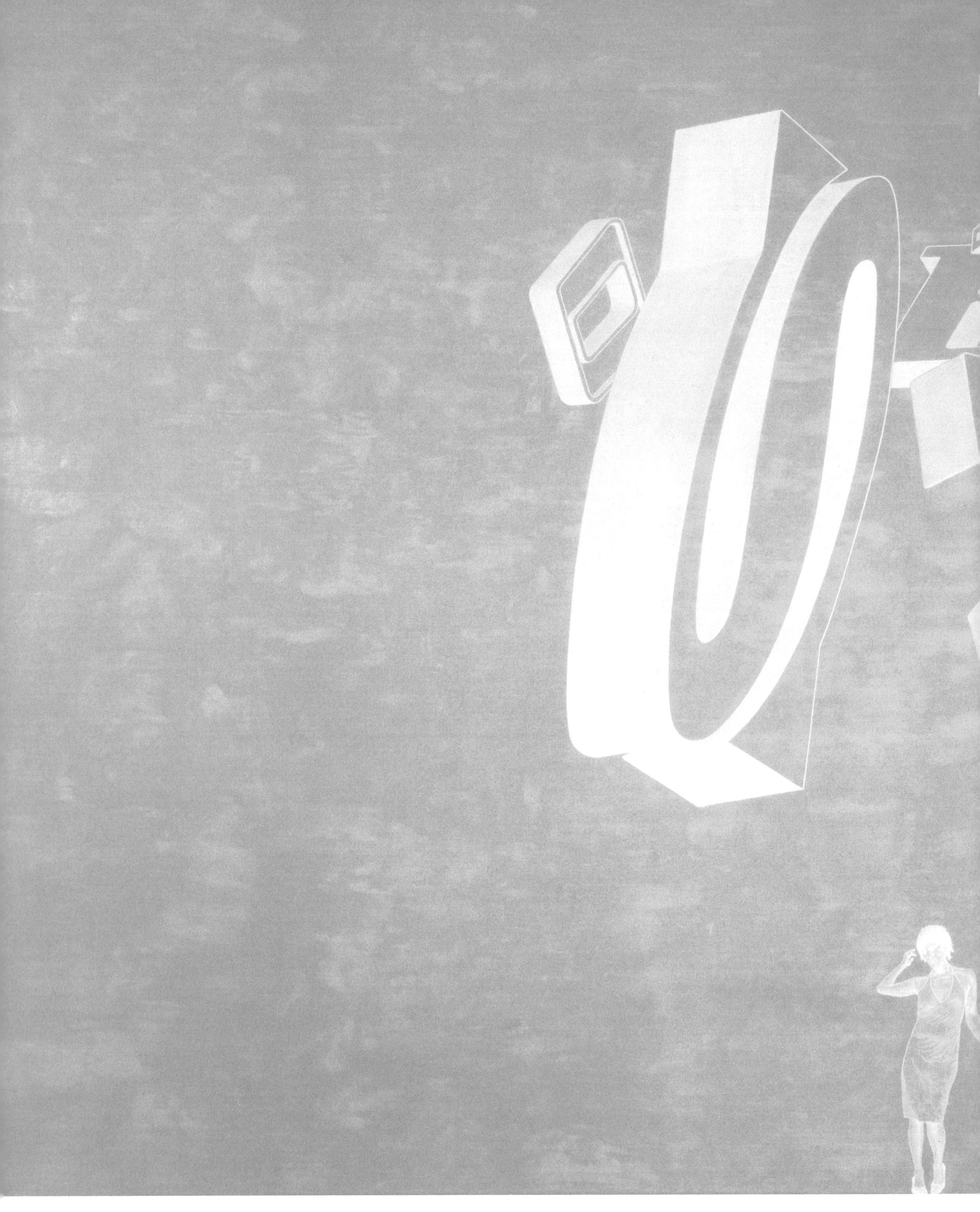

Hendrik Krawen
fluid, 2004

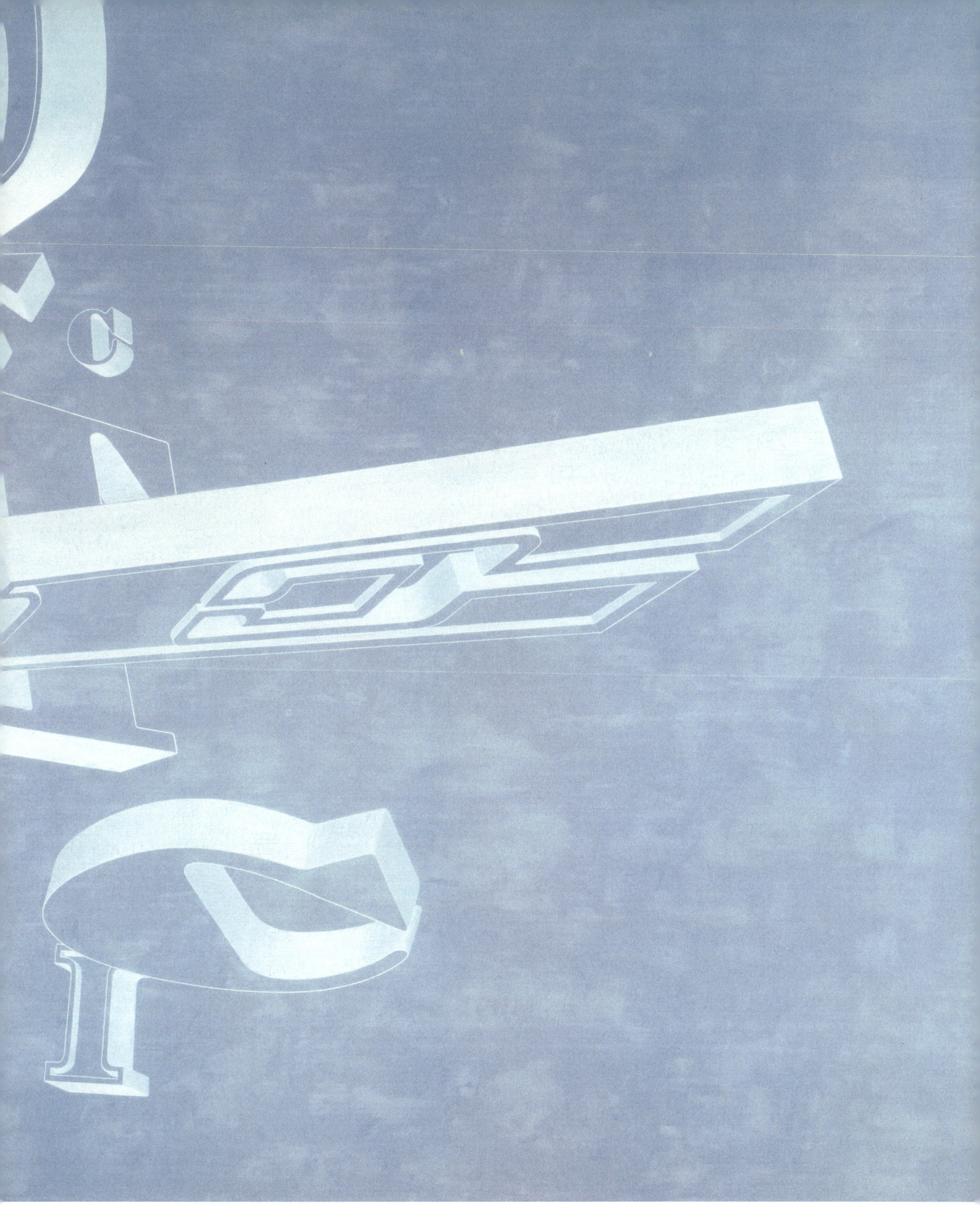

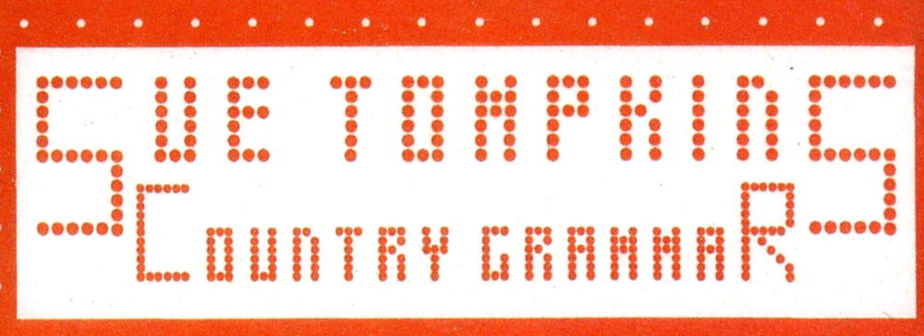

Sue Tompkins
Country Grammar, 2006

TEENAGE FANCLUB?

Always, and always too loud, it has accompanied youth—to the present day: music. It continues to be one of the most important media in which young people find a place and have a place. Fashion, Videogames, sex and alcopops may play a not inconsiderable role for young people, but music is the cultural format that accompanies them longest and most intensively throughout youth. There are reasons for this special relationship. Music is a very special medium because it enables young people to conquer spaces with nothing more than pocket money in a world which does not belong to them. For music is loud; with it one's own order can be set up in a world which is not one's own. In one's parents' terraced house, on stage, in a club, by turning up the music, a second space of one's own arises which becomes one's authentic space. »Long live secondary living. There is no other,«[1] writes music critic, Diedrich Diedrichsen. Music is therefore always more than just sound. It is the erection of one's own order. Precisely for this reason, the struggle between the generations that was put in a nutshell for the first time by The Who in 1965 with *My Generation*, has always been fought out in part through music.

LAW OF MOTION

Of course, many people have listened to music even after the end of their youth, and also in later years. In time, however, they have ceased to move to this music. In general you only go to a concert to prance and rave when you are young and want to experience the world. Later on, what has been experienced is transformed into knowledge and you begin to prefer to speak about music rather than move to it. The fact that in musical discourse, music for listening is preferred has been pointed out, among others, by the English cultural studies researcher, Sarah Thornton.[2] Music critics are therefore seldom fresh young people. When they make a night of it, they prefer to stand talking at the bar rather than gyrating on the dance floor.

In getting older, finally a point is reached where there is no more fun. At first, endurance fades; then the youth jumping around remind you brazenly of your age. As years go on, movement is exchanged bit by bit for better knowledge. A re-orientation of one's favorite music takes place. In the 1980s, people had sophisticated conversations about jazz, and since the 1990s, people prefer to hear Electronica. At least until lately. In the past few years, a counter-tendency has been developing: people well beyond forty are still going to concerts and are listening to the new in-bands, perhaps with more distance. In clubs today you do not have to be afraid that at the age of forty you will stick out like an illuminated buoy on the dark Eisel Sea. Over the past five years, the combination of clubs and restaurants has contributed to people over thirty staying awake, enjoying loud music on good sound systems even two hours after midnight, moving among other nice people with a beer in their hands well into the wee hours. And at expensive large events like Robbie Williams tours, because of the high price of tickets, apart from a few screaming teenagers, adult concert-goers predominate anyway. This means that pop music today is no longer laid aside at a certain age. People remain well-disposed towards it. It accompanies them well beyond the age of forty, which indicates that something must have changed in what constitutes youth.

REBELLION WAS YESTERDAY

Youth has been a promise for a long time. A promise of something new, of freedom, perhaps also of rage. Youth, that was a certain phase in which something special was possible. It was possible to do things differently and in a new way. You had to find your own path, your own expression, to create your own style. Against the existing rules. It is not simply a coincidence that the English cultural studies researcher, Dick Hebdige, has written that youth is only present when its

presence is a problem or is felt to be a problem.[3] Youth was the start of one's own. The beginning of one's own life and it was celebrated with a fanfare. Then things fell silent. It was not so very conspicuous; there has been no generation conflict basically since the late 1980s. In the past years, one began to reflect upon and publish articles about this phenomenon,[4] and people discovered that youth is not a phase between childhood and adolescence. You no longer grow up. You stay young.

The first traces of this shift are described at the beginning of the 1990s by the American writer, Douglas Coupland in his novel, *Generation X*,[5] in which three young people in their late twenties more or less do not arrive in the world and become established. Faced with the abhorrent vision of post-modern arbitrariness, about which intellectuals in critical cultural circles liked to cultivate panic at the time, the novel attributes this circumstance still to the historical situation. In fact, in the meantime it has become apparent that Douglas Coupland has not so much described the experience of a generation which has fallen between the cracks of history by mistake, but rather a social change which has developed and persists. Reaching your thirtieth birthday no longer leads to an invisible dissection of the umbilical cord to our youth. People no longer grow up, a fact whose most conspicuous sign is that there is no longer any generation conflict. Youth no longer rebels against the achievements of the older generation. To become like your parents is today no longer a threatening nightmare. On the contrary, it is rather an impossibility. Consequently, a conflict no longer takes place.

YOUTH TODAY

In the past few decades, being young has slowly and gradually made its way from the world of youths into the world of grown-ups and refuses to give way at the proper time. At first, youthfulness was something desirable for adults. In the 1980s, when men were still estimated largely by the woman at their side, youthfulness

was a sign of their dynamism and suggested potency and success. And for the women who at the same time made their way into the executive suites with big shoulder pads, attractiveness depended on their youthful appearance anyway. Everybody wanted to be young. Then, however, conditions began to change. Since the mid-1990s, you no longer always had to try to appear young. You simply stayed young. The film critic, Claudius Seidl, describes this shift in his book, *Schöne junge Welt* [Brave Young World], using the example of Hollywood. There, since the end of the 1990s, it has become completely normal that in film remakes, a woman of forty-five plays roles for a twenty-year-old woman. He concludes from these observations, »being young today is a possibility that apparently is open to everybody, no matter how old he or she is.«[6] That's right; that's the way it is. But have the problems really been solved? Surely we have rid ourselves of the generation conflict, but not the problems. There are new problems because youth today is no longer just a promise; it is also a threat.

The fact that post-adolescent thirty-year-olds use the same codes as twens, that the differences are no longer so big as they once were (even though some remain), that is certainly something for the good. When, however, experiences of youth culture have their effects even in family and working life, then that means not only that you stay young. It means also that you can no longer arrive and become established in the world. In fact, the insecurity about life circumstances has affected not only the »internship generation«, but all age groups. With an apprenticeship, you no longer enter a company in which you will climb the ladder over the course of years until you retire. Our lives have changed. »Curriculum vitae«, »professional career«, »retirement«—metaphors with which we used to describe our biographies, suggested that the only way is up. This linearity has also always had the effect of social discipline on the course of our lives. For a long time, an alternative, broken course through life was therefore

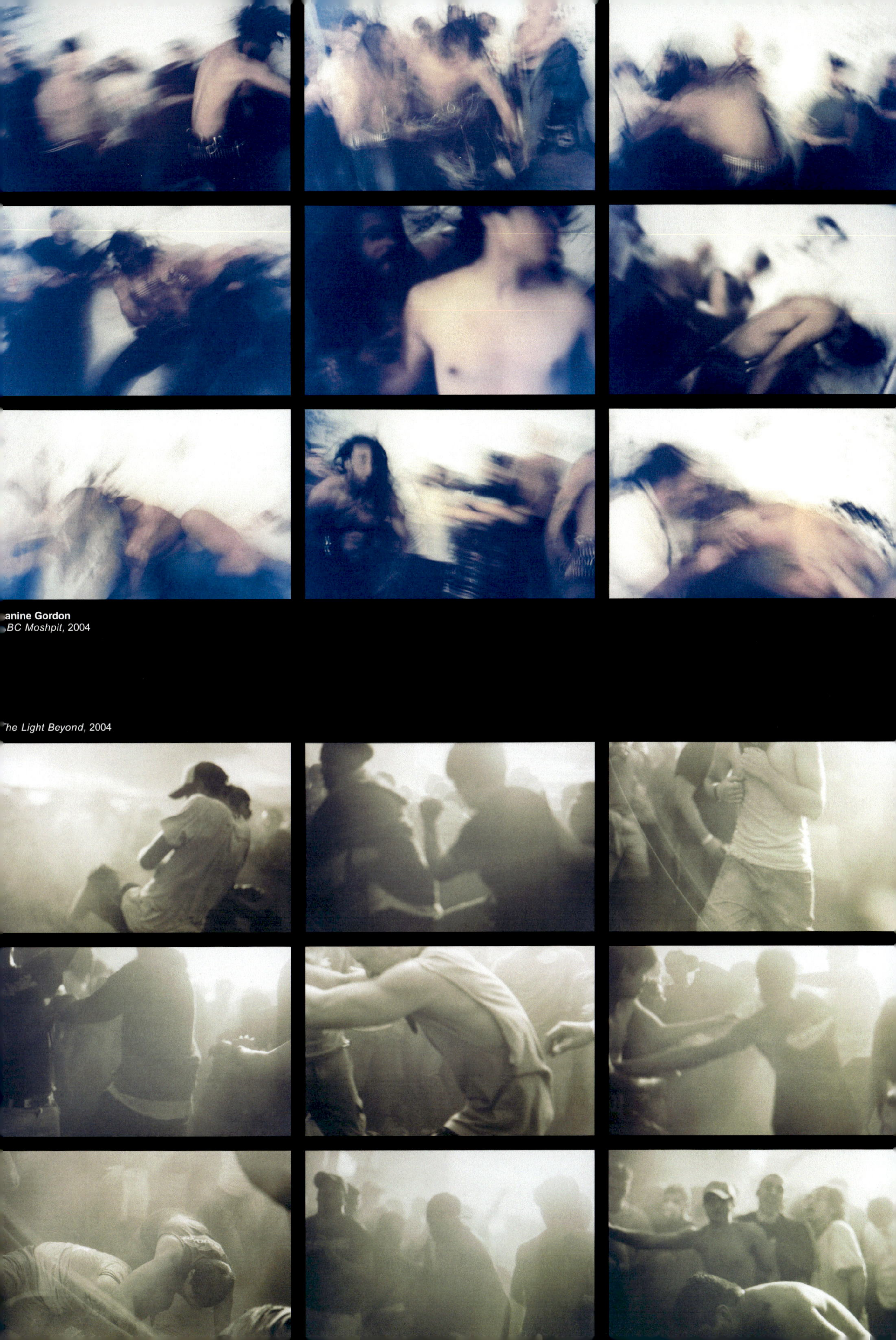

anine Gordon
BC Moshpit, 2004

he Light Beyond, 2004

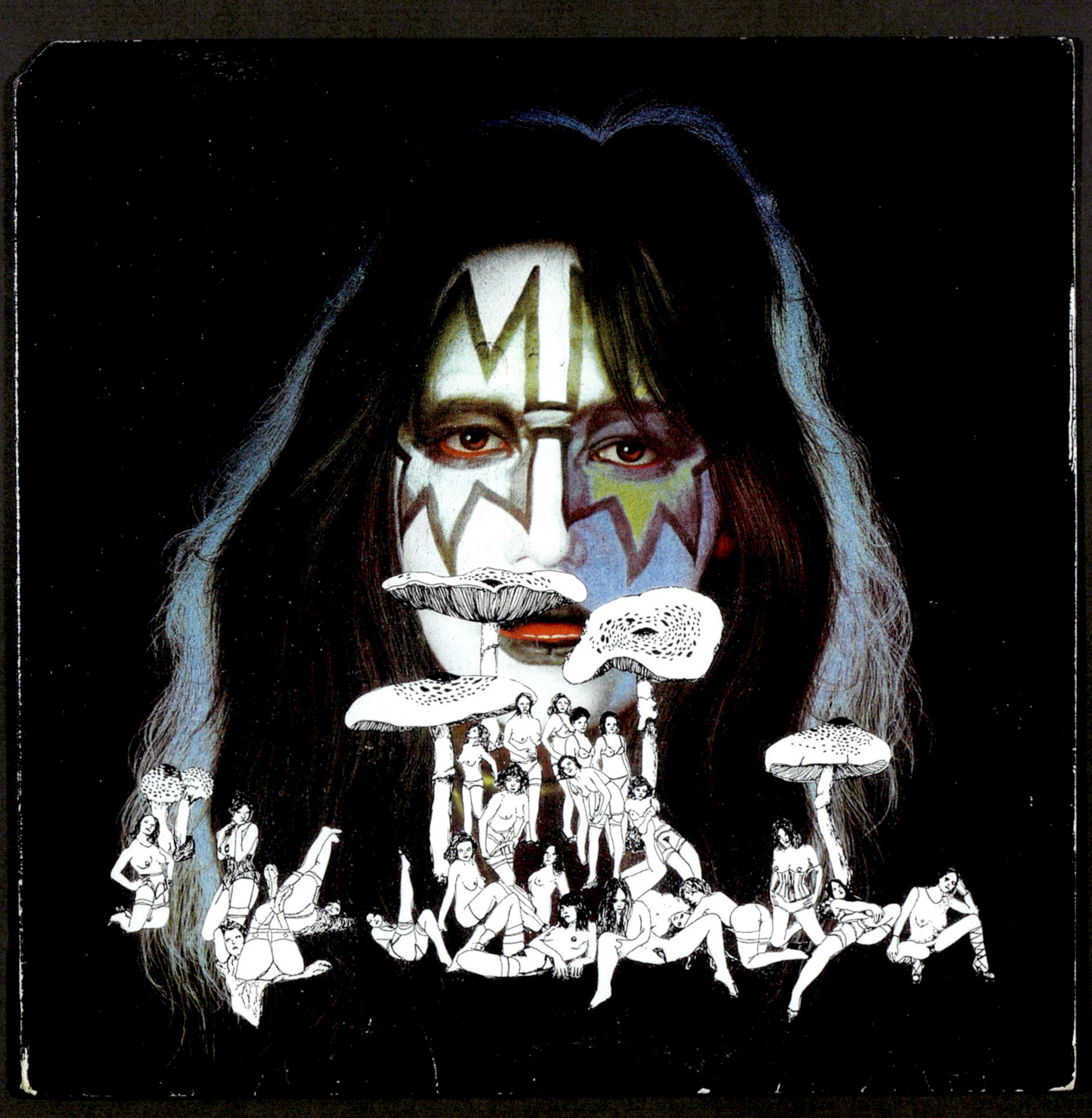

Matthew Greene
Solo Album, 2003

regarded as hazardous, as »dropping out«. Those times are gone. Today, the alternative, broken casting of one's life has become the norm.[7] You retrain. You go bankrupt. You start over again. Only one thing is certain: you will never finally arrive and become established. Even though today in the salary scales for public officials there are still traces of the old model according to which you are promoted on the basis of age alone, flexible careers have started to become normal in all sectors. And it is this threatening situation which one shares with young people. Of course, this also has a good side. In working life you come across less ossified hierarchies when it is a matter of pragmatic contents and abilities. Moreover, the mid-life crisis is dying out; apart from the anxiety about flexibilization, you are allowed also to have more fun and for a longer time, even if you own a company. Or children. Nevertheless—and we should not have any illusions about this—we do not simply remain young. Only at first glance does it seem as if our youth has pervaded also our later years.

LIFE, KNOWLEDGE AND ONE'S OWN HISTORY

In fact, post-adolescent thirty-year-olds share the pop-cultural codes with twens, but these codes, even though they at first seem to be the same, have different meanings. That has something to do with history, for the meaning of a sign always depends upon its specific context, and this context shifts in the course of time. The play of signs is a different one when you enter the game at another point in time and are thus confronted with another historical phase. This is also the reason why the new musical talents are viewed sceptically by most music journalists who were socialized in the 1990s or earlier. When word spreads that grime is a new hype, or in rock excursions by in-bands it is merely a matter of a poor imitation of elements that had been presented better already by Gun Club or Talking Heads, one is claiming the hegemony of one's own perspective. Indeed, the repetition of existing elements is not so much a defect, but rather the point at issue:

»Every beginning is always already a repetition; and understanding is only possible if you allow yourself to be co-opted,«[8] writes the Berlin historian of science, Hans-Jörg Rheinberger. And precisely for this reason, youth also has a right to repetition, a right to cast its own history.

Because it comes across pop culture at another point in time than an older generation is, things are new which for older people seem to be already somewhat stale. And their superior knowledge can only be set off against their own lives, which later on will become transformed into knowledge as well. Although we all remain young longer, we cultivate internal hierarchies via knowledge. And superior knowledge is even less innocent in a world in which securing intellectual property has in part become more important than owning the means of production. In the context of a more intensive practice of patenting, knowledge has been declared to be a new currency, not only economically, but also culturally. In popular cultural knowledge, only a certain ignorance can help against superior knowledge but also against the ballast of the thirty-year-olds: you don't know, but you just do it. Whether you escape repetition only becomes apparent later on.

In the discussion of cultural production over the past few years it has become apparent that the element of originality is not there to start with, but only becomes visible with the repetition.[9] Repetition therefore has an essential part to play in creating what is new. Nevertheless, the emergence of something new cannot be planned. It remains, according to Hans-Jörg Rheinberger, »in the realm of an untidy confusion.«[10] What will really turn out to be new cannot in principle be determined at the moment of its emergence, but only after the event. And even if the signs are shared, there will continue to be a struggle over what will turn out to be new. The generation conflict has become quieter, but it continues to exist. Thank goodness. For only for this reason will youth in the end remain perhaps what it always was: a Utopian potential, the promise of another, new, independent future. ❑

1 Diedrich Diederichsen, *Musikzimmer* [Music Room], Cologne, 2005, p. 15.
2 Cf. Sarah Thornton, *Club Cultures. Music, Media and Subcultural Capital,* Oxford, 1997, p. 1-2.
3 Cf. Dick Hebdige, *Hiding in the Light,* London, 1988, p. 17.
4 Cf. Claudius Seidl, *Schöne junge Welt. Warum wir nicht mehr älter werden* [Brave Young World. Why we do no longer grow old], Munich, 2005; also: Sascha Lehnhartz, *Global Players. Warum wir nicht mehr erwachsen werden* [Global Players. Why we no longer grow up], Frankfurt am Main, 2005.
5 Douglas Coupland, *Generation X. Geschichten für eine immer schneller werdende Kultur* [Generation X. Tales for an increasingly speedier culture], Berlin, 1994.
6 Claudius Seidl, *Schöne junge Welt,* p. 19-20.
7 Cf. Jan Masschelein, Maarten Simons, *Globale Immunität oder eine kleine Kartographie des europäischen Bildungsraums* [Global Immunity or A smaller cartography of the European knowledge space], Zurich-Berlin, 2005.
8 Hans-Jörg Rheinberger, *Iterationen* [Iterations], Berlin, 2005, p. 105.
9 Cf. Gisela Fehrmann, Erika Linz, Eckhard Schumacher, Brigitte Weingart (Eds.), *Originalkopie. Praktiken des Sekundären* [Original copy. Practices of the secondary], Cologne, 2004.
10 Hans-Jörg Rheinberger, *Iterationen,* p. 118.

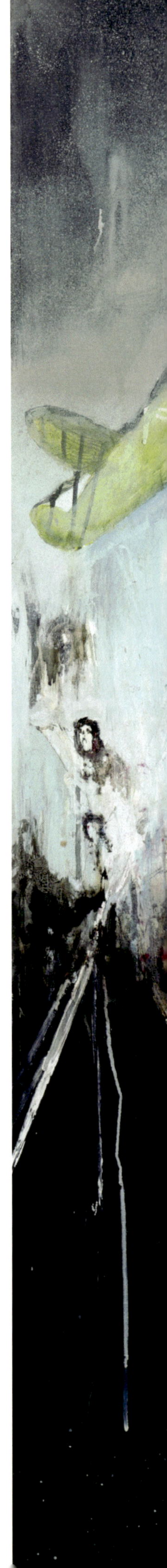

Matthew Greene
Harbinger, 2003

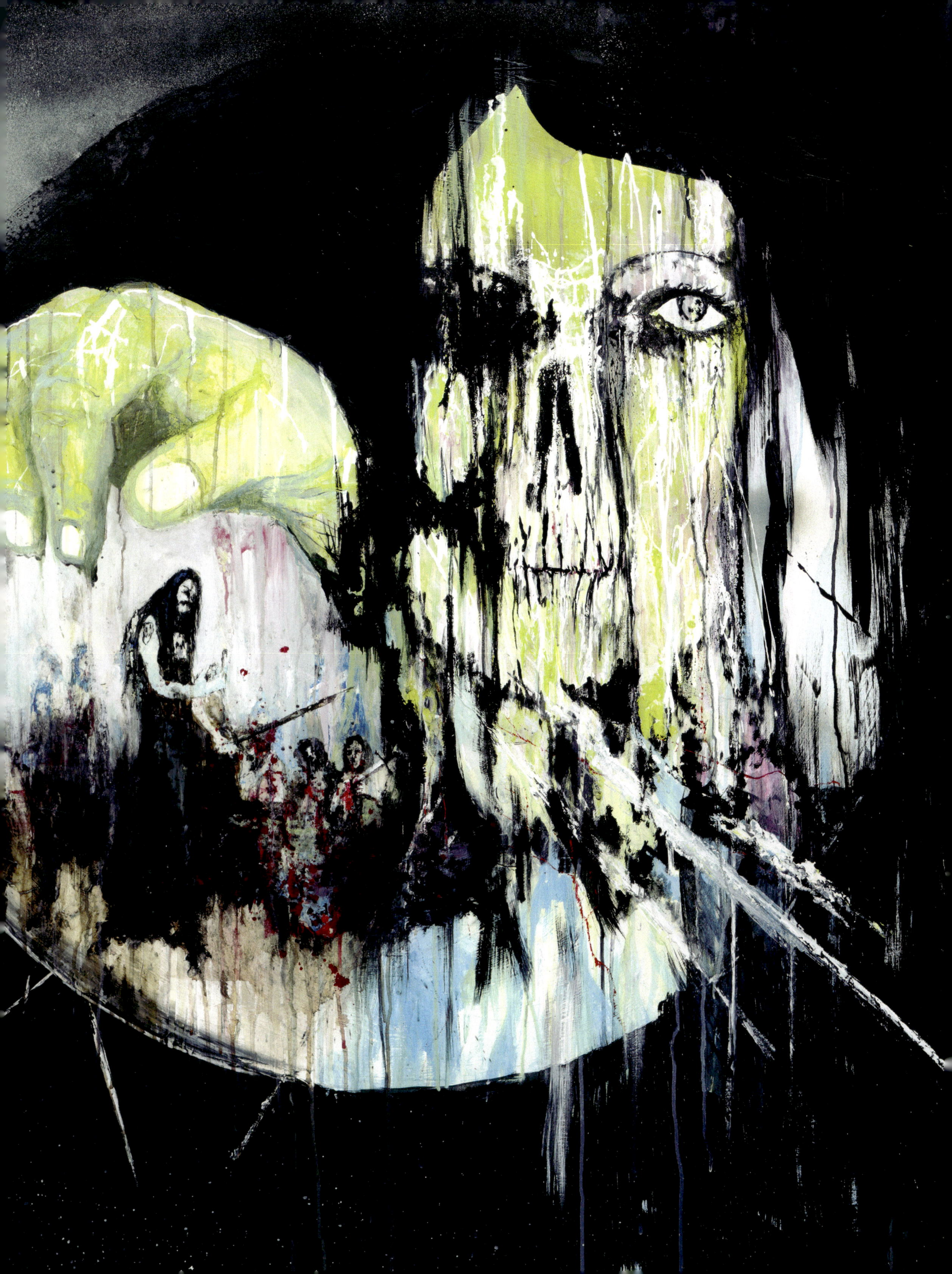

Abetz/Drescher
Kristallo, 2003

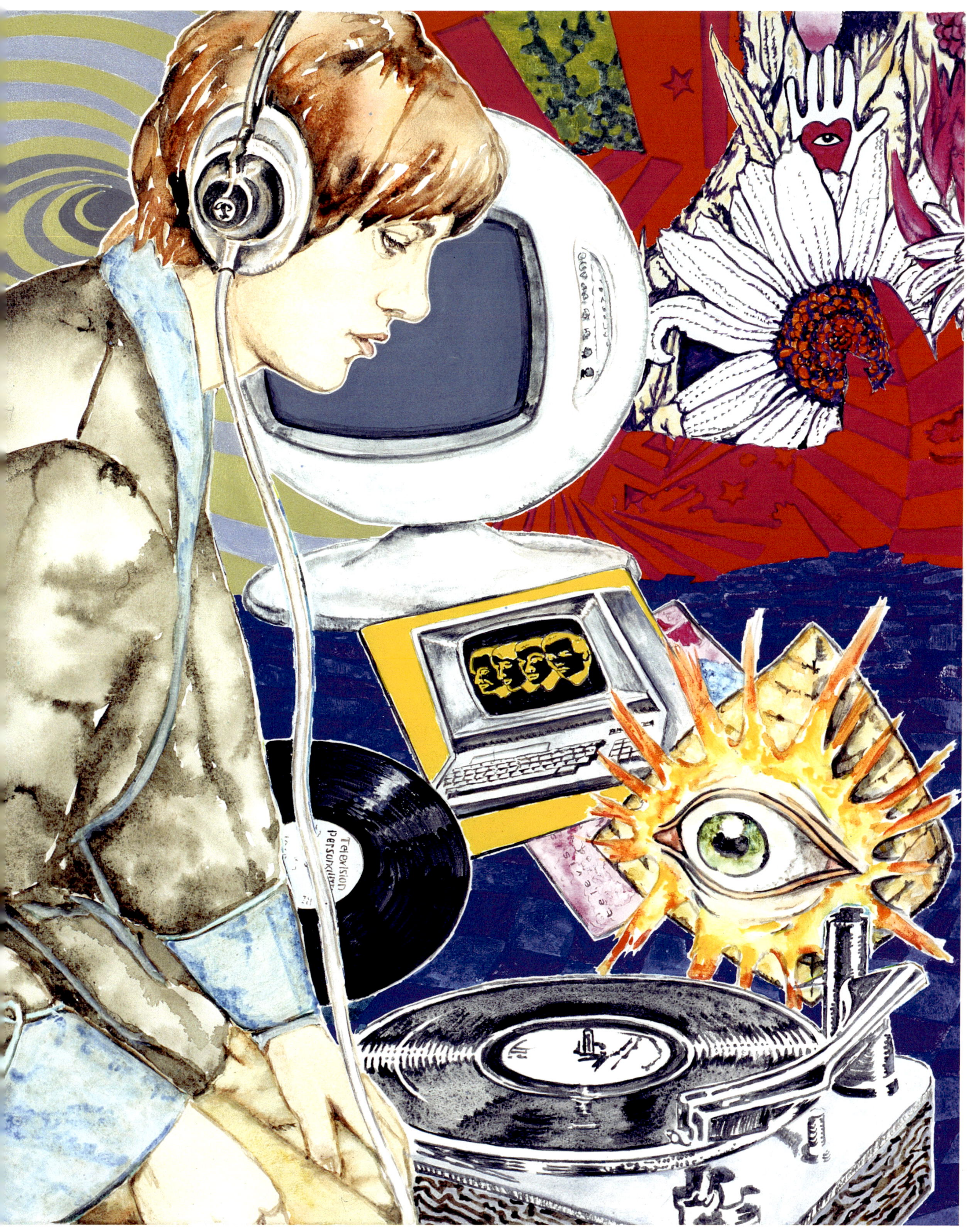

Television Personalities

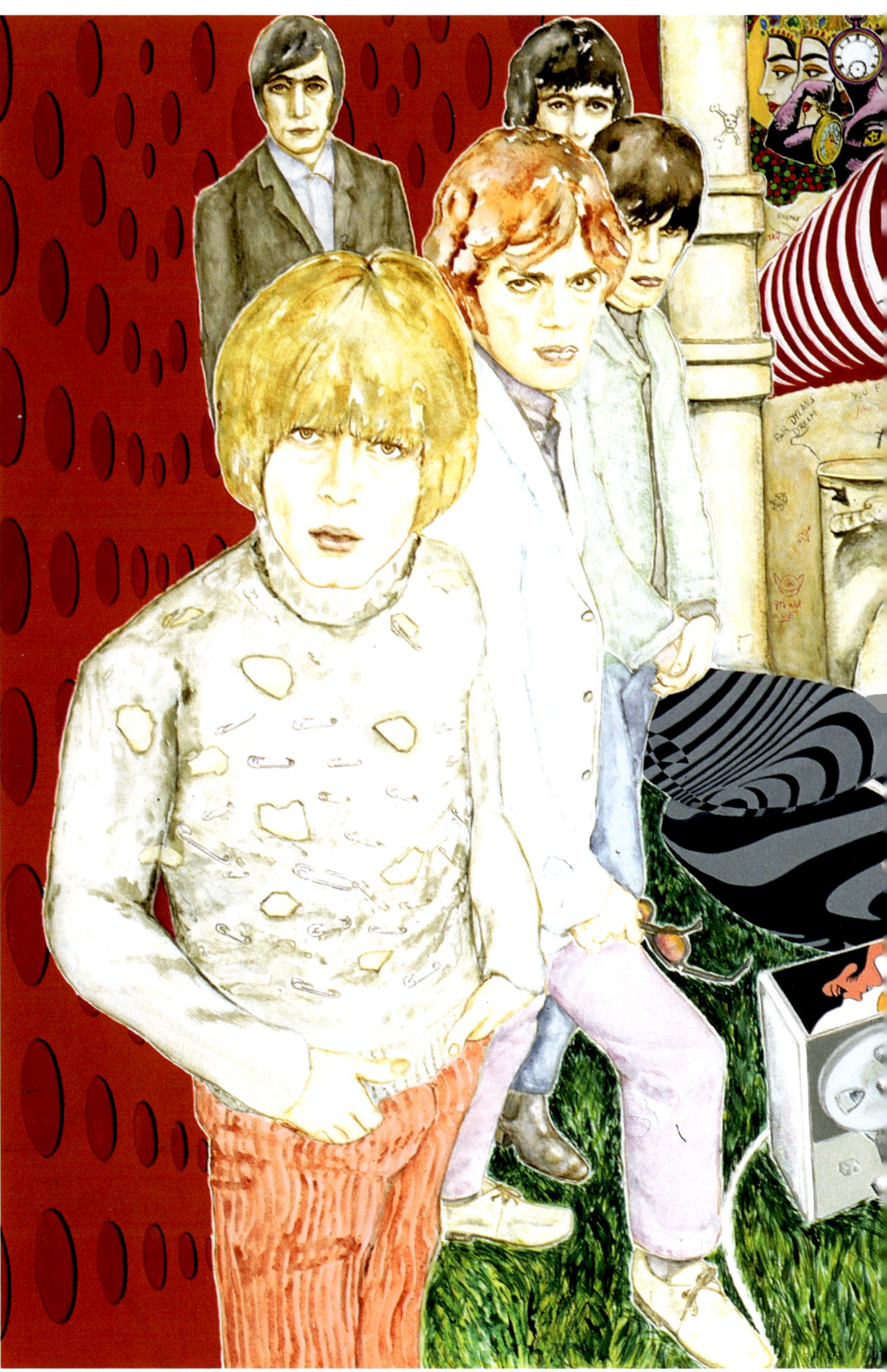

Abetz/Drescher
The Optic Nerve, 2000

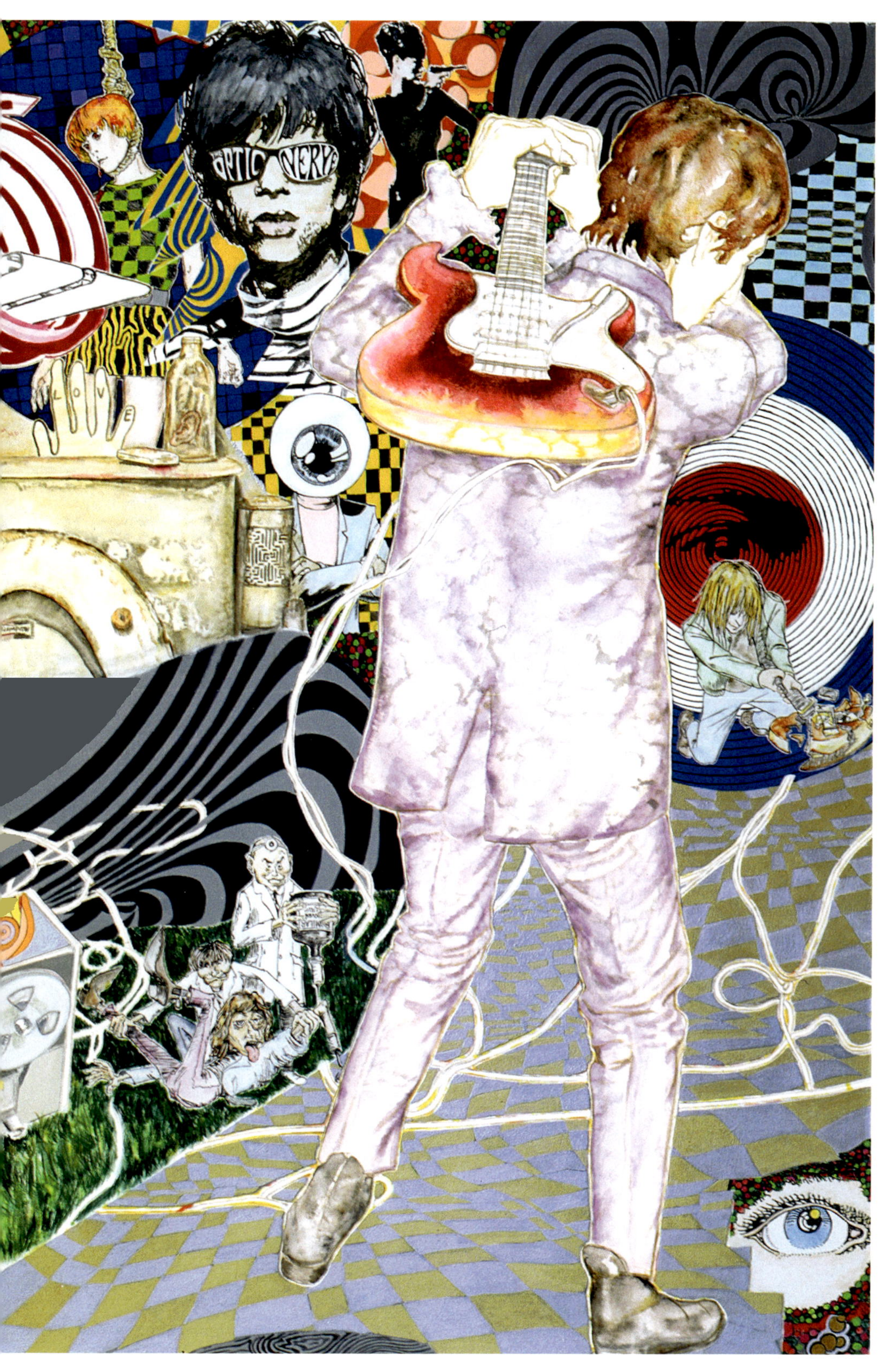

Die Jugend von heute/The Youth of Today—*Number 1*

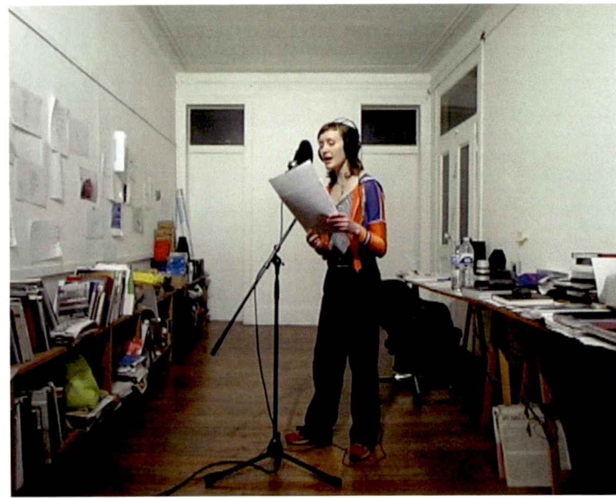

João Onofre
*Catriona Shaws sings Baldessari
sings LeWitt, re-edit Like a Virgin*, 2000

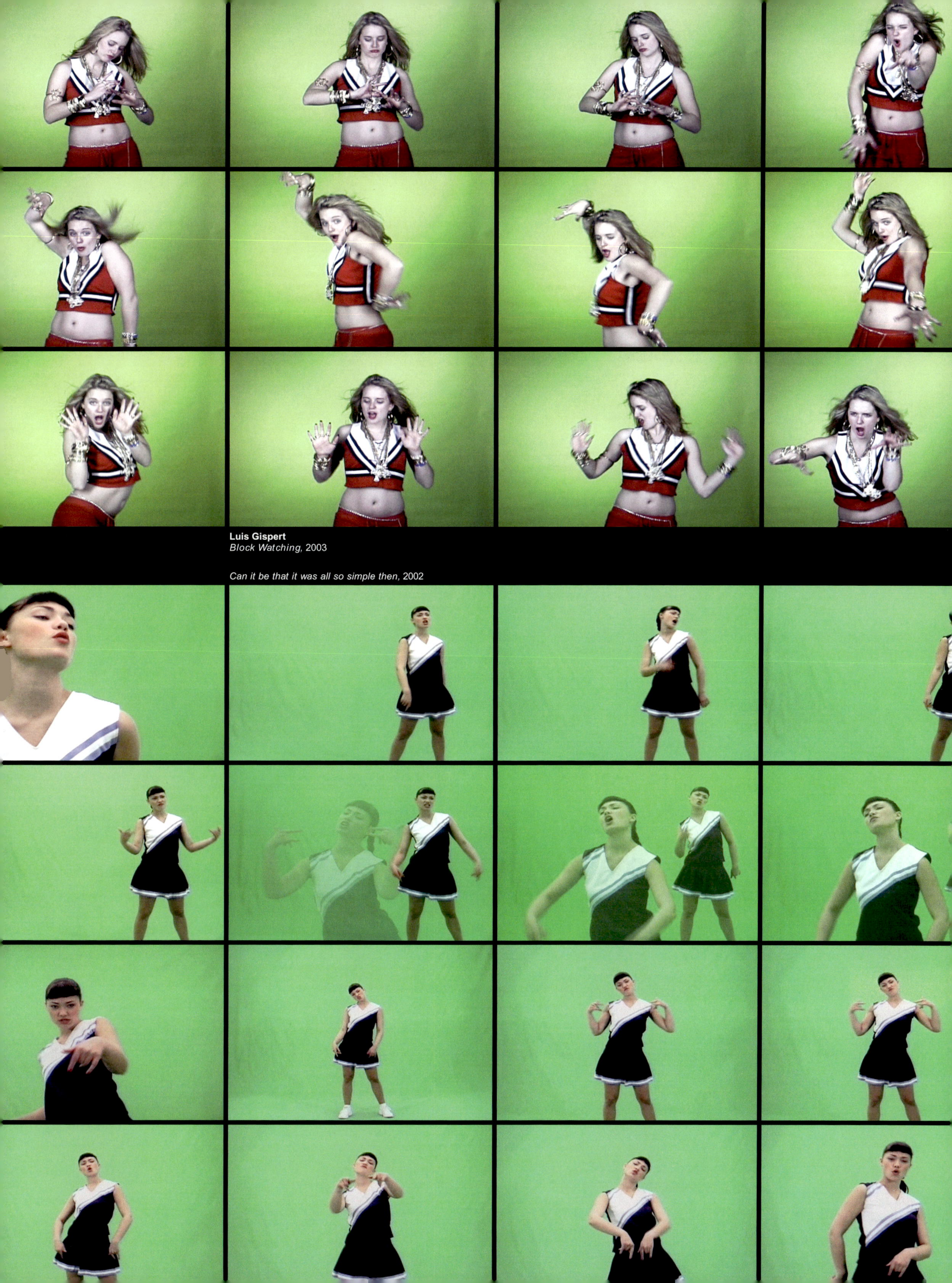

Luis Gispert
Block Watching, 2003

Can it be that it was all so simple then, 2002

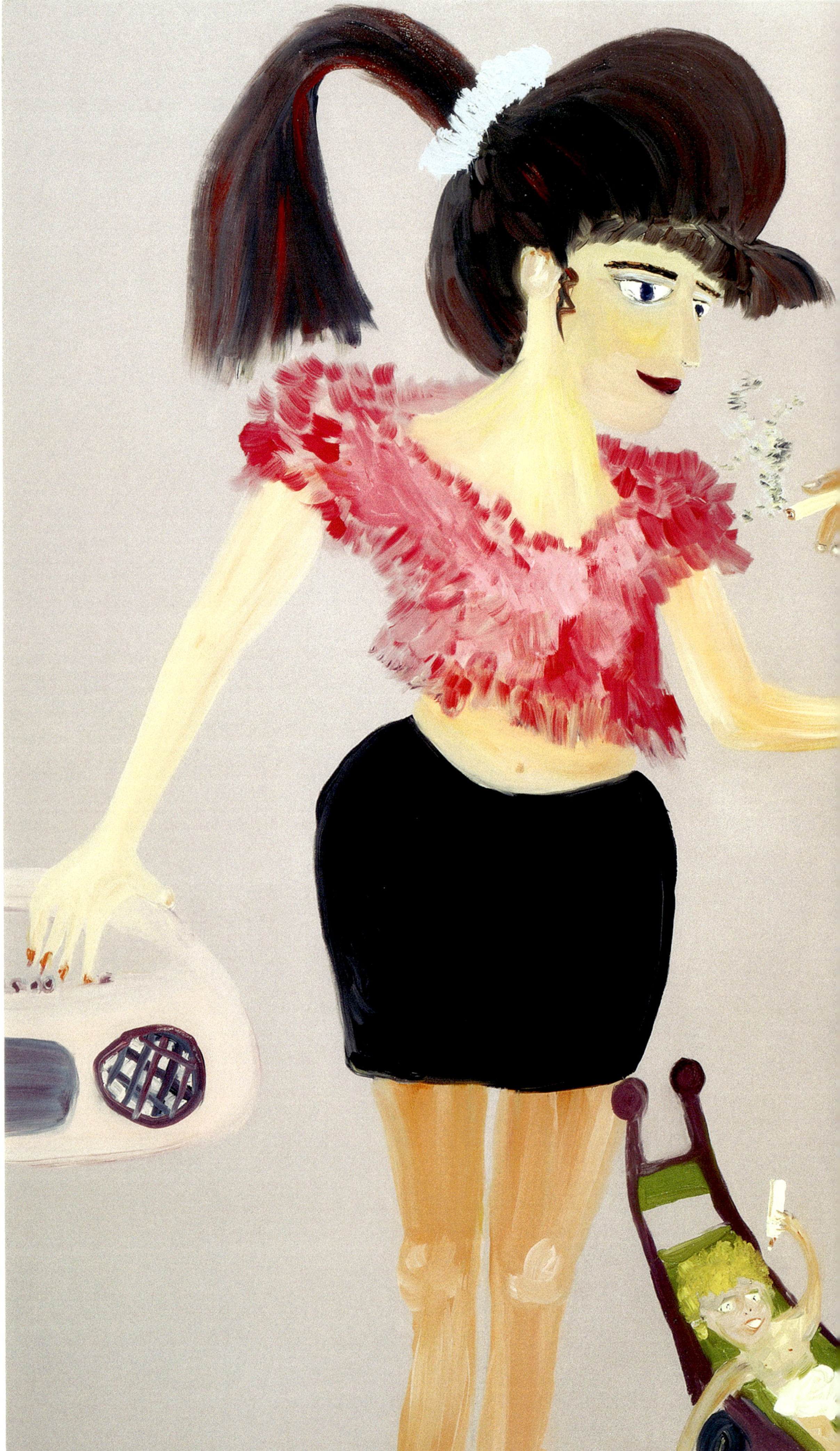

Martin Maloney
Hey Good Looking, 1998

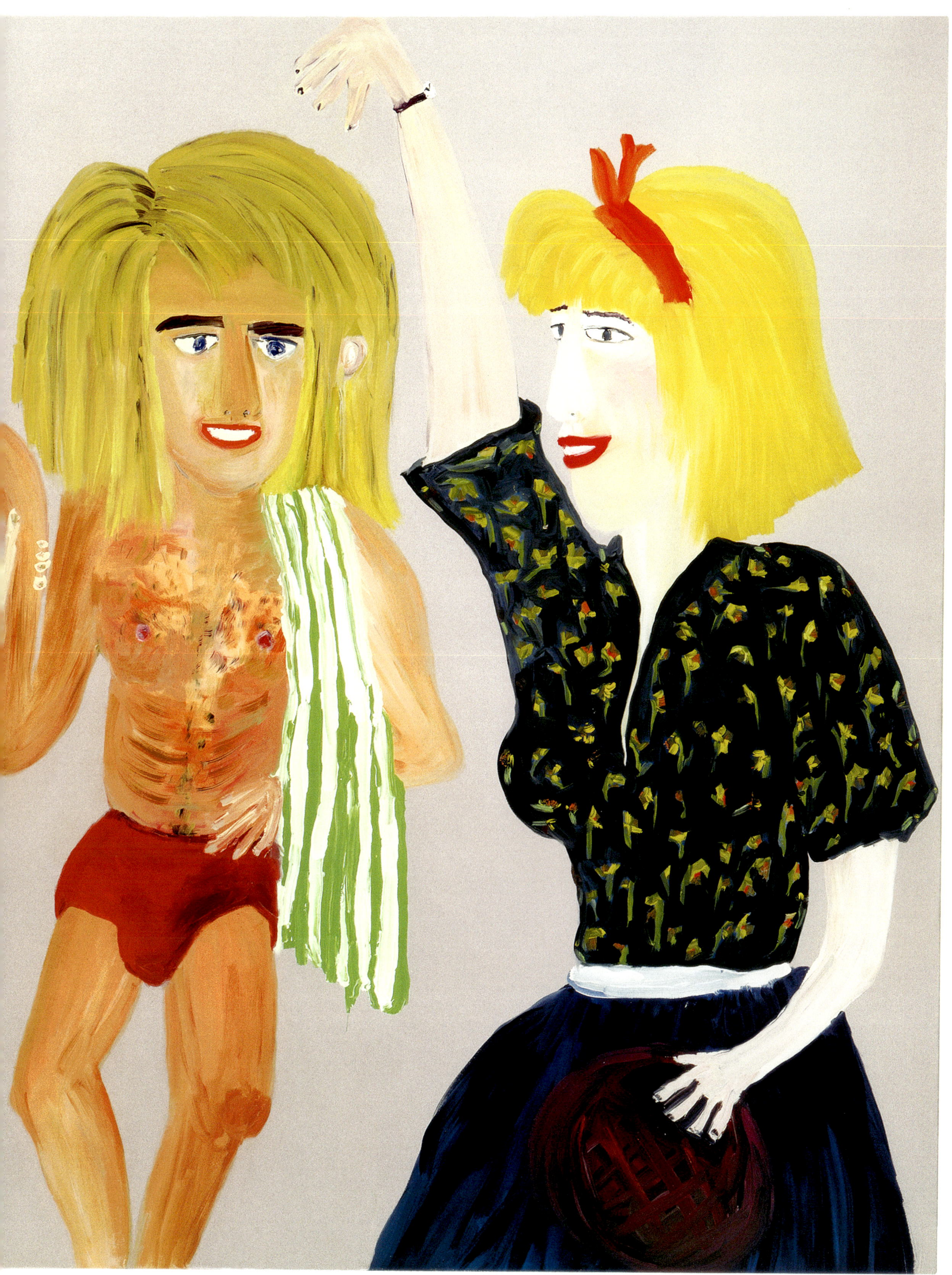

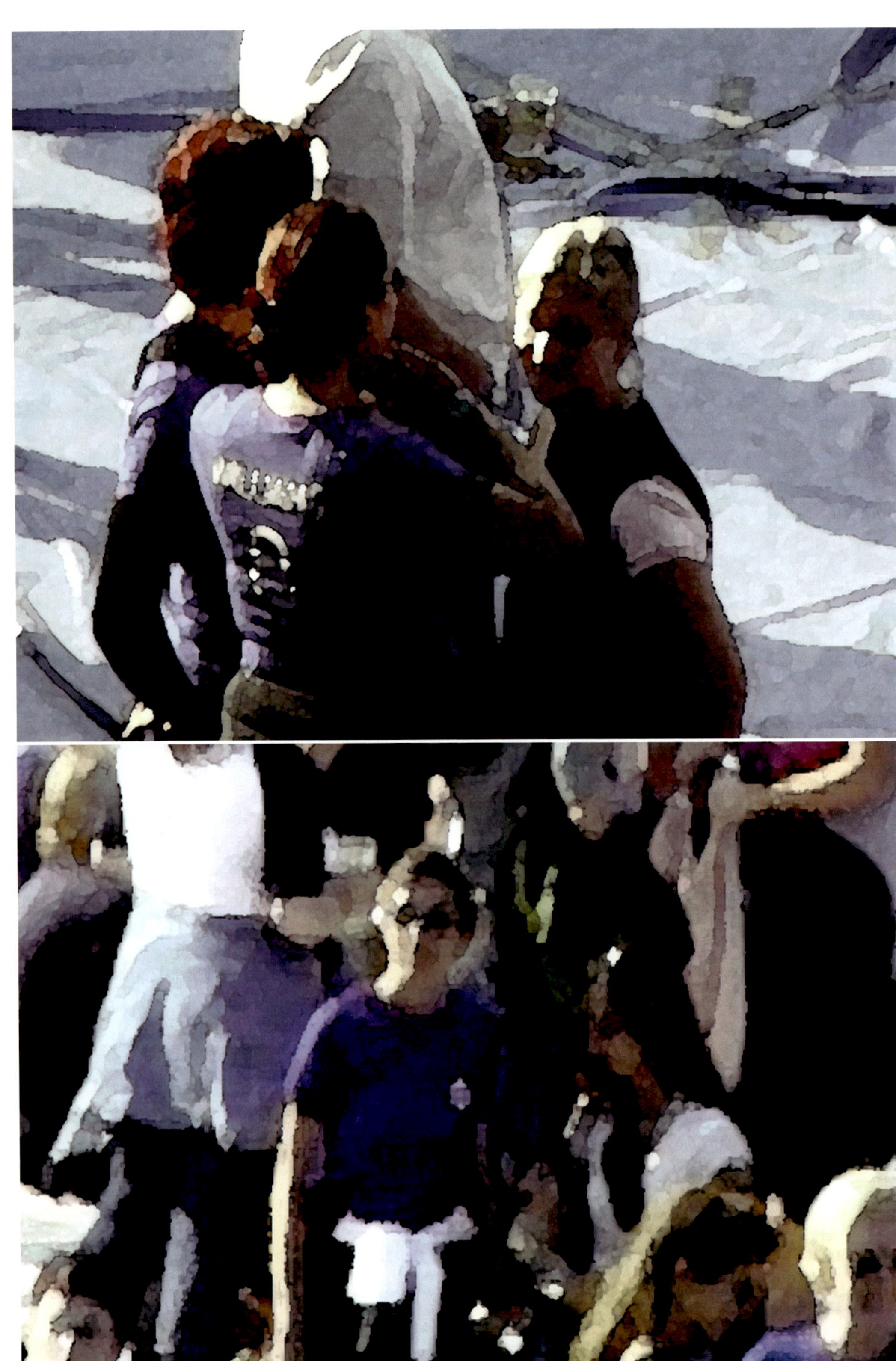

Bettina Pousttchi
Fans #3, 2002
Fans #4, 2002

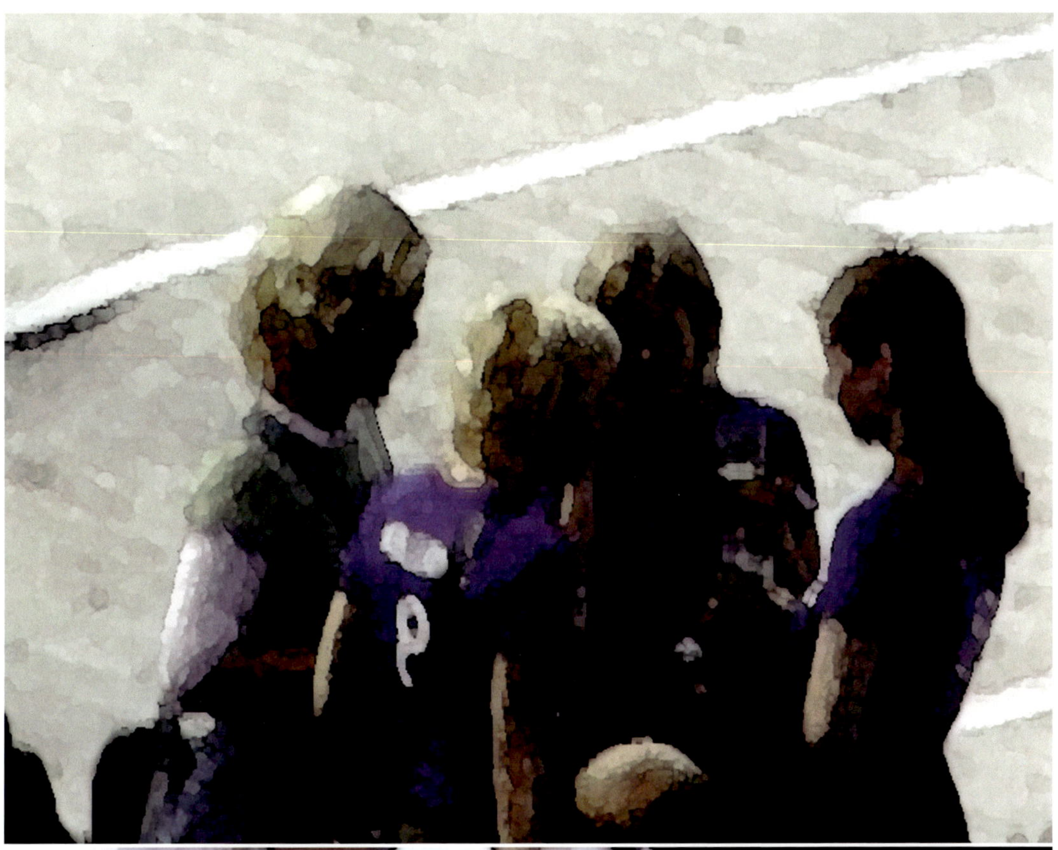
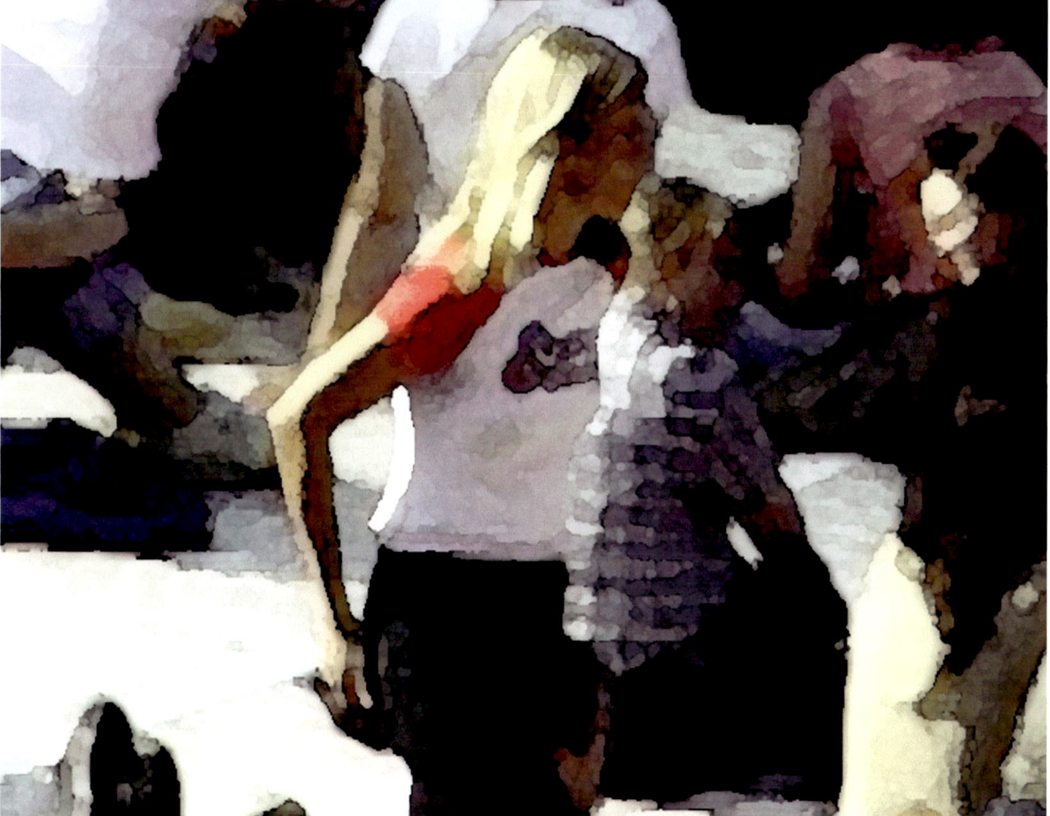

Fans #6, 2002
Fans #7, 2002

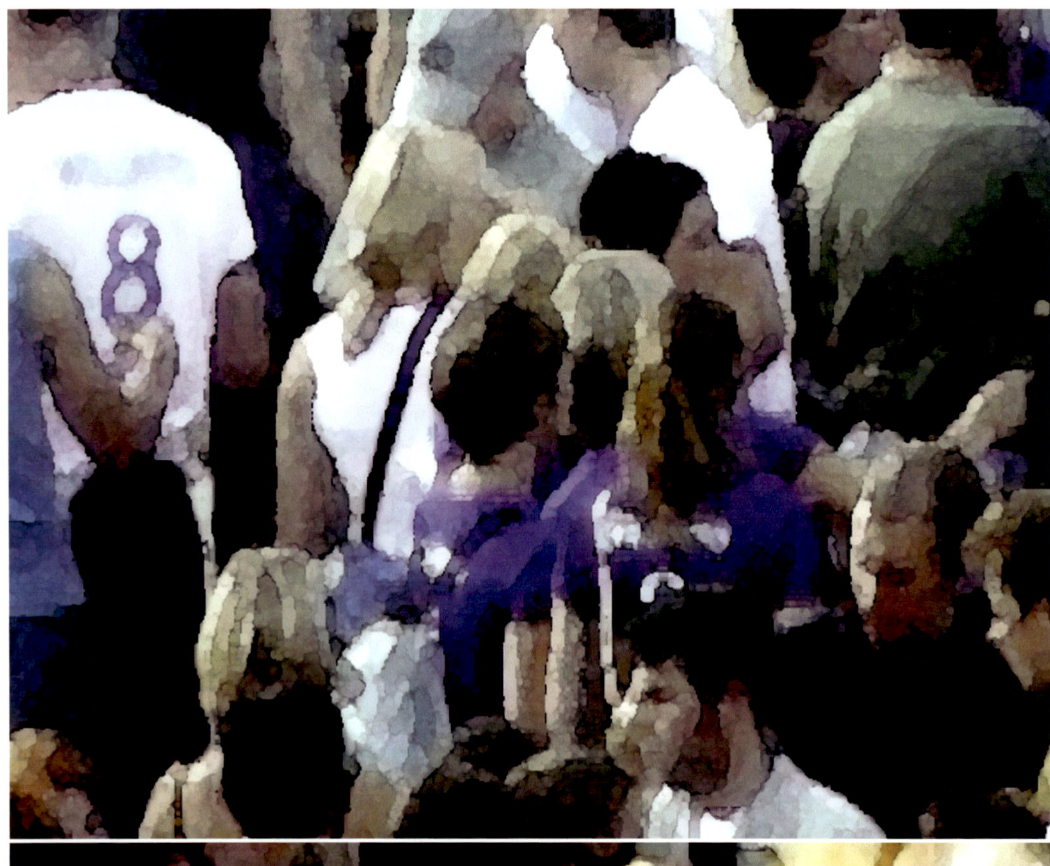

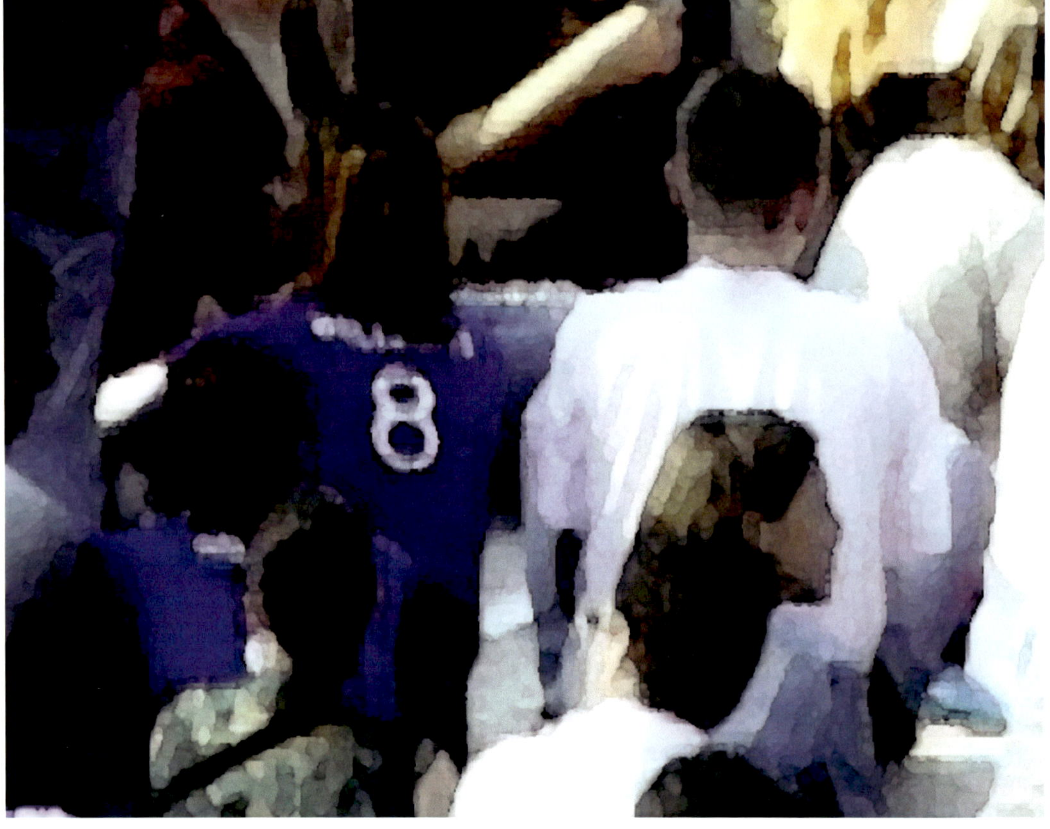

Bettina Pousttchi
Fans #14, 2002
Fans #16, 2002

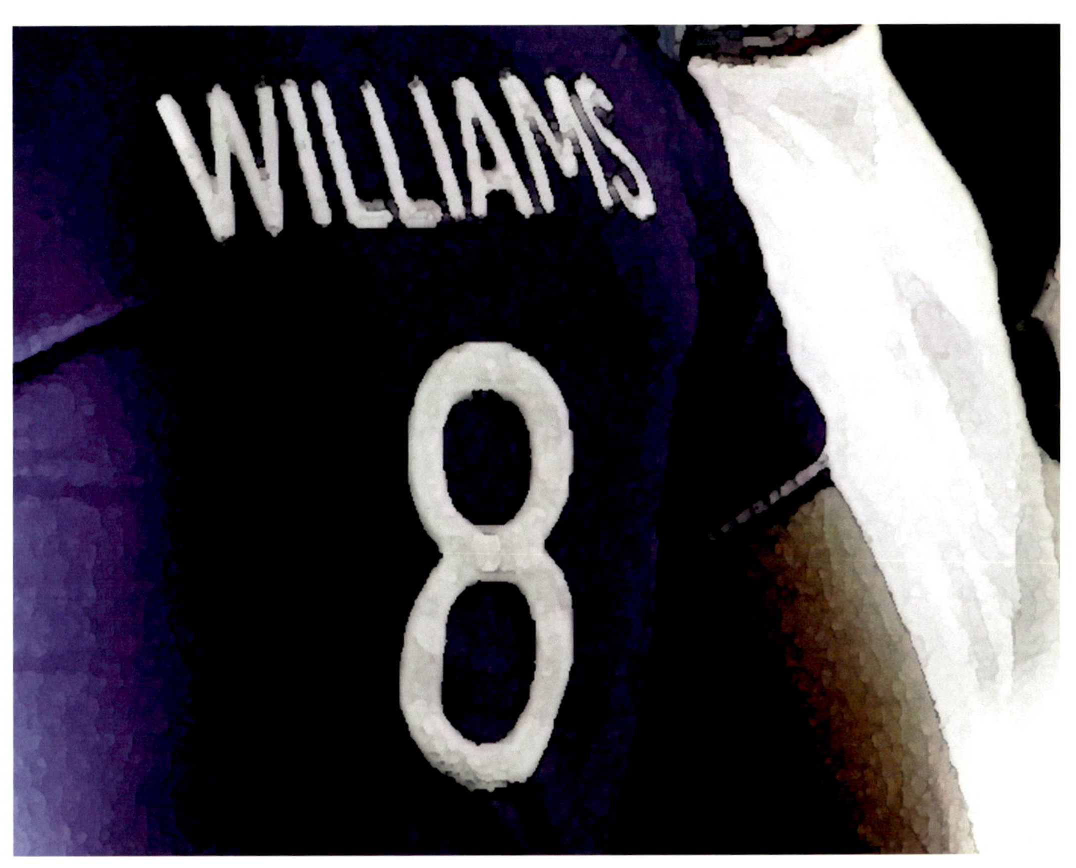

Fans #18, 2002

Stadt/Raum
City/Space

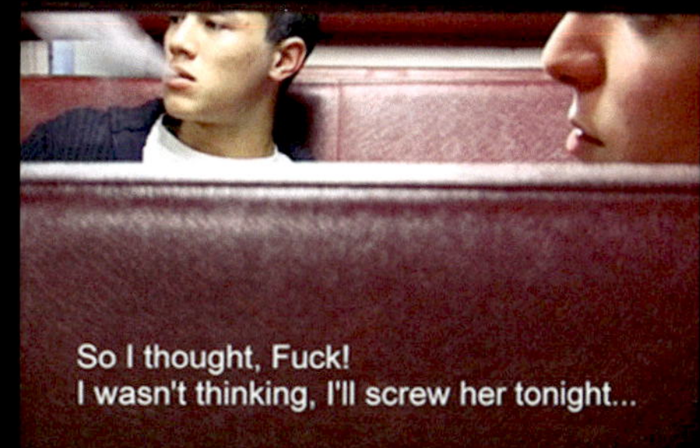

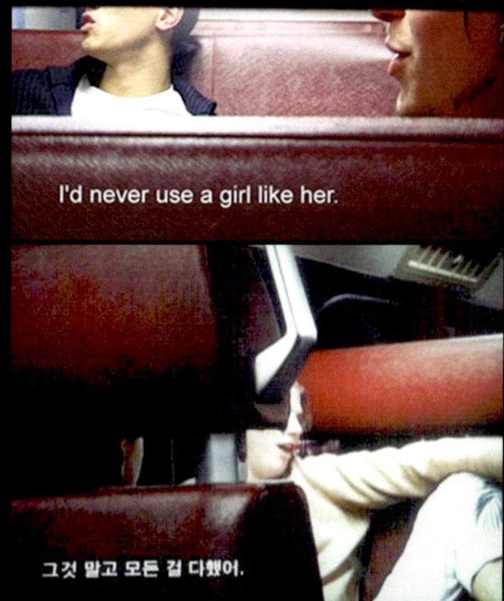

Julika Rudelius
Train, 2001

FROM: GRAFFITI
TO: GRAFFITI

Matthias Ulrich

*Wie sie die Straßen langgehen /
So selbstverständlich und schön /
Cool in der Gegend rumstehen /
Wenn man sie sieht, kann
man schon neidisch werden /
Die Jungen so athletisch und
männlich / Und auch die
Mädchen sehen phantastisch
aus / Manche meinen, sie seien
vielleicht etwas dämlich / Doch
wer so denkt, kennt sich mit
Jungsein nicht aus.*

(Blumfeld, *Jugend von heute*, 2003)

Der Raum, wie von Michel Foucault zur Bestimmung des 20. Jahrhunderts beschrieben, wurde und wird immer noch von zunehmendem Interesse begleitet. Cyberspace oder Globalisierung sind zumindest reale und weithin aktuelle Phänomene, die die modernen Gesellschaften auch am Anfang des 21. Jahrhunderts noch maßgeblich beeinflussen und sie in Unklarheit darüber lassen, wohin die Reise geht. Trotz der Zunahme von Transiträumen, in denen die Menschen immer mehr Zeit verbringen, etwa in gezüchteten Ferienanlagen, in Flughäfen oder in Einkaufszentren, ist die aus dem 19. Jahrhundert stammende Stadt weiterhin und für die meisten von ihnen der zentrale Lebensraum, das politische wie kulturelle Gravitationszentrum. Die Stadt ist ein von unterschiedlichen Kräften umkämpftes Gebiet, in dem nicht nur soziale Unterschiede zur Geltung kommen, die nach Zentrum und Peripherie geordnet sind, sondern weit weniger offensichtlich eine permanente Verschiebung und Vermischung von Szenen, von ethnischen Identitäten und Geschlechtern, von Sounds und Styles, von Verdichtung und Auflösung stattfindet. Während Gentrifizierung auf die Oberfläche der Karte abzielt und eine Veränderung der städtischen, der urbanen Reize verursacht, mithin einen Austausch zweier Zonen innerhalb der gesamten Stadt, so erzeugen die Muster und Bilder von Taggern und Sprayern eine eigene Karte, eine nur für bestimmte Leserinnen und Leser entworfene städtische Geographie. Mit Spuren solcher Art werden Städte verändert und auf beinahe metaphysische Weise von Jugendlichen in Besitz genommen.

DIE STADT GEHÖRT UNS

Unter der Vorgabe einer lesbaren und auf Zeichen beruhenden, gesellschaftlichen Realität hatte Jean Baudrillard schon 1978 dem Graffiti den Status einer dissidenten Praxis zugeschrieben, die den Kampf mit der Oberflächenanimation von Werbeplakaten genauso betreibe wie den zwischen arm und reich. »Sie, die Graffiti«, schreibt Baudrillard, »gehören zur Ordnung des Territoriums. Sie territorialisieren den decodierten urbanen Raum – diese oder jene Straße, jene Wand, jenes Viertel wird durch sie lebendig, wird wieder zum kollektiven Territorium.«[1] Einfach ausgedrückt, bewirken Graffiti, die als Handlungen von Individuen gesehen werden, die Wiederaneignung eines vom Primat der Ökonomie in Besitz genommenen und ausgestatteten Raums, der sich in der modernen Gesellschaft seit dem 19. Jahrhundert zunehmend behauptet hat. »Die Graffiti-Sprayer,« so Andy Warhol, »die nachts ganze U-Bahn-Züge besprühen, haben begriffen, wie man den Stadt-Raum im Recyclingverfahren zurückerobert.«[2] Das System Graffiti hat sich über einen Zeitraum von mehr als 30 Jahren nicht nur in legale und illegale Produktionen ausdifferenziert, ist nicht nur im ästhetischen Diskurs Bestandteil der künstlerischen Formensprache, sondern es hat sich auch von der in Baudrillards Theorie eingelassenen Sozialutopie zu einer sozialen Kommunikation hin bewegt, die sich und ihre Umwelt mit jedem Strich, mit jeder Chiffre, mit jedem Zeichen einer anonymen Autorenschaft gleichzeitig erzeugt. Graffiti wie auch Skateboard oder neuerdings *Parkour* stehen nicht nur in enger Beziehung zur Jugend, sondern auch zu einem städtischen Raum, der aus einem komplexen Gefüge permanenter Bewegungen und einem beziehungslosen Nebeneinander von Ereignissen besteht. Dahinein zählen auch die teilweise rebellischen Bahnen, die Jugendliche in der Gesamtansicht einer Stadt markieren, ob sie nun einfach nur gut aussehend auf der Fußgängerzone herumstehen oder sich in größte Gefahr begeben, um beim *extrem tagging* an den teuren Häuserwänden São Paulos auf die Existenz der Favelas aufmerksam zu machen. Tatsächlich kann eine Linie von den modernen *Flâneurs* hin zu den supermodernen *Traceurs* gezogen werden.

DER MANN DER MENGE

*We want to go where no
human has ever been before.*
(David Belle, Gründer von *Parkour*)

Diese neuen Vertreterinnen und Vertreter einer jugendlichen Disziplin machen spätestens seit dem neuen Video von Madonna zu dem Song *Hung Up* auf sich aufmerksam. *Parkour* heißt diese Fortbewegung, die ohne irgendwelche Hilfsmittel auskommt und in den Banlieues Frankreichs erfunden wurde. Diese »L'Art du Déplacement« ist eine Mischung aus Skateboard-Akrobatik und Spiderman-Animation, wobei die Akteure, so genannte *Traceurs* oder *Yamakasi*, bloß mit Sportkleidung bewaffnet, über Balkone, Mauern, Geländer und selbst Hausdächer rennen, so als würden sie die physikalischen Gesetze zu widerlegen beabsichtigen. Nicht unähnlich den *Flâneurs* des 19. Jahrhunderts, die sich mit der anonymen Menschenmasse durch die neuen Boulevards und Einkaufsstraßen der Großstädte bewegten, ohne den Lauf zu stoppen, gilt für die *Traceurs* einzig und allein die Lust an der Vorwärtsbewegung, alle möglichen Hindernisse und Gefahren ignorierend. Was für den *Flâneur* die Modernität, das ist für den *Traceur* die von Marc Augé beschriebene Supermodernität, wie sie sich in urbanen Räumen des Transits von Verkehr, Kommunikation und Konsum manifestiert. Ohne Geschichte, ohne Identität und ohne Beziehung zur Stadt generieren Einkaufszentren, Business-Hotels oder Flughäfen, von Marc Augé als *non-places* bezeichnet, eine autonome und in sich geschlossene Informationsstruktur. Der *Traceur* macht sich diese Geschlossenheit zunutze, indem sie oder er in die störungsfreien Bewegungsabläufe eingreift und eine eigene Informationsstruktur daraus entwickelt. Indem auf seltsame Weise und seltenen Wegen die Strecke von A nach B per pedes und in höchster Geschwindigkeit absolviert wird, bleibt, vielleicht umso mehr, der

Blick auf die vielen Zwischenräume zurück, die der *Traceur* überwindet und dadurch miteinander verbindet. Diese neue, aus vielen Zwischenräumen geschriebene Karte ist nicht die Antithese zur Geographie der post- oder supermodernen Gesellschaft, die sich dort platziert, wo Ein- und Ausfahrt das Nervensystem ihrer Subjekte charakterisieren. Wo sonst als in Werbespots von Nike oder Nissan sind die Dynamik und der Mut der Mensch gewordenen Actionfilmhelden besser repräsentiert? Mit welcher anderen Musik als HipHop ließe sich der urbane Energiesport authentischer vermischen?

EIN WORT FÜR NIEMAND

Michel de Certeau beschreibt den Raum als ein Handlungsfeld, das sich dem panoptischen Zugriff durch disparate Ausdifferenzierungen widersetzt und bereits durch die nicht lokalisierbaren Räume des Fußgängers im 19. Jahrhundert in partikulare Zonen, in ein Netz von Wegen und Straßen, eingeteilt wird. Ähnlich dem Sprechakt, einer Sprache also, die sich in ihrem spezifischen Medium realisiert, so bestehe auch der Raum durch diejenigen Aktivitäten, die ihn herstellen und ihm eine bestimmte Bedeutung einschreiben. De Certeau definiert den Raum durch eine dreiteilige Funktion: »(…) zum einen gibt es den Prozess der *Aneignung* des topographischen Systems durch den Fußgänger (ebenso wie der Sprechende die Sprache übernimmt oder sich aneignet); dann eine räumliche *Realisierung* des Ortes (ebenso wie der Sprechakt eine lautliche Realisierung der Sprache ist); und schließlich beinhaltet er *Beziehungen* zwischen unterschiedlichen Positionen, das heißt pragmatische ›Übereinkünfte‹ in Form von Bewegungen (ebenso wie das verbale Aussagen eine ›Anrede‹ ist, die den Angesprochenen festlegt und die Übereinkünfte zwischen Mitredenden ins Spiel bringt).«[3]

Der Raum wird damit immer nur relational zu einem Subjekt, das diesen Raum be-schreibt und ihm dadurch Bedeutung verschafft. Es ist ein Raum, der sich permanent umschreibt und in einer symbolischen Ordnung manifestiert, die eine konkrete Form seines Gebrauchs offenbart. Oder anders gesagt, Raum ist ein Medium, in dem sich Formen wie etwa Straßennamen oder Bewegungsgeschwindigkeiten herausbilden und ein komplexes Netz von Beziehungen produzieren, das einer riesigen Zahl von inkommensurablen Karten gleicht. Wollte man dies in einem Bild wiedergeben, dann wären das die »vollkommene(n) Gesten der Gewalt, mit der Sprühdose gemalt, Shivas in Schriftzeichen, tanzende Graphen, deren flüchtige Erscheinung vom Rattern der U-Bahn begleitet wird: die Graffiti von New York«.[4] Zeichen der Art von Tags, die zumeist nur aus einem Wort, dem Namen oder Pseudonym des Taggers, bestehen oder Graffiti beschreiben längst zusätzliche Karten von Städten, die mit individuellen und kollektiven Geschichten gefüllt sind und denjenigen, die sich in diesen Karten

bewegen, Informationen der Zugehörigkeit oder des Ausschlusses mitteilen. Vor allem aber kennzeichnen die an Hauswänden, an Brücken, an öffentlichen Monumenten und selbst an U-Bahn-Wagen angebrachten Zeichen Bewegungen, die die nicht nur legalen, sondern viel mehr gewohnten Bahnen kreuzen und aufheben. Ein neuer Raum drängt den alten Raum zur Seite, gesellt sich dazu, macht dadurch einen alten Raum überhaupt erst sichtbar. Sie überschreiben nicht nur die vorhandenen Oberflächen von Gebäuden in einer Stadt, sondern auch die damit verbundene, soziale Ordnung des jeweiligen städtischen Lebens. Deleuze und Guattari sprechen von Territorialisierung, von der Konstitution von Räumen und Handlungspfaden, die jeden Raum in eine Subjektivität versetzen. »Der Begriff des Territoriums wird hier in einem sehr weiten Sinne verstanden, der den Gebrauch überschreitet, den Ethologie oder Ethnologie von ihm machen. Das Territorium ist das Synonym von Inbesitznahme, einer in sich geschlossenen Subjektivierung. Das Territorium kann sich deterritorialisieren, das heißt sich öffnen, sich auf Fluchtlinien begeben, also sich verflüchtigen, oder sich zerstören.«[5]

DAS SPEKTAKEL IN DIR

> *Was ist Leben? Ich weiß es nicht. Wo wohnt es? Die Frage beantworten die Lebewesen, indem sie den Ort erfinden.*
>
> (Michel Serres, *Atlas*, Berlin 2005)

Die Stadt besteht aus einer unüberschaubaren Ansammlung von, wie Georg Simmel gesagt hat, sozialen Kreisen, die mehr oder weniger in Bewegung sind, sich überschneiden oder auseinander driften. Ende der 1950er Jahre kreierten die Avantgarde-Künstler der Situationisten eine Bewegungstechnik, das so genannte Umherschweifen (frz.: dérive), das in eine Theorie des Urbanen mündete und die individuelle Erfahrung innerhalb dieser sozialen Kreise erkundete. Eine Kartographie der Psyche nahm den Kampf auf gegen das Reglement und die Konventionen einer Ordnung der Wege und Ziele. »Vom Standpunkt des Umherschweifens aus haben die Städte ein psychogeographisches Bodenprofil mit beständigen Strömen, festen Punkten und Strudeln, die den Zugang zu gewissen Zonen oder ihr Verlassen sehr mühsam machen.«[6] Die Technik des Umherschweifens ist ein relationales Verstehen des urbanen Lebens und ihre Operation eine Destabilisierung des gewohnten, gesellschaftlich kodierten Bewegungsablaufs. Sie widersetzt sich der urbanen Situation, die längst ein Konzept des diskursiven Urbanismus ist, und verlangt nach psychischen Verstärkungen, Erkundungen, Territorialisierungen einer individuell entstehenden Karte: Psychogeographie. Umherzuschweifen heißt also, sich einen Ort aneignen, das Spektakel, das den Passanten über Werbeplakate,

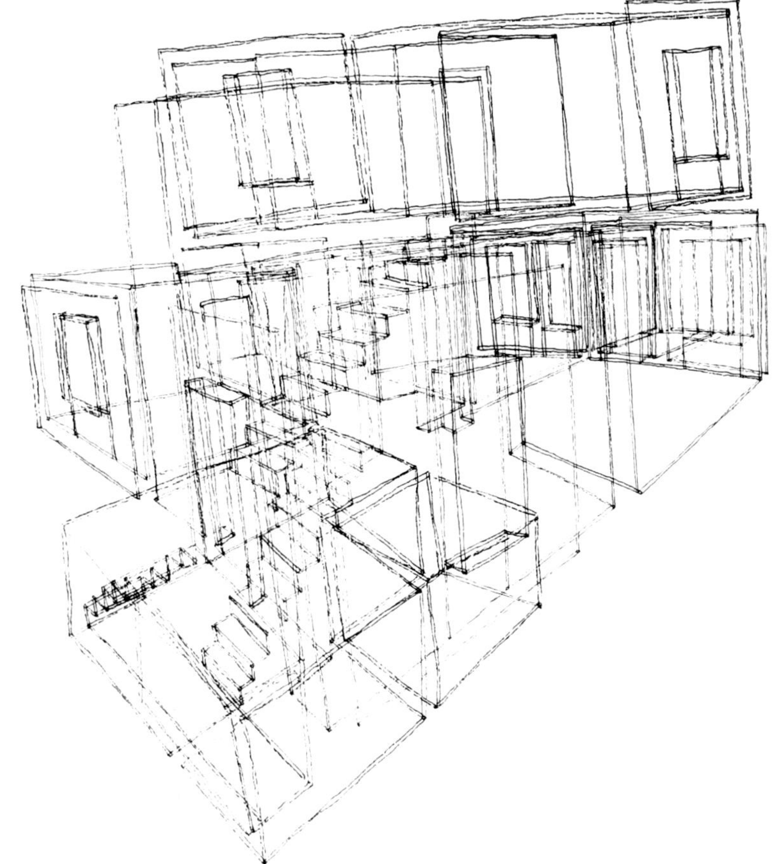

Alex Morrison
Every house I've ever lived in drawn from memory, 2006

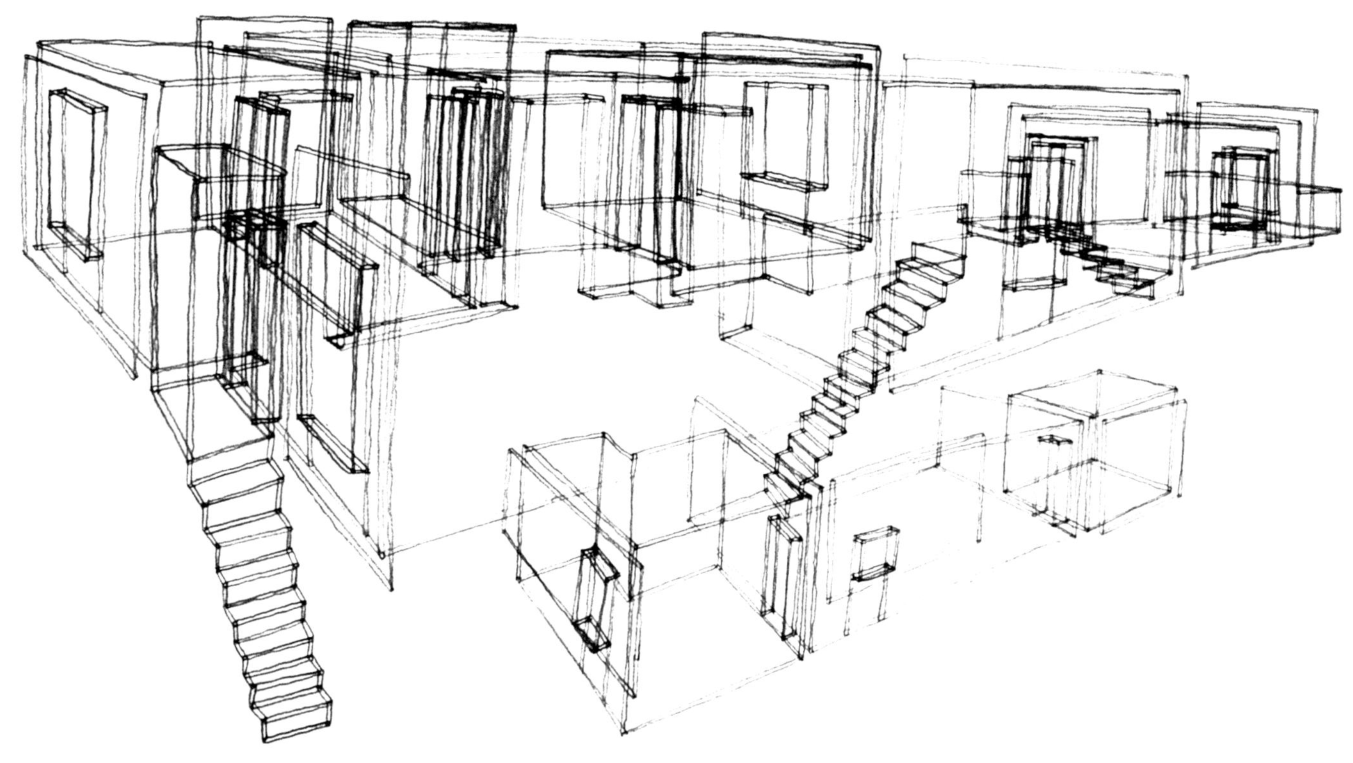

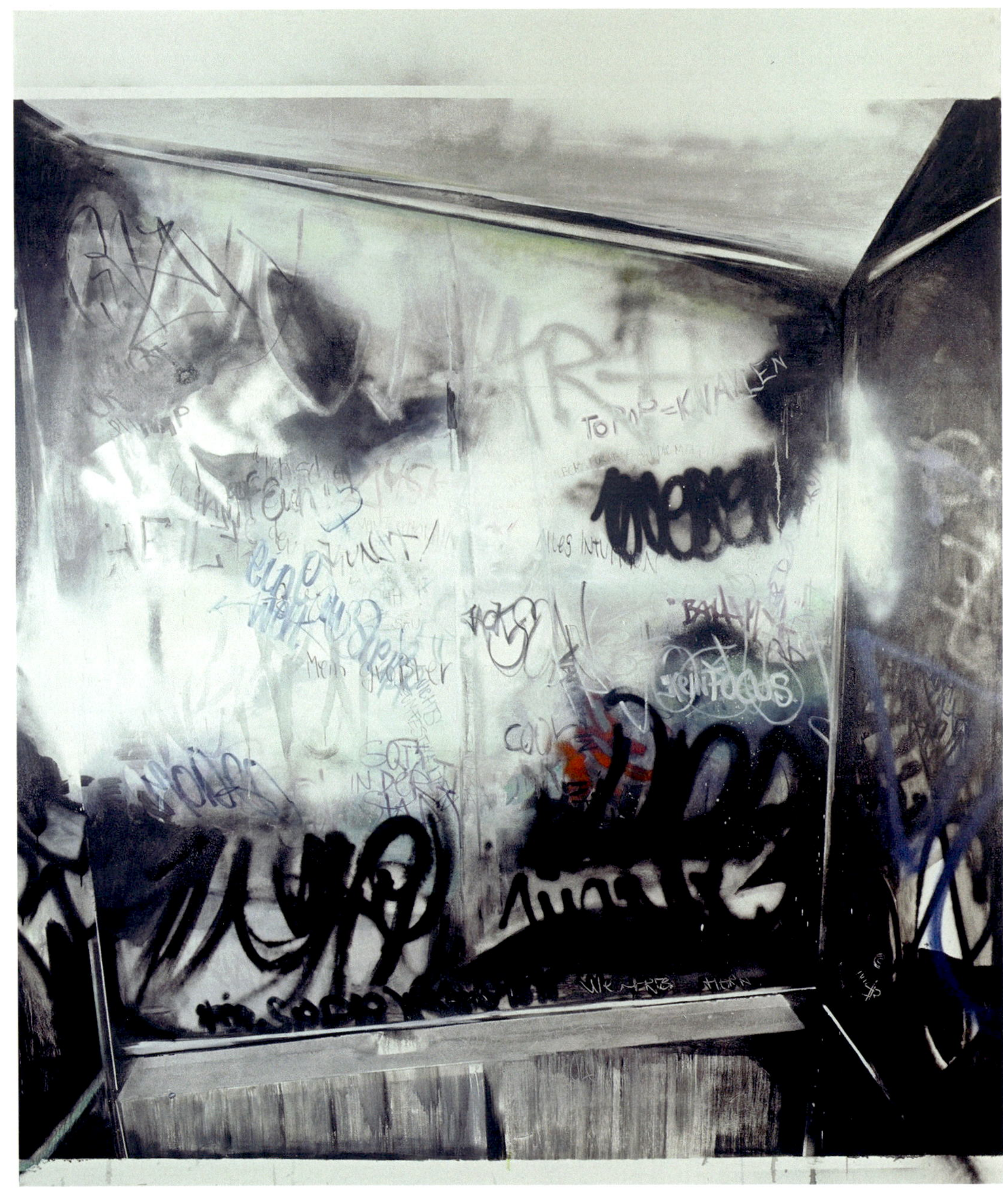

Schaufenster und ähnliche Reizquellen vorgeführt wird, in die eigene Existenz zu übernehmen und eine Theatralisierung derselben zu betreiben. Das Ziel dieser urbanen Technik war es, die Umgebung für den eigenen Nutzen zu verwenden, um dadurch die umgekehrte, beziehungsweise verdeckte Perspektive des gesamten Spektakels ausfindig zu machen.[7]

Das *dérive* ist also ein mit der Suche nach anziehenden und abstoßenden Zeichen verbundenes Umherschweifen durch die Straßen der Stadt, sich den Versprechungen der Stadt hinzugeben, um dann herauszufinden, dass es sie nicht gibt und stattdessen auf Wege hinzuweisen, die nie zuvor existiert haben. Das *dérive* ist als Kritik am Urbanismus entstanden und umgekehrt bleibt der Urbanismus durch das *dérive* systematisch kritisierbar. Die Psychogeographie ist dabei »die Erforschung der genauen Gesetze und exakten Wirkungen des geographischen Milieus, das bewusst eingerichtet oder nicht, direkt auf das emotionale Verhalten des Individuums einwirkt«.[8]

MIT DEM KOPFHÖRER SEHEN

Ich möchte Teil einer Jugendbewegung sein,
ich möcht' mich auf euch verlassen können,
quer mit euch durch die Straßen rennen.
Jede unserer Handbewegungen hat einen
besonderen Sinn, weil wir eine Bewegung sind.
(Tocotronic, 1995)

Die Geschichte der Technologie ist die Verkleinerung ihrer Produkte, was dazu führt, dass aus der immobilen, an einen festen Ort gebundenen Struktur ein bewegliches Netz, ein Transfer von Räumen hervorgeht. Die Mobilität von Technologie führt zu neuen Formen der Produktion wie auch der Konsumption, sie verbindet Orte miteinander und ist diese Verbindung selbst. Der Walkman – in allen seinen evolutionären Stufen bis hin zu den multifunktionalen MP3-Playern neueren Datums – ist ein solches Produkt, das den individuellen Ort, das Musik hörende Subjekt, in eine synästhetische, mit dem gleichzeitigen Erlebnis des Laufens, des Essens oder des Schreibens von *short messages* (genannt: SMS) mit dem konventionellen Ort verbindet. »Walkman-Hören grenzt nicht aus, sondern integriert, hat nichts mit geistiger Konzentration zu tun, sondern verwirrt, fasst nicht zusammen, sondern zerstreut, ist nicht zentripetal, sondern zentrifugal.«[9] Die festen Orte des Individuellen zerfallen und verbinden sich zu einem Raum, der lediglich eine zeitliche Stabilität besitzt. Urbanität ist Teil dieses Ästhetisierungsprozesses, sie ist an eine Nutzung von Räumen gebunden, die sich durch jede Aktivität reproduziert.

Anders als Skateboarden oder Taggen ist Walkman-Hören eine geheime Sache, die sich allerdings durch das Laufen mit dem Raum quasi veröffentlicht, wenn auch das Geheimnis selber unangetastet bleibt. »Durch den Walkman wird der Körper geöffnet; er wird (...)

in einen Ästhetisierungsprozess, in eine Theatralisierung des Urbanen einbezogen.«[10] Wie bei den anderen Techniken, mit denen Jugendliche den urbanen Raum beeinflussen, so verfügt auch der Walkman über eine Raumfunktion, mittels derer eine zusätzliche, eine topographisch-musikalische Schicht in die Stadtkarte eingerichtet wird. Indem die vorhandenen Geräusche des Straßenverkehrs oder der Passanten mit dem über Kopfhörer eingespielten Sound ausgetauscht werden, erstellt der Walkman eine für die Hörerin oder den Hörer neue Beziehung zur durchschrittenen Umgebung. Oder, um das bekannte Wort von Eva Meyer zu verwenden, ist der Walkman der Unterschied (zum »ungestörten« Laufen), der eine Umgebung *schafft*. Umgebungstopographie, gewissermaßen, in der sich alle Bewegungen des Menschen im Raum versammeln. Die »Realisierung einer Differenz«, so Baudrillards Attest zum Graffiti, kann ebenso auf den Walkman angewandt werden. Sie betrifft sowohl das Subjekt, das sich unter der Haube einer geheimen Musik inmitten der Öffentlichkeit befindet, als auch den Raum, in dem sich dieses Subjekt als Passant reproduziert. Diese Subjekt-Raum-Relation, zu der mittlerweile auch das mobile Telefonieren zählt und das anfangs ähnliche Befremdung in den Straßen verursachte, dient also zur Konstruktion des Urbanen ebenso wie zur Konstruktion des Selbst. ❑

1 Jean Baudrillard, *Kool Killer oder Der Aufstand der Zeichen*, Berlin, 1978, S. 155.
2 Andy Warhol, *Die Philosophie des Andy Warhol von A bis B und zurück*, München, 1991, S. 155.
3 Michel de Certeau, *Die Kunst des Handelns*, Berlin, 1988, S. 189.
4 Ebd., S. 196.
5 Gilles Deleuze/ Félix Guattari, *Tausend Plateaus. Kapitalismus und Schizophrenie II*, Berlin, 1992, S. 703 f.
6 Roberto Ohrt, Pierre Gallisaire, Hanna Mittelstädt (Hrsg.), *Der Beginn einer Epoche: Texte der Situationisten*, Hamburg, 1995, S. 64.
7 Siehe: Sadie Plant, *The Most Radical Gesture*, London, 1992.
8 *Der Beginn einer Epoche*, S. 17.
9 Shuhei Hosokawa, *Der Walkman-Effekt*, Berlin, 1987, S. 31.
10 Ebd., S. 32.

LEXIKON

dérive (dt.: Umherschweifen) – Eine Technik der Erkundung und Veränderung des städtischen Lebens.

Situationistische Internationale – Eine dem Futurismus und Cobra nahe stehende, europäische Künstlergruppe, die zwischen 1957 und 1972 tätig war und sich für die Realisierung der Versprechungen der Kunst im Alltagsleben einsetzte.

Psychogeographie – Die Erforschung der Bewegung und des Lebens in Städten.

non-lieux (engl.: non-places, dt.: Nicht-Orte) – Öffentliche Räume ohne Geschichte, ohne Identität und ohne Beziehung zur Stadt (z.B. Einkaufszentrum, Business-Hotel, Flughafen).

Gentrifizierung – Die soziale Umstrukturierung eines Stadtteiles von niederer zu hoher Wohn- und Lebensqualität.

tag/tagging – beschreibt im Zusammenhang mit *Graffiti* das Hinterlassen eines besonderen persönlichen Schriftzugs, der in der Regel den grafisch gestalteten Sprayernamen enthält.

Graffiti – Sammelbegriff für gesprühte Bilder und Texte, bevorzugt an Hauswänden angebracht.

Parkour – ist eine Trendsportart, bei welcher der Teilnehmer, *Traceur* genannt, andere Wege einschlägt als die, die ihm auf architektonische und sonstige Art und Weise vorgegeben sind.

Traceur – Der Traceur läuft entlang eines sich selbst vorgegebenen Weges und überwindet jegliche Hindernisse, die auf diesem Weg liegen.

Lea Asja Pagenkemper
Ohne Titel (Ghostwriter), 2003

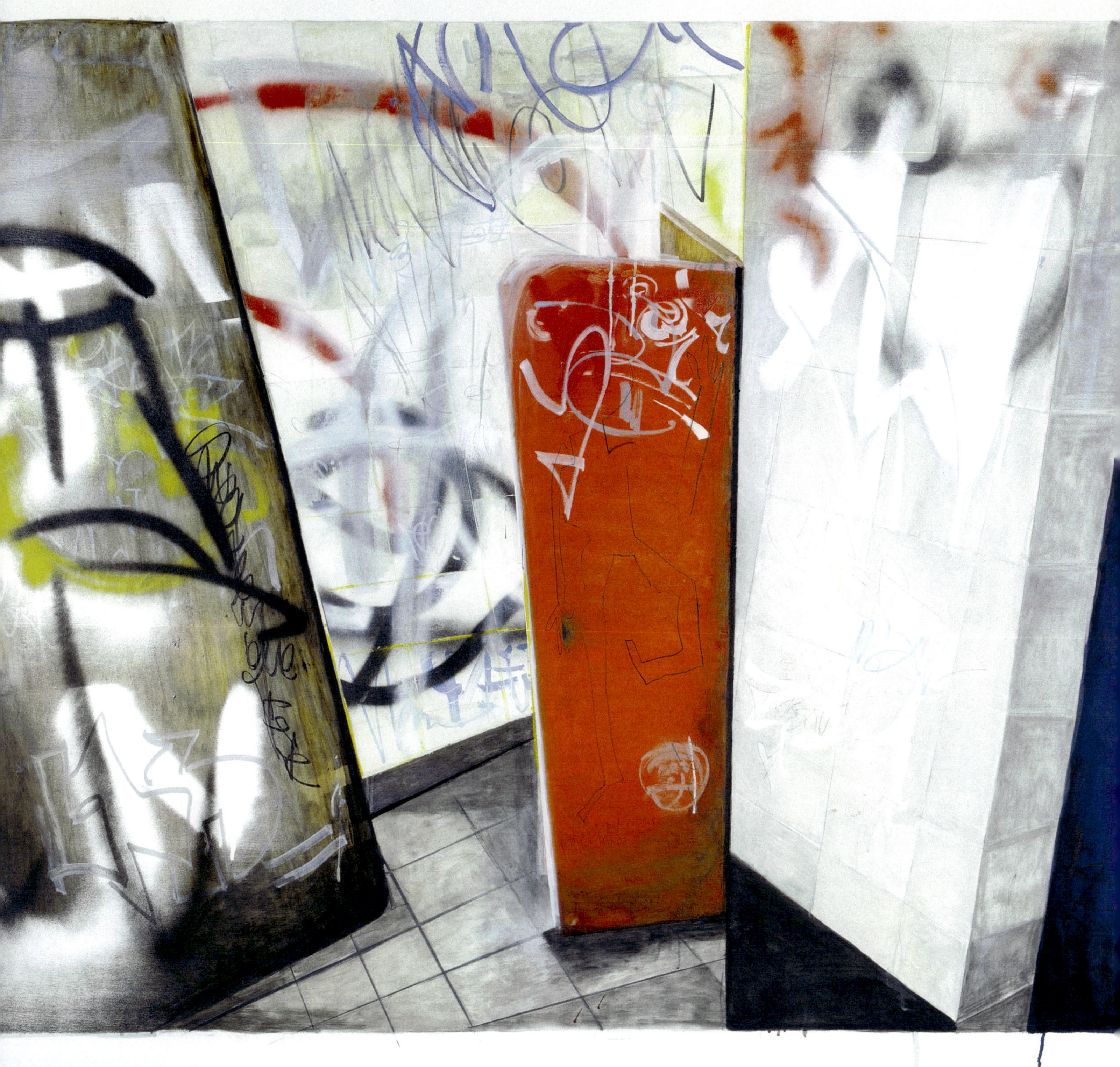

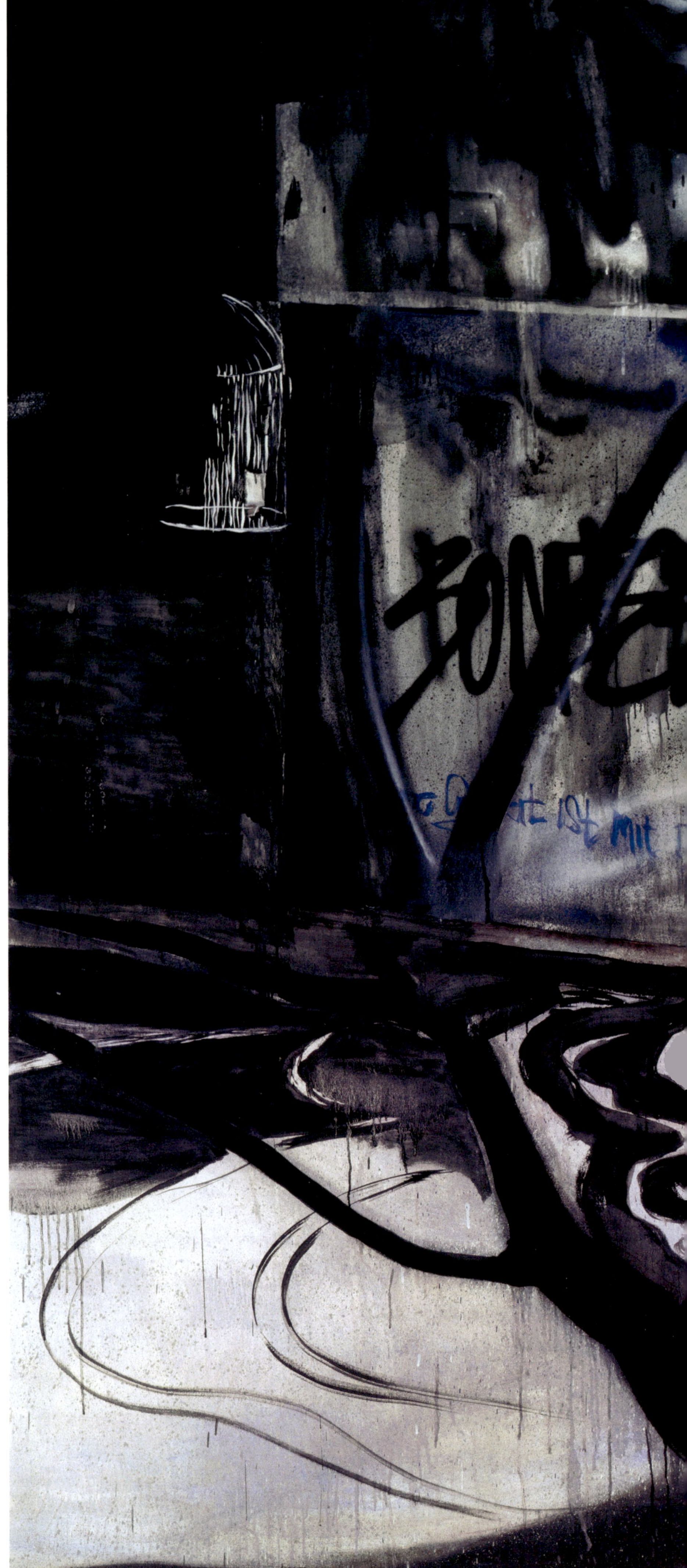

Lea Asja Pagenkemper
1000 Meilen über dem Meer, 2005

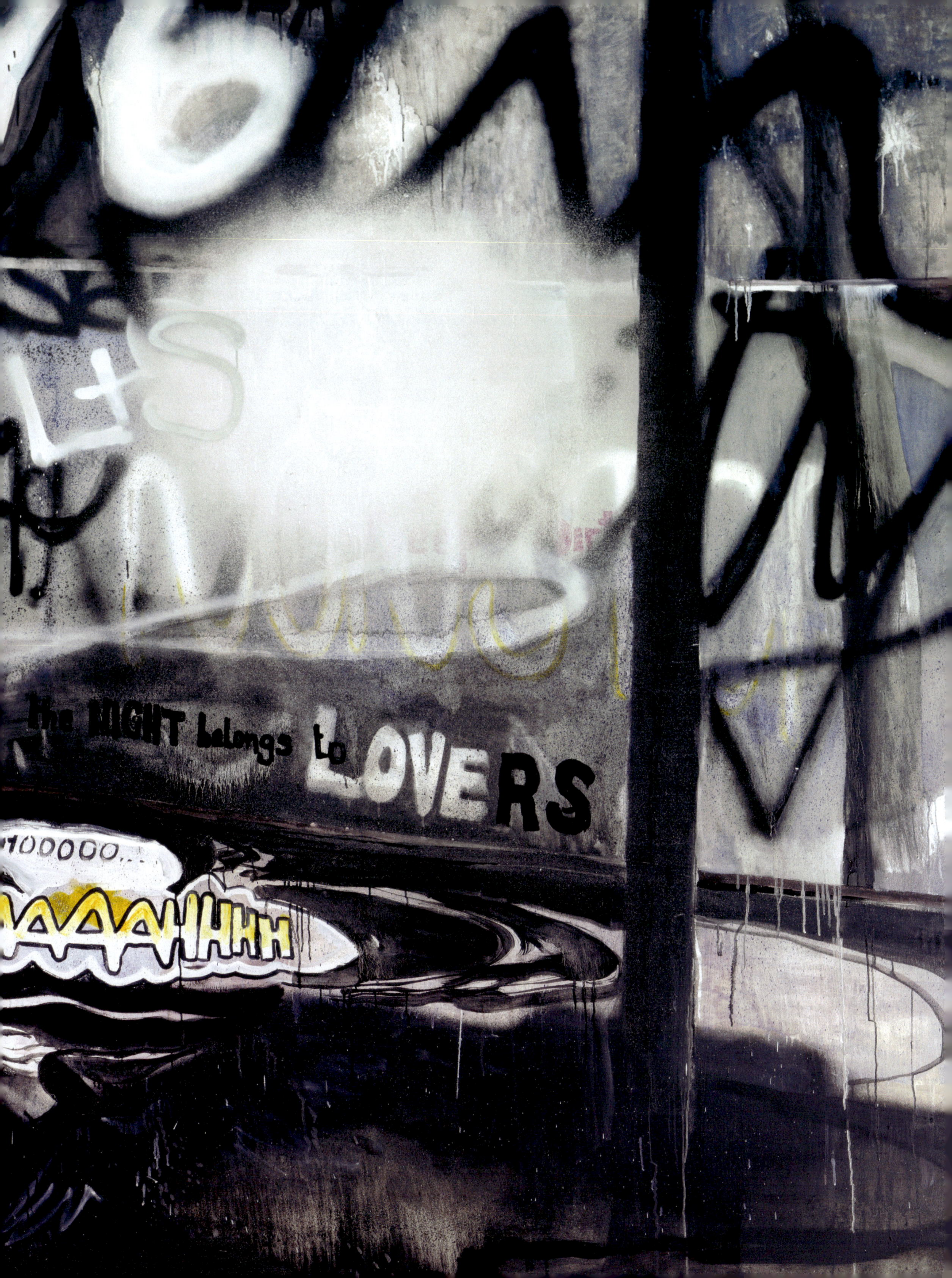
L+S
the NIGHT belongs to LOVERS
100000...
AAAAHHHH

Lea Asja Pagenkemper
Unterwelt (ILD), 2004

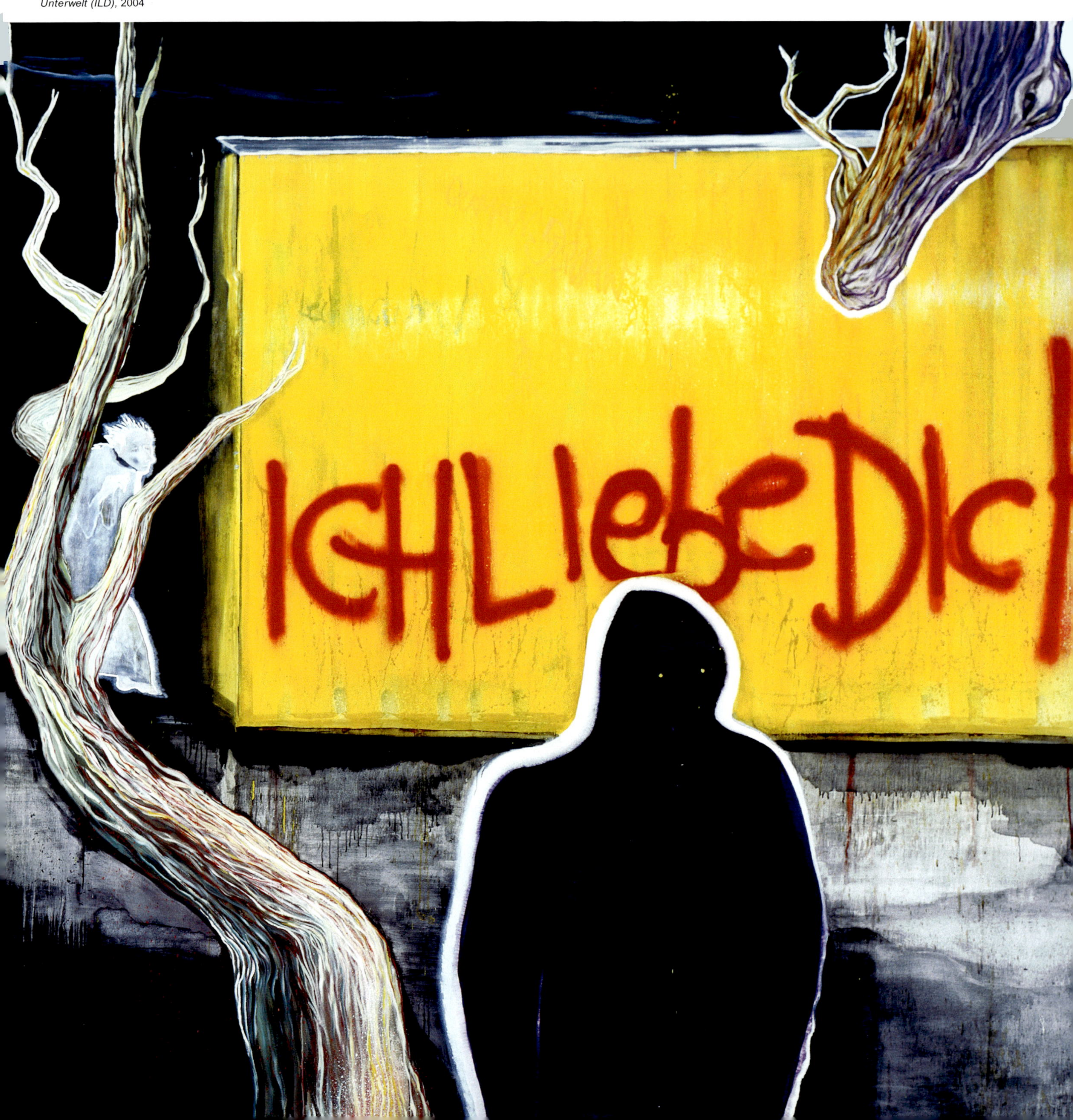

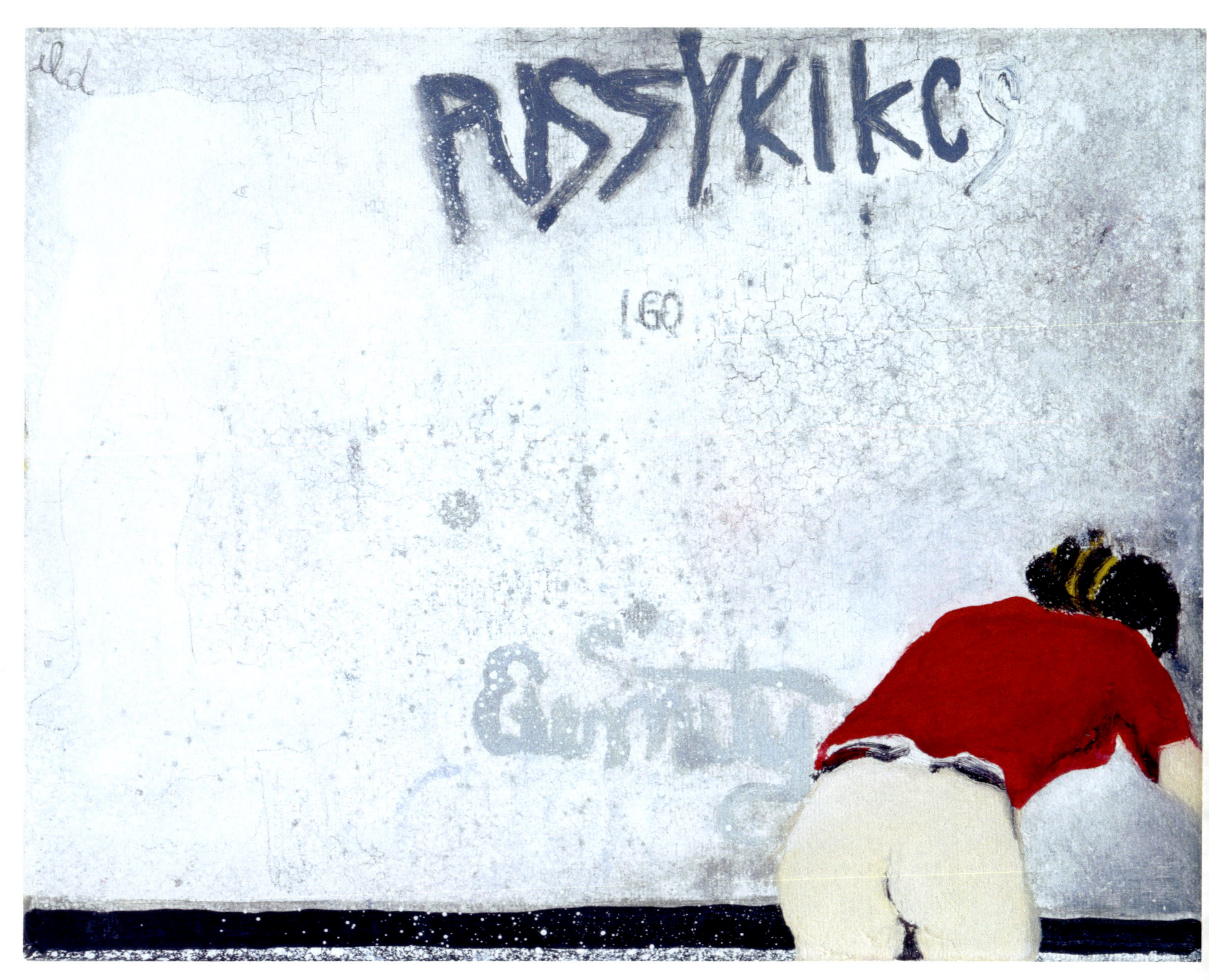

Lea Asja Pagenkemper
Bordsteinschwalbe, 2005

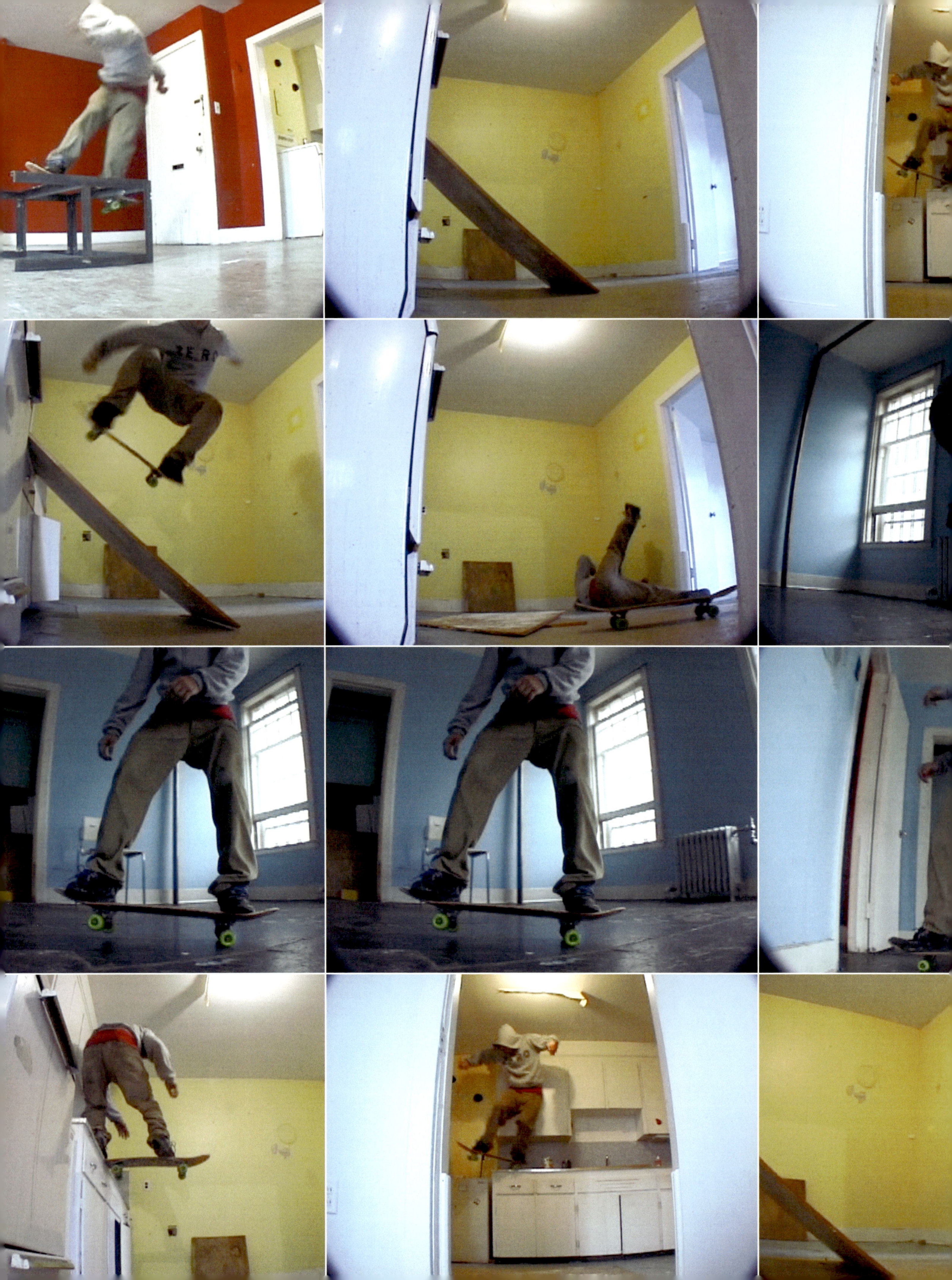

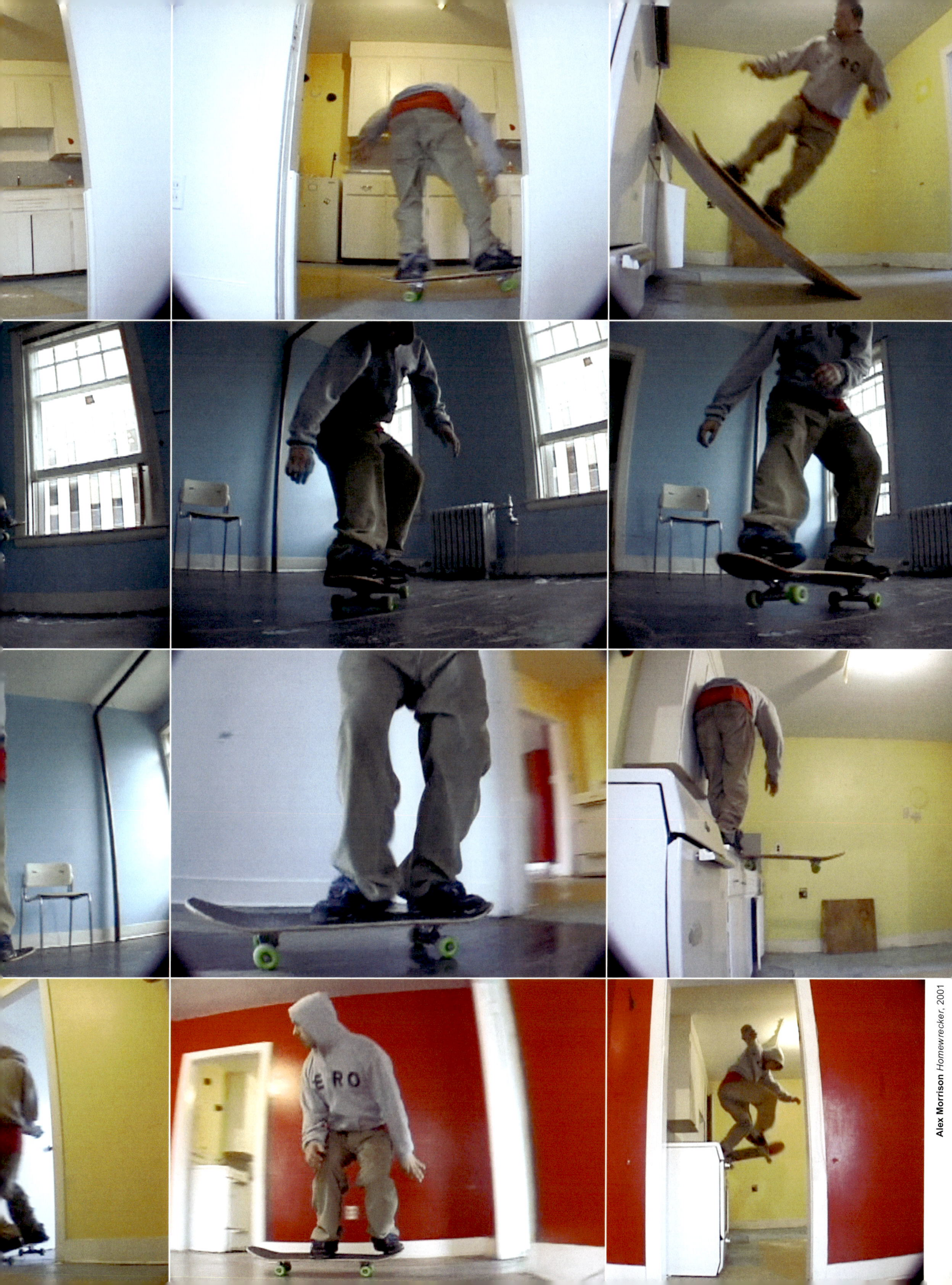

Alex Morrison *Homewrecker*, 2001

ANOTHER ONE
SMS
DRINK AND
SMOKE
SMS
ELEKTRO POP
electro
2003 Tou
PARTY TIME
IN
SMS
ZÜRICH
SWITZERLAND
SMS
SMS
I LOVE MY
HANDY

FROM: GRAFFITI
TO: GRAFFITI

Matthias Ulrich

The way they move along the streets / so naturally and beautiful / hang around the place looking cool / when you see them, you can get envious / the boys so athletic and masculine / and the girls too look great / some think they are perhaps a bit silly / but those who think this way don't know about being young.

(Blumfeld, *The Youth of Today*, 2003)

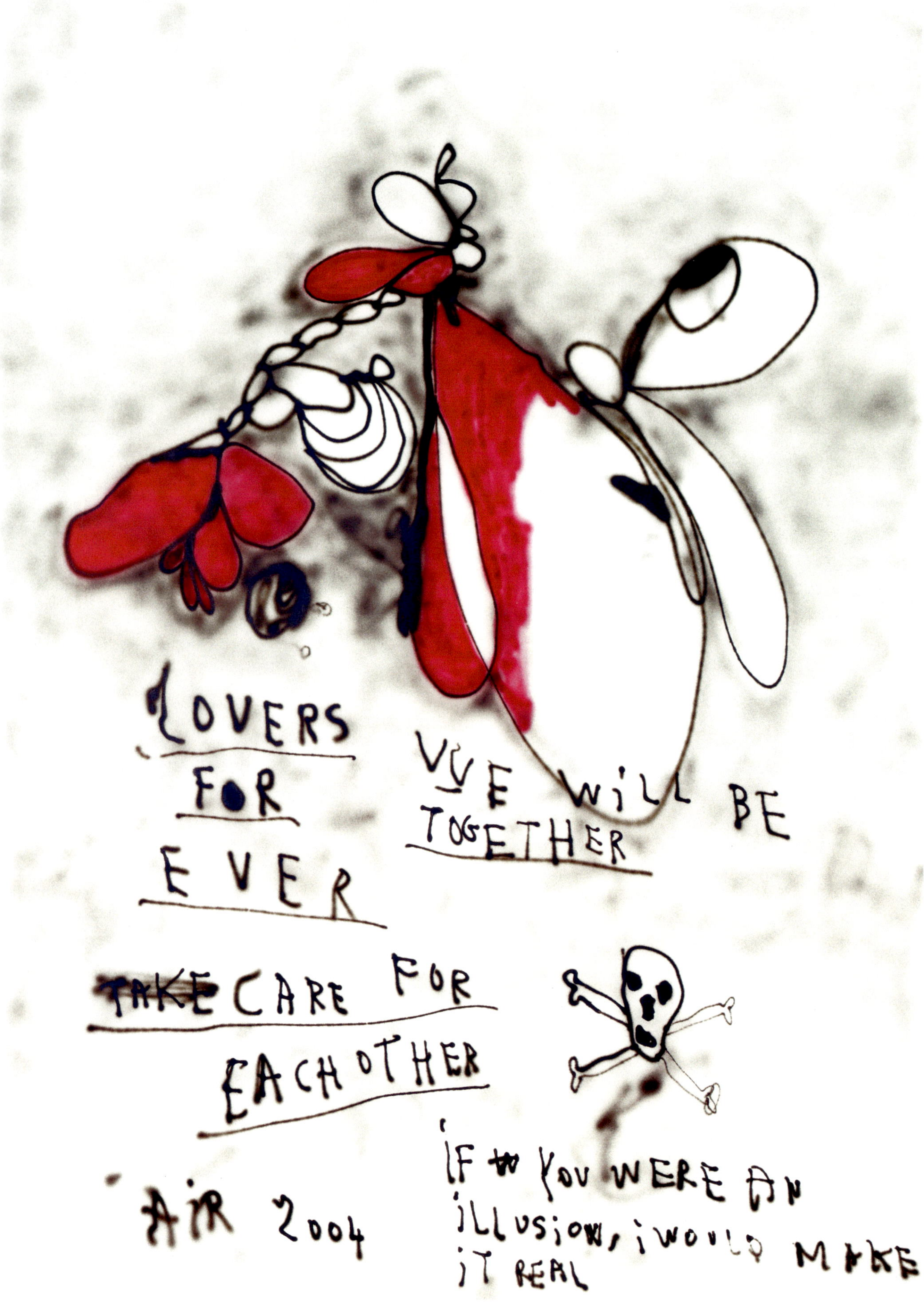

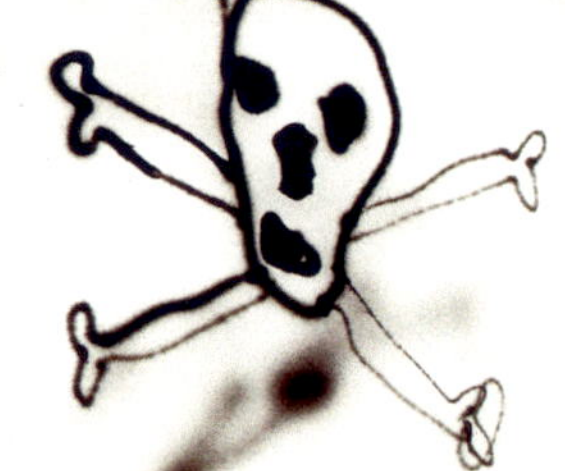

Annelise Coste *if*, 2004

Space as it has been described by Michel Foucault to define the twentieth century has been and is still accompanied by great interest. Cyberspace and globalization are at least real and broad present-day phenomena which still decisively influence modern societies at the beginning of the twenty-first century and leave them unclear about the direction in which things are going. Despite the increase in transit spaces in which people spend more and more time, for instance, in cultivated holiday resorts, in airports and shopping centers, the city from the nineteenth century continues to be for most of them the central living space, the political and cultural center of gravity. The city is an area fought over by various forces in which not only social differences make themselves felt that are ordered according to center and periphery, but also, far less conspicuous, where a continual displacement and mixing of scenes, of ethnic identities and agendas, of sounds and styles, of compression and dissolution take place. Whereas gentrification aims at the surface of the map and causes a change in the urban stimuli and thus an exchange between two zones within the entire city, the patterns and images of taggers and sprayers generate another map, an urban geography made only for certain readers. With traces of this kind, cities are changed and taken into possession by youths in an almost metaphysical way.

THE CITY BELONGS TO US

According to the requirement of a legible social reality based on signs, Jean Baudrillard ascribed to graffiti already in 1978 the status of a dissident practice which takes up the fight with the surface animation of advertising posters as well as the struggle between poor and rich. »They, the graffiti,« writes Baudrillard, »are part of the territorial order. They territorialize the decoded urban space, this or that street, that wall, that quarter comes alive through them, becomes again a collective territory.«[1] Put simply, graffiti, which are regarded as the acts of individuals, effect the re-appropriation of a space taken into possession and equipped by a primacy of the economy which has increasingly asserted itself in modern society since the nineteenth century. »The graffiti sprayers,« says Andy Warhol, »who at night spray entire subway trains have understood how urban space can be reconquered in a recycling process.«[2] Over a period of more than thirty years, the system of graffiti has become differentiated not only into legal and illegal productions, is not only a component of the artistic language of forms in aesthetic discourse, but it has also moved away from the social Utopia embedded in Baudrillard's theory to a social communication which generates itself and its environment simultaneously with each and every line, with every symbol and sign by an anonymous author. Graffiti as well as skateboards, or more recently, *parkour*, not only have a close connection to youth

but also to an urban space which consists of a complex structure of continual movements and an unrelated juxtaposition of events. Among these are also the rebellious tracks which youths mark out in the overall appearance of the city, whether they simply hang around pedestrian zones looking cool and attractive, or subject themselves to the greatest danger in order to draw attention to the existence of the favelas by *extreme tagging* on the walls of expensive houses in São Paulo. In fact, a line can be drawn from the modern *flâneurs* to the super-modern *traceurs*.

THE MAN IN THE CROWD

*We want to go where no
human has ever been before.*
(David Belle, founder of *Parkour*)

These new representatives of a youthful discipline have been drawing attention to themselves at the latest since Madonna's new video to the song, *Hung Up*. *Parkour* means a way of locomotion which gets by without any aids and was invented in the French banlieues. »L'Art du Déplacement« is a mixture of skateboard acrobatics and spiderman animation in which the actors, so-called *traceurs* or *yamakasi*, armed merely with sports-clothes, run over balconies, walls, railings and even house roofs as if they wanted to defy the laws of physics. In a way not dissimilar to the *flâneurs* of the nineteenth century, who moved with the anonymous mass of people through the new boulevards and shopping streets of the cities without stopping, for the *traceurs* the sole pleasure is in moving forward, ignoring every possible obstacle and danger. What was modernity for the *flâneur* is for the *traceur* the super-modernity described by Marc Augé as it is manifested in urban transit spaces of intercourse, communication and consumption. Without history, without identity and without a relation to the city, shopping centers, business hotels and airports, called non-places by Marc Augé, generate an autonomous, hermetic information structure. The *traceur* takes advantage of this closedness by intervening in the smoothly running movements, developing an independent information structure from it. By moving from A to B on foot at the highest possible speed in a strange way and on strange paths, the view of the many interstices which the *traceur* overcomes and thus connects remains, perhaps all the more so. This new map composed of many interstices is not an antithesis to the geography of post-modern or super-modern society which situates itself where entry and egress characterize the nervous system of their subjects. Where are the dynamics and the courage of action film heroes-become-human better represented than in TV spots by Nike or Nissan? With what music other than hip-hop could the urban energy sport be mixed more authentically?

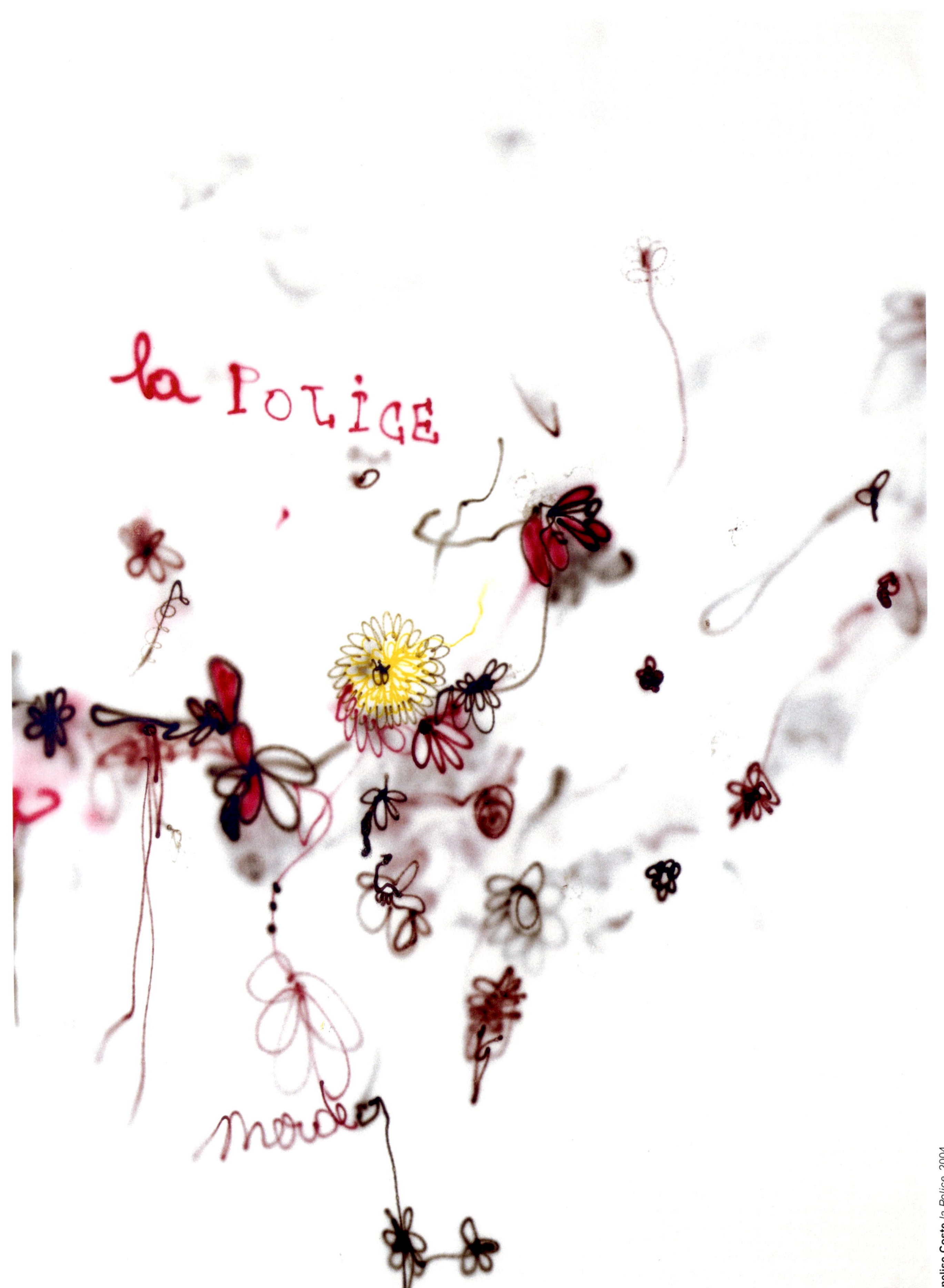

Annelise Coste *la Police*, 2004

A WORD FOR NO ONE

Michel de Certeau describes space as a field of action that resists the panoptical grasp through disparate differentiations, being divided into particular zones, into a network of paths and streets already by the unlocalizable spaces of the pedestrian in the nineteenth century. Similarly to the act of speech, thus to a language which is realized in its specific medium, space, too, exists through those activities which produce it and inscribe a certain meaning in it. De Certeau defines space by a tripartite function, » (…) on the one hand, there is the process of *appropriation* of the topographic system by the pedestrian (just as the speaker adopts or appropriates language); then there is a spatial *realization* of the place (just as the speech act is a vocal realization of language); and finally, this space includes relations between different positions, that is, pragmatic ›conventions‹ in the form of movements (just as the verbal statement is an ›address‹ which determines the addressee and brings the conventions between interlocutors into play).«[3] Space is thus only ever created in relation to a subject which de-scribes this space and thus gives it meaning. It is a space which is continually rewritten and manifested in a symbolic order that reveals a concrete form of its use. In other words, space is a medium in which forms such as street names and speeds of movements crystallize and produce a complex network of relations resembling an enormous number of incommensurable maps. If this were to be put into an image, then it would be the »complete gestures of violence painted with a spray can, Shivas in hieroglyphics, dancing graphs whose fleeting appearance is accompanied by the rumbling of subway trains: the graffiti of New York.«[4] Tag signs, which mostly consist only of a word, the name or synonym of the tagger, and graffiti have long since been writing additional maps of cities that are filled with individual and collective histories and communicate information about belonging and exclusion to those who move within these maps. Above all, however, the signs put on house walls, bridges, public monuments and even subway cars mark movements which cross and cancel not only the legal tracks, but especially the habitual ones. A new space pushes the old space to one side, joins it, and makes an old space visible for the first time. They overwrite not only the existing surfaces of buildings in a city, but also the associated social order of the specific urban life. Deleuze and Guattari speak of territorialization, of the constitution of spaces and paths of action which translate every space into a subjectivity. »The concept of territory is understood here in a very broad sense that goes beyond the use which ethology and ethnology make of it. Territory is a synonym for taking possession, of a self-contained subjectivization. Territory can be deterritorialized, that is, opened up, enter into lines of flight and thus evaporate or destroy itself.«[5]

THE SPECTACLE WITHIN YOURSELF

What is life? I don't know. Where does it live? The question is answered by living beings by inventing place.

(Michel Serres, *Atlas*, Berlin 2005)

The city consists of a bewildering collection of social circles, as Georg Simmel puts it, which are more or less in motion, overlap or drift apart from each other. At the end of the 1950s, the avant-garde artists, the situationists, created a technique of movement, the so-called roaming about (French: *dérive*), which resulted in a theory of urban life and investigated individual experience within these social circles. A cartography of the psyche took up the struggle against the regulation and conventions of an order of paths and destinations. »From the standpoint of roaming about, the cities have a psychogeographic ground profile with continual streams, fixed points and eddies which make access to or egress from certain zones very arduous.«[6] The technique of roaming about is a relational understanding of urban life and its practice is a destabilization of the usual, socially encoded course of movement. It resists the urban situation which has long since become a concept of discursive urbanism, and demands psychic reinforcements, investigations, territorializations of a map emerging individually: psycho-geography. Roaming about thus means appropriating a place, adopting the spectacle which is presented to passers-by by advertising posters, display windows and similar stimuli into one's own existence and making a theatrical staging of this spectacle. The aim of this urban technique was to employ the environs for one's own benefit in order in this way to find out the converse or hidden perspective of the entire spectacle.[7]

Dérive is thus a roaming about the streets of a city associated with the search for attracting and repelling signs, giving oneself over to the promises of the city to find out that it does not exist and instead to point to paths which have never existed before. *Dérive* arose as a critique of urbanism, and conversely, urbanism remains systematically open to critique by *dérive*. The psycho-geography in this is »the investigation of the precise laws and exact effects of the geographic milieu, which is set up consciously or unconsciously, directly on the individual's emotional behavior.«[8]

SEEING WITH HEADPHONES

I want to be part of a youth movement, I want to be able to rely on you, run through the streets with you. Each one of our hand movements has a particular meaning because we are a movement.

(Tocotronic, 1995)

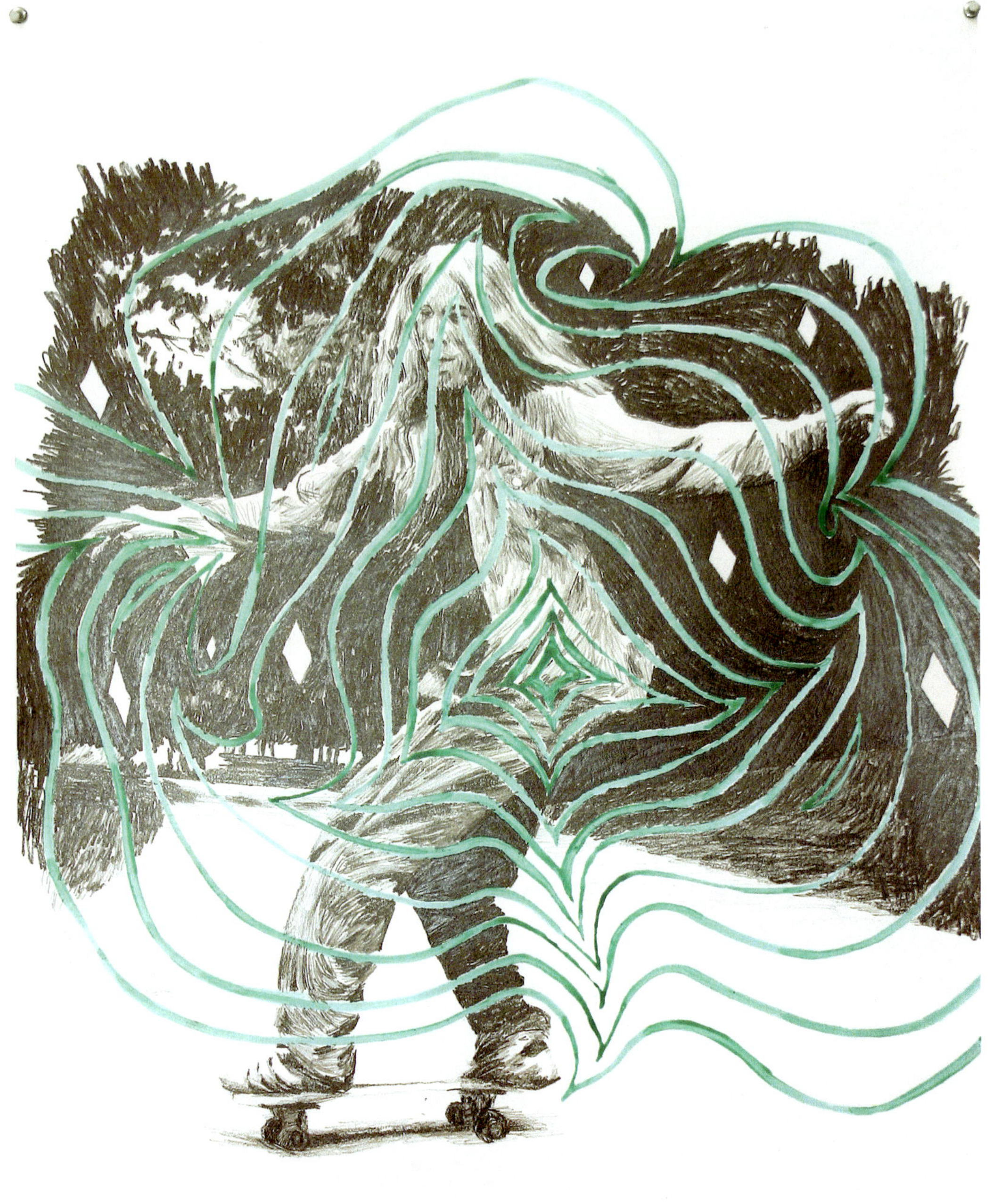

Mike Paré
Untitled (Skateboarder), 2005

The history of technology is the miniaturization of its products which leads to a movable network, a transfer of spaces emerging from the immobile structure tied to a fixed place. The mobility of technology leads to new forms of production and also consumption; it connects places with one another and is this connection itself. The Walkman, in all its revolutionary stages up to the most recent multifunctional MP3 players, is such a product which connects the individual place, the subject listening to music, with the conventional place via a synaesthetic, simultaneous experience of running, eating and writing of *short messages* (SMS). »Listening to a Walkman does not exclude, but integrates, has nothing to do with intellectual concentration, but rather confuses, does not bring things together, but scatters, is not centripetal, but centrifugal.«[9] The fixed places of the individual decompose and combine into a space which possesses only a temporal stability. Urbanity is part of this process of aestheticization; it is tied to a use of spaces that is reproduced by every activity.

In contrast to skateboarding and tagging, listening to a Walkman is a secret activity which, however, makes itself quasi-public by walking in public space, even though the secret itself remains untouched. »Through the Walkman the body is opened up; it is drawn (…) into a process of aestheticization, into a theatrical staging of urban space.«[10] As in the case of other techniques with which young people influence urban space, the Walkman, too, has a space function by means of which an additional, a topographic musical layer is set up within the city map. Through the existing noises of street traffic and passers-by being exchanged with the sound fed in via the headphones, the Walkman produces a new relationship for the listener with the environment traversed. Or, to use the well-known phrase by Eva Meyer, the Walkman is the difference (from »undisturbed« walking) which *creates* an environment. Topography of the surroundings, so to speak, in which all the movements of a person in space are gathered. The »realization of a difference,« as Baudrillard testifies graffiti to be, can also be applied to the Walkman. It concerns not only the subject that is located beneath the hood of a secret music in the midst of public space, but also the space in which this subject reproduces itself as a passer-by. This subject-space relation, which in the meantime includes also mobile telephony that initially caused similar astonishment on the streets, thus serves to construct urban life as well as the self.   ❏

1   Jean Baudrillard, *Kool Killer oder Der Aufstand der Zeichen* [Kool Killer or The uprising of the signs], Berlin, 1978, p. 28.
2   Andy Warhol, *Die Philosophie des Andy Warhol von A bis B und zurück,* [The philosophy of Andy Warhol from A to B and back], Munich, 1991, p. 155.
3   Michel de Certeau, *Die Kunst des Handelns* [The art of acting], Berlin, 1988, p. 189.
4   Ibd., p. 196.
5   Gilles Deleuze, Félix Guattari, *Tausend Plateaus. Kapitalismus und Schizophrenie II* [A Thousand Plateaus. Capitalism and Schizophrenia], Berlin, 1992, p. 703 f.
6   Roberto Ohrt, Pierre Gallissaire, Hanna Mittelstädt (Eds.), *Der Beginn einer Epoche: Texte der Situationisten* [The Beginning of an Era: Texts of the Situationalists], Hamburg, 1995, p. 64.
7   Cf. Sadie Plant, *The most radical Gesture,* London, 1992.
8   *Der Beginn einer Epoche,* p. 17.
9   Shuhei Hosokawa, *Der Walkman-Effekt* [The Walkman Effect], Berlin, 1987, p.31.
10 Ibd., p. 32.

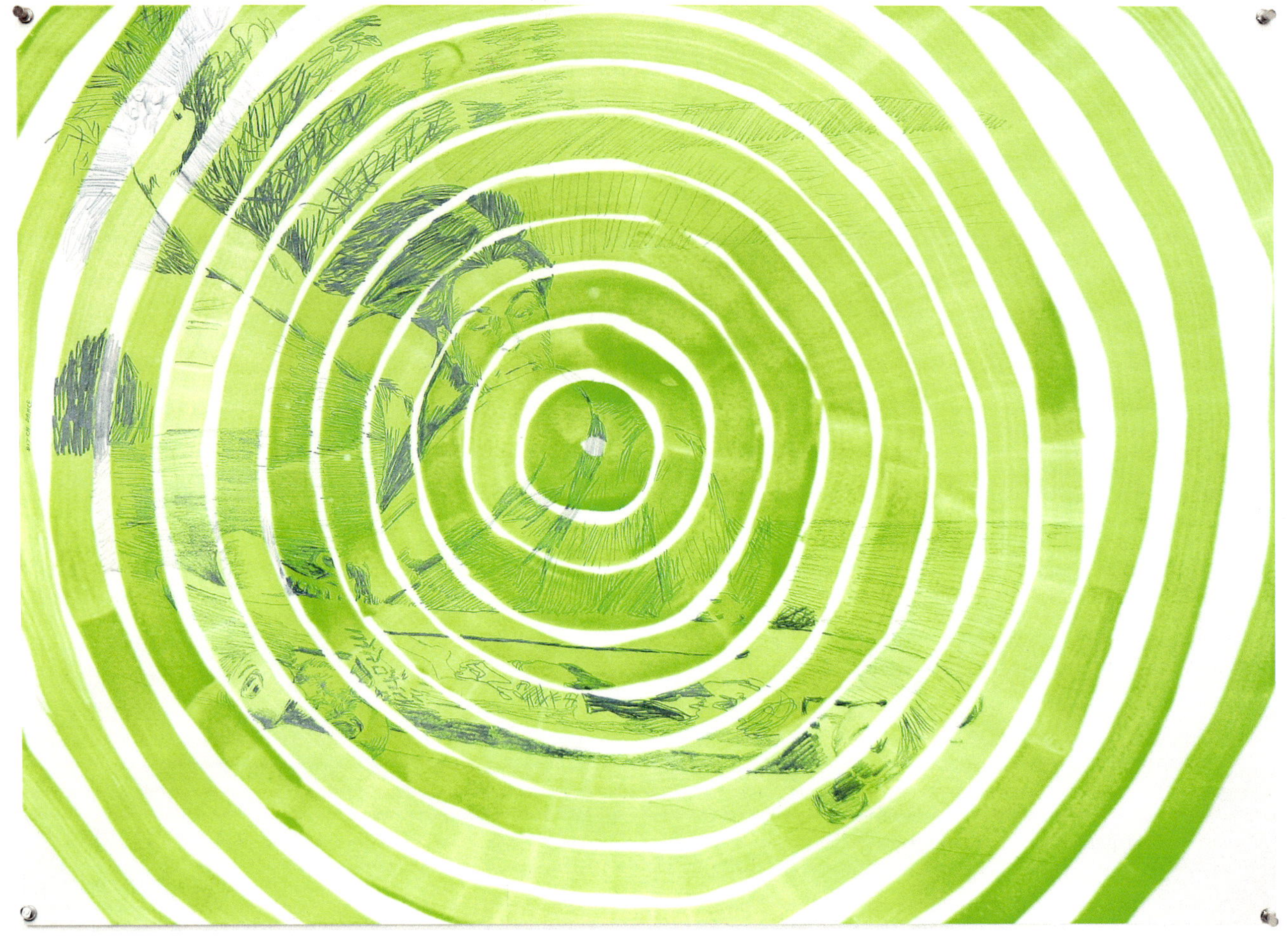

Mike Paré
Ditch Dance, 2005

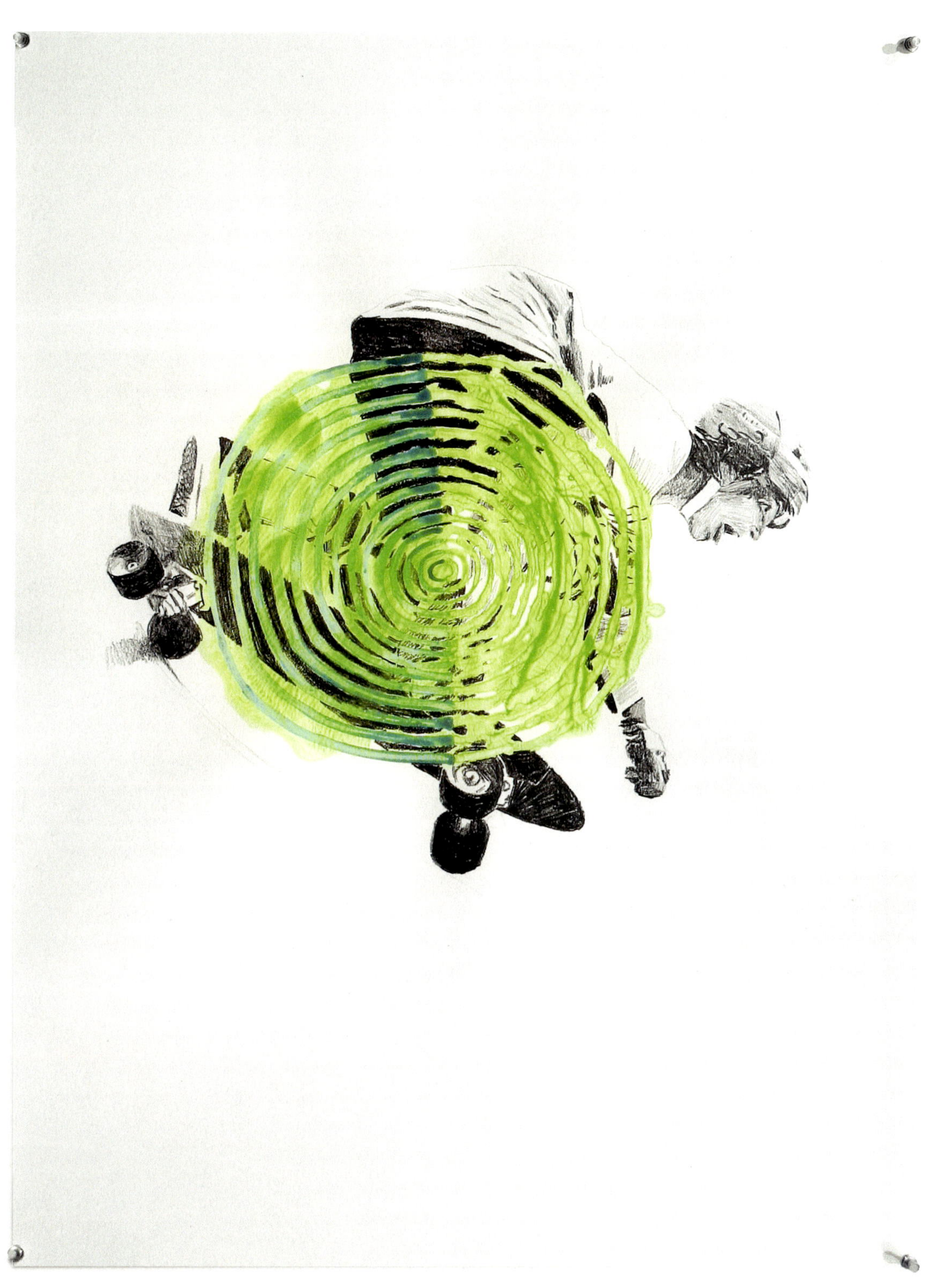

Drop In, 2005

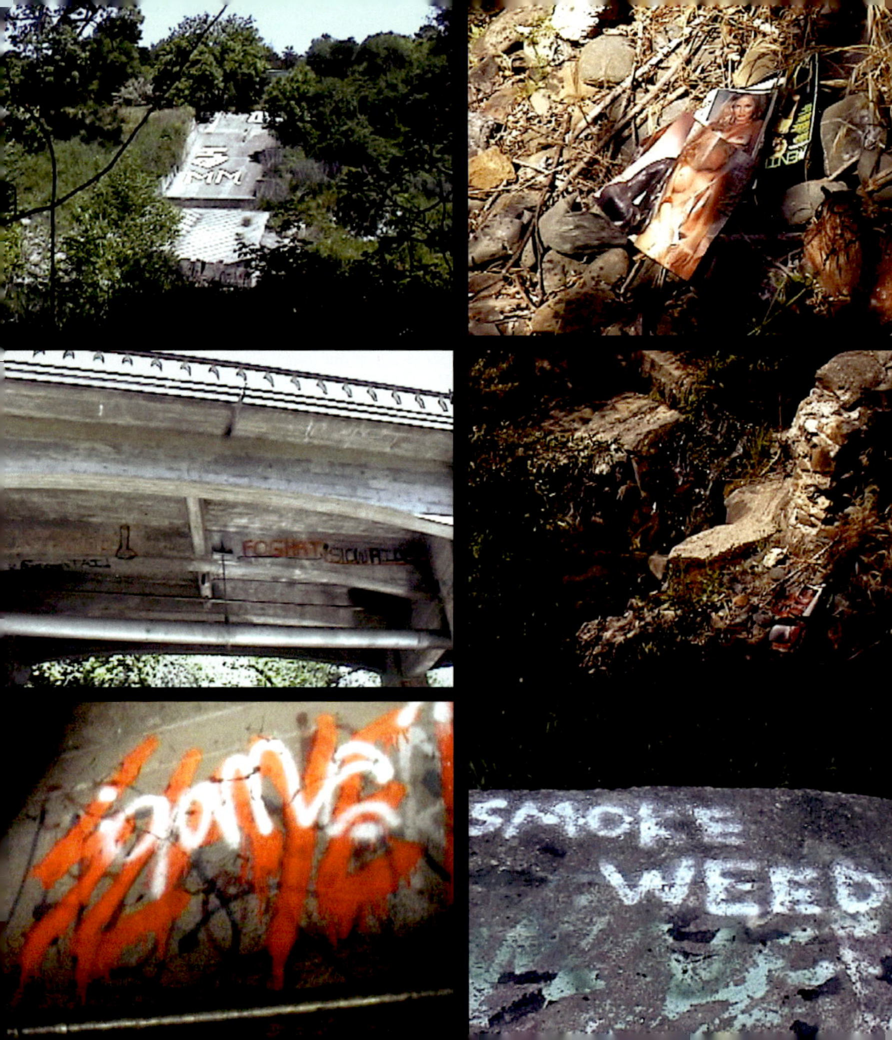
SMOKE
WEED
FOGHAT

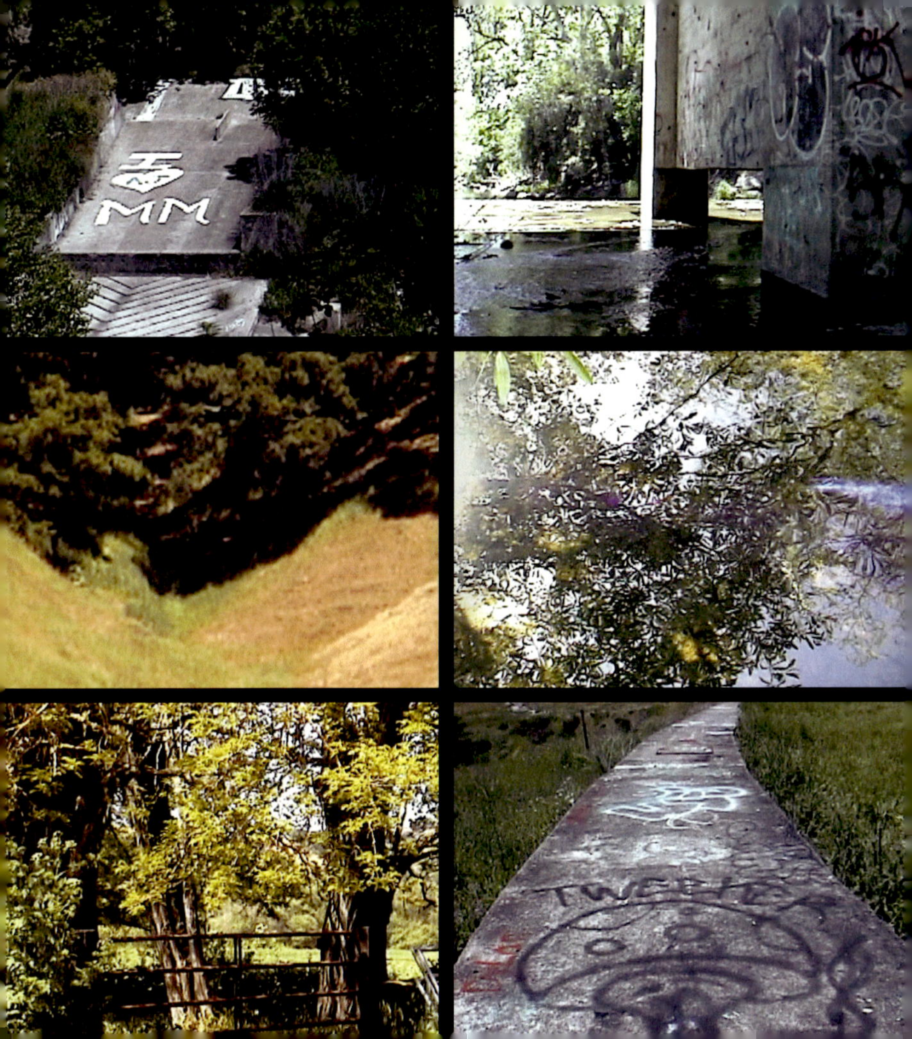
MM
TWEEK

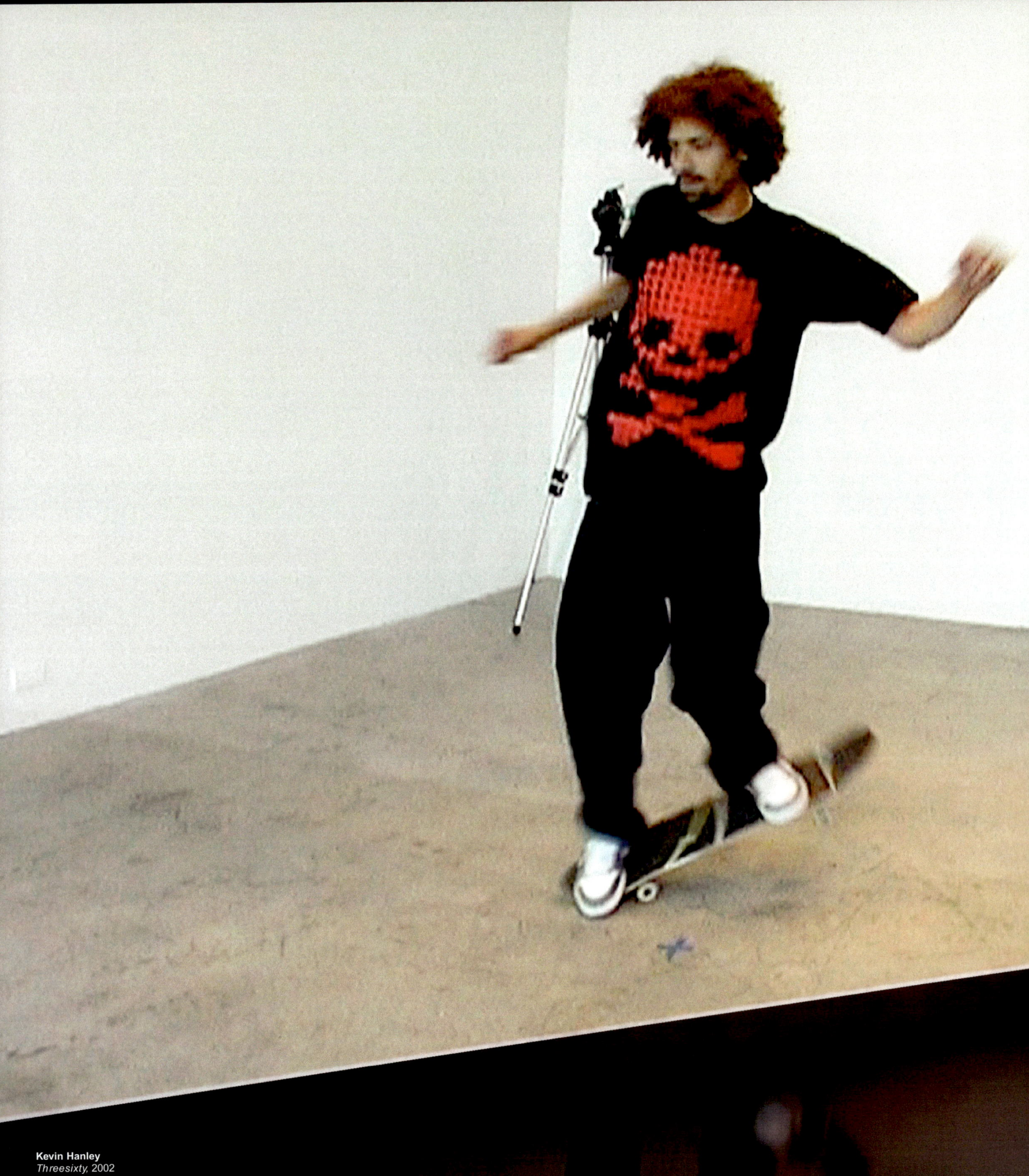

Kevin Hanley
Threesixty, 2002

Die Jugend von heute/The Yo

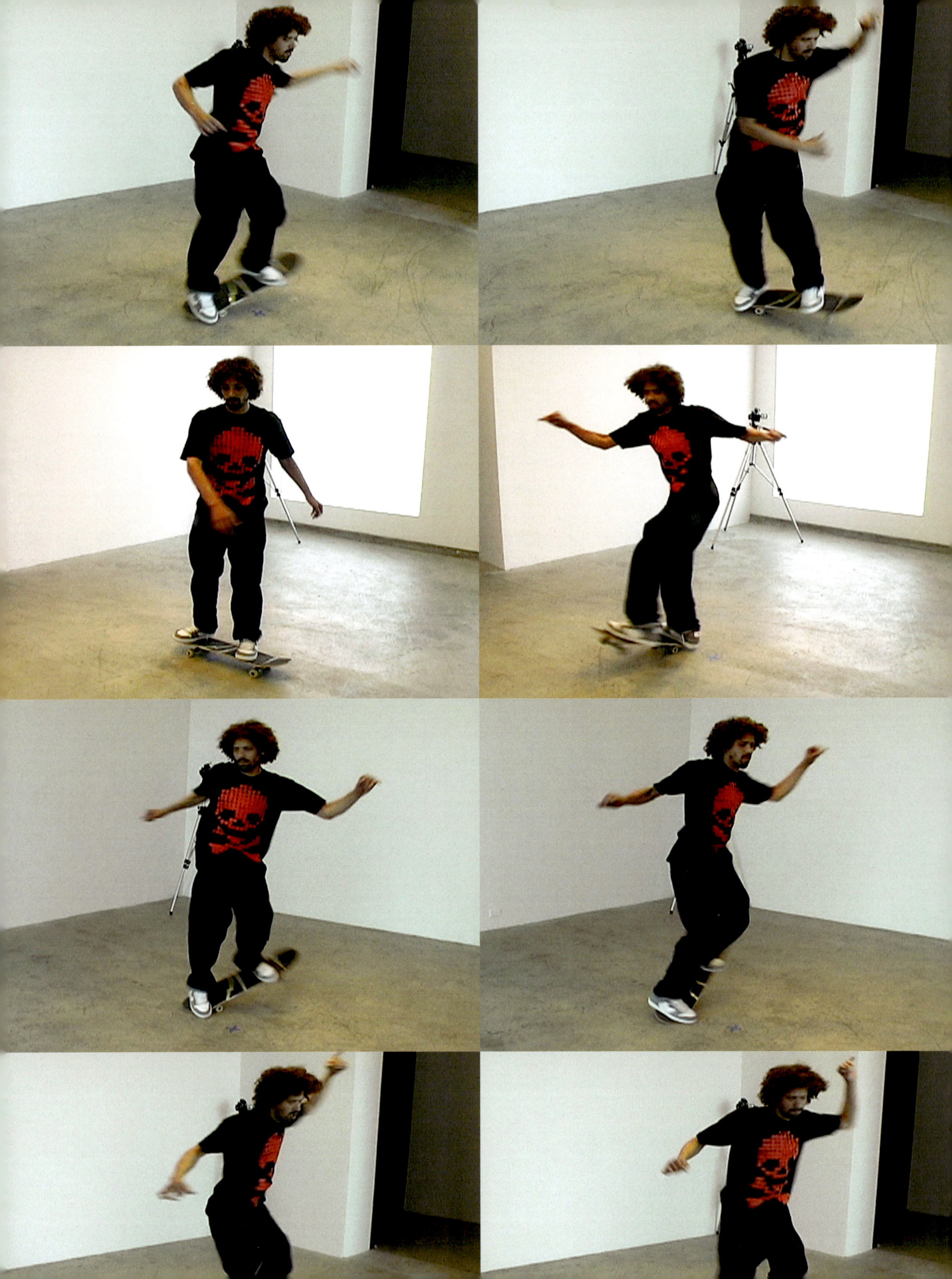

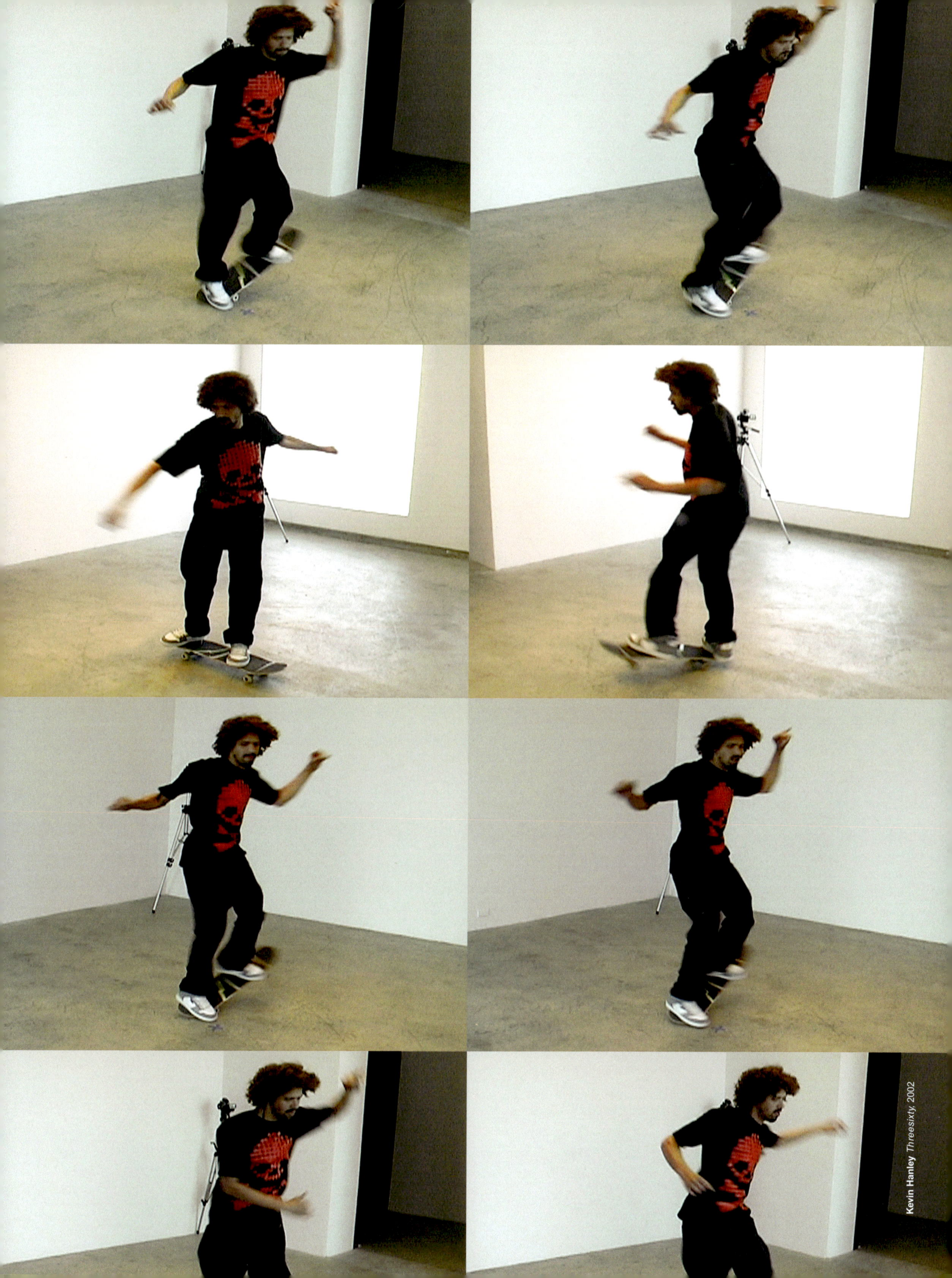

Kevin Hanley *Threesixty*, 2002

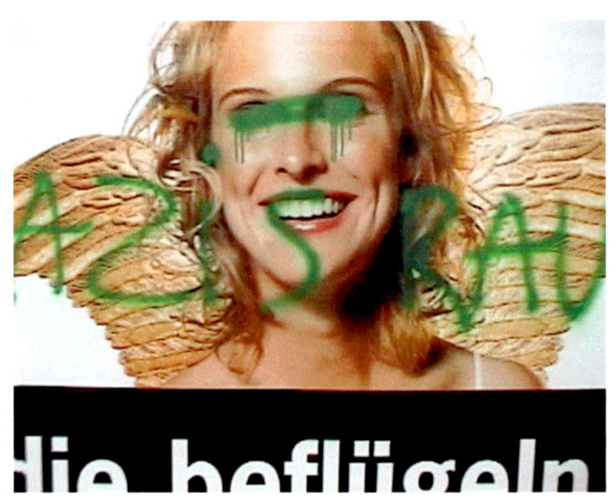

Marc Bijl
Kill Maxima, 2003

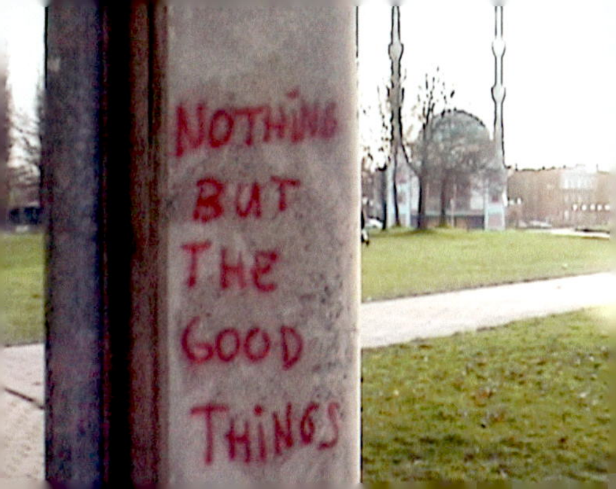

NOTHING
BUT
THE
GOOD
THINGS

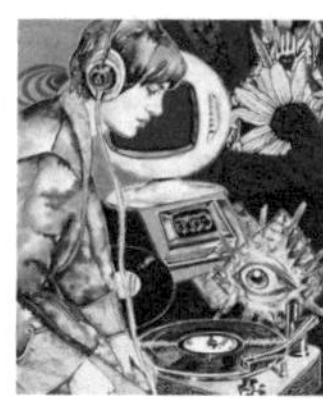

Maike Abetz
(1970, Düsseldorf/*Dusseldorf*; lebt//*lives* in Berlin)
Oliver Drescher
(1969, Essen; lebt//*lives* in Berlin)

Werke/*Works*

Kristallo, 2003
80 x 65 cm
Acryl auf Leinwand/*Acrylic on canvas*
Sammlung aARTa, Mainz

The Optic Nerve, 2000
180 x 250 cm
Acryl auf Leinwand/*Acrylic on canvas*
Courtesy Galerie Volker Diehl, Berlin

Einzelausstellungen/*Solo exhibitions*

2006 Fred [London] Ltd.
2005 Goff + Rosenthal, New York
2003 Galerie Volker Diehl, Berlin
2000 Ars Futura Zürich/*Zurich*

Gruppenausstellungen/*Group exhibitions*

2006 Showroom MAMA, Rotterdam
2003 Kunsthalle Wien/*Vienna*
      Manchester Counterhouse
      Nottingham Angel Row
2002 Kunsthalle Wien/*Vienna*
2001 Sies + Höke Galerie, Düsseldorf /
      Dusseldorf
      20.21 Essen
2000 Galerie Krinzinger, Wien/*Vienna*

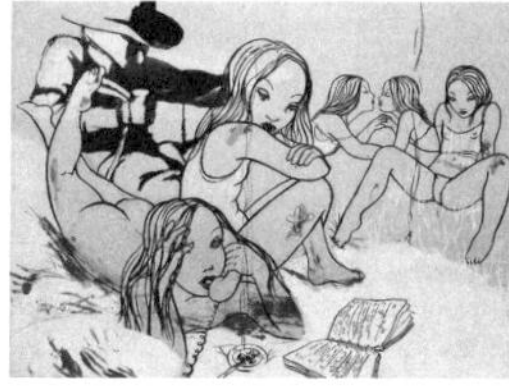

Rita Ackermann
(1968, Budapest; lebt//*lives* in New York)

Werke/*Works*

Get a Job, 1993
Acryl auf Leinwand/*Acrylic on canvas*
116,6 x 152,4 cm
Andrea Rosen Gallery, New York

Speedy Girls, 1993
Acryl auf Leinwand/*Acrylic on canvas*
127 x 177,8 cm
Andrea Rosen Gallery, New York

Einzelausstellungen/*Solo exhibitions*

2006 Galerie Peter Kilchmann, Zürich/*Zurich*
2005 Andrea Rosen Gallery, New York
      Bonner Kunstverein
      Kunsthaus Baselland, Muttenz
2004 Galerie Peter Kilchmann, Zürich/*Zurich*
2003 Andrea Rosen Gallery, New York
      Galerie Almine Rech, Paris
      P.S.1 Contemporary Art Center,
      Long Island City, NY
2002 Museum Het Domein, Sittard
2001 The Deep Gallery, Paris
      Galerie Peter Kilchmann, Zürich/*Zurich*
2000 team gallery, New York
      Annet Gelink Gallery, Amsterdam
      Galerie Krobath Wimmer, Wien/*Vienna*
      Swiss Institute, New York

Gruppenausstellungen/*Group exhibitions*

2006 Museum of Photography, Amsterdam
      Museum Boymans-van Beuningen,
      Rotterdam
      migros Museum für Gegenwartskunst,
      Zürich/*Zurich*
2005 Confort Moderne, Poitiers
2004 Annet Gelink Gallery, Amsterdam
      Thaddaeus Ropac, Salzburg
      Kunsthaus Baselland, Muttenz
2003 Kunsthalle St. Gallen
      Ursula Blickle Stiftung, Kraichtal
2002 Yves Saint Laurent Boutique, New York
      Kunsthalle Basel
2001 White Box, New York
2000 Centre Georges Pompidou, Musée
      national d'art moderne, Paris
      Parco Gallery, Tokio/*Tokyo*
      capcMusée d'art contemporain,
      Bordeaux
      Rebecca Camhi Gallery, Athen/*Athens*

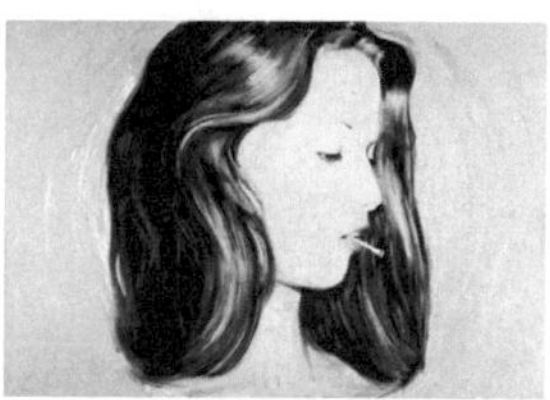

Joe Andoe
(1955, Tulsa, OK; lebt//*lives* in New York)

Werke/*Works*

Girl with Remote, 2004
Öl auf Leinwand/*Oil on canvas*
100 x 75 cm
Joe Andoe Studio, New York

Sick Girl in Car, 2004
Öl auf Leinwand/*Oil on canvas*
75 x 100 cm
Joe Andoe Studio, New York

Untitled (blue portrait), 2003
Öl auf Leinwand/*Oil on canvas*
145 x 208 cm
Joe Andoe Studio, New York

Untitled (girl on bed with jean shorts), 2003
Öl auf Leinwand/*Oil on canvas*
101,6 x 50,5 cm
Joe Andoe Studio, New York

Einzelausstellungen/*Solo exhibitions*

2005 Longview Museum of Fine Arts,
      Longview, TX
2004 Feigen Contemporary Art, New York
2003 Earl McGrath Gallery, Los Angeles, CA
2002 Gallery Samtuh, Chongdam-dong
      Kangnam, Korea
2001 Bemis Center for Contemporary Arts,
      Omaha, NB
2000 University at Buffalo Art Gallery
      Research Center in Art & Culture,
      Buffalo, NY

Gruppenausstellungen/*Group exhibitions*

2005 Fisher Landau Center for Art,
      Long Island City, NY
      Feigen Contemporary Art, New York
2003 Bill Maynes Gallery, New York
2002 Thomas Ammann Fine Art,
      Zürich/*Zurich*
      Drawing Center, New York
2001 Eyebeam Atelier, Inc., New York
2000 SOMA Gallery, La Jolla, CA
      Bucknell Art Gallery, Bucknell University,
      Lewisburg, PA

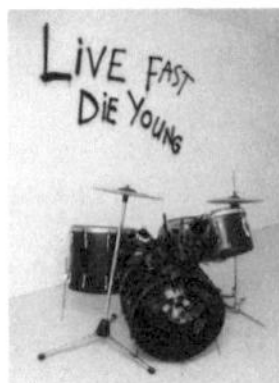

Marc Bijl
(1973 Leerdam, Niederlande/*The
Netherlands;* lebt/lives in Rotterdam
und/*and* Berlin)

Werke/*Works*

Teenage Kicks, 2003
Verschiedene Materialien/*Various materials*
150 x 150 x 200 cm
Courtesy Upstream Gallery, Amsterdam

Kill Maxima, 2002
Film auf DVD/*Film on DVD*
1'03''
Courtesy Upstream Gallery, Amsterdam

Good Things, 2003
Film auf DVD/*Film on DVD*
3'47''
Courtesy Upstream Gallery, Amsterdam

Einzelausstellungen/*Solo exhibitions*

2005 Upstream Gallery, Amsterdam
2004 The Breeder Project, Athens
2003 Magazin 4, Bregenz
     Bergman, Frankfurt am Main
2002 KAPINOS Galerie, Berlin
     Künstlerhaus Bethanien, Berlin

Gruppenausstellungen/*Group exhibitions*

2005 KIASMA Museum of Contemporary Art,
     Helsinki
     Kunsthalle Wien/*Vienna*
     De Appel Foundation, Amsterdam
     Giorgio De Chirico Art Center,
     Volo, Greece
2004 Museum of Modern Art, New York
     Kunsthalle Münster
     Stedelijk Museum, Amsterdam
2003 Prague Biennale
     Smart Space Projects, Amsterdam
     Frankfurter Kunstverein, Frankfurt
     am Main
2002 Galerie am Landesmuseum, Graz
     Kunstverein Arnsberg
     Manifesta 4, Frankfurt am Main
2001 Stedelijk Van Abbemuseum, Eindhoven

Anuschka Blommers
(1969, Purmerend; lebt/*lives* in Amsterdam)
Niels Schumm (1969, Naarden; lebt/*lives*
in Amsterdam)

Werke/*Works*

9 Fotografien aus der Serie/
9 photographs from the series

Class of 1998
Cibachromabzug, Dibond, Plexiglas/
Cibachrome print, dibond, plexiglass
60 x 47 cm
Courtesy TORCH Gallery, Amsterdam

Einzelausstellungen/*Solo exhibitions*

2005 Groninger Museum, Groningen
     Broich Foundation, Antwerpen/*Antwerp*
     TORCH Gallery, Amsterdam
1999 Mark Moore Gallery, Los Angeles, CA
     Colette, Paris

Gruppenausstellungen/*Group exhibitions*

2005 Fotomuseum Winterthur
2003 Museum für Moderne Kunst, Arnheim
     Fondazione Adriano Olivetti, Rom/*Rome*
2002 Deichtorhallen, Hamburg
     Yerba Buena Center of the Arts,
     San Francisco, CA
2001 Triennale, Yokohama
     Gracie Mansion Gallery, New York
2000 Musée d'Art Contemporain, Bordeaux
     Aeroplastics Contemporary, Brüssel/
     Brussels

Zahlreiche Beiträge für Zeitschriften/
Numerous contributions in magazines

     Vogue Italy
     RE-Magazine
     New York Times
     i-D Magazine
     Dazed & Confused
     Brand eins
     Vogue Great Britain
     Le Figaro
     Vogue Hommes International
     Vanity Fair
     Süddeutsche Zeitung Magazin

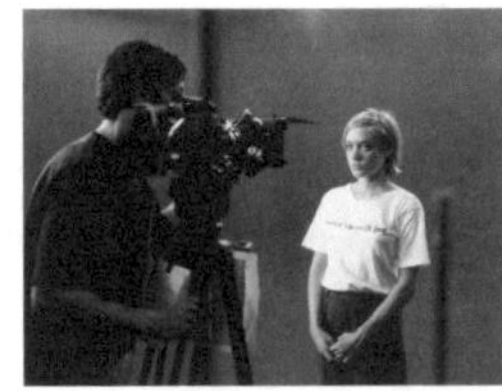

Slater Bradley
(1975, San Francisco, CA)

Werke/*Works*

6 Fotografien aus der Serie/
Photographs from the series:

Actress, 2001
C-Print
75 x 96 cm (96 x 75 cm)
Courtesy der Künstler und/*the artist and*
team gallery, New York

Einzelausstellungen/*Solo exhibitions*

2005 Taka Ishii Gallery, Tokio/*Tokyo*
     Galerie Lisa Ruyter, Wien/*Vienna*
     UC Berkeley Art Museum and Pacific
     Film Archive, Berkeley, CA
     The Solomon R. Guggenheim Museum,
     New York
2004 Blum & Poe, Los Angeles, CA
     team gallery, New York
2003 MW Projects, London
2002 Universitätsstadt Kaiserslautern
     Arndt & Partner, Berlin
2001 Galerie Yvon Lambert, Paris
2000 P.S.1 Contemporary Art Center,
     Long Island City, NY

Gruppenausstellungen/*Group exhibitions*

2005 De Appel Foundation, Amsterdam
     Kunsthalle Wien/*Vienna*
     Contemporary Arts Center, Cincinnati,
     OH
     NRW-Forum Kultur und Wirtschaft,
     Düsseldorf /*Dusseldorf*
     Barbara Gladstone Gallery, New York
     Museo Nacional de Arte Reina Sofia,
     Madrid
2004 The Museum of Modern Art, New York
     Museum of Contemporary Art,
     Chicago, IL
     Galerie Nationale du Jeu de Paume,
     Paris
     Museum of Contemporary Art,
     Belgrad/*Belgrade*
     Whitney Museum of American Art,
     New York
     Palais de Tokyo, Paris
2003 Blum & Poe, Los Angeles, CA
     Fondazione Pitti Immagine,
     Florenz/*Florence*
2002 Musée d'Art Moderne et Contemporain,
     Straßbourg
     Ursula Blickle Stiftung, Kraichtal
2001 Stedelijk Museum voor Actuele Kunst,
     Ghent
     Kunsthalle Fridericianum, Kassel
2000 Museum of Contemporary Art,
     Washington, DC

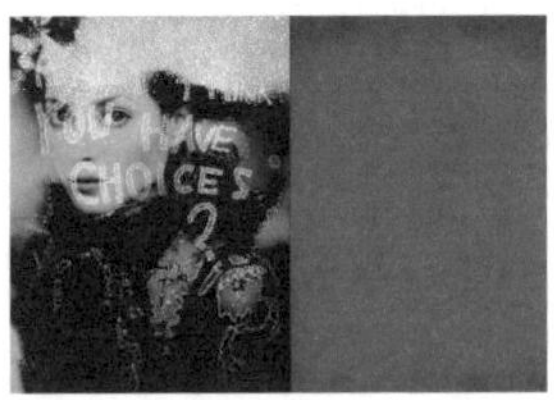

Daniele Buetti
(1956, Freiburg, Schweiz/*Switzerland*)

Werke/*Works*

Is everything just as it is?, 2002
Leuchtkasten/*Light box*
160 x 120 x 10 cm
Galerie Sfeir-Semler, Hamburg

Is eternal nothingness o.k.?, 2006
Leuchtkasten/*Light box*
97 x 70 x 10 cm
Galerie Sfeir-Semler, Hamburg

Do you really think you have choices?, 2002
Leuchtbox/*Lightbox*
70 x 97 x 10 cm
Kunstsammlung NDR, Hamburg

Should I move with the time?, 2006
Leuchtkasten/*Light box*
70 X 50 X 10 cm
Galerie Sfeir-Semler, Hamburg

Am I the reason I feel pain?, 2003
Leuchtkasten/*Light box*
197 x 97 x 10 cm
Galerie Sfeir-Semler, Hamburg

Einzelausstellungen/*Solo exhibitions*

2005 Galerie Sfeir-Semler, Hamburg
     Galerie Reinhard Hauff, Stuttgart
     Kunstraum, Innsbruck
2004 FRAC, Fonds Régional d'Art
     Contemporain, Marseille
     Galerie Eugen Lendl, Graz
2003 Kunstverein Freiburg i. Br.
     Helmhaus, Zürich/*Zurich*
2002 Aeroplastics Contemporary,
     Brüssel/*Brussels*
     Kunstverein Freiburg i. Br.

Gruppenausstellungen/*Group exhibitions*

2005 Museum der Moderne, Salzburg
     Fotomuseum Winterthur
     Lentos Kunstmuseum, Linz
     ZKM Museum für Kunst und
     Medientechnologie, Karlsruhe
     Martin-Gropius-Bau, Berlin
2004 Kunsthalle Baden-Baden
2003 Städtisches Museum Schloss
     Morsbroich, Leverkusen
     Kunsthalle Zürich/*Zurich*
     Kunsthalle Nürnberg/*Nuremberg*
2002 Museum Bochum
     Fondazione Sandretto (Guareno), Turin
2001 Kunstverein Hannover
     Kunsthalle Bremen
     Kunst Haus, Dresden
2000 Kunsthalle Nürnberg/*Nuremberg*
     migros Museum für Gegenwartskunst,
     Zürich/*Zurich*

Upstream Gallery, Amsterdam (170, 230)

Christie Foley, Laura Garret, Sara Daykin, Susan Crozier,
Ciara, Michelle Hicks, Ruth Papworth, Lucy Bower,
Lucy Bury; all@Select models
TORCH Gallery, Amsterdam
(55, 56, 59, 106-111)

team gallery, New York (102-105)

Galerie Sfeir-Semler, Hamburg (Cover, 2-9)

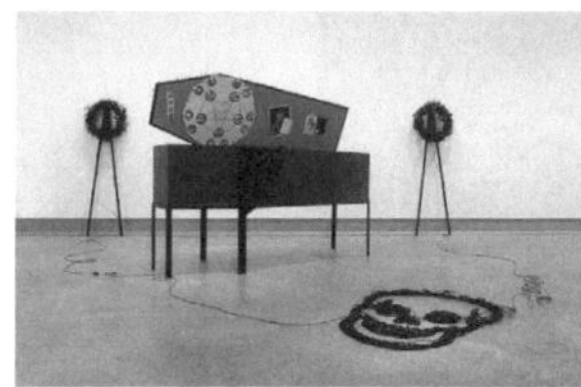

Ian Cooper
(1978, New York)

Werke/*Works*

Wake, 2002-2004
Verschiedene Materialien/*Various materials*
Variable Größe/*Dimension variable*
Courtesy der Künstler/*the artist*

I'll Be Her, 2001
Film auf DVD/*Film on DVD*
1'30''
Sammlung/*Collection* Debra und/*and*
Dennis Scholl, Miami Beach, FL

Ausstellungen/*Exhibitions*

2005 Cue Arts Foundation, New York
2004 Marvelli Gallery, New York
     Locust Projects, Miami, FL
2003 Agnes B. Galerie du Jour, Paris
     John Connelly Presents, New York
2002 Sperone Westwater Gallery, New York
2001 Rotunda Gallery, New York
2000 Museum of Contemporary Art,
     Maryland
     Richard Anderson Fine Art, New York

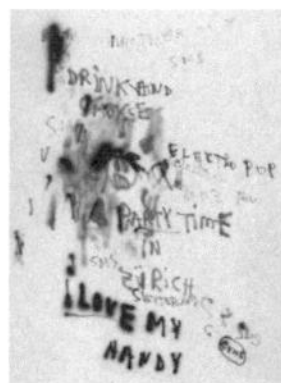

Annelies Coste
(1973, Marseille; lebt in Zürich/*lives
in Zurich*)

Werke/*Works*

Drink & SMS, 2003
Airbrush auf Papier/*Airbrush on paper*
130 x 95 cm
Privatsammlung München/*Private Collection,
Munich,* Courtesy Galerie Reinhard Hauff,
Stuttgart

if, 2004
Airbrush auf Papier/*Airbrush on paper*
176 x 124 cm
Sammlung/*Collection* Horst Wanschura,
Stuttgart, Courtesy Galerie Reinhard Hauff,
Stuttgart

la Police, 2004
Airbrush auf Papier/*Airbrush on paper*
176 x 124 cm
Privatsammlung/*Private Collection,*
Courtesy Galerie Reinhard Hauff, Stuttgart

Einzelausstellungen/*Solo exhibitions*

2005 Kunsthaus Glarus
2004 Ellen de Bruijne Projects, Amsterdam
2003 Galerie Nicolaus Krupp, Basel
2001 Museum im Bellpark, Kriens
2000 Galerie Meyer Riegger, Karlsruhe

Gruppenausstellungen/*Group exhibitions*

2005 Museum für Moderne Kunst, Arnheim
2004 Kunsthalle Fridericianum, Kassel
     Halle für Kunst e.V., Lüneburg
     Kunstverein St. Gallen
2003 Galerie Bob van Orsouw, Zürich/*Zurich*
     Villa Arson, Nizza/*Nice*
2002 8th Baltic Triennial of International Art,
     Vilnius, Litauen/*Latvia*
     Kunsthalle Basel
     Kunstmuseum Bern
     migros Museum für Gegenwartskunst,
     Zürich/*Zurich*
2000 Kunstraum Walcheturm, Zürich/*Zurich*
     Neues Kunstmuseum Luzern

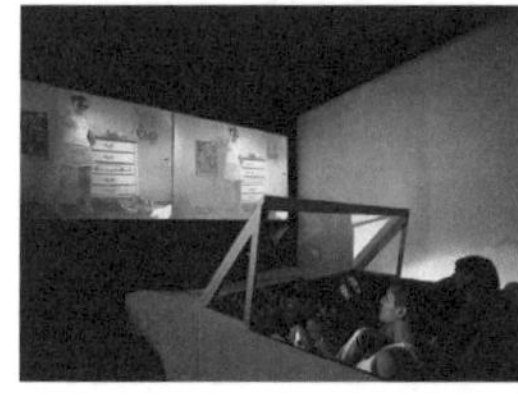

Sue de Beer
(1973, Tarrytown; lebt/*lives* in New York)

Werke/*Works*

The Dark Hearts, 2003
2-fach Projektion, Modell eines Autos/*Double
projection, car model*
Maße variabel/*Dimensions variable*
Sammlung/*Collection* Bill and Charlotte
Ford, New York, Courtesy Sandroni Rey,
Los Angeles, CA

Einzelausstellungen/*Solo exhibitions*

2005 Sandroni Rey Gallery, Los Angeles, CA
     Whitney Museum of American Art,
     New York
2004 Kunst Werke, Berlin
     Postmasters Gallery, New York
2002 Künstlerhaus Bethanien, Berlin
2000 Los Angeles Contemporary Exhibitions,
     Los Angeles, CA
     Deitch Projects, New York

Gruppenausstellungen/*Group exhibitions*

2005 P.S.1 Contemporary Art Center,
     Long Island City, NY
     Kunst Werke, Berlin
2004 Whitney Museum of Art, New York
     The Brooklyn Museum, New York
     Anton Kern Gallery, New York
2003 Derek Eller Gallery, New York
     Museo Nacional de Arte Reina Sofia,
     Madrid
2002 Neue Galerie am Landesmuseum
     Joanneum, Graz
2001 New Museum of Contemporary Art,
     New York
2000 Andrew Kreps Gallery, New York

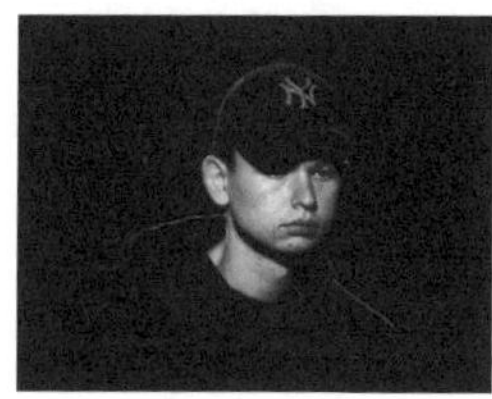

Philip-Lorca DiCorcia
(1951, Hartford, CT; lebt/*lives* in New York)

Werke/*Works*

Head #24, 2000
Fujicolor Crystal Archive Print
124,8 x 155,4 x 5,3 cm
Galerie Monika Sprüth & Philomene Magers,
Köln/*Cologne,* München/*Munich*

Head #8, 2000
Fujicolor Crystal Archive Print
124,8 x 155,4 x 5,3 cm
Galerie Monika Sprüth & Philomene Magers,
Köln/*Cologne,* München/*Munich*

Head #10, 2000
Fujicolor Crystal Archive Print
124,8 x 155,4 x 5,3 cm
Galerie Monika Sprüth & Philomene Magers,
Köln/*Cologne,* München/*Munich*

Einzelausstellungen/*Solo exhibitions*

2004 Magasin 3, Stockholm Kunsthall,
     Stockholm
     Museum Folkwang, Essen
     Galeria Helga de Alvear, Madrid
2003 Pace/MacGill Wildenstein Gallery,
     New York
     Whitechapel Art Gallery, London
2002 Monica De Cardenas, Mailand/*Milan*
2001 Galerie Almine Rech, Paris
     Galerie Monika Sprüth & Philomene
     Magers, Köln/*Cologne,* München/
     Munich
     Gagosian Gallery, London
2000 Galeria OMR, Mexico City
     Sprengel Museum, Hannover

Gruppenausstellungen/*Group exhibitions*

2004 Moderna Museet, Stockholm
     Museum of Modern Art, New York
     Museum Ludwig, Köln/*Cologne*
2003 Aarhus Kunst Museum, Aarhus
2002 Fotomuseum Winterthur
     Pace/MacGill Gallery, New York
2001 White Cube2, London
     Museum of Modern Art, Oxford
     Hirshhorn Museum and Sculpture
     Garden, Washington, DC
2000 Fotomuseum Winterthur

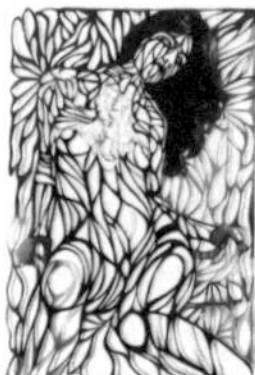

Amie Dicke
(1978, Rotterdam)

Werke/*Works*

Waiting for Carmen, 2004
Cut-Out, Tinte auf Zeitschriftenpapier/*Ink on magazine paper*
41 x 29 cm
Diana Stigter Gallery, Amsterdam

Explosion, 2004
Cut-Out, Tinte auf Papier/*Ink on paper*
42 x 59,4 cm
Sammlung die Künstlerin/*Collection the artist*

And away the vapour flew, 2004
Cut-Out, Tinte auf Zeitschriftenpapier/*Ink on magazine paper*
170 x 120 cm
Sammlung/*Collection* Rob Defares, Amsterdam

Kelly, 2003
Cut-Out, Tinte auf Papier/*Ink on paper*
99 x 68 cm
Peres Projects Los Angeles, Berlin

Once a dream weave a shade, 2004
Cut-Out, Tinte auf Zeitschriftenpapier/*Ink on magazine paper*
120 x 75 cm
Collection ABN AMRO

Ashes, 2005
Cut-Out, Tinte auf Papier/*Ink on paper*
255 x 350 cm
Peres Projects Los Angeles, Berlin

Einzelausstellungen/*Solo exhibitions*

2004 D'Amelio Terras Gallery, New York
     Ars Futura, Zürich/*Zurich*
2003 Peres Projects, Los Angeles, CA
2002 Diana Stigter Gallery, Amsterdam

Gruppenausstellungen/*Group exhibitions*

2003 Museum für Moderne Kunst, Arnheim
     Centre of Contemporary Art, Kiev
2002 Museum Boymans-van Beuningen, Rotterdam
2001 Morgen, Rotterdam
2000 Diana Stigter Inc./Ellen de Bruijne Projects, Amsterdam

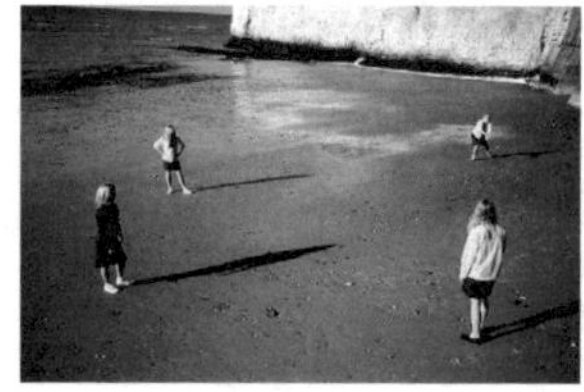

Tracey Emin
(1963, London)

Werke/*Works*

I think it must have been fear, 2000
Decke mit Applikation/*Applique blanket*
232 x 200 cm
Saatchi Gallery, London

Automatic Orgasm, 2001
Decke mit Applikation/*Applique blanket*
263 x 214 cm
Saatchi Gallery, London

Top Spot, 2004
Film auf DVD/*Film on DVD*
61'00''
Saatchi Gallery, London

Einzelausstellungen/*Solo exhibitions*

2005 Lehmann Maupin Gallery, New York
     White Cube, London
     National Portrait Gallery, London
2004 Tate Britain, London
     Galleria Lorcan O'Neill, Rom/*Rome*
     Sketch, London
2003 Art Gallery of New South Wales, Sydney
2002 Stedelijk Museum, Amsterdam
     Haus der Kunst, München/*Munich*
2000 Galerie Gebauer, Berlin

Gruppenausstellungen/*Group exhibitions*

2005 NRW-Forum Kultur und Wirtschaft, Düsseldorf/*Dusseldorf*
     National Museum of Art, Oslo
     Deutsche Guggenheim, Berlin
     ICA, London
2004 1st International Biennial of Contemporary Art of Sevilla
     Victoria & Albert Museum, London
     Frans Hals Museum, Haarlem
     Museum für Moderne Kunst, Arnheim
2003 Mori Art Museum, Tokio/*Tokyo*
     Stiftung Wilhelm Lehmbruck Museum, Duisburg
     University Art Museum, Santa Barbara, CA
2002 Barbican Gallery, London
     Deste Foundation, Centre for Contemporary Art, Athen/*Athens*
     Saatchi Gallery, London
2001 Kunsthalle Wien/*Vienna*
     Tate Liverpool
     Kairo/*Cairo* Biennale
2000 Kunsthaus, Hamburg
     The Scottish National Gallery of Modern Art, Edinburgh

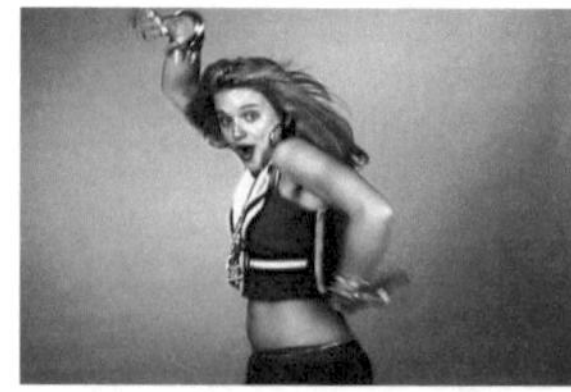

Luis Gispert
(1972 New Jersey; lebt/*lives* in Brooklyn, NY)

Werke/*Works*

Block Watching, 2003
Film auf DVD/*Film on DVD*
1'57''
Privatsammlung/*Private collection*, Courtesy magnus müller, Berlin

Can it be that it was all so simple then, 2002
Film auf DVD/*Film on DVD*
2'00''
Privatsammlung/*Private collection*, Courtesy magnus müller, Berlin

Einzelausstellungen/*Solo exhibitions*

2004 Hood Museum of Art, Dartmouth College, Hanover, NH
     University Art Gallery, University of California, San Diego, CA
2003 Whitney Museum of American Art, New York
     Miami Art Central, Miami, FL

Gruppenausstellungen/*Group exhibitions*

2004 MetroTech Center, Brooklyn, NY
     Contemporary Arts Museum, Houston, TX
     Brooklyn Museum of Art, Brooklyn, NY
2003 Deitch Projects, New York
     MIT List Visual Arts Center, Cambridge, MA
2002 Gagosian Gallery, New York
     Andrea Rosen Gallery, New York
     Mullerdechiara Gallery, Berlin
     Whitney Biennial: Whitney Museum of American Art, New York
2001 Palazzo Brocherasio, Turin
     Mark Fox Gallery, Los Angles, CA
2000 MOCA Miami, FL

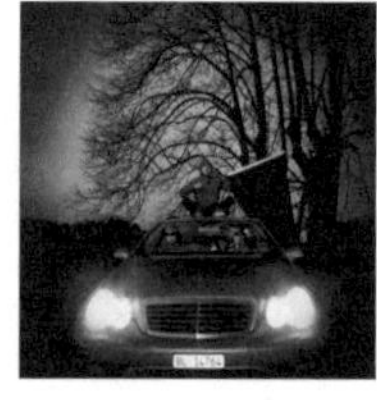

Anthony Goicolea
(1971; lebt/*lives* in Brooklyn, NY)

Werke/*Works*

Car, 2004
C-Print
100 x 110 cm
Courtesy TORCH Gallery, Amsterdam

Premature, 1999
C-Print
101,6 x 137,1 cm
Privatsammlung/*Private collection*, Courtesy Galerie Aurel Scheibler, Köln/*Cologne*

Einzelausstellungen/*Solo exhibitions*

2005 The Arizona State University Museum of Art, Tempe, AZ
     Postmasters Gallery, New York
2004 Galerie Aurel Scheibler, Köln/*Cologne*
     Sandroni Rey Gallery, Los Angeles, CA
     Calvin Klein Space on Madison Avenue, New York
2003 Contemporary Center of Photography, Melbourne
     MCMAGMA, Mailand/*Milan*
2002 The Museum of Contemporary Photography, Chicago, IL
2001 The Corcoran College of Art and Design at The Corcoran Gallery of Art, Washington, DC
2000 Galeria Luis Adelantado, Valencia

Gruppenausstellungen/*Group exhibitions*

2005 KunstFilmBiennale, Köln/*Cologne*
2004 Groninger Museum, Groningen
     ICP International Center of Photography, New York
2003 Gemeente Museum, Helmond, Niederlande/*The Netherlands*
     Centre Culturel Suisse, Paris
2002 Miami Design District, Miami, FL
     Maryland Institute, College of Art, Baltimore, MD
2000 The Bronx Museum, New York
     Texas Fine Arts Association at Jones Center for Contemporary Art, Austin, TX

Diana Stigter Gallery, Amsterdam
Peres Projects, Los Angeles, CA
(144-153)

Saatchi Gallery, London
White Cube, London
(34-35, 65)

magnus müller, Berlin (191)

TORCH Gallery, Amsterdam (51)
Simon Vogel Photographie, Köln/*Cologne* (122)

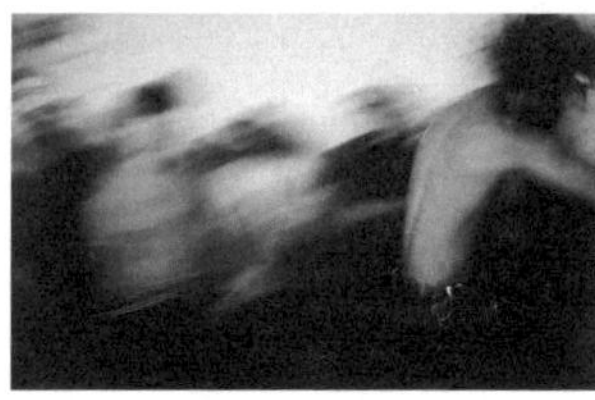

Janine Gordon
(lebt/*lives* in Brooklyn, NY)

Werke/*Works*

ABC Moshpit, 2004
9 Fotografien/*9 photographs*
187 x 281 cm
Courtesy Galerie Volker Diehl, Berlin

The Light Beyond, 2004
9 Fotografien/*9 photographs*
187 x 281 cm
Courtesy Galerie Volker Diehl, Berlin

Einzelausstellungen/*Solo exhibitions*

2005 Volker Diehl Galerie, Berlin
     Galerie Kamel Mennour, Paris
2004 Apartment 5BE Gallery, New York
2002 Deitch Projects, New York
     Galerie Volker Diehl, Berlin
2001 Refusalon Gallery, San Francisco, CA
2000 XL Xavier LaBoulbenne, New York

Gruppenausstellungen/*Group exhibitions*

2006 Stedelijk Museum, Amsterdam
2005 Schirn Kunsthalle Frankfurt
     The Swiss Institute, New York
2004 Palais de Tokyo, Paris
     I-20 Gallery, New York
2003 The Whitney Biennial, Whitney
     Museum of American Art, New York
     Robert York Gallery, New York
2002 Daniel Reich, New York
2001 Whitney Museum of American Art,
     New York
     Swiss Institute, New York
     Contemporary Art Center of
     Copenhagen
2000 Cynthia Braun Gallery, New York

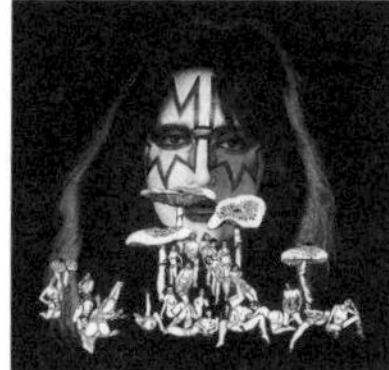

Matthew Greene
(1971; lebt/*lives* in Los Angeles)

Werke/*Works*

Save the Planet – Kill Yourself, 2003
Gouache auf Papier/*Gouache on paper*
100 x 127 cm
Sammlung/*Collection* Köhn, Wien/*Vienna*

Solo Album, 2004
Tinte und Collage auf LP/*Ink and collage
on LP*
30,5 x 30,5 cm
Privatsammlung/*Private Collection*
Javier S. Peres, Berlin

Harbinger, 2003
Acryl auf Leinwand/*Acrylic on canvas*
137 x 121 cm
Sammlung/*Collection* Köhn, Wien/*Vienna*

Einzelausstellungen/*Solo exhibitions*

2004 peres projects, Los Angeles, CA
2003 Sandroni Rey Gallery, Venice, CA

Gruppenausstellungen/*Group exhibitions*

2004 peres projects, Los Angeles, CA
     Anton Kern Gallery, New York
2003 peres projects, Los Angeles, CA
     D'Amelio Terras Gallery, New York
2001 Sandroni Rey Gallery, Venice, CA

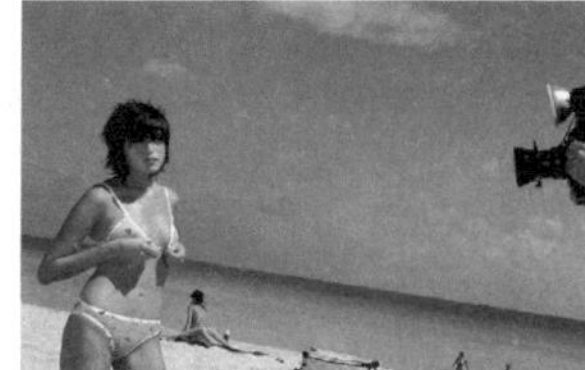

Lauren Greenfield
(1966 Southern California; lebt/*lives
in Venice,* CA)

Werke/*Works*

Fina, 13, in the tanning salon, Edina, 2002
Cibachrome-Abzug/*Cibachrome print*
40 x 50 cm
OMC Gallery, Huntington Beach, CA

*Lingerie shoot for Ocean Drive Magazine
(»model lingerie«),* 2002
Cibachrome-Abzug/*Cibachrome print*
50 x 75 cm
OMC Gallery, Huntington Beach, CA

*Sheena tries on clothes with her friend
Amber, 14, in a department store dressing
room, San Jose (»cover«),* 2002
Cibachrome-Abzug/*Cibachrome print*
40 x 50 cm
OMC Gallery, Huntington Beach, CA

*Lillian, then 18, shops at Kirna Zabete,
New York,* 2002
Cibachrome-Abzug/*Cibachrome print*
50 x 40 cm
OMC Gallery, Huntington Beach, CA

*Allie, Annie, Hannah and Berit
(»Four girls«),* 2002
Cibachrome-Abzug/*Cibachrome print*
50 x 75 cm
OMC Gallery, Huntington Beach, CA

Ausstellungen/*Exhibitions*

2006 Manhattan Jewish Community Center,
     New York
     Sundance Film Festival, Park City, Utah
2005 Pace/MacGill Gallery, New York
     Minnesota Center for Photography,
     Minneapolis, MN
2004 Moskau/*Moscow* Fotobiennale 2004
     Minneapolis College of Art and Design,
     Minneapolis, MN
2003 Jackson Fine Art, Atlanta, GA
     OMC, Gallery for Contemporary Art,
     Huntington Beach, CA
     FotoGrafia – Festival Internazionale
     di Roma, Rom/*Rome*
     Robert Koch Gallery, San Francisco, CA
2002 Pace/MacGill Gallery, New York
     The Cleveland Museum of Art,
     Cleveland, OH

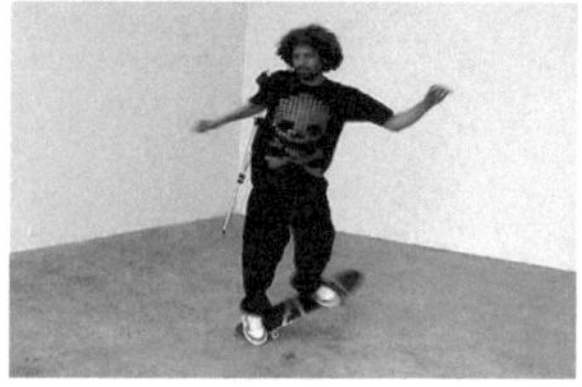

Kevin Hanley
(1969, Surnter, South Carolina; lebt/*lives*
in Los Angeles)

Werke/*Works*

Threesixty, 2002
Film auf DVD/*Film on DVD*
6'00''
Courtesy I-20 Gallery, New York

Einzelausstellungen/*Solo exhibitions*

2005 Art Basel Miami Beach, Miami, FL
2003 I-20 Gallery, New York
2002 Taka Ishii Gallery, Tokio/*Tokyo*
2001 ACME, Los Angeles, CA
2000 Rocket Gallery, London

Gruppenausstellungen/*Group exhibitions*

2004 The V2 Institute for the Unstable
     Media, Rotterdam
     Museo Nacional de Arte Reina Sofia,
     Madrid
2003 50th Biennale di Venezia, Venedig/
     Venice
     Los Angeles Contemporary Exhibitions,
     Los Angeles, CA
2002 White Label, Los Angeles, CA
2001 Orange County Museum of Art,
     Newport Beach, CA
     Santa Barbara Contemporary Arts
     Forum, San Francisco, CA
2000 Los Angeles County Museum of Art,
     Los Angeles, CA
     The Armory Show, New York

Galerie Volker Diehl, Berlin (181)

peres projects, Los Angeles, CA (49, 182, 184)

OMC Gallery, Huntington Beach, CA (156-165)

I-20 Gallery, New York (226-229)

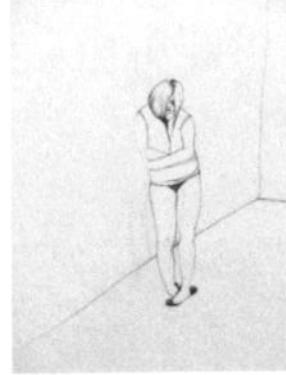

Esther Harris
(1976, England; lebt /*lives* in London)

Werke/*Works*

Tired, 2003
Tinte auf Papier/*Ink on paper*
30,5 x 23 cm
Courtesy I-20 Gallery, New York

Cornered, 2003
Tinte auf Papier/*Ink on paper*
30,5 x 23 cm
Courtesy I-20 Gallery, New York

Beach, 2002
C-Print
51 x 51 cm
Courtesy I-20 Gallery, New York

Einzelausstellungen/*Solo exhibitions*

2006 Z Plaz, Fukuoka, Japan
2004 Jerwood Space, London
2003 I-20 Gallery, New York
2002 MOCA DC, Washington, DC

Gruppenausstellungen/*Group exhibitions*

2005 http://www.tank.tv, Februar – März/
      February – March
2004 Albright-Knox Art Gallery, Buffalo, NY
      DCAC, Washington, DC
2003 Artists Space, New York
      Art Forum Berlin 2003, Berlin
      Solomon R. Guggenheim Museum,
      New York
2002 Measure Arts at St. Pancras Crypt,
      London
      Stefan Stux Gallery, New York
2001 FLAT, New York

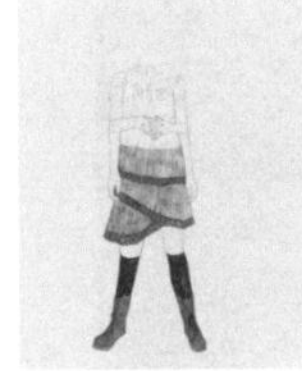

Rachel Howe
(1979, Brooklyn, NY)

Werke/*Works*

Frown, 2004
Bleistift auf Papier/*Graphite pencil on paper*
61 x 46 cm
Courtesy die Künstlerin/*Courtesy the artist*

Die, 2004
Bleistift auf Papier/*Graphite pencil on paper*
61 x 46 cm
Courtesy die Künstlerin/*Courtesy the artist*

Death before the age of 21, 2003
Bleistift auf Papier/*Graphite pencil on paper*
101 x 76 cm
Courtesy die Künstlerin/*Courtesy the artist*

Double Suicide, 2003
Bleistift auf Papier/*Graphite pencil on paper*
157 x 84 cm
Courtesy die Künstlerin/*Courtesy the artist*

The End, 2004
Bleistift auf Papier/*Graphite pencil on paper*
61 x 46 cm
Courtesy die Künstlerin/*Courtesy the artist*

Sob, 2004
Bleistift auf Papier/*Graphite pencil on paper*
61 x 46 cm
Courtesy die Künstlerin/*Courtesy the artist*

Gruppenausstellungen/*Group exhibitions*

2006 The Physics Room, Christchurch
2004 Marvelli Gallery, New York
      Vilma Gold, London
      Locust Projects, Miami, FL
2003 Deitch Projects, Brooklyn, NY
      Galerie du Jour, Paris
      Sculpture Center, Long Island City, NY
      Scope Art Fair, New York
2002 John Connelly Presents, New York

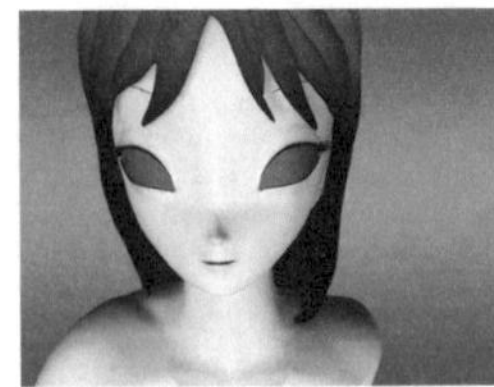

Pierre Huyghe
(1962, Paris)

Werke/*Works*

Two minutes out of time, 2000
Beta Digital, Film auf DVD/*Film on DVD*
4'00''
Courtesy der Künstler/*the artist* und/*and*
Marian Goodman Gallery, New York & Paris

Einzelausstellungen/*Solo exhibitions*

2006 Musée d'art Moderne de la Ville de
      Paris
      Tate, London
      8th Biennale d'Art Contemporain de
      Lyon
2005 Moderna Museet, Stockholm
2004 Carpenter Center, Harvard University,
      Cambridge, MA
      Galerie Marian Goodman, Paris
      Castello di Rivoli Museo d'Arte
      Contemporanea, Turin
2003 Dia Center for the Arts, New York
      University of Virginia Art Museum,
      Charlottesville, VA
      Solomon R. Guggenheim Museum,
      New York
2002 Kunsthaus Bregenz
2001 49th Biennale di Venezia, Venedig/
      Venice
      Stedelijk Van Abbe Museum,
      Eindhoven
2000 Musée d'art contemporain, Montréal
      Kunstverein Hamburg
      Centre national d'art et de culture
      Georges Pompidou, Paris
      Museum of Contemporary Art,
      Chicago, Il
      Kunsthalle, Zürich/*Zurich*

Gruppenausstellungen/*Group exhibitions*

2004 White Chapel Art Gallery, London
      Castello di Rivoli, Museo d'art
      Contemporanea, Turin
      Centre national d'art et de culture
      Georges Pompidou, Paris
      The Gwangju Biennale 2004, Gwangju,
      Südkorea/*South Korea*
      Portikus, Frankfurt am Main
      Haus der Kunst, München/*Munich*
      San Francisco Museum of Modern Art,
      San Francisco, CA
      New Museum of Contemporary Art,
      New York
2003 Guggenheim Museum, Bilbao
      50th Biennale di Venezia, Venedig/
      Venice
      Argos Festival, Brüssel/*Brussels*
2002 documenta 11, Kassel
      Galerie Yvon Lambert, Paris
      MAMCO, Genève, Genf/*Geneva*
2001 ICA, London
      P.S.1 Contemporary Art Center,
      Long Island City, NY
      Kunstwerke, Berlin
      International Istanbul Biennial, Türkei/
      Turkey
      Yokohama 2001: International Triennale
      of Contemporary Art, Japan
      Generali Foundation, Wien/*Vienna*
      Museum Boymans-van Beuningen,
      Rotterdam
2000 Walker Art Center, Minneapolis, MN
      KIASMA, Museum of Contemporary
      Art, Helsinki

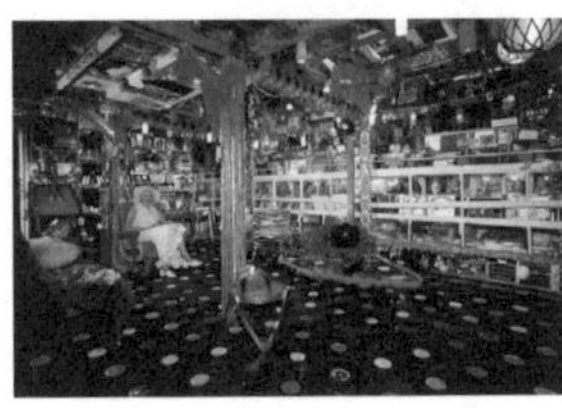

Laura Kikauka
(1963, Hamilton, Kanada/*Canada;* lebt/*lives*
in Berlin und/*and* Meaford, Ontario)

Werke/*Works*

Funny Farm, 2006
Installation aus verschiedenen Materialien/
Installation from various materials
Courtesy die Künstlerin/*the artists* und/*and*
DNA – Die Neue Aktionsgalerie, Berlin

Einzelausstellungen/*Solo exhibitions*

2004 The Power Plant Contemporary Art
      Gallery, Toronto
2003 DNA – Die Neue Aktionsgalerie, Berlin
2002 MAK – Museum für angewandte Kunst,
      Wien/*Vienna*
2001 Kunstmuseum, Wolfsburg
2000 Tamar Centre, Hong Kong

Gruppenausstellungen/*Group exhibitions*

2005 ViennAfair, DNA – Die Neue Aktions-
      galerie, Berlin
2001 Haus der Kunst, München/*Munich*
      Hamburger Bahnhof, Berlin
2000 Sprengel Museum, Hannover
      Haus der Kulturen der Welt, Berlin
      Maison des Arts de Créteil,
      Frankreich/*France*
      HK Arts Centre, Hong Kong

-20 Gallery, New York (72, 85, 76)   Rachel Howe, Brooklyn, NY (38, 40)   Marian Goodman Gallery, New York & Paris (142)   Lary Seven © 2005 (90)

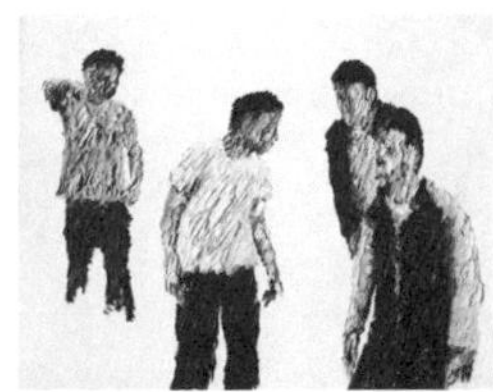

Clemens Krauss
(1979, Graz; lebt/*lives* in Berlin)

Werke/*Works*

Ohne Titel, aus der Serie »Das Körperkörper-Problem«, 2005
Öl auf Leinwand/*Oil on canvas*
75 x 95 cm
Sammlung aARTa, Mainz

Ohne Titel, aus der Serie »Das Körperkörper-Problem«, 2005
Öl und Siebdruck auf Leinwand/*Oil and silk screen on canvas*
100 x 85 cm
Courtesy der Künstler/*Courtesy the artist*

Ohne Titel, aus der Serie »Das Körperkörper-Problem«, 2005
Öl auf Leinwand/*Oil on canvas*
75 x 95 cm
Courtesy Rainer Schmidt, Berlin/Hamburg

Ohne Titel, aus der Serie »Das Körperkörper-Problem«, 2005
Öl auf Leinwand/*Oil on canvas*
75 x 95 cm
Privatsammlung/*Private collection*,
Frankfurt am Main

Einzelausstellungen/*Solo exhibitions*

2004 Galerie Kunst & Handel, Graz
2003 DNA – Die Neue Aktionsgalerie, Berlin
       Galerie Pozzo Pozozza, Berlin
       Galerie Dida, Graz
2002 Galleria Granma, Rom/*Rome*

Gruppenausstellungen/*Group exhibitions*

2005 Art Basel Miami, Miami
       Städtische Galerie Nordhorn
       Arena Berlin, Berlin
2004 Liverpool Biennial
       Victoria Miro Gallery, London
       White Box, München/*Munich*
       Hamburger Bahnhof, Museum für Gegenwart, Berlin
2003 Bunker Berlin
       G.U.N. Gallery Ute Naven, Oslo
2002 7th International Festival for Performance and Visual Arts, Paris
       Kunsthaus Tacheles, Berlin

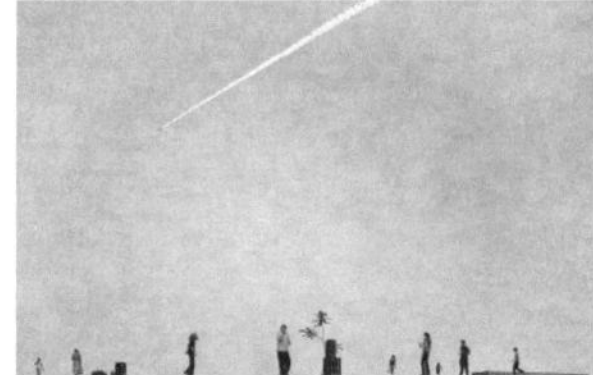

Hendrik Krawen
(1963, Lübeck; lebt/*lives* in Berlin)

Werke/*Works*

Stahlwerkstraße – Samstag Nachmittag, Vers. II, 2005
Öl auf Leinwand/*Oil on canvas*
130 x 200 cm
Courtesy der Künstler/*Courtesy the artist*

Piano, 2004
Öl auf Leinwand/*Oil on canvas*
110 x 200 cm
Privatbesitz/*Private collection*

fluid, 2004
Öl auf Leinwand/*Oil on canvas*
130 x 220 cm
Courtesy der Künstler/*Courtesy the artist*

Einzelausstellungen/*Solo exhibitions*

2005 Engholm Engelhorn Galerie, Wien/*Vienna*
2004 Galerie Dennis Kimmerich, Düsseldorf/*Dusseldorf*
2003 St. Petri Lübeck
2001 Kerstin Engholm Galerie, Wien/*Vienna*
2000 Galerie Bochynek, Düsseldorf/*Dusseldorf*

Gruppenausstellungen/*Group exhibitions*

2005 Kunsthalle Düsseldorf/Kunstverein Düsseldorf/*Dusseldorf*
2004 Ausstellungshalle zeitgenössische Kunst, Münster
       Frankfurter Kunstverein, Frankfurt am Main
2003 Kunsthalle Kiel
       museum kunst palast, Düsseldorf
       Galerie Hubert Winter, Wien/*Vienna*
2002 Kunsthalle Erfurt
       Musée d'art moderne et contemporain, Straßbourg
2001 Deitch Projects, New York
2000 Kunstverein für die Rheinlande und Westfalen, Düsseldorf/*Dusseldorf*
       Stedelijk Museum, Amsterdam

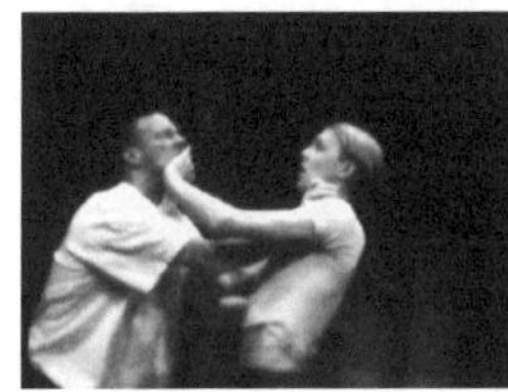

Liisa Lounila
(1976; lebt/*lives* in Helsinki)

Werke/*Works*

Play, 2003
Film auf DVD/*Film on DVD*
5'00''
GIMA Galerie für internationale Medienkunst, Berlin

Flirt, 2002
Film auf DVD/*Film on DVD*
4'00''
GIMA Galerie für internationale Medienkunst, Berlin

Popcorn, 2001
Film auf DVD/*Film on DVD*
4'07''
GIMA Galerie für internationale Medienkunst, Berlin

Einzelausstellungen/*Solo exhibitions*

2004 Wilkinson Gallery, London
       Espace Croix-Baragnon, Toulouse
2003 Galerie Anhava, Helsinki
2002 Academy of Fine Arts Gallery, Helsinki
2000 Academy of Fine Arts Gallery, Helsinki

Gruppenausstellungen/*Group exhibitions*

2005 InSite_05, Tijuana, Mexiko
2004 Terminal 5, John F. Kennedy Airport, New York
       The Yugoslav Biennale of Young Artists, Vrsac, Serbien und Montenegro/*Serbia and Montenegro*
       Queensland Art Gallery, Brisbane
2003 Gallery Chromosome, Berlin
       8th Istanbul Biennial, Türkei/*Turkey*
       50th Biennale di Venezia (Nordischer Pavillion/*Nordic Pavilion*), Venedig/*Venice*
       National Center for Contemporary Arts, Rom/*Rome*
2002 Universität der Künste, Berlin
       KIASMA Museum of Contemporary Art, Helsinki

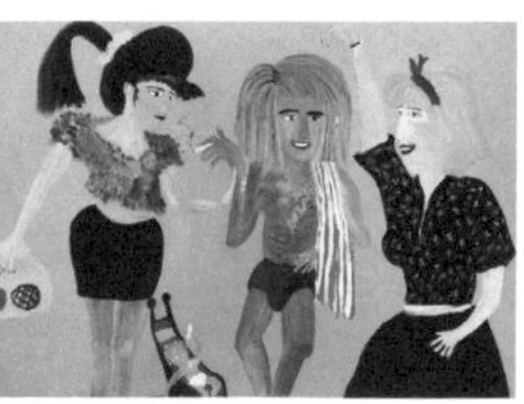

Martin Maloney
(1961, London)

Werke/*Works*

Hey Good Looking, 1998
Öl auf Leinwand/*Oil on canvas*
245 x 336 cm
Saatchi Gallery, London

Einzelausstellungen/*Solo exhibitions*

2005 Timothy Taylor Gallery, London
2003 Xavier Hufkens, Brüssel/*Brussels*
       Ferrari Arte Contemporanea, Mailand/*Milan*
2000 Anthony d'Offay Gallery, London

Gruppenausstellungen/*Group exhibitions*

2004 Kunsthalle Mannheim
2002 The Irish Museum of Modern Art, Dublin
       Walker Art Gallery, Liverpool
2001 Saatchi Gallery, London
       National Gallery, London
       Carpenter Center at Harvard University, Cambridge, MA
       Courtauld Institute, London
2000 Sommer Contemporary Art, Tel Aviv

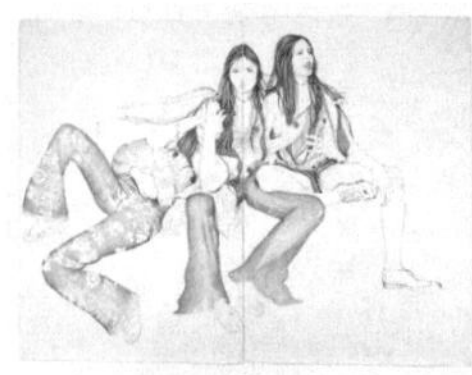

Marlene McCarty
(1957, New York)

Werke/*Works*

*Marlene, June 17, 1975 (Marlene Olive, 353
Hibiscus Way, Marin County, California,
June 21, 1975)*, 2003
Kugelschreiber und Bleistift auf Papier/
Ballpoint and graphite pencil on paper
305 x 366 cm
Courtesy Sikkema Jenkins & Co., New York

Einzelausstellungen/*Solo exhibitions*

2004 Brent Sikkema, New York
2003 8th Istanbul Biennial, Türkei/*Turkey*
2002 American Fine Arts, New York
2001 Sandroni Rey Gallery, Venice, CA

Gruppenausstellungen/*Group exhibitions*

2003 Circuit, Lausanne
     White Columns, New York
     MIT List Visual Arts Center, Boston, MA
2002 Galerie Peter Kilchmann, Zürich/*Zurich*
2001 The Project, Dublin
     Pro Arte Contemporary Art Institute,
     St. Petersburg, Russland/*Russia*
2000 Thread Waxing Space, New York

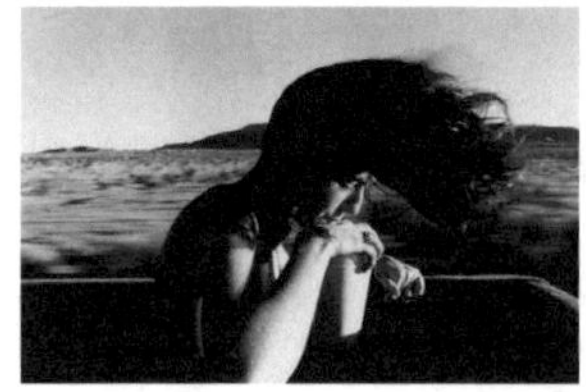

Ryan McGinley
(1977, Ramsey, NJ; lebt/*lives* in New York)

Werke/*Works*

Dakota Hair, 2004
C-Print
68 x 100 cm
Courtesy der Künstler/*the artist* und/*and*
Ratio 3, San Francisco, CA

Untitled (shower), 2005
C-Print
100 x 68 cm
Courtesy der Künstler/*the artist* und/*and*
Ratio 3, San Francisco, CA

Tim & Dakota, 2002
C-Print
100 x 75 cm
Courtesy der Künstler/*the artist* und/*and*
Ratio 3, San Francisco, CA

Tree #1, 2003
C-Print
100 x 75 cm
Courtesy der Künstler/*the artist* und/*and*
Ratio 3, San Francisco, CA

Wade Wave, 2004
C-Print
75 x 100 cm
Courtesy der Künstler/*the artist* und/*and*
Ratio 3, San Francisco, CA

Einzelausstellungen/*Solo exhibitions*

2004 P.S.1 Contemporary Art Center,
     Long Island City, NY
     University of the Arts, Philadelphia, PA
2003 Whitney Museum of American Art,
     New York
     Balley Fine Arts, Toronto
2002 Galerie Giti Nourbakhsch, Berlin
2001 420 West Broadway, New York

Gruppenausstellungen/*Group exhibitions*

2005 P.S.1 Contemporary Art Center,
     Long Island City, NY
2004 Marella Arte Contemporanea, Mailand/
     Milan
     Contemporary Arts Center, Cincinnati,
     OH
     Center for the Arts, San Francisco, CA
2003 team gallery, New York
     Galerie du Jour, agnè b., Paris
2002 Andrea Rosen Gallery, New York
2001 Mamma Roma Ltd., New York

Alex McQuilkin
(1980, Boston, MA; lebt/*lives* in New York)

Werke/*Works*

*Didn't you realize I would have died for
you*, 2004
Acryl und Bleistift auf Papier/*Acrylic and
graphite pencil on paper*
68,5 x 81,1 cm
Galerie Adler, Frankfurt am Main

I would have given my soul if I had one,
2004
Acryl und Bleistift auf Papier/*Acrylic and
graphite pencil on paper*
68,5 x 81,1 cm
Galerie Adler, Frankfurt am Main

Seven Minutes in Heaven, 2004
Film auf DVD/*Film on DVD*
3'00"
Galerie Adler, Frankfurt am Main

Teenage Daydream: In Vain, 2003
Film auf DVD/*Film on DVD*
7'00"
Galerie Adler, Frankfurt am Main

Einzelausstellungen/*Solo exhibitions*

2005 Tufts University Art Gallery Aideman
     Arts Center, Medfort, MA
     Marvelli Gallery, New York
2004 Galerie Adler, Frankfurt am Main
2003 404 arte contemporanea, Neapel/
     Naples

Gruppenausstellungen/*Group exhibitions*

2005 ZKM Zentrum für Kunst und
     Medientechnologie, Karlsruhe
     Galleria Comunale d'Arte
     Contemporanea, Monfalcone,
     Italien/*Italy*
     KIASMA Museum of Contemporary
     Art, Helsinki
     Künstlerhaus Wien/*Vienna*
     Cutural Center of Bruges/*Brügge*
     Kunstmuseum Bonn
     Aeroplastics Contemporary,
     Brüssel/*Brussels*
2004 Marvelli Gallery, New York
2003 Witte Zaal, Ghent
     Chapelle de la Sorbonne, Paris
     Galería de Arte Carmen De La Guerra,
     Madrid
2002 Deluxe Projects, Chicago, IL
     La Casa de Campo de Madrid, Madrid
     Rosenberg Gallery, N.Y. University,
     New York
2001 Mickey's Blue Room, New York

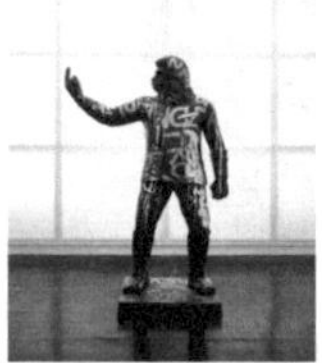

Bjarne Melgaard
(1967, Sidney; lebt/*lives* in Barcelona
und/*and* Oslo)

Werke/*Works*

Untitled, 2000
Bronze auf Fiberglas/*Bronze on fiberglass*
189 x 125 x 69 cm
Sammlung/*Collection* Falckenberg, Hamburg

Einzelausstellungen/*Solo exhibitions*

2005 Niels Borch Jensen Galerie und
     Verlag/*Gallery and publisher*, Berlin
2003 Bergen Kunsthall, Bergen
2002 MartA Herford
     Kunsthalle Kiel
     Galleria d'Arte Moderna, Bologna

Gruppenausstellungen/*Group exhibitions*

2006 Kunsthalle Wien/*Vienna*
2004 Museum für Moderne Kunst, Arnheim
     Zacheta National Gallery of Art,
     Warschau/*Warsaw*
     Ursula Blickle Stiftung, Kraichtal
2003 Neue Galerie am Landesmuseum
     Joanneum, Graz
     Astrup Fearnley Museum of Modern
     Art, Oslo
2002 Galerie Krinzinger, Wien/*Vienna*
     Galerie Faurschou, Kopenhagen/
     Copenhagen
     Magasin 3 Stockholm Konsthall,
     Stockholm
2001 Galerie Krinzinger, Wien/*Vienna*
2000 5th Biennale de Lyon, Frankreich/
     France
     Kestner Gesellschaft, Hannover
     Moderna Museet, Stockholm

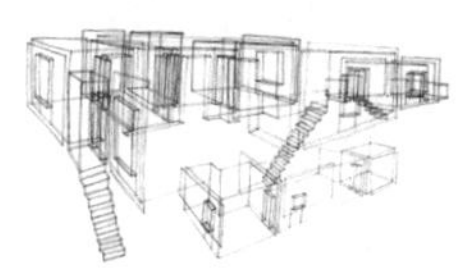

Alex Morrison
(1971, Redruth, UK; lebt/*lives* in Vancouver)

Werke/*Works*

Every house I've ever lived in drawn from memory, 2006
43 Zeichnungen auf Ausstellungswand der Schirn/*43 drawings on exhibition wall of the Schirn*
Maße variabel/*Dimensions variable*
Courtesy Catriona Jeffries Gallery, Vancouver

Homewrecker, 2001
Film auf DVD/*Film on DVD*
1'54"
Courtesy Catriona Jeffries Gallery, Vancouver

Einzelausstellungen/*Solo exhibitions*

2005 Büro Friedrich, Berlin
2004 Künstlerhaus Bethanien, Berlin
       University of Washington, Seattle, WA
       Contemporary Art Gallery, Vancouver
2003 Catriona Jeffries Gallery, Vancouver
       Frankfurter Kunstverein, Frankfurt
        am Main
2000 Mercer Union Gallery, Toronto

Gruppenausstellungen/*Group exhibition*

2006 Kunstverein Wolfsburg
       Royal College of Art, London
2005 White Columns Gallery, New York
       Städtische Galerie Waldkraiburg
2004 Dalhousie Art Gallery, Halifax, NS
       PBICA Palm Beach Institute of
        Contemporary Art, Lake Worth, FL
2003 Aspex Gallery, Portsmouth, UK
       Vancouver Art Gallery, Vancouver
       Platform Gallery, London
2002 Los Angeles Contemporary Exhibitions,
        Los Angeles, CA
       Catriona Jeffries Gallery, Vancouver
2001 Tracy Lawrence Gallery, Vancouver
       Kabinett Gallerie, Bern
2000 Baltimore Museum of Contemporary
        Art, Baltimore, MD
       Henry Moore Institute, Leeds

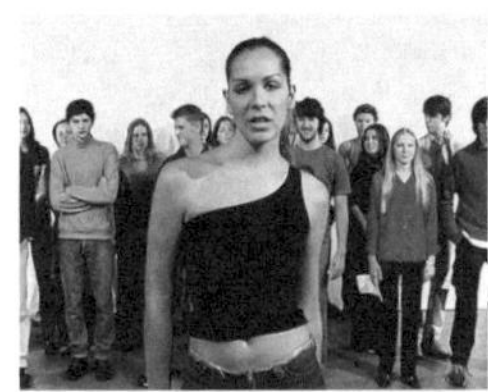

João Onofre
(1976, Lissabon/*Lisbon*)

Werke/*Works*

Casting, 2000
Film auf DVD/*Film on DVD*
12'59"
Courtesy of I-20 Gallery, New York

Catriona Shaw sings Baldessari sings LeWitt, re-edit Like a Virgin, extended version, 2000
Film auf DVD/*Film on DVD*
14'23"
Courtesy of I-20 Gallery, New York

Einzelausstellungen/*Solo exhibitions*

2006 Centre national d'art et de culture
        Georges Pompidou, Paris
       I-20 Gallery, New York
2005 Galeria Toni Tàpies, Barcelona
2004 Christina Guerra Contemporary Art,
        Lissabon/*Lisbon*
       Magazin 4, Bregenz
2003 Chiado National Museum of
        Contemporary Art, Lissabon/*Lisbon*
       Art Unlimited, Art 34 Basel
2002 P.S.1 Contemporary Art Center,
        Long Island City, NY
       Herzliya Museum of Art, Tel Aviv
       Ileana Tounta Gallery, Athen/*Athens*
2001 I-20 Gallery, New York

Gruppenausstellungen/*Group exhibitions*

2006 Musée du Louvre, Paris
2005 CaixaForum, Barcelona
       Center for Contemporary Art, Biel
2004 Haunch of Venison, London
       Museum of Contemporary Art,
        Chicago, IL
2003 Dundee Contemporary Arts
       Kunsthalle Thun
       Centro Atlántico de Arte Moderno,
        Las Palmas de Gran Canaria
       Sketch Gallery, London
2002 13th Biennale of Sydney 2002
       Philadelphia Museum of Art
2001 49th Biennale di Venezia, Venedig/
        Venice
       Müllerdechiara Galerie, Berlin
       Cristina Guerra Contemporary Art,
        Lissabon/*Lisbon*
2000 The Tate Modern, London
       Rove – Shoreditch Hight St., London

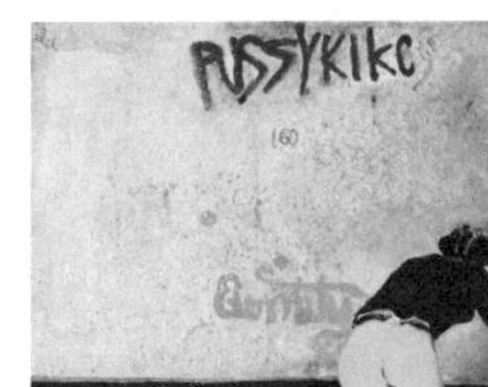

Lea Asja Pagenkemper
(1976, Berlin)

Werke/*Works*

Ohne Titel (Fahrstuhl), 2003
Öl, Acryl auf Leinwand/*Oil, acrylic on canvas*
300 x 250 x 2,5 cm
Courtesy Galerie Jette Rudolph und die Künstlerin/*and the artist*

Ohne Titel (Ghostwriter), 2003
Öl, Acryl auf Leinwand/*Oil, acrylic on canvas*
200 x 175 cm
Courtesy Galerie Jette Rudolph und die Künstlerin/*and the artist*

1000 Meilen über dem Meer, 2005
Öl, Acryl auf Leinwand/*Oil, acrylic on canvas*
230 x 280 cm
Courtesy Galerie Jette Rudolph und die Künstlerin/*and the artist*

Unterwelt (ILD), 2004
Mixed media, Leinwand/*canvas*
250 x 250 cm
Sammlung/*Collection* Falckenberg, Hamburg

Bordsteinschwalbe, 2005
Öl, Acryl auf Leinwand/*Oil, acrylic on canvas*
24 x 30 cm
Privatsammlung/*Private collection,* Berlin

Einzelausstellungen/*Solo exhibitions*

2006 Galerie Akinci, Amsterdam
2005 Galerie Jette Rudolph, Berlin
2004 Galerie Jette Rudolph, Berlin

Gruppenausstellungen/*Group exhibitions*

2005 Kunsthalle Recklinghausen
2004 La Maison Rouge, Paris
       TIAF-2004, Toronto
       Greener Pastures Contemporary,
        Toronto
       Künstlerhaus Göttingen
2003 Cookies, Berlin
       Galerie Klinkhammer & Metzner,
        Düsseldorf /*Dusseldorf*
       Galerie Dorn, Stuttgart

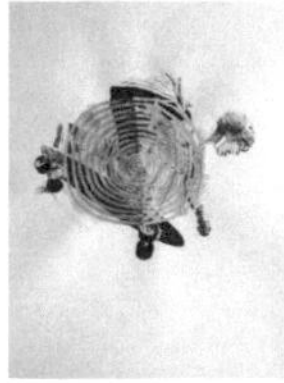

Mike Paré
(1967, Daly City; lebt/*lives* in Brooklyn, NY)

Werke/*Works*

Untitled (Skateboarder), 2005
Tempera und Graphit auf Papier/*Tempera and graphite on paper*
75 x 55 cm
Courtesy der Künstler und/*the artist and* ATM Gallery, New York

Ditch Dance, 2005
Tempera und Graphit auf Papier/*Tempera and graphite on paper*
55 x 75 cm
Courtesy der Künstler und/*the artist and* ATM Gallery, New York

Drop In, 2005
Tempera und Graphit auf Papier/*Tempera and graphite on paper*
75 x 55 cm
Courtesy der Künstler und/*the artist and* ATM Gallery, New York

Teenage Geography, 2002
Film auf DVD/*Film on DVD*
4'40"
Courtesy der Künstler und/*the artist and* ATM Gallery, New York

Einzelausstellungen/*Solo exhibitions*

2004 Mark Moore Gallery, Santa Monica, CA
2003 ATM Gallery, New York
2001 White Columns Gallery, New York

Gruppenausstellungen/*Group exhibitions*

2005 Cohan and Leslie, New York
2004 Vilma Gold, London
       White Columns Gallery, New York
       Showroom MAMA, Rotterdam
2003 Deitch Projects, Brooklyn, NY
       Agnès B. Galerie du Jour, Paris
       D'Amilio Terras Gallery, New York
       ATM Gallery, New York
2002 John Connelly Presents, New York
2000 Bronwyn Keenan Gallery, New York

Catriona Jeffries Gallery, Vancouver (203, 212)

I-20 Gallery, New York (66, 190)

Bernd Kuhnert
Sammlung Falckenberg, Hamburg
(204, 206-211)

ATM Gallery, New York (220, 222-225)

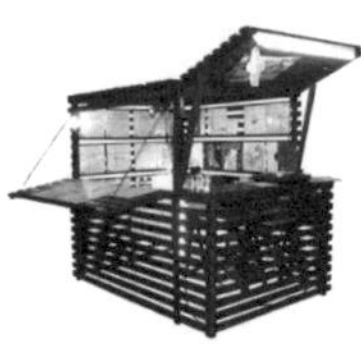

Frédéric Post
(1975, Genf /*Geneva*)

Werke/*Works*

Le Disquaire, 2002-2006
Verschiedene Materialien /*Various materials*
220 x 250 x 200 cm
Courtesy der Künstler und/*the artist and*
Galerie Evergreene, Genf /*Geneva*

Einzelausstellungen /*Solo exhibitions*

2003 Galerie Evergreene, Genf /*Geneva*
     Kunsthaus, Glarus
2002 Kunsthalle, St Gallen
2000 Stargazer, Genf /*Geneva*

Gruppenausstellungen /*Group exhibitions*

2003 Kunsthalle St.Gallen
     Ursula Blickle Stiftung, Kraichtal
2002 Galerie Florence Loewy, Paris
     Centre d'Art en Ile, Genf /*Geneva*
     attitudes, Genf /*Geneva*
     Centre de la Photographie,
       Genf /*Geneva*
2001 Artrium, Genf /*Geneva*
     Galerie Marlene Frei, Zürich /*Zurich*
     Podium Gallery, Glasgow
2000 Palais de l'Athénée, Genf /*Geneva*

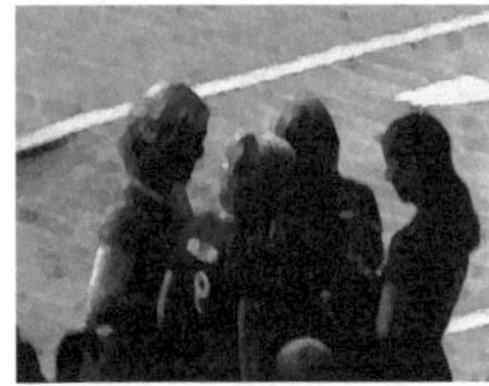

Bettina Pousttchi
(1971, Mainz; lebt /*lives* in Berlin)

Werke/*Works*

aus der Serie *Fans* /*from the series Fans:*
#3, #4, #6, #7, #14, #16, #18, 2002
7 Fotografien /*photographs*
je /*each* 61 x 77 cm
Sammlung Essl Privatstiftung /*Collection
Essl Private Foundation*, Klosterneuburg
b. Wien /*Vienna*

Einzelausstellungen /*Solo exhibitions*

2006 Buchmann Galerie, Berlin
2005 Dortmunder Kunstverein
     Leopold Hösch Museum, Düren
2004 Galleria Next Door, Rom /*Rome*
2003 Württembergischer Kunstverein,
       Stuttgart
2002 Vous êtes ici, Amsterdam
     Chelsea Kunstraum, Köln /*Cologne*
2001 Museum Morsbroich, Leverkusen
     Verein Junge Kunst, Wolfsburg

Gruppenausstellungen /*Group exhibitions*

2006 Whitney Museum of American Art,
       New York
     Haus am Waldsee, Berlin
2005 Buchmann Galerie, Köln /*Cologne*
2004 Haus der Kunst, München /*Munich*
     Museum Morsbroich, Leverkusen
2003 50th Biennale di Venezia, Venedig /
       Venice
     Kunsthaus Schloss Wendlinghausen
2002 Universität Bonn
     Museum Morsbroich, Leverkusen
     Ludwig Forum für internationale Kunst,
       Aachen
2001 Holden Gallery, Manchester, UK
     Kunsthalle Friedericianum, Kassel
     Kunsthalle Recklinghausen
2000 Buchmann Galerie, Köln /*Cologne*
     Whitney Museum of American Art,
       New York
     Kunstraum Düsseldorf /*Dusseldorf*
     Städtische Galerie Gladbeck
     Kunstverein für die Rheinlande und
       Westfalen, Düsseldorf /*Dusseldorf*
     Galleria Civica di Arte Contemporanea,
       Trento

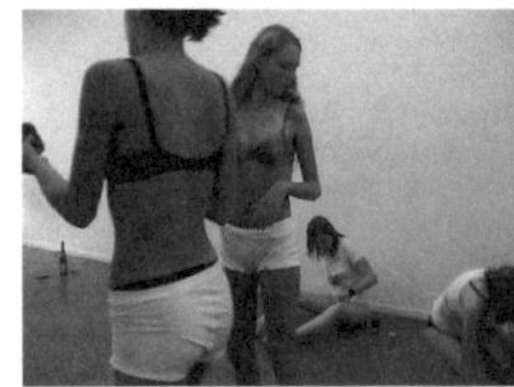

L. A. Raven
(1971, Heerlen; leben /*live* in Amsterdam)

Werke/*Works*

TestRoom, 2000
Film auf VHS /*Film on VHS*
2,30'00''
Courtesy Ellen de Bruijne Projects,
Amsterdam

Einzelausstellungen /*Solo exhibitions*

2005 Ellen de Bruijne Projects, Amsterdam
2004 Stedelijk Museum Bureau, Amsterdam
2003 Galerie K&S, Berlin
     Gallery 400, Chicago, IL
2002 ICA Institute of Contemporary Art,
       London
     Ludwig Museum, Budapest
2001 Casco Projects, Utrecht
     Ellen de Bruijne Projects, Amsterdam
     Charim Galerie, Wien /*Vienna*
2000 Marres Center for Contemporary
       Culture, Maastricht
     Villa Medici, Rom /*Rome*
     museum in progress, Wien /*Vienna*

Gruppenausstellungen /*Group exhibitions*

2005 Badischer Kunstverein, Karlsruhe
     Ludwig Museum, Budapest
2004 Stedelijk Museum Amsterdam
2003 Prague Biennale, Prag /*Prague*
     Museum Dhondt-Dhaenens, Deurle
2002 Gwangju Biennale, Gwangjiu,
       Südkorea /*South Korea*
     Fonds BKVB, Rotterdam
2001 Galerija MAK, Sarajewo /*Sarajevo*
     White Box, New York
     Büro Friedrich, Berlin
2000 P.S.1 Contemporary Art Center,
       Long Island City, NY
     De Appel Foundation, Amsterdam

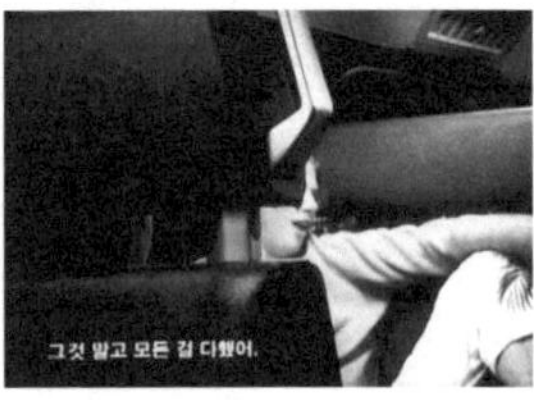

Julika Rudelius
(1968, Köln /*Cologne;* lebt /*lives* in
Amsterdam)

Werke/*Works*

Looking at the other /*desire*, 2003
2'50'' DVD loop
Diana Stigter Gallery, Amsterdam

Train, 2001
Film auf DVD /*Film on DVD*
6'00''
Diana Stigter Gallery, Amsterdam

Einzelausstellungen /*Solo exhibitions*

2006 Frans Hals Museum, Haarlem
2005 Galeria Manuela Klercks, Mailand /
       Milan
2004 Reinhard Hauff Galerie, Stuttgart
2004 Centre Culturel Suisse, Paris
     Marres Center for Contemporary
       Culture, Maastricht
     Stedelijk Museum Bureau, Amsterdam
2003 Kunsthaus Glarus
     Diana Stigter Gallery, Amsterdam
2001 Stedelijk Museum Bureau, Amsterdam

Gruppenausstellungen /*Group exhibitions*

2004 Tate Modern, London
2004 Art Cologne/Rheinschau, Köln /*Cologne*
     Centraal Museum Utrecht
     Stedelijk Museum, Schiedam
     Museum het Valkhof, Nijmegen
     Frans Hals Museum, Haarlem
     Royal Hibernian Academy, Dublin
     Ruhrlandmuseum Essen
2003 Stedelijk Museum, Amsterdam
     National Museum of Contemporary Art,
       Seoul
     ICP International Center of Photography,
       New York
     Gemeentemuseum Aalst
     Centre for Contemporary Art, Kiev
2002 Musee d'art contemporaine, Lyon
     Baths Gallery, Belfast
     Ursula Blickle Stiftung, Kraichtal
     De Appel Foundation, Amsterdam
     Witte de With, Rotterdam
2001 Stedelijk Museum, Amsterdam

Galerie Evergreene und /*and* Frédéric Post,
Genf /*Geneva* (167)

Buchmann Galerie, Berlin (194-197)

Ellen de Bruijne Projects, Amsterdam (124)

Diana Stigter Gallery, Amsterdam (48, 199)

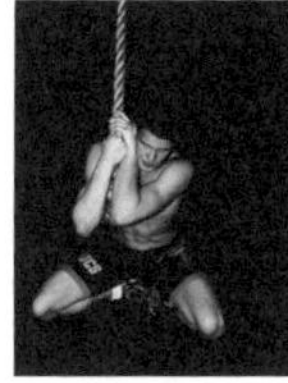

Collier Schorr
(1963, New York; lebt/*lives* in Brooklyn, NY)

Werke/*Works*

Allogenes, 2003
C-Print
98 x 80 cm
Burger Collection, Schweiz/*Switzerland*

Hooded Figures (B.C.), 2003
C-Print
79 x 114 cm
Burger Collection, Schweiz/*Switzerland*

Two Regimes (Rope), 2003
C-Print
97 x 121 cm
Courtesy die Künstlerin und/*the artist and*
Modern Art Inc., London

Belltower, 2003
C-Print
114 x 86 cm
Burger Collection, Schweiz/*Switzerland*

Einzelausstellungen/*Solo exhibitions*

2004 303 Gallery, New York
     Modern Art Inc., London
     Fotogalleriet, Oslo
     Badischer Kunstverein, Karlsuhe
2002 Consorcio Salamanca
2001 303 Gallery, New York
2000 Emily Tsingou Gallery, London

Gruppenausstellungen/*Group exhibitions*

2005 Andy Warhol Museum, Pittsburgh, PA
2004 Leslie Tonkonow Artworks+Projects,
     New York
     Brooklyn Museum of Art, New York
2003 Peres Projects, Los Angeles, CA
     Galerie Monika Sprüth & Philomene
     Magers, München/*Munich*
     Kunsthalle Wien/*Vienna*
2002 Contemporary Art Center, Art Tower,
     Mito, Japan
     Whitney Museum of American Art,
     New York
2001 Walker Art Center, Minneapolis, MN
     ICA Institute of Contemporary Art,
     Boston, MA
     Fotomuseum Winterhur
     P.S.1 Contemporary Art Center,
     Long Island City, NY
     White Cube, London
2000 Contemporary Arts Center, New
     Orleans, LA
     Musée d'art contemporain de Bordeaux
     Georg Kargl Galerie, Wien/*Vienna*
     29th International Film Festival,
     Rotterdam

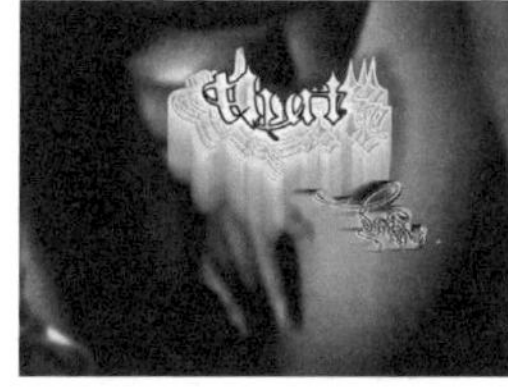

Kiki Seror
(1970, Chicago; lebt/*lives* in New York und
/*and* Amsterdam)

Werke/*Works*

All her crime, 2002
3-Kanal Videoinstallation auf DVD/*3 channel
video installation on DVD*
2'30"
Courtesy I-20 Gallery, New York

Einzelausstellungen/*Solo exhibitions*

2006 ViennAfair, Wien/*Vienna*
2005 SITE Santa Fe, Santa Fe, NM
2004 Galerie Valerie Cueto, Paris
     Staerk Contemporary Art, Kopenhagen/
     Copenhagen
2003 Marina Gisich Gallery, St. Petersburg
     International Center of Photography,
     New York
2002 I-20 Gallery, New York
2001 Sigmund Freud-Museum, Wien/*Vienna*
     Zürich Kosmos, Wien/*Vienna*
2000 I-20 Gallery, New York
     Apex Art, New York
     Galeria Joao Graca, Lissabon/*Lisbon*

Gruppenausstellungen/*Group exhibitions*

2005 Art Basel Miami Beach, FL
     CAN Centre d'Art, Neuchatel
     The Corcoran, Washington DC
     The 1st Moscow Biennale, Moskau/
     Moscow
2004 Albright Knox Art Gallery, Buffalo, NY
     Valerie Cueto Gallery, Paris
     Scuderie Aldobrandini, Frascati, Rom/
     Rome
     Aeroplastics Contemporary, Brüssel/
     Brussels
     Moderna Museet, Stockholm
     ARTRotterdam Video Lounge,
     Rotterdam
     Ethan Cohen Gallery, New York
2003 Liste The Young Fair, Basel
     International Center of Photography,
     New York
     Feigen Contemporary, New York
     USTA Art Gallery, The University
     of Texas at San Antonio, TX
     Collaborative Concepts Gallery, Beacon,
     NY
     ARCO Madrid
2002 Deste Foundation Centre for
     Contemporary Art, Athen/*Athens*
     B&D Studio Contemporanea,
     Mailand/*Milan*
     A Foundation for Contemporary Art,
     San Antonio, TX
     SMART Project Space, Amsterdam
     momenta art, Brooklyn, NY
     Riva Gallery, New York
     Luxe Gallery, New York
     Galleria Civica di arte contemporanea,
     Trento
2001 Palazzo delle Esposizioni, Rom/*Rome*
     Palm Beach Institute of Contemporary
     Art (PBICA), Palm Beach, FL
     Tent, Rotterdam
     Centro Galego de Arte Contemporánea
     (CGAC), La Coruña
     Carole Biagiotti Gallery, Florenz/
     Florence
     ARCO Madrid
2000 Art in General, New York

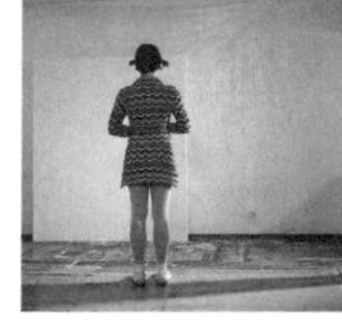 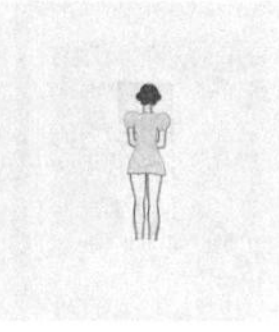

Ulrike Siecaup
(1960, Dortmund; lebt/*lives* in Köln/*Cologne*)

Werke/*Works*

Frau Siecaup, Made in Germany, 2002/06
C-Print, 5-teilig/*in five parts*
Je /*each* 95 x 95 x 3,5cm
Courtesy die Künstlerin/*the artist*

Frau Siecaup, a message from home, 2002/06
C-Print, 2-teilig/*in two parts*
Je /*each* 95 x 95cm
Courtesy die Künstlerin/*the artist*

Einzelausstellungen/*Solo exhibitions*

2005 Raum für Kunst & Musik, Köln/*Cologne*
     multiple galerie, Rotterdam
     De Nieuwe Binnenwand, Artothek,
     Rotterdam
2002 B.A.D., Rotterdam
2000 Parkingmeters, Köln/*Cologne*

Gruppenausstellungen/*Group exhibitions*

2005 Kunstverein Region Heinsberg
2004 Salon d'Art, Köln/*Cologne*
     Kunsthalle, Baden-Baden
2003 Galerie Gabriel Rivet, Köln/*Cologne*
2002 Galerie Bernard Jordan, Paris
2000 Kölnischer Kunstverein, Köln/*Cologne*
     Musée d'Art Contemporain de Lion,
     Lion/*Lyon*

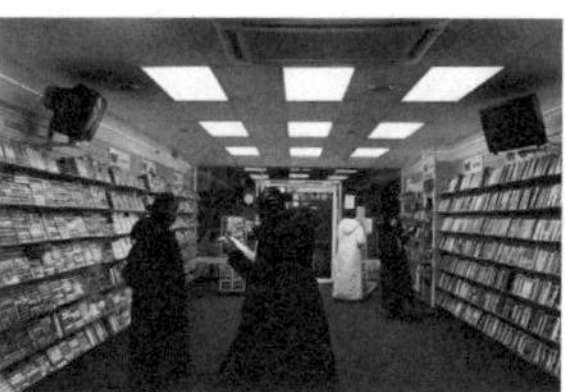

Hannah Starkey
(1971, Belfast; lebt/*lives* in London)

Werke/*Works*

Untitled – December 1999, 1999
C-Print
122 x 152 cm
Sammlung/*Collection* Bernd F. Künne,
Hannover

Untitled – January 2000, 2000
C-Print
122 x 183 cm
Saatchi Collection, London

Untitled – May 1997, 1997
C-Print
122 x 152 cm
Sammlung/*Collection* Ulla und Thomas
Katzorke, Essen

Butterfly Catchers, 1999
C-Print
122 x 152 cm
Saatchi Collection, London

Einzelausstellungen/*Solo exhibitions*

2005 Berlin Photography Festival, Berlin
2004 Maureen Paley Interim Art, London
2002 Monica de Cardenas, Mailand/*Milan*
     Maureen Paley Interim Art, London
2000 Irish Museum of Modern Art, Dublin
     Castello di Rivoli, Turin

Gruppenausstellungen/*Group exhibitions*

2005 Museum der bildenden Künste, Leipzig
     Lisboa Photo 2005, Lissabon/*Lisbon*
2004 Huis Marseille, Amsterdam
2003 Center for Curatorial Studies Museum,
     Bard College, New York
     Pavihao Lucas Nogueira Garcez, Oca
     Parque Ibirapuera & Instituto Tomie
     Ohtake, São Paulo
2002 The New Art Gallery, Walsall, UK
     Saatchi Gallery, London
2001 Northern Gallery for Contemporary Art,
     Sunderland, UK
     Tate Liverpool
     Herzliya Museum of Art, Tel Aviv
     Museo Pecci, Prato
2000 Universidad de Salamanca, Spanien/
     Spain
     Jerwood Space, London

Modern Art, London (128, 132-136)

I-20 Gallery, New York (137)

Ulrike Siecaup, Köln /*Cologne* (94-97)

The Saatchi Gallery, London
Maureen Paley, London
(80-86)

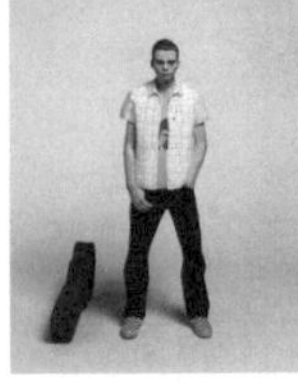

Tomoaki Suzuki
(1972, Mito, Japan; lebt/*lives* in London)

Werke/*Works*

Emma, 1999
Lindenholz, Acryl/*Lime wood, acrylic*
42,5 cm
Rubell Family Collection, Miami

Fumiyasu, 2002
Lindenholz, Acryl/*Lime wood, acrylic*
48,5 cm
Hort Family Collection, New York

Lucy, 2003
Lindenholz, Acryl/*Lime wood, acrylic*
49 cm
Hort Family Collection, New York

Gemma, 2004
Lindenholz, Acryl/*Lime wood, acrylic*
51cm
Privatsammlung/*Private collection,* New York

Satoru, 1999
Lindenholz, Acryl/*Lime wood, acrylic*
42,2 cm
Rubell Family Collection, Miami

Tomo, 1999
Holz, Acryl/*Wood, acrylic*
Privatsammlung/*Private collection*

Yasuyo, 1999
Lindenholz, Acryl/*Lime wood, acrylic*
2-teilig/*two parts,* 41 cm, 11,5 cm
Rubell Family Collection, Miami

Andy, 2003
Lindenholz, Acryl/*Lime wood, acrylic*
2-teilig/*two parts,* 52 cm, 32 cm
Privatsammlung/*Private collection,* Courtesy
Corvi-Mory, London

Einzelausstellungen/*Solo exhibitions*

2004 Corvi-Mora, London
2003 Leo Koenig Inc., New York
2002 Corvi-Mora, London
2001 Michael Janssen Galerie, Köln/*Cologne*

Gruppenausstellungen/*Group exhibitions*

2005 KIASMA Museum of Contemporary
     Art, Helsinki
     Usher Gallery & City and County
     Museum, Lincoln, UK
2004 St. Martin in the Fields, London
     Northern Gallery for Contemporary
     Arts, Sunderland, UK
2003 Bloomberg Space, London
     Keith Talent Gallery, London
2002 The Royal Academy of Arts, London
2001 Barbican Gallery, London
     Tokyo Opera Art Gallery, Tokio/*Tokyo*
2000 Goldsmiths' College, London
     Milton Keynes Gallery, Milton Keynes,
     UK
     One in the Other, London

Leo Koenig Inc., New York
Corvi-Mora, London
Kerra Quarles
Corvi-Mora, London
(30)

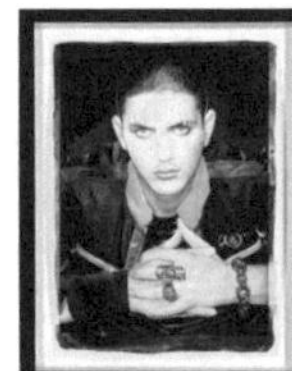

Alex Tennigkeit
(1976, Heilbronn; lebt/*lives* in Berlin)

Werke/*Works*

Can I get a Witness?, 2004
Mischtechnik auf Papier/*Mixed media
on paper*
29,7 x 21 cm
Courtesy Michael Schiessl, Berlin

You're looking good in that Gucci bikini,
2004
Mischtechnik auf Papier/*Mixed media
on paper*
29,7 x 21 cm
Courtesy Jens Pepper, Berlin

Dark Love, 2004
Tusche auf Papier/*Ink on paper*
29,7 x 21 cm
Courtesy die Künstlerin und/*the artist
and* Galerie Jette Rudolph, Berlin

Untitled (Dessous), 2004
Tusche auf Papier/*Ink on paper*
29,7 x 21 cm
Courtesy die Künstlerin und/*the artist
and* Galerie Jette Rudolph, Berlin

Hood Mentality, 2004
Tusche, Gouache auf Papier/*Ink,
gouache on paper*
29,7 x 21 cm
Courtesy die Künstlerin und/*the artist
and* Galerie Jette Rudolph, Berlin

After the Show, 2004
Tusche auf Papier/*Ink on paper*
29,7 x 21 cm
Courtesy die Künstlerin und/*the artist
and* Galerie Jette Rudolph, Berlin

Untitled (Rapper), 2004
Tusche, Gouache auf Papier/*Ink,
gouache on paper*
29,7 x 21 cm
Courtesy die Künstlerin und/*the artist
and* Galerie Jette Rudolph, Berlin

Untitled (Money and Cars), 2004
Tusche auf Papier/*Ink on paper*
29,7 x 21 cm
Courtesy die Künstlerin und/*the artist
and* Galerie Jette Rudolph, Berlin

Einzelausstellungen/*Solo exhibitions*

2005 Galerie Jette Rudolph, Berlin

Gruppenausstellungen/*Group exhibitions*

2004 Guardini Stiftung, Berlin
     Galerie Jette Rudolph, Berlin
2002 griedervonputtkamer, Berlin
     Kino »Die Kamera« (Organisation:
     Badischer Kunstverein Karlsruhe)
     Städtische Galerie und Kunstverein
     Offenburg
2001 Kunstfabrik am Flutgraben, Berlin
     Museumsnacht Heidelberg
2000 Queens Hotel, Karlsruhe
     Rheinhafen, Karlsruhe

Galerie Jette Rudolph, Berlin (154)

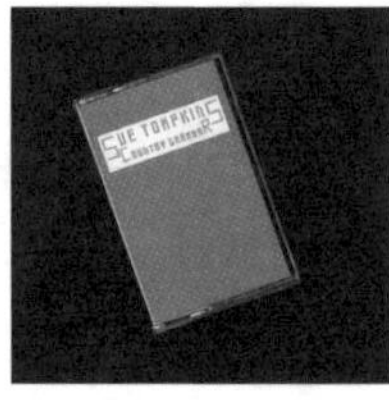

Sue Tompkins
(1971; lebt/*lives* in Glasgow)

Live Performance, 1.6.2006

Einzelausstellungen/*Solo exhibitions*

2006 The Modern Institute, Glasgow
     Kreps Gallery, New York
2005 West London Projects, London
     Giti Nourbaksch Galerie, Berlin
     51st Biennale di Venezia, Venedig/
       Venice
2004 Diana Stigter Gallery, Amsterdam
     Museum of Garden History, London
     Rheinschau Art Cologne Projects,
       Köln/*Cologne*
2003 Doggerfisher, Edinburgh
     Stavanger Kulturhus, Norwegen/
       Norway
2001 The Modern Institute, Glasgow
2000 Glasgow Independent Studios

Gruppenausstellungen/*Group exhibitions*

2006 Dicksmith Gallery, London
     Flaca Gallery, London
     Four Gallery, Dublin
2005 CCA, Glasgow
     Frieze Art Fair, London
     Jack Hanley Gallery, San Francisco,
       CA
     Gavin Brown Enterprise, New York
2004 Gallery of Modern Art, Glasgow
     Diana Stigter Gallery, Amsterdam
2003 Galerie Krinzinger, Vienna/*Wien*
     Frieze Art Fair, London
2001 ZKM Zentrum für Kunst und
     Medientechnologie, Karlsruhe
2000 Vilma Gold, London

Sue Tompkins, Glasgow (178)

Gavin Turk
(1967, Guildford; lebt/*lives* in London)

Werke/*Works*

Che, 1999
Wachsfigur in Vitrine, verschiedene
Materialien/*Wax figure in display
case, various materials*
280 x 114,2 x 114,2 cm
Sammlung/*Collection Falckenberg,*
Hamburg

Einzelausstellungen/*Solo exhibitions*

2005 Galerie Almine Rech, Paris
     Galerie Krinzinger, Wien/*Vienna*
     Sean Kelly Gallery, New York
2004 Edinburgh Printmakers
     White Cube, London
2003 Galleri Veggerby, Kopenhagen/
       Copenhagen
     New Art Centre Sculpture Park &
       Gallery, Salisbury, UK
     Contemporary Fine Arts, Berlin
2002 Tate Britain Sculpture Court Display,
       London
2000 Centre d'Art Contemporain, Genf/
       Geneva

Gruppenausstellungen/*Group exhibitions*

2005 Kunsthalle Wien/*Vienna*
     Kunsthaus Graz
     Norwich Castle Museum & Art Gallery,
       Norwich, UK
     Gallerie Kaare Berntsen, Oslo
     National Gallery, London
2004 Ursula Blickle Stiftung, Kraichtal/
       Frankfurter Kunstverein
     Tate Liverpool
2003 London Institute Gallery, London
     Collection Yvon Lambert, Avignon
2002 Henry Moore Institute, Leeds
2001 Courtauld Institute of Art, London
     Tate Modern, London
2000 A22 Projects, London
     Saatchi Gallery, London
     Galerie Serieuze Zaken, Amsterdam

Sammlung Falckenberg, Hamburg (23)

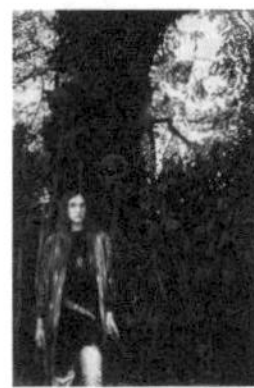

Iris van Dongen
(1975, Tilburg, Niederlande/*The Netherlands;*
lebt/*lives* in Rotterdam und/*and* New York)

Werke/*Works*

Double, 2005
Pastell- und Wasserfarbe, Bleistift, Kohle auf
Papier/*Pastel, watercolor, graphite pencil,
charcoal on paper*
176 x 68 cm
Van der Vorst Collection, Courtesy
of Salon 94, New York

Separate Sister, 2005
Verschiedene Medien/*Mixed media*
205 x 77 cm
Sammlung/*Collection* Deutsche Bank,
Frankfurt am Main

She's the Night, 2005
Kreide, Gouache auf Papier/*Crayon,
gouache on paper*
234 x 158 cm
Sammlung/*Collection* Adu Advaney,
Amsterdam

Dragon, 2004
Kreide, Gouache, Bleistift auf Papier/*Crayon,
gouache, graphite pencil on paper*
205 x 137 cm
Sammlung/*Collection* Haags Gemeente
Museum, Den Haag/*The Hague*

Einzelausstellungen/*Solo exhibitions*

2005 Diana Stigter Gallery, Amsterdam
      Salon 94, New York
      GEM Museum of Contemporary Art,
      Den Haag/*The Hague*
      Künstlerhaus Bethanien, Berlin
2004 The Breeder, Athen/*Athens*
2003 TENT, Rotterdam
2001 Projektraum Neues Problem, Berlin

Gruppenausstellung/*Group exhibitions*

2005 Galleri Christina Wilson, Kopenhagen/
      Copenhagen
2004 Marella Arte Contemporanea,
      Mailand/ *Milan*
      The Netherlands Institute of Athens,
      Athen/*Athens*
      Royal Academy of Arts at Burlington
      Gardens, London
2003 Slot Zeist, Zeist, Niederlande/
      The Netherlands
      De Vishal, Haarlem
2002 Haags Historisch Museum, Den Haag/
      The Hague
2001 Centrum Beeldende Kunst, Rotterdam
      Galerie Ron Mandos, Rotterdam
2000 Atmosfeer, Amsterdam

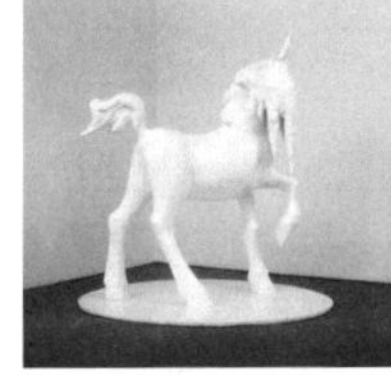

Alejandro Vidal
(1972, Palma de Mallorca; lebt/*lives*
in Barcelona)

Werke/*Works*

*Conflict. Modern pathologies and
tactics of disappearance,* 2005
Film auf DVD/*Film on DVD*
5'04''
Galerie Adler, Frankfurt am Main

Einzelausstellungen/*Solo exhibitions*

2006 Galleria Artra, Mailand/*Milan*
2005 Play Gallery, Berlin
      p | m Gallery, Toronto
      Galerie Adler, Frankfurt am Main
      Galleria Artra, Genua/*Genoa*
2004 ADN Galería, Barcelona
2003 Galeria T4, Barcelona
      ADN Galeria, Barcelona

Gruppenausstelungen/*Group exhibitions*

2006 2nd Biennale of Young Artists,
      Bukarest
      Galeria de Exposições da ESAD,
      Lissabon/*Lisbon*
      MOCCA, Museum of Contemporary
      Canadian Art, Toronto
2005 ZKM Zentrum für Kunst und
      Medientechnologie, Karlsruhe
      Play Gallery, Berlin
      MOT, London
      BuroEmpty, Amsterdam
      Museum of Contemporary Art,
      Belgrad/*Belgrade*
      CAC Center for Contemporary Art,
      Vilnius, Litauen/*Latvia*
2003 VTO Gallery, London
      Kordergarda Gallery, Warschau/*Warsaw*
      Electronic Festival, Warschau/*Warsaw*
      La Capella, Barcelona
      Stazione Leopolda, Florenz/*Florence*
2002 2nd Barcelona Video Art Festival

Banks Violett
(1973, Ithaca, NY; lebt/*lives* in New York)

Werke/*Works*

Ghost, 2002
Epoxid, Kunststoff, Fiberglas, Sperrholz,
Wasser/*Epoxy resin, plastics, fiberglass,
plywood, water*
Sammlung/*Collection* Dean Valentine and
Amy Adelson, Los Angeles, CA

Einzelausstellungen/*Solo exhibitions*

2005 Galerie Rodolphe Janssen, Brüssel/
      Brussels
      Whitney Museum of American Art,
      New York
2002 team gallery, New York
2000 team gallery, New York

Gruppenausstellungen/*Group exhibitions*

2006 migros Museum für Gegenwartskunst,
      Zürich/*Zurich*
      Mary Boone Gallery, New York
2005 Mitchell Algus Gallery, New York
      Barbara Gladstone Gallery, New York
      Galerie Lisa Ruyter, Wien/*Vienna*
2004 MW Projects, London
      Peres Projects, Los Angeles, CA
      Maureen Paley/Interim Art, London
      Frederick R. Weisman Museum of Art,
      Pepperdine University, Malibu, CA
      Whitney Museum of American Art,
      New York
      Anton Kern Gallery, New York
2003 team gallery, New York
      Deitch Projects, Brooklyn, NY
      Künstlerhaus Palais Thurn und Taxis
      Gärtnerhaus, Bregenz
2001 Contemporary Arts Center, Atlanta, GA
      Sandroni Rey Gallery, Venice, CA
      Andrew Kreps Gallery, New York, USA

Diana Stigter Gallery, Amsterdam (24-26, 28)

Galerie Adler, Frankfurt am Main (52)

team gallery, New York (45)

Verein der Freunde der Schirn Kunsthalle e.V.
Friends of the Schirn Kunsthalle

Vorstand /*Executive Board*
Christian Strenger (Vorsitzender /*Chairman*)
Andrea von Bethmann
Max Hollein
Sylvia von Metzler
Martin Peltzer
Wolf Singer

Kuratorium /*Committee*
Rolf-E. Breuer (Vorsitzender /*Chairman*)
Theodor Baums
Wilhelm Bender
Uwe Bicker
Helga Budde
Uwe-Ernst Bufe
Ulrike Crespo
Karl H. Dannenbaum
Diego Fernández-Reumann
Rudolf Ferscha
Karl-Ludwig Freiherr von Freyberg
Elisabeth Haindl
Gerhard Hess
Tessen von Heydebreck
Wilken Freiherr von Hodenberg
Marli Hoppe-Ritter
Gisela von Klot-Heydenfeldt
Salomon Korn
Renate Küchler
Stefan Lauer
Claus Löwe
Wulf Matthias
Herbert Meyer
Rolf Nonnenmacher
Claudia Oetker
Michael Peters
Lutz R. Raettig
Tobias Rehberger
Hans Herrmann Reschke
Uwe H. Reuter
Bernhard Scheuble
Florian Schilling
Nikolaus Schweickhart
Eberhard Weiershäuser
Rolf Windmöller
Louis Graf von Zech
Uwe Zimpelmann
Peter Zühlsdorff

Beraterkreis des Direktors /*Advisors to the Director*
Walter Homolka
Michaela Neumeister
Hartmut Schwesinger
Margret Stuffmann
und andere /*and others*

Fördernde Firmenmitglieder /*Corporate Members*
BHF Bank AG
Bloomberg L.P.
Deutsche Bank AG
Deutsche Beteiligungs AG
Deutsche Börse AG
Doertenbach & Co.
Drueker & Co
DWS Investment GmbH
Eurohypo AG
Frankfurter Allianz
Fraport AG
Gemeinnützige Hertie-Stiftung
Landwirtschaftliche Rentenbank
Lehmann Brothers
Mayer, Brown, Rowe & Maw LLP
Morgan Stanley Bank AG
Spencer Stuart Executive Search Consultants
UBS Investment Bank
VHV Versicherung

Geschäftsführung /*Executive Secretary*
Tamara Gräfin von Clary

Corporate Partner
CineStar Metropolis
Dorint Novotel Frankfurt City
Druckhaus Becker
Mercure Hotel & Residenz Frankfurt Messe
Neue Digitale, Kreativagentur für digitale Markenführung
Papier Union
Rabbit eMarketing
Schlawien · Naab Partnerschaft Rechtsanwälte
Škoda Auto Deutschland GmbH
Ströer Deutsche Städte Medien
Verkehrsgesellschaft Frankfurt am Main
Zumtobel Staff